高等院校会计专业（新准则）通用规划教材

ERP知识与供应链应用

➡ 第二版

张秋艳　李佳民　主　编
杨　颖　梁铁宇　副主编

上海财经大学出版社
SHANGHAI UNIVERSITY OF FINANCE & ECONOMICS PRESS

图书在版编目(CIP)数据

ERP知识与供应链应用/张秋艳、李佳民主编．—2版．—上海：上海财经大学出版社，2016.8

高等院校会计专业(新准则)通用规划教材

ISBN 978-7-5642-2470-7/F・2470

Ⅰ.①E⋯　Ⅱ.①张⋯②李⋯　Ⅲ.①企业管理-供应链管理-计算机管理系统-高等学校-教材　Ⅳ.①F274-39

中国版本图书馆 CIP 数据核字(2016)第 127946 号

□ 责任编辑　顾晨溪
□ 封面设计　杨雪婷

ERP ZHISHI YU GONGYINGLIAN YINGYONG
ERP 知 识 与 供 应 链 应 用
(第二版)

张秋艳　李佳民　主　编
杨　颖　梁铁宇　副主编

上海财经大学出版社出版发行
(上海市武东路 321 号乙　邮编 200434)
网　　址：http://www.sufep.com
电子邮箱：webmaster@sufep.com
全国新华书店经销
江苏省句容市排印厂印刷装订
2016 年 8 月第 1 版　2016 年 8 月第 1 次印刷

787mm×1092mm　1/16　23.25 印张　565 千字
印数：4 501—8 500　定价：45.00 元

第二版前言

随着信息技术的发展和经济全球化的进程,企业面临着越来越激烈的市场竞争,实现企业管理信息化成为提高企业核心竞争力的有力"武器"。企业对信息化管理重视程度的不断提高,使得高等教育作为人才培养基地所面临的培养任务也不断加重,ERP教学已成为经济管理类各专业、各层次学生教学的重要内容。目前,国内同类教材大致归为两类:第一类是以培养ERP研究、教学与实践专家为目标的高端论著,理论阐述过于深入抽象,实践性不强;第二类是以培养熟悉ERP软件系统功能与操作为目标的实用型教材,ERP相关理论和知识阐述不足。这两类教材目前都不能满足高校经管类专业培养高素质应用型人才的教学需要,为此,我们组织了具有丰富教学经验的教师和实践专家编写出版了本套教材。

ERP是当今世界企业经营与管理技术进步的代表,ERP代表的是一种先进的管理思想、管理方法和管理理念,ERP系统也是一个比较复杂、内涵丰富,同时也是不断扩展的系统。所以,我们根据各专业教学侧重点的不同,规划编写了《会计信息系统教程》和《ERP知识与供应链应用》两本教材,并配有《ERP系统上机实训案例》。其中,《会计信息系统教程》主要讲述会计信息系统的理论知识和财务链系统的应用流程和处理方法;《ERP知识与供应链应用》主要讲述ERP的基本知识、供应链思想和供应链业务的处理流程和方法;《ERP系统上机实训案例》可以与上述两本教材灵活配套使用。两本教材各有侧重,又联系紧密,既可单独使用,也可配套使用,能够满足高校经管类专业不同层面的教学需要。教材中所用案例业务的实验账套统一存放在《ERP系统上机实训案例》所附的光盘中。

《ERP知识与供应链应用》注重科学性、创新性,理论与实践并重。力求结构合理,脉络清晰,内容新颖,案例典型。书中主要内容分为三个部分:第一至三章是关于ERP知识和原理的介绍,重点讲述ERP的概念、管理思想、发展过程、功能模块构成以及ERP的集成应用和ERP的实施过程;第四至十二章是关于供应链思想和企业内部供应链系统应用的讲解,重点通过一套完整的企业经营案例来展开对企业采购管理、销售管理、库存管理、存货核算、应收款管理和应付款管理等系统主要功能、业务处理流程和基本操作方法的讲述,突出财务业务一体化思想,突出企业物流、资金流、信息流实现统一的原理和过程;第十三、十四章主要是为了进一步拓展学生的应用视野和全方位地理解企业管理软件,结合应用案例,具体介绍了定位于中小企业应用的管家婆软件和广泛应用于连锁企业的速达管理软件的应用思想、应用流程和处理方法。

随着企业信息化的进程和ERP的实施应用,人们对ERP的理解也处于变化之中。所以,本教材第二版主要针对ERP知识部分进行了修改和调整,并增加了一些相关的小故事和小资料，有助于学生对 ERP 知识和原理的理解。同时，在供应链应用部分也增加了相关业务流程图，使得实务指导思路更清晰。

本教材中所用 ERP 软件的教学版安装程序可以到相应网站下载，或者与上海财经大学出版社沟通，也可以与编者联系，邮箱地址为 zhangqiuyan1970@163.com。

本教材共分 14 个章节，由吉林工商学院会计学院教师组织编写。张秋艳负责拟订编写大纲、总纂定稿，张秋艳和李佳民担任主编，杨颖和梁铁宇担任副主编。第一至五章由张秋艳负责编写，第六至九章由李佳民负责编写，第十一至十三章由杨颖负责编写，第十章和第十四章由梁铁宇负责编写。

本教材在编写过程中，参考和吸收了许多学者的研究成果，同时也得到了用友软件公司的大力支持，我们在此一并致谢！由于作者水平有限，书中难免存在缺点和不妥之处，恳请广大读者批评指正！

编者

2016 年 8 月

目 录

第二版前言 ··· 1

第一章　ERP 概述 ·· 1
学习目的和要求 ·· 1
第一节　ERP 的概念 ··· 1
第二节　ERP 的形成历程 ·· 4
第三节　ERP 核心管理思想 ·· 16
第四节　ERP 带来的效益 ··· 17
第五节　ERP 的应用趋势 ··· 23
第六节　先进的制造业管理模式简介 ··· 25
复习思考题 ·· 31

第二章　ERP 软件介绍 ·· 33
学习目的和要求 ·· 33
第一节　ERP 功能概述 ··· 33
第二节　ERP 软件产品简介 ··· 36
第三节　ERP 软件系统选型 ··· 39
复习思考题 ·· 41

第三章　ERP 的实施应用 ··· 42
学习目的和要求 ·· 42
第一节　ERP 实施的意义 ·· 42
第二节　ERP 系统实施方法 ··· 43
第三节　ERP 系统实施的关键性因素 ··· 44
第四节　ERP 实施案例——广州五十铃案例 ·· 46
第五节　业务流程重组 ·· 54
复习思考题 ·· 57

第四章　供应链管理概述 ··· 58
学习目的和要求 ·· 58
第一节　供应链概述 ··· 58

第二节　广义供应链管理 …………………………………………………………… 60
第三节　企业内部供应链管理 ……………………………………………………… 64
第四节　供应链系统的应用模式和流程 …………………………………………… 69
第五节　供应链系统的应用准备 …………………………………………………… 70
　　复习思考题 ………………………………………………………………………… 78

第五章　供应链系统初始化 ………………………………………………………… 79
　　学习目的和要求 …………………………………………………………………… 79
　第一节　供应链系统参数设置 ……………………………………………………… 79
　第二节　供应链系统基础档案设置 ………………………………………………… 94
　第三节　供应链系统初始余额录入 ………………………………………………… 113
　　复习思考题 ………………………………………………………………………… 128

第六章　采购管理 ……………………………………………………………………… 129
　　学习目的和要求 …………………………………………………………………… 129
　第一节　采购管理概述 ……………………………………………………………… 129
　第二节　普通采购业务 ……………………………………………………………… 133
　第三节　退货业务 …………………………………………………………………… 155
　　复习思考题 ………………………………………………………………………… 158

第七章　应付款管理 …………………………………………………………………… 159
　　学习目的和要求 …………………………………………………………………… 159
　第一节　应付款管理概述 …………………………………………………………… 159
　第二节　日常业务 …………………………………………………………………… 160
　第三节　单据账表查询业务 ………………………………………………………… 170
　　复习思考题 ………………………………………………………………………… 171

第八章　库存管理 ……………………………………………………………………… 172
　　学习目的和要求 …………………………………………………………………… 172
　第一节　库存管理概述 ……………………………………………………………… 172
　第二节　库存管理的物流管理 ……………………………………………………… 174
　第三节　入库业务 …………………………………………………………………… 178
　第四节　出库业务 …………………………………………………………………… 179
　第五节　其他业务 …………………………………………………………………… 182
　　复习思考题 ………………………………………………………………………… 184

第九章　销售管理 ……………………………………………………………………… 185
　　学习目的和要求 …………………………………………………………………… 185

第一节　销售管理概述 ……………………………………………………… 185
　　第二节　普通销售业务 ……………………………………………………… 190
　　第三节　委托代销业务 ……………………………………………………… 204
　　第四节　分期收款业务 ……………………………………………………… 209
　　第五节　直运销售业务 ……………………………………………………… 212
　　第六节　其他销售业务 ……………………………………………………… 218
　　第七节　销售统计分析 ……………………………………………………… 220
　　　复习思考题 ………………………………………………………………… 220

第十章　应收款管理 ………………………………………………………… 221
　　学习目的和要求 ……………………………………………………………… 221
　　第一节　应收款概述 ………………………………………………………… 221
　　第二节　应收款日常业务 …………………………………………………… 223
　　第三节　坏账处理 …………………………………………………………… 231
　　　复习思考题 ………………………………………………………………… 235

第十一章　存货核算 ………………………………………………………… 236
　　学习目的和要求 ……………………………………………………………… 236
　　第一节　存货核算概述 ……………………………………………………… 236
　　第二节　日常业务核算 ……………………………………………………… 238
　　第三节　财务核算 …………………………………………………………… 246
　　　复习思考题 ………………………………………………………………… 248

第十二章　供应链系统期末业务处理 ……………………………………… 249
　　学习目的和要求 ……………………………………………………………… 249
　　第一节　月末结账 …………………………………………………………… 249
　　第二节　年度结转 …………………………………………………………… 254
　　　复习思考题 ………………………………………………………………… 256

第十三章　速达 5000 管理软件简介 ……………………………………… 257
　　学习目的和要求 ……………………………………………………………… 257
　　第一节　速达 5000 概述 …………………………………………………… 257
　　第二节　速达软件账套及操作员管理 ……………………………………… 262
　　第三节　基础设置及启用账套 ……………………………………………… 268
　　第四节　财务系统 …………………………………………………………… 283
　　第五节　业务系统 …………………………………………………………… 304
　　　复习思考题 ………………………………………………………………… 319

第十四章　管家婆软件简介 ··· 320
　　学习目的和要求 ·· 320
　　第一节　管家婆软件概述 ·· 320
　　第二节　系统初始化 ··· 323
　　第三节　进货管理 ··· 337
　　第四节　销售管理 ··· 345
　　第五节　库存管理 ··· 352
　　第六节　日常维护 ··· 354
　　复习思考题 ·· 360

参考文献 ·· 361

第一章　ERP 概述

学习目的和要求

通过本章的学习，掌握 ERP 的概念和发展历程；深刻理解 ERP 所蕴含的先进管理思想及 ERP 给企业带来的效益和影响；了解 ERP 的未来应用趋势；了解与 ERP 相关的及时生产、精益生产、敏捷制造、客户关系管理、电子商务等先进的管理模式。

第一节　ERP 的概念

一、ERP 的定义

ERP 是英文 Enterprise Resources Planning 的缩写，中文含义是"企业资源计划"。ERP 是建立在信息技术基础上，以系统化的管理思想，为企业决策层及员工提供决策运行手段的管理平台。它是一种以市场和客户需求为导向，以实行企业内外资源优化配置、消除生产经营过程中一切无效劳动和资源、提高企业竞争力为目的，以网络和信息技术为平台，将企业的信息流、物流、资金流、价值流和业务流进行全面一体化管理的信息管理系统。它代表着当今全球范围内应用最广泛、最有效的一种企业管理方法，是建立和规范企业管理的有力工具。

ERP 是 20 世纪 90 年代初由美国著名的计算机技术咨询和评估集团加特纳集团（Gartner Group Inc）提出的一整套企业管理系统体系标准，从本质上看 ERP 仍然以 MRP Ⅱ（Manufacturing Resource Planning，含义是"制造资源计划"）为核心，但在功能和技术上却超越了传统的 MRP Ⅱ。MRP Ⅱ/ERP 的思想和方法在美国等工业发达国家已经得到了广泛的应用，并取得了显著的经济效益。

自 1981 年我国沈阳第一机床厂从德国工程师协会引进第一套 MRP Ⅱ 软件以来，MRP Ⅱ/ERP 在中国的应用与推广已经历 30 多年的风雨历程。ERP 曾被视为"灵丹妙药"，也曾遭受猛烈的抨击，如今它又被人们重新认识并得到普遍关注，如何做好 ERP 的实施和顺利应用已成为目前企业最关心的话题。

二、ERP 的内涵

ERP 的概念蕴含丰富，对于企业界、信息界、管理界都有着特定的内涵和外延，表述的名词术语也不相同，一般体现为管理系统、软件产品、管理思想三个层次（如图 1-1 所示）。

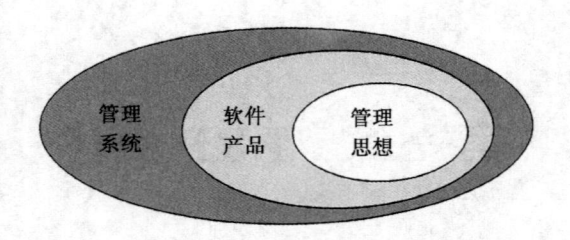

图 1—1 ERP 的概念层次

（一）ERP 是一种管理思想

ERP 是在 MRP Ⅱ 基础上进一步发展而成的面向供应链（Supply Chain）的管理思想；是在 MRP Ⅱ 的基础上扩展了管理范围，给出了新的结构，把客户需求和企业内部的制造活动以及供应商的制造资源整合在一起，体现了完全按用户需求制造的思想。

（二）ERP 是一个管理系统

ERP 是整合了企业管理理念、业务流程、基础数据、人力物力、计算机硬件和软件于一体的企业资源管理系统。

（三）ERP 是一种软件产品

ERP 是计算机技术与企业管理思想相互融合的产物，是综合应用客户机/服务器体系、关系数据库结构、面向对象技术、图形用户界面、第四代语言（4GL）、网络通信等信息产业成果，以 ERP 管理思想为灵魂的软件产品，但不是单纯的软件产品。

注意：ERP 不是产生于理论家的灵感，而是产生于市场竞争的需要和实践经验的总结。ERP 不是由于信息技术的发展，而是出于管理的需求。

- 企业资源

不论是 MRP Ⅱ 还是 ERP，中间都含有一个字母"R"[即 Resource（资源）的缩写]。"资源"在经济学中的定义就是研究如何充分利用有限的资源，创造价值，满足社会的需求，并进行合理分配。这是 ERP 理念中最基本的"现代管理理念"，精益生产中蕴含的"杜绝一切浪费与无效作业"的精神也是源于此。从地球生态角度看，它已远远超出"降低成本"的意义。

ERP 作为企业信息化管理系统，基于经济学基本原理，利用企业有限的资源创造出更多的价值。信息化管理系统离不开经济学的宗旨。

需要通过 ERP 进行计划和控制的资源主要包括以下几个方面：

(1) 人——全体员工、上下游合作伙伴。

(2) 财——资金、金融资产。

(3) 物——产品、半成品、配套件、毛坯、原材料、设备、能源、厂房、固定资产……

(4) 信息——需求信息（合同、工作令、委托单、采购订单……），供应信息（完工报告、提货单、入库单……），支持信息（产品图纸、工艺文件）。

(5) 时间——不可追加的资源。

企业应该不断地利用 ERP 对各种资源进行综合的管理和配置,为客户和企业创造更多的价值,实现共赢。

三、广义 ERP

ERP 最早发源于制造业,后来逐渐扩展到其他行业。从发展起源来看,对 ERP 概念的理解一直比较狭窄,仅仅将 ERP 局限在制造业的企业资源计划应用方面。但是,随着供应链管理(SCM)和企业业务流程重组(BPR)等管理理论的引入,ERP 所管理的对象包括了企业人、财、物、信息等所有资源和产、供、销等所有业务,它的外延已经大为扩展,并且随着 ERP 应用热潮的兴起,ERP 成了企业管理系统的代名词。ERP 扩展了企业内部各种管理功能的信息集成,而且超出了企业本身的范围,实现了整个供应链上所有相关业务的信息集成。因此,现在所提及的 ERP 多指广义的 ERP。

由于 ERP 处于不断发展变化过程中,人们对 ERP 的理解也有很大的差别:有的人把 ERP 理解为 MRPⅡ 的推广,有的人只是简单地把 ERP 作为 MRPⅡ 的一个新名称,有的人把 ERP 理解为"面向企业内部"的管理系统,有的人把 ERP 理解为供应链管理的另一种叫法,等等。现在看来称谓已不重要,更多地应该关注企业的需求和系统所能解决的问题。

- 来源于网上流传的 ERP 小故事

让所有家庭主妇都成为工厂运营经理的有力竞争者!

一天中午,丈夫在外给家里打电话:"亲爱的老婆,晚上我想带几个同事回家吃饭可以吗?"(**订货意向**)

妻子:"当然可以,来几个人,几点来,想吃什么菜?"

丈夫:"6 个人,我们 19 点左右回来,准备些酒、烤鸭、番茄炒鸡蛋、凉菜、蛋花汤……你看可以吗?"(**商务沟通**)

妻子:"没问题,我会准备好的。"(**订单确认**)

妻子记录下需要做的菜单(**MPS 计划**),具体要准备的东西:鸭、酒、番茄、鸡蛋、调料……(**BOM 物料清单**),发现需要:1 只鸭蛋,5 瓶酒,4 个鸡蛋……(**BOM 展开**),炒蛋需要 6 个鸡蛋,蛋花汤需要 4 个鸡蛋(**共用物料**)。

打开冰箱一看(**库房**),只剩下 2 个鸡蛋(**缺料**)。

来到自由市场,妻子:"请问鸡蛋怎么卖?"(**采购询价**)

小贩:"1 个 1 元,半打 5 元,1 打 9.5 元。"

妻子:"我只需要 8 个,但这次买 1 打。"(**经济批量采购**)

妻子:"这有一个坏的,换一个。"(**验收、退料、换料**)

回到家中,准备洗菜、切菜、炒菜……(**工艺线路**),厨房中有燃气灶、微波炉、电饭煲……(**工作中心**)

妻子发现拔鸭毛最费时间(**瓶颈工序,关键工艺路线**),用微波炉自己做烤鸭可能来不及(**产能不足**),于是在楼下的餐厅里买现成的(**产品委外**)。

16 点,接到儿子的电话:"妈妈,晚上几个同学想来家里吃饭,你帮忙准备一下。"(**紧急订单**)

"好的,你们想吃什么,爸爸晚上也有客人,你愿意和他们一起吃吗?"

"菜你看着办吧,但一定要有番茄炒鸡蛋,我们不和大人一起吃,18:30 左右回来。"(**不能**

并单处理)

"好的,肯定让你们满意。"(订单确定)

鸡蛋又不够了,打电话叫小贩送来。(紧急采购)

18:30,一切准备就绪,可烤鸭还没送来,急忙打电话询问:"我是李太太,怎么订的烤鸭还不送来?"(采购委外单跟催)

"不好意思,送货的人已经出发了,可能是堵车吧,马上就会到的。"

门铃响了。

"李太太,这是您要的烤鸭。请在单上签一个字。"(验收、入库、转应付账款)

18:45,女儿的电话:"妈妈,我想现在带几个朋友回家吃饭可以吗?"(紧急订购意向,要求现货)

"不行呀,女儿,今天妈妈已经准备两桌饭了,时间实在是来不及,真的非常抱歉,下次早点说,一定给你们准备好。"(ERP的使用局限,要有稳定的外部环境,要有一个起码的提前期)

送走了所有客人,疲惫的妻子坐在沙发上对丈夫说:"亲爱的,现在咱们家请客的频率非常高,应该要买些厨房用品了(设备采购),最好再雇个小保姆(人力资源缺口)。"

丈夫:"家里你做主,需要什么你就去办吧。"(通过审核)

妻子:"还有,最近家里花销太大,用你的私房钱补贴一下,好吗?"(应收货款的催要)

现在还有人不理解 ERP 吗?记住,每一个合格的家庭主妇都是生产厂长的有力竞争者。

第二节 ERP 的形成过程

管理需求一直推动着 ERP 的发展,自 18 世纪产业革命出现制造业以来,所有企业几乎无一例外地追求着基本相似的运营目标,即在给定资金、设备、人力的前提下,追求尽可能大的有效产出;或在市场容量的限制下,追求尽可能少的人力、物力投入;或寻求最佳的投入/产出比。就其外延而言,为追求利润;就其内涵而言,为追求企业资源的合理、有效利用。

这一基本目标的追求使企业的管理者面临一系列的挑战:生产计划的合理性、成本的有效控制、设备的充分利用、作业的均衡安排、库存的合理管理、财务状况的及时分析等。于是,应对上述挑战的各种理论和实践也就应运而生。随着计算机的出现和应用,使得企业管理在信息处理方面开辟了新纪元。ERP 经历多年的发展变革,日趋成熟,其形成过程大致分为如图 1—2 所示的五个阶段。

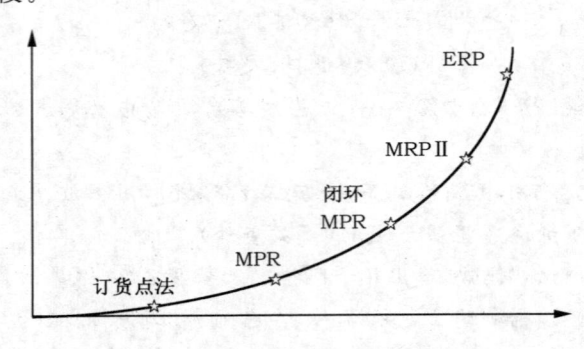

图 1—2 ERP 的形成过程

20世纪60年代中期:从订货点法到MRP,解决了控制库存问题。
20世纪70年代中期:闭环MRP解决了计划与控制的问题。
20世纪80年代初期:MRPⅡ解决了物料与资金信息集成的问题。
20世纪90年代初期:ERP解决了在经济全球化的环境下,提高企业竞争力的问题。

一、订货点法——ERP雏形

早在20世纪30年代末期,计算机技术应用之前,企业控制库存、补充物料需求的手段通常采用的是"订货点法"。

(一)订货点法的工作原理

订货点法是对于某种物料或产品,由于生产或销售的原因而逐渐减少,当库存量降低到某一预先设定的点时,即开始发出订货单(采购单或加工单)来补充库存,直至库存量降低到安全库存时,发出的订单所订购的物料刚好到达仓库,补充前一时期的消耗,此一订货的数值点,即称为订货点。应用订货点法一定要为需求的每种物料设置一个最大库存量和安全库存量。最大库存量是因库存容量和库存占用资金有限制而设置的,而安全库存量是为应对需求的波动,保留一定的安全库存储备而设定的。订货点法的工作原理如图1-3所示。

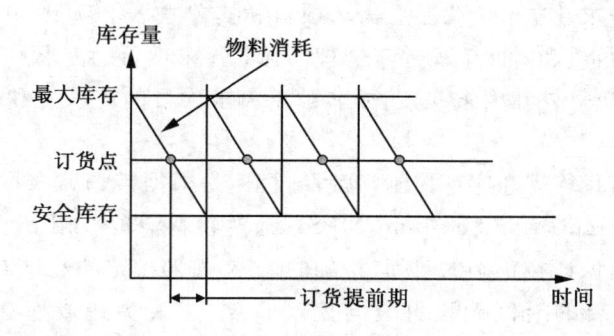

注:订货点=单位时段的需求量×订货提前期+安全库存量

图1-3 订货点法的工作原理

(二)订货点法的前提假设

订货点法的建立在当时的环境下起到了一定的作用,但必须基于一定的条件:
(1)物料的需求是相互独立的;
(2)物料的消耗相对稳定;
(3)提前期是已知和固定的;
(4)供应比较稳定;
(5)物料价格不是太高等。

然而随着市场的快速变化,客户需求不断多样化,产品及相关原材料的需求在数量和时间方面都表现出不稳定性和间歇性,加之产品复杂性的增加,生产和库存管理的问题日趋复杂,从而使订货点法的应用面临诸多问题,效果大打折扣。

二、MRP（物料需求计划）

（一）MRP 的产生

如前所述，传统的库存订货点法，是彼此孤立地推测每项物料的需求量，而不考虑它们之间的联系，从而造成库存积压和物料短缺同时出现的不良局面，这样既增加成本又影响生产。1965 年，美国 IBM 公司的管理专家约瑟夫·A. 奥列基（Joseph A. Orlicky）博士提出了"物料独立需求和相关需求"的概念，由计算机辅助编制的物料需求计划（Material Requirements Planning，MRP）由此诞生。

(1) 独立需求项目：如果某项物料的需求量不依赖于企业内其他物料的需求量而独立存在，则称为独立需求项目。

(2) 非独立需求项目：如果某项物料的需求量可由企业内其他物料的需求量确定，则称为非独立需求项目或相关需求项目。

（二）MRP 的处理过程

MRP 通过产品结构 BOM 把所有物料需求联系起来，考虑不同物料需求之间的相互匹配关系，把所有物料按需求性质区分为独立需求项目和非独立需求项目，并分别加以处理，从而使各种物料的库存在数量和时间上均趋于合理。独立需求项目的需求量和需求时间通常由预测、客户订单、厂际订单等外在因素决定，而非独立需求项目的需求量和时间则由 MRP 系统决定。

MRP 主要用于订货管理和库存控制，其系统目标是根据市场需求预测和管理订单，围绕主生产计划（Master Production Schedule，MPS），通过物料清单（Bill of Material，BOM）计算和生产提前期推算等，保证在正确的时间、正确的地点，按照规定的数量得到真正需要的物料，通过各种物料真正需要的时间确定订货与生产日期，以避免造成库存积压。这一过程如图 1—4 所示。

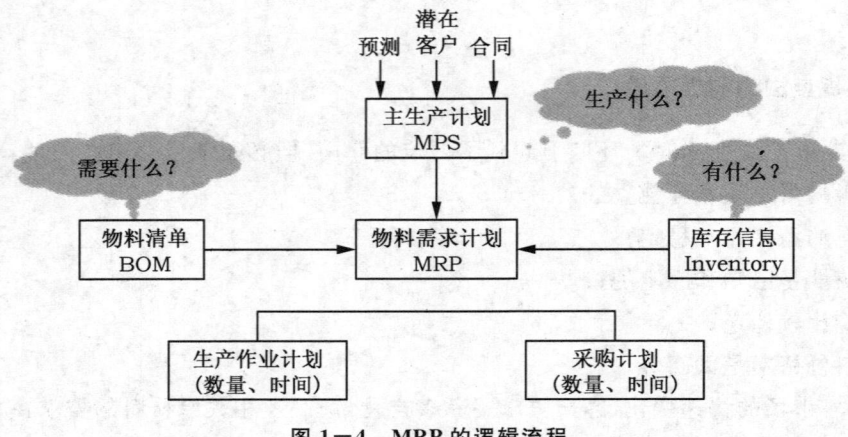

图 1—4　MRP 的逻辑流程

(三)MRP 的前提条件和基本假设

目前,人们建立和使用的 MRP 系统已成为一种标准的形式。这种标准形式包含的系统运行所依据的某些前提条件和基本假设如下:

(1)要求赋予每项物料一个独立的物料代码。这些物料包括原材料、零部件和最终产品。这些物料代码不能有二义性,即两种不同的物料不得有相同的代码。

(2)要有一个主生产计划。也就是说,要有一个关于生产何种产品和何时产出的计划。该计划只考虑最终项目,最终项目可能是产品,也可能是处于产品结构中最高层次的装配件,这些装配件可根据总装配计划装配成不同的产品。主生产计划考虑的时间范围即计划展望期,取决于产品的累计提前期,也就是取决于产品所有零部件的生产提前期和采购提前期累计之和。

(3)在计划编制期间必须有一个通过物料代码表示的物料清单。物料清单是产品结构文件,它不仅罗列出某一产品的所有构成项目,还要指出这些项目之间的结构关系,即从原材料到零件、组件,直到最终产品的层次隶属关系。

(4)要有完整的库存记录。也就是说,所有在 MRP 系统控制下的物料都要有相应的库存记录。

MRP 的发展得益于计算机的使用,在计算机应用之前,人工要用 6~13 周计算物料需要量,因此只能按季订货,这样 MRP 方法也不见得比订货点方法优越。然而应用计算机之后,情形就大不相同了,计算物料需求量的时间被缩短至 1~2 天,订货日期短,订货过程快,可以由每季订货该为每月订货了。因此,MRP 成为人们管理物料的公认的好方法,也是 ERP 的核心。

- **BOM(Bill of Materials)——物料清单**

BOM 即产品结构信息,罗列出从原材料到零件、组件,直到最终产品的层次隶属关系。按照加工过程划分层次,建立下层物料和上层物料的隶属关系,通常上层称为母件,下层称为组件。BOM 示例如图 1—5 所示。

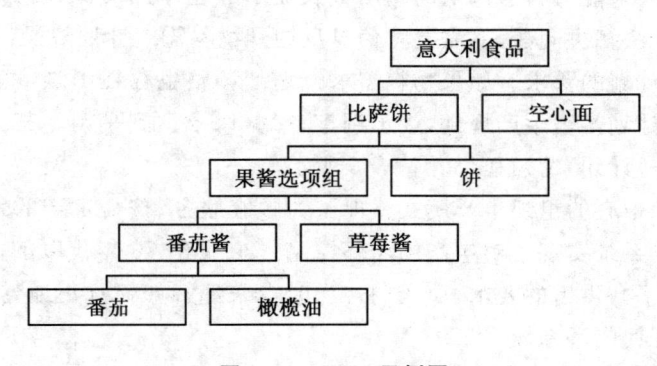

图 1—5 BOM 示例图

● MPS(Master Production Schedule)——主生产计划

计划时间内每一时间周期(月、周、旬等)最终成品计划的生产量。它表示计划需求每种成品(产品)的数量和时间。产品生产计划由市场预测和用户订单确定,产品主生产计划是 MRP 的基本输入,有些企业除生产成品外,同时还生产(并销售)用于维修或试验用的备件、部件,它们属于独立需求。这些备件、部件的品种、数量需求时间等也应该通过预测及用户订货确定,并输入 MRP 系统中。

三、闭环 MRP(物料与生产管理集成)

上述基本 MRP 物料需求计划还仅仅是生产管理的一部分,并且是建立在主生产计划可行的前提下。物料需求计划要通过车间作业管理和采购作业管理来实现,而且还必须受到生产能力的约束,以及社会环境和企业内部环境的制约。因此,只有基本 MRP 还是很不够的。于是,在基本 MRP 的基础上,人们又提出了闭环 MRP 系统。

(一)闭环的两层含义

第一层含义是指把能力需求计划(Capacity Requirements Planning,CRP)、车间作业计划、采购作业计划和 MRP 集成起来,形成一个封闭系统。

第二层含义是指在计划执行过程中,必须有来自车间、供应商和计划人员的反馈信息,并利用这些反馈信息进行计划调整平衡,从而使生产计划方面的各个子系统得到协调统一。

(二)闭环 MRP 的处理过程

闭环 MRP 系统中的各个环节是相互联系、相互制约的。首先对需求信息和企业的生产规划进行细化和分解,制订主生产计划,然后进行生产能力与负荷分析。只有通过对该过程的分析,才能达到主生产计划基本可靠的要求。然后在此基础上制订物料需求计划,再将企业自身的生产能力与物料需求计划所要求的生产能力进行比较和平衡,进而形成能力需求计划。能力需求计划的计算过程是根据物料需求计划的时间和数量换算成能力需求数量,从而生成能力需求报表的。如果能力需求计划的输出报表显示超过车间负荷,就需要重新安排能力需求计划;如果依然无法解决问题,就需要将信息反馈到物料需求计划阶段,调整物料需求计划,使之适应能力需求计划的要求。如果物料需求计划的调整也存在困难,就需要将信息进一步向上反馈到主生产计划甚至生产规划,逐步调整计划,以求达到平衡。其工作是一个"计划—实施—评价—反馈—计划"的过程,如图 1—6 所示。

MRP 以物料为中心的组织生产模式体现了为顾客服务、按需定产的宗旨,计划统一且可行,并且借助计算机系统实现了对生产的闭环控制。20 世纪 70 年代以前,计算机的能力尚不能满足使计划随时平衡供需的要求,而人们在当时也未理解如何真正地驾驭计划来做到这一点,所以很难发现任何闭环系统。

```
        ┌──────────────┐
     ┌─▶│   经营规划    │◀─┐
     │  └──────┬───────┘  │
     │  ┌──────▼───────┐  │
     │  │ 销售与运营规划 │◀─┤
     │  └──────┬───────┘  │
     │  ┌──────▼───────┐  │
     │  │   主生产计划   │◀─┤
     │  └──────┬───────┘  │
     │  ┌──────▼───────┐  │
     ├─▶│  物料需求计划  │◀─┤
     │  └──────┬───────┘  │
     │  ┌──────▼───────┐  │
     ├─▶│  能力需求计划  │  │
     │  └──────┬───────┘  │
     │       ╱      ╲    │
     │      ╱是否可行?╲───┤否
     │      ╲        ╱    │
     │       ╲  是  ╱    │
     │  ┌──────▼───────┐  │
     │  │   执行能力计划 │──┤
     │  └──────┬───────┘  │
     │  ┌──────▼───────┐  │
     └──│   执行物料计划 │──┘
        └──────────────┘
```

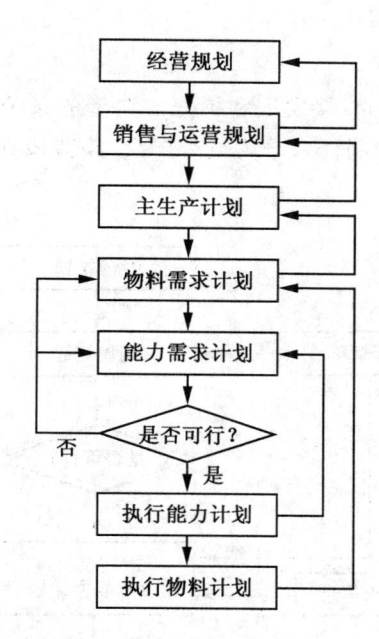

经营规划：企业的战略规划，以确定企业的经营目标和战略。

销售与运营规划：确定每一个产品族的生产率，通常按月表示，展望期为 1～3 年。

主生产计划：对销售与运营规划做进一步的分解，按产品或最终项目确定生产量。一般以周为时区单位，展望期为 3～18 个月。

物料需求计划：对主生产计划做进一步的分解，确定物料清单各个层次上的物料需求的数量和时间。

能力需求计划：平衡和调整由物料需求计划所产生的能力需求与企业的实际生产能力之间的关系。由于企业的生产能力是有限的，所以物料需求计划要受能力需求计划的约束。

图 1－6 闭环 MRP 的逻辑流程

四、MRP Ⅱ（制造资源计划）

（一）MRP Ⅱ 的提出

闭环 MRP 系统的出现使生产计划方面的不同子系统得到了统一。但在企业管理中，生产管理只是一个方面，所涉及的只是物流，而与物流密切相关的还有资金流。资金流在许多企业中是由财会人员另行管理的，由此造成了数据的重复录入和处理；甚至出现了系统间数据的不一致。

1977 年 9 月，美国著名的生产管理专家奥列弗·W. 怀特（Olive W. Wight）率先提出了制造资源计划（Manufacturing Resource Planning）这一概念，即把生产活动中的主要环节，包括销售、财务、成本、工程技术等与闭环 MRP 集成一体化的系统，去掉不必要的重复，共享数据，减少冲突，使闭环 MRP 又向前迈了一大步，使其成为管理整个企业的一种综合性的制订计划的工具。其英文缩写恰巧也是 MRP，为了与原来的物料需求计划相区别而被记作"MRP Ⅱ"。MRP Ⅱ 后来逐渐得到了企业界的普遍认可，在制造业得到了广泛的应用。

(二) MRP Ⅱ 的处理过程

MRP Ⅱ是闭环 MRP 系统的直接发展和扩充。典型的系统逻辑流程如图 1-7 所示。从图中可以看出,MRP Ⅱ的计划控制体系分为五个层次:经营规划、销售规划、主生产计划、物料需求计划和能力需求计划。

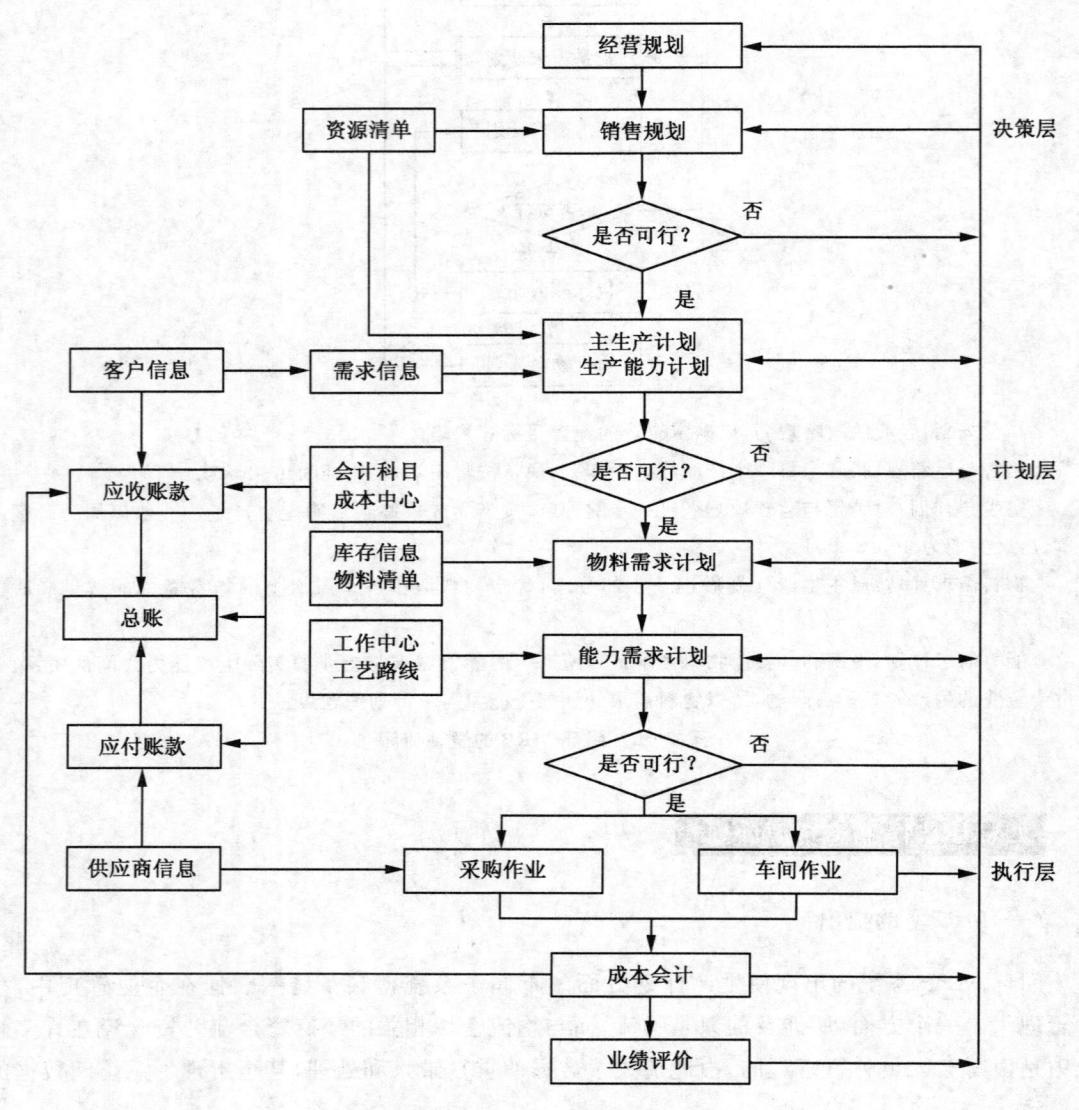

图 1-7　MRP Ⅱ 的逻辑流程

(1) 经营规划和销售规划属于宏观规划——决策层。

MRP Ⅱ 的计划管理始于经营规划,通过市场调查并结合企业的战略目标制定,一般要会同企业的生产、财务、销售、技术等部门共同制定,在经营规划的基础上确定销售规划。

(2) 物料需求计划和能力需求计划属于战术层——计划层。

在销售规划基础上制订的主生产计划属于宏观向微观的过渡;基于主生产计划的物料需

求计划是根据最终产品的数量和交货期,计算零部件及原材料的需求数量及时间,属于对物料需求的具体计划;能力需求计划则是用来核算能力与负荷的平衡情况,是对生产能力需求的具体计划。

(3)车间作业计划和采购作业计划等属于执行计划——执行层。

(三)MRP Ⅱ 的特点

(1)MRP Ⅱ 把企业中的各个子系统有机地结合起来,所有人工、物料、设备、能源、市场、资金、技术、空间、时间等制造资源都被考虑进来,使得每个员工都能从系统整体出发,十分清楚自己的工作质量同其他业务的关系。

(2)MRP Ⅱ 的所有数据都来源于企业的中央数据库,各子系统在统一共享的数据环境下工作。物流是核心,主线是计划,伴随着物流的过程,同时存在资金流和信息流。

(3)MRP Ⅱ 系统能够最大限度地缩短产品的生产周期和零部件、原材料的加工或采购提前期,压缩不必要的库存和在制品,减少资金的占用。确保按计划、按时、按需、按量地提供产品、零部件及原材料,实行对产品成本进行事前计划、事中控制、事后分析以及审核的控制。

(4)MRP Ⅱ 具有模拟功能,能根据不同的决策模拟出各种未来将会发生的结果。因此,它也是企业高层领导的决策工具。

(5)MRP Ⅱ 系统提高了企业的应变能力,从根本上提高企业的管理水平,从而实现企业制造资源的整体优化。

五、ERP(企业资源计划)

(一)ERP 产生的背景

由于经济全球化和市场国际化的发展趋势,制造业所面临的市场竞争更趋激烈。面对竞争企业积极地转变经营战略,不断地由传统的"以企业自身为中心"向"以客户为中心"转变,实施"以客户为中心",基于时间、面向供应链成为新形势下制造业发展的基本动向,是20世纪90年代企业在经营战略方面的重大转变。传统企业与现代企业的比较如表1—1所示。

表 1—1　　　　　　　　　　传统企业与现代企业比较

	传统企业	现代企业
经营战略	以企业自身为中心	以客户为中心
组织形式	按职能划分的层次结构	动态的、可组合的弹性结构
管理方式	着眼于纵向的控制和优化	着眼于横向供应链的控制和优化
生产过程	产品驱动,标准生产流程	销售驱动,弹性生产流程
影响购买因素	价格处于第一位	交货期处于第一位
生产目标	成本、质量、交货期	交货期、质量、成本
客户和供应商	被视为外部对象	企业受控对象的一部分

实施以客户为中心的经营战略就要对客户需求迅速做出响应,并在最短的时间内向客户交付高质量和低成本的产品。这就要求企业能够根据客户需求迅速选配、重组业务流程,消除业务流程中非增值的无效活动,变顺序作业为并行作业,在所有业务环节中追求高效率和及时响应。特别是企业的组织必须是灵活的、动态可变的,又必须扩大企业的控制范围,面向整个供应链,把从供应商到客户的全部环节都集成起来。显然,这种需求变化是传统MRPⅡ软件所难以满足的,而必须转向以客户为中心、基于时间、面向供应链为基本特点的ERP系统。而面向对象的技术、计算机辅助软件工程以及开放的客户机/服务器(C/S)计算环境,又为实现这种转变提供了技术基础,于是ERP应运而生。

(二) ERP的提出

1990年4月12日,Gartner公司发表的以"ERP:下一代MRPⅡ的愿景设想"为题,由L.威利(L. Wylie)署名的研究报告,倡导了ERP的概念。这份研究报告虽然只有两页纸,但却是一份极具前瞻性的精辟设想。

Gartner公司通过软件功能范围、软件应用环境、软件功能增强和软件支持技术等一系列功能标准界定了ERP系统,其主要功能标准包括以下四个方面:(1)超越MRP范围的集成功能。包括质量管理、实验室管理、流程作业管理、配方管理、产品数据管理、维护管理、管制报告和仓库管理。(2)支持混合方式的制造环境。既可支持离散型制造环境又可支持流程型制造环境,按照面向对象的业务模型重组业务过程的能力以及在国际范围内的应用。(3)支持能动的监控能力,提高业务绩效。在整个企业内采用计划和控制方法、模拟功能、决策支持能力和图形能力。(4)支持开放的客户机/服务器计算环境。具体要求为:客户机/服务器体系结构;图形用户界面(GUI);计算机辅助软件工程(CASE);面向对象技术;关系数据库;第四代语言;数据采集和外部集成(EDI)。

上述四个方面反映了至20世纪90年代,对制造系统在功能和技术上的客观需求。之后,Gartner公司又陆续发表了一系列的分析和研究报告,多次对各ERP公司就技术与功能两方面提出分析评价报告。Gartner公司在报告中指出,随着信息化管理需求的发展,有必要对传统的MRPⅡ软件包提出新的评价标准。报告中列出了两个评价核查表:一个是针对技术环境的,另一个是针对系统功能的。

(三) 常见"英文三字经"应用系统

20世纪90年代初,互联网还处在萌芽期,直到1993年还被称为"信息高速公路",当时外部集成的内容仅仅提及电子数据交换(EDI)。要实现Gartner公司提出的这些功能要求,是任何一家MRPⅡ产品供应商都无法独立实现的。于是出现了不同公司分头开发的局面,出现了以"英文三字经"命名的各种应用系统。

(1)产品研发集成方面:在原有计算机辅助设计(CAD)的基础上,出现了产品数据管理(PDM)、产品生命周期管理(PLM)和网络设计性质的协同产品商务(CPC)。

(2)核心业务集成方面:在MRPⅡ的基础上,出现了制造执行计划系统(MES)、企业资产管理系统(EAM)、人力资源管理系统(HR)、办公自动化系统(OA)等。

(3)数据采集方面:除当时离散制造的统计过程控制(SPC)和流程制造的分布式控制系统

(DCS)外,MES在数据采集方面也起到了一定的作用。近年来取得重大发展的射频识别技术(RFID)则兼有数据采集和存储的功效。

(4)外部集成方面:出现了客户关系管理(CRM)、供应链管理(SCM)、供应商关系管理(SRM)、仓库管理系统(WMS)和运输管理系统(TMS)等。

(5)图形分析方面:在数据仓库(DW)、数据挖掘(DM)和在线分析处理(OLAP)技术的基础上,开发出商务智能(BI),并结合关键业绩指标(KPI)发展为目前比较热门的企业业绩管理系统(EPM 或 BPM)。

对于众多的"英文三字经",如果从 Gartner 公司的 ERP 原始定义去认识,就不难理解它们之间的相互关系。这些分散开发的应用系统,本来就同属于一个集成的整体,在条件成熟时又逐渐聚合,形成一种 ERP 或电子业务套件的产品模式。1990 年 Gartner 公司的报告中还没有正面提出"管理整个供应链"的概念,而是在随后几年有关 ERP 的文献中明确的,但是实现"内外"信息集成已经含有管理供应链的萌芽。

(四)ERP 的特点

ERP 作为企业管理思想,是一种新型的管理模式;而作为一种管理工具,同时又是一套先进的计算机管理系统。为此,在不到 10 年内,它很快就被人们认同和接受,并为许多企业带来了丰厚的收益。随着 ERP 的发展和应用,ERP 至今已有更深厚的内涵,概括起来主要有以下几方面的特点,这也是 ERP 区别于 MRP Ⅱ 的不同之处:

(1)ERP 更加面向市场,面向经营,面向销售,能够对市场快速响应,它将供应链管理功能包含进来,强调供应商、制造商与分销商之间新的伙伴关系,支持在线分析处理(OLAP)、售后服务及质量反馈;支持生产保障体系的实验室管理、设备维修和备品备件管理;支持跨国经营的多国家(地区)、多工厂、多语种、多币制需求;支持多种生产类型或混合型制造企业;支持远程通信、Web/Internet/Intranet/Extranet、电子商务、电子数据交换(EDI)等。

(2)ERP 更强调企业流程与工作流,通过工作流实现企业的人员、财务、制造与分销间的集成,支持企业流程重组。

(3)ERP 更多地强调财务功能,具有较完善的企业财务管理体系,这使得价值管理概念得以实施,资金流与物流、信息流更加有机地结合。

(4)ERP 较多地考虑了人作为一项企业资源在生产经营规划中所起的作用,也考虑了人的培训成本等。

(5)在生产制造计划中,ERP 支持 MRP Ⅱ 与及时生产(JIT)的混合生产管理模式,也支持多种生产方式的管理模式。

(6)ERP 采用了最新的计算机技术,如客户端/服务器(C/S)分布式结构、浏览器/服务器(B/S)结构、面向对象技术、软构件技术、多数据库集成、图形用户界面、第四代语言及辅助工具等,支持 Internet/Intranet/Extranet、电子商务、电子数据交换(EDI),还能实现不同平台间的相互操作。

此外,有的 ERP 系统还包括金融投资管理、质量管理、运输管理、项目管理、法规与标准、过程控制等补充功能。这些都有助于支持企业经营管理各方面的集成,促进企业物流、信息流与资金流的集成和统一,进而给企业带来更广泛、更长远的经济效益与社会效益。应当说,

ERP 是以 ERP 管理思想为核心，以 ERP 管理软件与相关人机系统为基础的现代企业管理系统。

（五）ERP、MRP Ⅱ、MRP 之间的关系

ERP 是一种保证既不出现短缺，又不积压库存的计划方法，解决了制造业所关心的缺件与超储的矛盾。所有 ERP 软件都把 MRP 作为其生产计划与控制模块，MRP 是 ERP 系统不可缺少的核心功能。

MRP Ⅱ 系统主要包括的生产制造、供销存和财务三大部分，依然是 ERP 系统的重要组成部分。ERP 是在 MRP Ⅱ 的基础上扩展了管理范围，给出了新的结构，把客户需求和企业内部的制造活动以及供应商的制造资源整合在一起，体现了完全按用户需求制造的思想，它必然体现物流与资金流信息的集成。所以，MRP Ⅱ 的信息集成内容已经包含在 ERP 系统之中，形象地说，MRP Ⅱ 已"融化"在 ERP 之中，而不是"不再存在"。

ERP、MRP Ⅱ、MRP 之间的关系如图 1-8 所示。

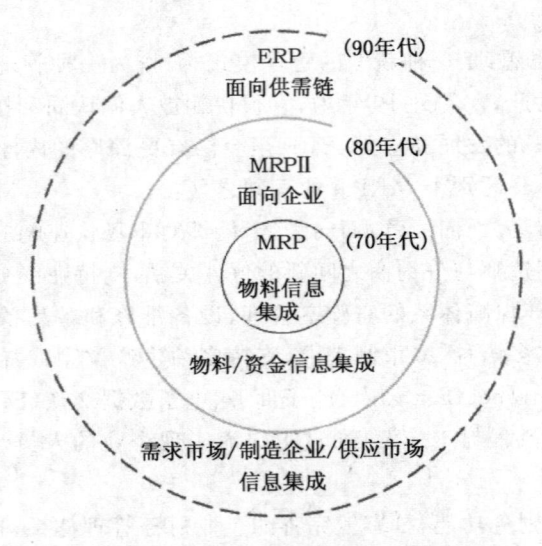

图 1-8 ERP、MRP Ⅱ、MRP 之间的关系

六、业界关于 ERP Ⅱ 的讨论

在上述发展阶段的基础上，2000 年 Gartner 公司又提出了 ERP Ⅱ 的概念。ERP Ⅱ 的出台，在国内曾掀起了一阵"ERP 过时论"的轩然大波，有些人大谈 ERP 已是"明日黄花"。一些网站开展了大讨论，多数评论是理性的，对"过时论"持否定态度。通过对 ERP 与 ERP Ⅱ 的比较，可以发现两者的定义是有矛盾的，现在提出的 ERP Ⅱ 是突出"外部集成"这个特点，而这点实际上在 ERP 功能界定上早已经提出，由于在那个时期，IT 还落后于 ERP 理念的需求，难以实现 ERP 的功能，从而造成 ERP 在很长一段时期还只能停留在内部信息集成的层次。可以说，ERP Ⅱ 是在"ERP 是面向企业内部管理"的理解基础上提出来的，或者说，是在"ERP 未能实现它最初预期愿景"的情况下提出来的。

但 ERPⅡ 的提出还是有积极意义的。相比 ERP，ERPⅡ 提出采用更加先进的开放标准，采用基于组件或构件开发平台的体系结构，更有利于适应各种"与时俱进"管理思想的发展和需求，向着实现企业内、外部各种应用系统信息集成方向迈进。尽管国外网上有评论认为"ERPⅡ 不过是新瓶装旧酒……都是 ERP 已有的功能"，但亚泰区副总裁 B. 邦德(B. Bond)等人的报告中至少有两点是应当肯定的：一是从管理方面提出了"协同商务"的管理运营模式；二是从技术方面提出了为实现协同商务所必须具备的技术条件，即"企业应用系统集成 EAI 和中间件"。

美国生产与库存管理协会(APICS)在倡导和推行 MRP/MRPⅡ 制造业信息化方面起到了不可磨灭的作用。进入 ERP 时代，主导信息化进程的是 Gartner 等众多的信息化管理研究分析公司、ERP 公司和专业网站。

综观 ERP 的发展，从订货点法到 MRP，到 MRPⅡ，再到 ERP，经历了大约 40 多年的时间，它们之间的关系是不断完善、补充和扩展的。后者发展包罗前者，而不是取代否定，ERP 各阶段功能扩展关系如图 1-9 所示。每个阶段的发展与完善都是紧紧伴随着企业管理思想、管理理念的发展成熟而变化的，都是与当时的市场环境需求、企业管理模式变革和技术条件进步紧密联系在一起的，并且集成范围越来越大。

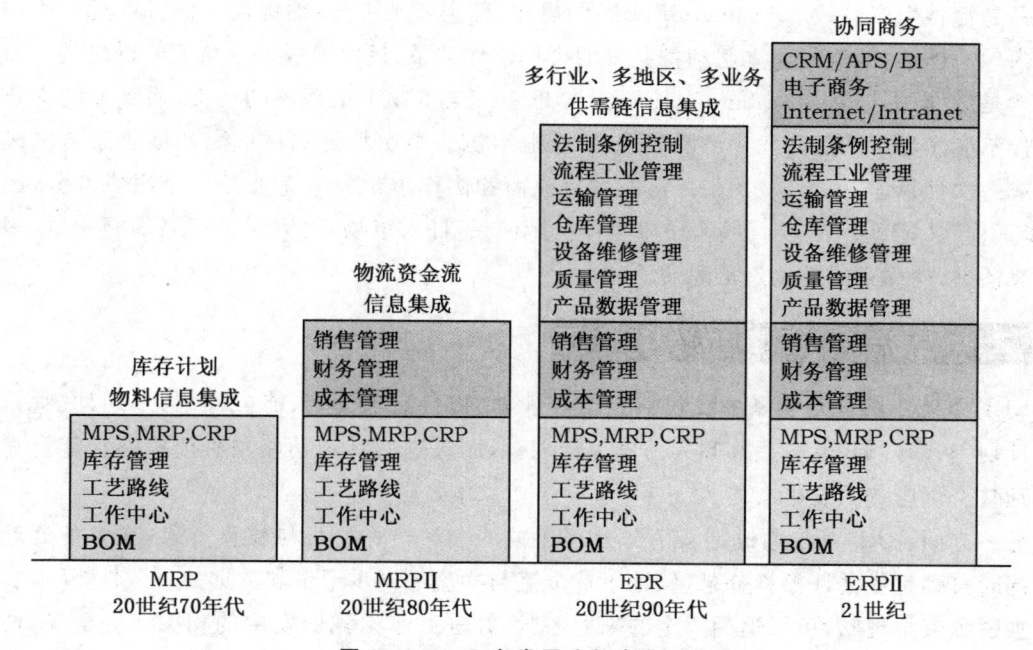

图 1-9 ERP 各发展阶段功能扩展

● **GRP 概念的提出**

ERP 的概念和应用以企业信息化领域为核心，目前已逐渐深入到了政府、商贸等其他相关行业。基于我国电子政务建设的艰巨性、深刻性和重要性，北京用友政务公司于 2000 年结合 ERP 相关理论和实践，在政府信息化领域，首次提出 GRP(政府资源规划)理念。GRP 管理思想的核心是政务流程管理和政府资源集成。

第三节　ERP 核心管理思想

ERP 是信息时代现代企业向国际化发展的更高层次的管理模式，其核心思想是供应链管理。ERP 所包含的管理内涵是非常广泛和深刻的，主要体现在以下三个方面：

一、体现管理整个供应链的思想

ERP 的核心管理思想就是实现对整个供应链的有效管理，现代企业的竞争已不再是单一企业与单一企业之间的竞争，而是一个企业所处的供应链与另一个企业所处的供应链之间的竞争，即企业不但要依靠自己的资源，还必须把经营过程中的有关各方，如供应商、制造工厂、分销网络、客户等纳入一个紧密的供应链体系，这样才能在市场上获得竞争优势。ERP 系统正是适应了这一市场竞争的需要，实现了对整个企业供应链的管理。

二、体现精益生产和敏捷制造的思想

ERP 系统支持对混合型生产方式的管理，其管理思想表现在两个方面：

一是精益生产（Lean Production，LP）的思想，即企业把客户、销售代理商、供应商、协作单位纳入生产体系，同他们建立起利益共享的合作伙伴关系，进而组成一个企业的供应链。

二是敏捷制造（Agile Manufacturing）的思想。当市场上出现新的机会，而企业的主要合作伙伴不能满足新产品开发生产的要求时，企业组织一个由特定的供应商和销售渠道构成的短期或一次性供应链，形成"虚拟工厂"，把供应商和协作单位看成企业的一个组成部分，运用"同步工程"（SE）组织生产，在最短的时间内将新产品打入市场，时刻保持产品的高质量、多样化和灵活性，这就是敏捷制造的思想。

三、体现事先计划和事中控制的思想

ERP 系统中的计划体系主要包括主生产计划、物料需求计划、能力计划、采购计划、销售执行计划、利润计划、财务预算和人力资源计划等，而且这些计划功能与价值控制功能已完全集成到整个供应链系统中。

另一方面，ERP 系统通过定义事务处理相关的会计核算科目与核算方式，在事务处理发生的同时自动生成会计核算分录，保证了资金流与物流的同步记录和数据的一致性，从而实现了根据财务资金现状，可以追溯资金的来龙去脉，并进一步追溯所发生的相关业务活动，便于实现事中控制和实时做出决策。

此外，计划、事务处理、控制与决策功能都在整个供应链的业务处理流程中实现，要求在每个流程业务处理过程中最大限度地发挥每个人的工作潜能与责任心，流程与流程之间则强调人与人之间的合作精神，以便在有机组织中充分发挥每个人的主观能动性与潜能，实现企业管理从"高耸式"组织结构向"扁平式"组织机构的转变，提高企业对市场动态变化的响应速度。

ERP 的管理思想主要体现在企业日常工作流程处理和实施过程中，因此，业务流程再造（Business Process Reengineering，BPR）就是将 ERP 管理思想融入企业管理过程。

第四节　ERP 带来的效益

一、ERP 的企业价值

应用 ERP 的价值就在于通过系统的计划和控制等功能,结合企业的流程优化,有效地配置各项资源,以加快对市场的反应,降低成本,提高效率和效益,从而提升企业的竞争力。

(一) ERP 的应用可以优化企业组织结构

ERP 的应用首先是优化企业组织结构,减少管理层次,规范企业的内部管理,这必将增强企业对市场的敏感程度以及对市场的反应速度,降低管理成本,大大提高企业对市场的应变能力。

(二) ERP 的应用可以降低企业综合经营成本

譬如,库存管理系统可以为企业建立动态的合理库存,在不出现库存短缺的情况下,尽量减少库存;采购管理系统可以为企业缩短采购提前期,建立更为合理科学的采购周期,从而减少资金占用周期和断货情况;销售管理系统可以为企业决策者提供每天某段时间各类物品的销售情况和客户应收账款情况,为企业采购、库存提供科学的依据等。

更为重要的是,ERP 整合了企业集团的综合优势,加强了企业内各部门、各子公司之间的相互协调,使之有机地结合在一起。这样就避免了企业各部门之间各自为战、盲目决策的情况出现,减少了管理上的失误,减少了企业内部因不协调而造成的人力、物力、财力等资源的浪费。

(三) ERP 的应用可以加强企业内部的监管力度并且发挥集团的优势

对于大型企业及企业集团来说,ERP 的应用可以强化总公司对各部门各子公司财务、经营情况的监管力度,避免企业内部监管不力而造成的损失。同时,ERP 的应用能充分发挥集团优势,可以低成本扩展销售网点,建立覆盖面更为广阔的销售服务网络,从而达到低成本扩大销售市场的目的。

(四) 应用 ERP 可以使企业内部及企业与客户之间达到信息共享

应用 ERP 可以使企业内部各子公司之间、部门之间以及企业与客户之间达到充分的信息共享。企业可以为客户提供更高层次的信息化服务,加强企业与客户之间的有机联系,从而赢得客户,赢得市场。

可以说,企业实施 ERP 管理,能使企业由过去静态的、片面的、孤立的管理变成动态的、全面的、网络化的理性管理,从而使企业成为一个有机整体,提高企业的竞争力,强化企业内部管理,综合降低企业制造成本及经营成本,提高企业盈利能力。

二、ERP应用能解决的实际问题

（一）ERP能解决物料短缺与库存积压之间的矛盾

在库存管理的问题上，企业经常处于两难之中。要多存物料，肯定会占用资金；而少存物料，又担心物料会短缺，影响生产。物料短缺和库存积压总是同时存在，并成为库存管理的难题。

面对动态的生产过程，用手工方式来计算物料的采购需求量是非常困难的，只能大概估计，而且一般来说要估计得多一些、买得多一些。因为买多了，不会有人提意见，而买少了，一定会受到指责。而且，买多了也没有人去查，即使有人查，也查不清。因此，很多企业的仓库里都存放着许多陈年呆废的材料，而且谁也搞不清楚这些呆料是怎么产生的，而另一方面，所存的往往并不是所需要的，这样，物料短缺就出现了。可见，既有物料短缺又有库存积压是手工管理条件下的一笔糊涂账。

只要想办法解决好供需平衡关系，这个问题自然就会得到解决。ERP的核心部分MRP恰好就是为解决这个问题而发展起来的，从MRP的基本逻辑来看就会发现，MRP所追求的正是既要满足需求，又没有库存积压。换言之，就是要在正确的时间以正确的数量得到正确的物料。所以，通过ERP可以使同时存在物料短缺和库存积压的问题得到有效的解决。

（二）ERP能解决多变的市场与均衡生产之间的矛盾

市场是多变的，而企业希望生产活动是均衡的，这是制造企业面对的一对基本矛盾。但面向市场，以客户需求驱动生产，并不意味着让企业的生产活动亦步亦趋地去追踪需求，只要在一个时间段内让生产的产品与市场需求相匹配就可以了。事实上，以亦步亦趋地追踪需求来安排生产对于企业是非常有害的，而且也不是总能做到的。

ERP系统的计划功能就是要使一段时间内的生产计划量和市场需求在总量上相匹配，而不是追求每个具体时刻上的市场需求都能与生产计划量相匹配。在这段时间内，即使需求发生变化，但只要需求总量不变，就可以保持相对稳定和均衡的生产计划。所以，通过ERP可以解决多变的市场与均衡生产之间的矛盾。

（三）ERP能保证供货承诺

要提高市场竞争力，就要迅速响应客户需求，并按时交货。但是，在手工管理的情况下，销售人员很难对客户做出准确的供货承诺。究其原因，最主要的是由于企业缺少一份准确的生产计划，对于正在生产什么以及随时发生的变化很难得到准确和及时的反映。因此，供货承诺只能凭经验做出，以至于按时供货得不到保证。

有了ERP，在主生产计划的支持下，市场销售和生产制造部门可以有效地合作。ERP系统会根据产、销两方面的变化，随时更新对客户的可承诺量数据。只要把客户对某种产品的订货量和需求日期录入ERP系统，就可以得到客户需求信息和承诺量。这样，销售人员在做出供货承诺时，就可以做到心中有数。

(四) ERP 能提高质量并降低成本

通过 ERP，企业的所有员工在自己的岗位上按部就班地做着自己的工作，但合起来就是在执行一项统一的运营计划。执行一项协调统一的运营计划，当然比被一组混乱的计划所驱使要愉快得多。通过 ERP 系统，员工的工作更有秩序，而不是忙于"救火"。在这种情况下，员工的工作质量提高了，出废品的概率降低了。于是，提高生产率、提高产品质量、降低成本、增加利润都是相伴而来的事情。

(五) ERP 能改变企业中的部门本位观

传统的企业观强调分工，因此，人们往往更注重本部门的利益。而 ERP 强调企业的整体和流程，它把生产、财务、销售、工程技术、采购等各个子系统结合成一个一体化的系统，各子系统在统一的数据环境下工作。

把 ERP 作为整个企业的通信平台，可以加强企业整体合作的意识。通过准确和及时的信息传递，把大家的精力集中在同一个方向上，以流程的观点和方式来运营和管理企业，而不是把企业看作一个个部门的组合。每个部门可以更好地了解企业的整体运营机制，更好地了解本部门以及其他部门在企业整体运作中的作用和相互关系，从而可以改变企业中的部门本位观。

(六) ERP 的应用不再局限于制造业

随着市场经济的发展，服务业也得到了充分的发展机遇。服务业的发展是现代经济发展的显著标志。金融业已成为现代经济的核心，信息产业日益成为现代经济的主导，这些都在客观上要求有一个具有多种解决方案的新型管理信息系统来计划和控制它们的资源。面对这种新的需求，国外和国内主要的 ERP 软件供应商，都推出了多种行业的解决方案，并且顺理成章地把它们的触角伸向各个行业，其中除了传统的制造业外，还有金融业、高科技产业、邮电与通信业、能源、公共事业、商业与零售业、外贸行业、新闻出版业、咨询服务业、医疗保健业和宾馆酒店等行业。在这样的应用过程中，供需双方都沿用了 ERP 的名称，从而使 ERP 的应用范围大为扩展。

ERP 应用范围逐渐扩大、不再限于制造业的发展趋势既非理论家的设计，也非中国特有的现象。这是一种市场需求驱动的结果，发展到一定的程度，理论界也会接受既成的事实。但是，尽管如此，ERP 的主流应用仍然是在制造业中，其原理和方法的核心部分还是体现在制造业的应用之中。

三、ERP 的定量效益和定性效益

随着 ERP 的发展，它为企业带来的多方面的效益已经显现。以下将从两方面讨论 ERP 为企业带来的效益，即定量效益和定性效益。

(一) 定量效益

1. 降低库存投资

(1) 降低库存量：使用 ERP 系统之后，由于有了好的需求计划，在恰当的时间可以得到恰当的物料,从而可以不必保持很多的库存。根据统计数字,在使用 ERP 系统之后,库存量一般可以降低 20%～35%。

(2) 降低库存管理费用:库存量降低会导致库存管理费用的降低,其中包括仓库维护费用、管理人员费用、保险费用、物料损坏和失窃等。库存管理费用通常占库存总投资的 25%。

(3) 减少库存损耗:一方面,由于库存量减少,库存损耗也随之减少;另一方面,MRP 对库存记录的准确度有相当高的要求,为了保证库存记录的准确性,就要实行循环盘点法。这样就能够及时发现造成库存损耗的原因,并及时予以消除,进而使库存损耗减少。

2. 降低采购成本

ERP 把供应商视为自己的外部工厂,通过供应商计划法与供应商建立长期稳定、双方受益的合作关系。这样,既保证了物料供应,又为采购人员节省了大量的时间和精力,使他们可以对采购工作进行有价值的分析。

采购计划法既提高了采购效率,又降低了采购成本。有资料表明,使用 ERP 可以使采购成本降低 5%。

3. 降低制造成本

由于库存费用下降,随之产生的劳力节约、采购费用节省等一系列人、财、物的效应必然会引起生产成本的降低,通常可降低 12%。

4. 提高生产率

(1) 提高直接劳力的生产率:使用 ERP 之后,由于减少了生产过程中的物料短缺,从而减少了生产和装配过程的中断,所以直接劳力的生产率得到提高。有资料表明,生产线生产率平均提高 5%～10%,装配线生产率平均提高 25%～40%。

(2) 提高间接劳力生产率:以 ERP 作为通信工具,减少了文档及其传递工作,减少了混乱和重复的工作,从而提高了间接劳力的生产率。有资料表明,间接劳力生产率可以提高 25%。

(3) 减少加班:过多的加班会严重降低生产率,还会造成过多的库存。使用 ERP,可以提前制订能力需求计划,从而减少加班。有资料表明,加班时间可以减少 50%～90%。

5. 提高客户服务水平

要提高市场竞争力,既要有好的产品质量,又要有高水平的客户服务。要提高客户服务水平,就必须有好的产销配合。ERP 系统作为计划、控制和通信的工具,使得市场销售和生产制造部门可以在决策以及日常活动中有效地相互配合,从而可以缩短生产提前期,迅速响应客户需求,并按时交货,而客户服务水平的提高将带来销售量的提高。

6. 增加利润

根据上述分析,库存投资降低、采购成本降低、生产率提高、销售收入增加,利润总额就会相应增加,同时现金总收益也会增加。另外,客户服务水平的提高,可以减少应收账款;而信息准确、情况明确,可以使应付账款的管理更加精确。

(二)定性效益

定性效益相比定量效益,内涵往往更深刻。定量效益更多地反映企业的业绩表现,而定性效益更多地反映企业的行为实践。两者有密切的关系,但又并非总是完全一致的。有时,企业虽然没有好的行为实践作为支持,但是,也可能有好的业绩表现。不过,这种好的业绩表现肯定是脆弱的和暂时的。反之，如果一个企业有好的行为实践，则其业绩表现必定会越来越好。

以下从提高工程开发效率和促进新产品开发、提高产品质量、提高管理水平、为科学决策提供依据、充分发挥人的作用、提高企业生活质量、潜在影响以及提供更多的就业机会八个方面进行讨论。

1. 提高工程开发效率和促进新产品开发

由于使用统一的数据库，所以很容易获取工程开发所需的数据。而且，数据恢复和维护所花的时间也大大减少。又由于诸如"模块化物料清单"技术的使用，所以可以从根本上减少生成和维护物料清单的时间，对于客户定制的产品更是如此。另外，由于提高了工程开发的效率，所以也有助于新产品的开发，这在引入新产品较多的企业可以大有作为。

有企业反映，过去85%的产品具有10年以上的生产历史，而在使用ERP之后，85%以上的产品是投产不到3年的新产品。显然，ERP的使用加快了产品更新换代的步伐。

2. 提高产品质量

在ERP环境下，企业员工在自己的岗位上按部就班地按统一的计划做着自己的工作，使得企业的生产摆脱了混乱和物料短缺状态，井井有条地进行着。企业的工作质量提高，也带动了产品质量的提高。事实上，ISO 9000系列所认证的正是企业的工作质量。对于标准MRP Ⅱ系统来说，并不要求有质量管理模块，但是，MRP Ⅱ可以和ISO 9000相辅相成却是不争的事实。而对于ERP来说，质量管理则是必要的功能。因此，质量管理更有了技术上的保证。

3. 提高管理水平

通过ERP系统可以使信息的传递和获取更准确、更及时，使管理人员提前看到企业运营的发展趋势，从而赢得时间去做他们该做的事情，进而使管理更有效。

把ERP作为整个企业的通信系统，使得企业整体合作的意识和作用加强；通过准确和及时的信息传递，把大家的精力集中在同一个方向上，以工作流程的观点和方式来运营和管理企业，而不是把企业看作一个个部门的组合。在这种情况下，特别是在市场销售和生产制造部门之间可以形成从未有过的、深刻的合作，共同努力满足客户需求，赢得市场。

有资料表明，很多企业的管理者平均要花60%的时间忙于处理那些出乎意料而突然出现的紧急事件。也就是说，精力和时间大部分被零碎地消耗掉了。而使用了ERP后，他们可以把精力集中于他们应当做的监督管理工作，从而使劳动力的监督管理工作更有成效。

4. 为科学决策提供依据

通过ERP把经营规划和销售与运作规划这样的高层管理计划分解转换为低层次的各种详细的计划，然后由企业的每个员工去遵照执行这些计划。因此，合在一起，企业的所有员工执行的是一个统一的计划。以统一的计划指导企业的运作，上层的变化可以灵敏地传递到下层，而下层的情况也可以及时反馈到上层。通过ERP，有计划、有控制的管理成为可能。

在企业的高层管理人员看来，更重要、更深刻的效益却是获得了经营和控制企业的有效工具。例如，他们过去经常必须在市场销售部门和生产制造部门之间做出仲裁，而这占去了相当多的时间，现在则很少纠结于这类问题。因此，可以有更多的时间和精力去考虑和做更重要的工作。以ERP系统为工具运行一个企业，几乎可以模拟企业的任何一部分，并且可以测试新的计划或任何改变所产生的影响。因此，ERP为企业的科学决策提供了有力的工具。

5. 充分发挥人的作用

生产率的最大提高来自于充分利用人的资源，充分发挥人的作用，这是从当今世界级的企业得出的最重要的启示。

应用 ERP 系统为全面提高企业管理水平提供了工具，同时也为全面提高员工素质提供了机会。两者相辅相成、相互促进，这点已被国内外许多企业的经验所证明。生产率的提高从根本上说不是来自于工具，而是来自于使用这些工具更有效地工作的人。ERP 系统只有与对其有充分理解并努力工作的人相结合，才能提高生产率。从根本上说，ERP 的成功来自于企业全体员工的理解和努力。因此，生产率的提高应归功于使 ERP 系统很好地运转的人。

6. 提高企业生活质量

每一个成功的 ERP 用户都反映其所在企业的生活质量得到了明显的改善。这方面的收益几乎是出乎预料的。其实原因很简单：好的运营计划使公司的整体工作协调起来，而执行一个协调的运营计划当然比被一个混乱的计划所驱使要愉快得多。比如生产部门，通过 ERP 系统，生产部门可以轻松自如地对市场需求做出响应。在生产过程中，人们的工作更有秩序，时间用于按部就班地执行计划，而不是忙于对突发情况做出紧急反应。因此，人们体验到了企业生活质量的改善。

改善企业的生活质量意味着最佳的工作士气和工作态度。于是，提高生产率、提高产品质量、降低成本、增加利润都将是相伴而来的事情。

7. 潜在影响

一家汽车制造企业不会因零件短缺而承受关闭生产线的损失，它往往发出紧急订货并空运提货。一个企业由于生产落后于计划，为了避免误期带来的罚款，只能不惜重金空运交货。例如，美国的汽车制造企业常常花费大量的航空运费，其中大部分就是由于计划调度问题而造成的。

上述运费问题通过 ERP 的应用得到了解决，这是人们不曾预料和期望的。这样的潜在影响还存在于其他许多方面。例如，一家制药公司在使用 ERP 系统之后，减少报废达 80%，减少分销成本达 15%。其原因只在于有了好的计划和控制工具，从而使企业各个方面都得到了改善。

8. 提供更多的就业机会

在过去的 10～15 年内，美国的高技术产业生产率的提高比其他产业快 2 倍，而雇员的增加快 9 倍。美国的制造业为美国社会提供了 18% 的就业机会，雇员人数达 2 000 万人。而且每 1 000 个制造业的就业机会就能增加 700 个非制造业的就业机会。最好的就业前景是在生产率提高最快的产业之中。因此，ERP 在提高制造业生产率、促进制造业发展的同时，也为社会带来了更多的就业机会。当然，这已经是为社会而不仅仅是为一个企业带来效益了。

● 以下内容摘自一家国有企业应用 ERP 系统后的报告：

(1) 运用 ERP 管理思想和计算机系统，使管理和业务流程得以规范和优化。

(2) 夯实了管理基础，规范和统一了基础数据，实现了数据共享。

(3) 实现了物流、资金流、信息流的统一。使物料变化的同时，资金形态的变化也随之得到反映。

(4) 使物料管理的透明度大大增加，从而压缩了库存资金，减少了采购费用，规范了生产计划管理,理顺了物流。

(5)为管理人员摆脱简单重复的劳动提供了工具,为管理人员从事更高层次的管理活动创造了条件。

(6)培养和锻炼了一批既懂计算机知识又懂管理的专业人才,使职工素质得到了明显提高。

(7)为企业持续不断地改进提供了工具。

(8)ERP项目的实施,绝不仅仅是实施一个计算机系统,最重要的是通过引进、消化、吸收ERP管理思想和原理,全面提高企业的管理水平,使企业在竞争中立于不败之地。

四、正确认识 ERP 系统

(一)ERP 系统不是包治百病的"灵丹妙药"

ERP力图解决的是企业竞争中最直接和最关键的问题——资源配置及效率以及由此引起的成本问题,但它不可能解决企业的所有问题,如企业战略、企业文化的塑造、企业制度的确立、企业融资等问题。

(二)ERP 不是简单地对资源进行数据管理

ERP系统一定是以数据库为基础,但数据库应用本身并不是ERP,数据库只是帮助我们有效管理企业的工具。

(三)ERP 系统不一定可以为企业带来盈利

企业应用ERP系统,未必一定可以提高产品质量,ERP系统不一定带来高效率。ERP系统提供的数据不一定都是对的。有了ERP系统未必一定可以超过没有ERP的竞争对手。

(四)ERP 系统不能代替企业的其他管理

有了ERP系统,也不能可以放松对员工的监管。

(五)ERP 不是单纯的应用软件

ERP首先是管理问题,然后才是软件问题。不能等同于WORD、EXCEL等购买回来就可以使用的应用软件。

(六)ERP 已经走下天价的"神坛",中小企业也用得起 ERP

有时大企业中引入ERP费用动辄数十万元、百万元,甚至千万元,使许多人产生了一种错误的认识:实施ERP费用昂贵,中小企业无力支付。

第五节　ERP 的应用趋势

由于ERP代表了当代先进企业管理模式与技术,并能够解决企业提高整体管理效率和市场竞争力问题，近年来 ERP 系统在国内外得到了广泛的推广和应用。随着信息技术、先进制造技术的不断发展，企业对于 ERP 的需求日益增加，进一步促进了 ERP 技术向更高层次发展。

一、推动 ERP 发展的主要因素

(1) 全球化市场的发展与多企业合作经营生产方式的出现，使得 ERP 将支持异地企业运营、异种语言操作和异种货币交易。

(2) 企业不断进行经营过程重组及协作方式的变化，使得 ERP 支持基于全球范围的实时的、可重构过程的供应链及供应网络结构。

(3) 制造商需要应对新生产与经营方式的灵活性与敏捷性，以适应新的生产方式与经营实践，同时也使 ERP 越来越灵活地适应多种生产制造方式的管理模式。

(4) 越来越多的流程工业企业应用，从另一个方面促进了 ERP 的发展。

(5) 功能越来越强大的计算机新技术的不断出现，将会为 ERP 提供功能日益灵活与强大的软硬件平台，尤其是客户/服务器多层分布式结构、面向对象技术、中间件技术与互联网的发展会使 ERP 的功能与性能迅速提高。

(6) ERP 市场的巨大需求，大大刺激了 ERP 软件业的快速发展。

二、ERP 集成应用的趋势

(一) ERP 与客户关系管理(CRM)进一步整合

ERP 将更加面向市场和面向顾客，通过基于知识的市场预测、订单处理与生产调度、基于约束调度功能等，进一步提高企业在全球化市场环境下更强的优化能力。并进一步与客户关系管理(CRM)结合，实现市场、销售、服务的一体化，使 CRM 的前台客户服务与 ERP 后台处理过程集成，提供客户个性化服务，使企业具有更好的顾客满意度。

(二) ERP 与电子商务、供应链 SCM、协同商务的进一步整合

ERP 供应链管理功能将进一步加强，并通过电子商务进行企业供需协作。ERP 将面向协同商务，支持企业与贸易共同体的业务伙伴之间的协作，支持数字化的业务交互过程。ERP 将支持企业面向全球化市场环境，建立供应商、制造商与分销商间基于价值链共享的新伙伴关系，并使企业在协同商务中做到过程优化、计划准确、管理协调。

(三) ERP 与产品数据管理(PDM)的整合

通过 ERP 系统纳入 PDM 功能或实现与 PDM 系统的集成，即将企业中的产品设计和制造全过程的各种信息、产品不同设计阶段的数据和文档组织在统一的环境中，从而增加对设计数据、过程、文档的应用和管理，减少 ERP 庞大的数据管理和数据准备工作量，并进一步加强企业管理系统与计算机辅助设计(CAD)、计算机辅助制造(CAM)系统的集成，进一步提高了企业的系统集成度和整体效率。

(四) ERP 与工作流管理系统的进一步整合

全面的工作流规则保证与时间相关的业务信息能够自动地在正确时间传送到指定的地

点。ERP 的工作流管理功能将进一步增强,通过工作流实现企业的人员、财务、制造与分销间的集成,并能支持企业经营过程的重组,也使 ERP 的功能可以扩展到办公自动化和业务流程控制方面。

(五)加强数据仓库和联机分析处理(OLAP)功能的整合

为便于企业高层领导的管理与决策,ERP 集成数据仓库、数据挖掘和联机分析处理(OLAP)等功能,为用户提供企业级宏观决策的分析工具。

(六)ERP 系统动态可重构性的整合

为了适应企业的过程重组和业务变化,人们越来越多地强调 ERP 软件系统的动态可重构性。为此,ERP 系统动态建模工具、系统快速配置工具、系统界面封装技术、软构件技术等均被采用。ERP 系统也引入了新的模块化软件、业务应用程序接口、逐个更新模块增强系统等概念,ERP 的功能组件被分割成更细的构件,以便进行系统动态重构。

(七)ERP 实现技术和集成技术的整合

ERP 将以客户端/服务器、浏览器/服务器分布式结构、多数据库集成与数据仓库、XML、面向对象方法和 Internet/Extranet、软构件与中间件技术等为软件实现核心技术,并采用 EAI 应用服务器、XML 等作为 ERP 系统的集成平台与技术。

第六节　先进的制造业管理模式简介

一、及时生产(JIT)

近年来,及时生产(Just-In-Time,JIT)已成为制造业管理领域的热门话题。在日本、美国和欧洲,不少企业通过 JIT 赢得了竞争。在我国 JIT 也受到企业的广泛关注,按《APICS 辞典》(美国运营管理协会)的解释:JIT 是使制造业达到卓越的一种哲理,其基本点是有计划地消除所有的浪费,持续不断地提高生产率。这点贯穿于成功地执行为生产最终产品所要求的所有活动之中,包括从工程设计到发货的整个过程以及从原材料到产成品进行转变的各个阶段。强调零库存,即只在需要时才有必要的库存;以零缺陷为目标改善产品质量;通过减少准备时间、队列长度和批量,缩短提前期;改进操作过程;以最小成本来实现上述目标。

从广义来说,JIT 可应用于各种类型的制造业。车间任务型、流程式以及大批量重复生产型的企业均可应用。

由以上定义可以看出,JIT 并不神秘,相反,它的许多基本要素其实早已在制造企业中存在。然而,问题在于除此之外,还有一些不合理的东西存在于传统之中,多少年来,这些不合理的观念不但没有得到改变,反而成为制造业所崇尚的信条,例如,"越多越好"。

一是存货越多越好。在这种信条的支配下,库房中存货经常很多,甚至堆积到走廊里,而物料搬运工和催货人员却在经常搜寻所需的物品。在车间里,工人以他们所能得到的所有的物料进行生产活动。大于需求的批量造成了机器准备时间过长。然后,这些物料被送至仓库,或推到下一个工序,加入在制品行列,堆积在机器前面。

二是供应商越多越好。从供应商那里订购的货物数量越大,则价钱越好。由于某些供应商在按时交货或保证质量的问题上是不可信的,所以必须保存大量的安全库存。

而按 JIT 的观点,任何活动,只要不为产品增值就是浪费;任何物料的存在,只要没有需求就是浪费。JIT 每项要素的终极目标都集中在消除浪费。这实在是再朴实不过的观点了。所以,从一定意义上说,JIT 是"返璞归真"。

以丰田为代表的某些日本企业通过向传统挑战实现了 JIT。JIT 在日本的应用引起了许多令人关注的结果。质量的度量不再用百分比,而是按照每百万件产品中有多少件有缺陷来度量。存货不再是静止的,而是流动的:一位数的年库存周转率被两位数的年库存周转率所取代。原材料可能在上午进厂,而下午就以产成品发运出去,等等。日本人通过向传统挑战、改变思维方式而实现了这一切:他们否定大的经济订货批量,不再按照常规接受长时间的机器准备时间,否定传统的质量观点(允许废品率,即允许浪费),减少供应商基数并与供应商建立伙伴关系来改善采购过程,缩减仓库和车间的存货,重视全体员工在整个生产过程中的积极参与。他们重新审查制造过程的每个方面,最终实现了 JIT。

丰田关于 JIT 系统的定义是:只在必要的时间以必要的数量生产必要的物料。丰田的这个生产系统通常被称作"看板管理"。"看板"在日语中是"标记"或"可视记录"的意思。尽管丰田生产系统的确使用看板卡作为物料移动状况的反映,但 JIT、丰田生产系统和看板卡并非同一个东西。丰田生产系统和 ERP 系统的目标是相同的,都是为企业提供一个有效的计划工具。它们有基本相同的计划层次,都强调从经营规划到销售与运作规划,然后生成切实可行的主生产计划的过程。它们的不同在于物料计划方面。由于丰田是高度重复生产的环境,它所使用的物料计划方法是库存补充的方法。其手段是双料箱系统,即物料存放在两个料箱中,任何时候都用其中一个料箱中的物料来满足生产需求,一旦该料箱变空,则对其进行物料补充,同时开始用另一料箱中的物料来满足生产需求。所以,该系统本质上是一个订货点系统。

二、精益生产(LP)

精益生产(Lean Production,LP)是美国从日本丰田公司生产经验中总结出来的一种生产方式。它是由美国麻省理工学院(MIT)提出的一种企业经营战略体系,即企业按大批量生产方式组织生产时,把客户、销售代理商、供应商、协作单位纳入生产体系,企业同其销售代理、客户和供应商的关系已不再是简单的业务往来关系,而是利益共享的合作伙伴关系,这种合作伙伴关系组成了一个企业的供应链,这就是精益生产的核心思想。

精益生产的目的是要在一个企业里同时获得极高的生产效率、极佳的产品质量和很好的生产柔性。在生产组织上强调各部门相互密切合作的综合集成,不仅限于生产过程本身,尤其重视产品开发、生产准备和生产之间的合作和集成;在产品质量上追求尽善美,保证用户产品在整个生命周期内都感到满意;在企业内部的生产组织上充分考虑人的因素,采用灵活的小组工作方式和强调相互合作的并行工作方式;在物料管理方面,准时的物料后勤供应的零库存目标,使在制品大大减少,节约流动资金;在生产技术上,采用适度的自动化技术,明显提高了生产效率。这一切都使企业资源能够得到合理的配置和充分的利用。

精益生产强调的是一切以"JIT"为基础进行推进,即在需要的时间按需要的量在需要的地点生产、制造、供给需要的产品。它追求的是车间生产布局、生产控制流程、原材料物流路径、人员结构都较为完美的生产系统，以"5S""标准作业""QC 手法""看板"等工具在内，形成包括企业文化、人力资源、企业信息系统、企业整体制造资源等在内的一整套系统，基本上遵循拉动式的生产系统结构。

ERP 和精益生产发展到今天，已经进入相互交融的时代，ERP 管理思想的核心就是实现对整个供应链和企业内部业务流程的有效管理，企业的整个经营过程与整个供应链中的各个参与者都有着密切的联系，精益生产的思想在 ERP 中得以充分体现。ERP 已经成为制造业的一个行业准则，而精益生产则是制造业前进的一个目标；前者自发展以来似乎更注重理论的研究与管理角度的延伸，而后者则更注重于工厂制造生产要素的持续改进。随着制造业竞争的加剧和企业管理效率的提升，两者越来越多地相互借鉴，取长补短。如果说精益生产借鉴 ERP 的理论成果是水到渠成的事情，那么，ERP 吸取精益成本控制理论则是 ERP 走向完美的一个必经过程。

三、敏捷制造（AM）

敏捷制造（Agile Manufacturing，AM）是美国为恢复其在世界制造业的领导地位而在 1991 年提出的一种全新概念的生产方式，是美国 21 世纪的制造战略。敏捷制造提出的背景是：在越来越激烈的国际竞争环境下，如何通过国际计算机网络将分散的、小型化的、专业化的制造企业有效地组织起来，加速新产品的设计开发和制造。

敏捷制造能够使制造企业及时把握市场机遇，动态地重组生产系统，在最短的时间内（与其他企业相比）向市场推出有利可图的、用户认可的、高质量的产品。依靠计算机网络将本地的、异地的，甚至异国的制造企业或制造资源（设备、产品设计或工艺规程）连成一个整体，为共同的目的进行协调和努力，以竞争能力和信誉为依据选择合作伙伴，组成动态公司。它不同于传统观念上具备有形空间的实体企业。虚拟企业从策略上讲不强调企业全能，也不强调一个产品从头到尾都是自己去开发、制造和销售。它提倡以"人"为中心，强调技术和管理的结合，在先进柔性制造技术的基础上，通过企业内部的多功能项目组合与企业外部的多功能项目组合，虚拟公司把全球范围内的各种资源，包括人的资源集成在一起，实现技术、管理和人的集成。敏捷企业的基本组织是以任务为中心的一种动态组合组织。敏捷制造技术和 ERP 思想正越来越接近以下共同目标：

(1) 在企业物理集成、信息集成和功能集成的基础之上，实现企业的过程重组和集成。

(2) 从以技术为中心向以人、组织、管理为中心转变。

(3) 通过国际计算机网络将供应链上分散的、小型化的、专业化的制造企业有效地组织起来，合理优化使用资源，走可持续发展道路。

(4) 实现企业组织结构由金字塔式的多层次生产管理结构向扁平的网络结构转变。

(5) 从传统的顺序工作方式向并行工作方式转变。

(6) 从按功能划分部门的固定组织形式向动态的、柔性的小组工作组织形式转变。

如果说 MRP II 侧重于企业内部各部门、各环节之间的集成与信息交流，那么敏捷制造则发展到企业之间的集成与信息交流，与基于供应链思想的 ERP 系统不谋而合。因此，敏捷制造的先进理念在 ERP 管理系统中得以充分体现。

四、约束理论（TOC）

约束理论（Theory of Constraints，TOC）是以色列籍物理学家和企业管理大师高德拉特博士（Dr. Goldratt）所发明的一套企业管理方法。高德拉特博士认为，任何系统都是有约束的，人们可以用反证法来证明这一点，如果没有约束，系统的产出将是无限的。现实中任何系统都不能无限地产出，所以任何系统都存在着一个或者多个约束。

以营利为目标的企业和其他非营利组织均可视为系统。任何系统都可以想象成由一连串的环构成，环环相扣，整个系统的强度就取决于其中最弱的一环。同理，人们也可以将企业视为一条链条，其中的每一个部门都是链条的一环，如果企业想要达到预期的目标，必须从最弱的环节——"瓶颈"或约束的环节大力改进，才可能得到显著的成效。或者说，哪个环节约束着企业达到目标，就应该从克服这个约束环节着手来进行改革。人们主要考虑资源约束和市场约束，它既受企业外部的约束，也受企业内部的约束。

在企业整个业务经营流程中，无论是哪一个环节，只要它阻碍了企业更大程度地增加有效产出或减少库存和运营费用，那么它就是一个"约束"。如果人们强化了其中最弱的一环，另一个较弱的一环就会成为新的最弱的环，它的约束会随时间而飘移。例如，从制造到成品的分销，或是从生产到研发，或是营销业务可否接到更多客户的订单，在这条供应链上的任何一环都有可能成为下一个最弱的环。有些约束是在企业内部的，则被称为"内部约束"；有些是市场或外在环境的约束，则被称为"外部约束"。因此，人们要不断地探讨：下一个约束在哪里？应该如何克服这个新的约束？

基于供应链思想的 ERP 系统对内拥有先进的生产管理系统，对外则有敏捷的后勤管理系统，并以客户需求为导向，最大限度地满足客户需求。ERP 系统结合和借鉴 TOC 约束理论，分析供应链上的"瓶颈"环节，消除影响企业的制约因素，以此扩大企业供应链上的有效产出。

ERP 系统是将企业的各种业务功能（如人力资源、财务、制造、会计、分销等）链接到一个共同的系统中，使企业业务流程流畅和事务处理规范化。ERP 的集成和数据的共享使 ERP 更趋于起到应用软件集成框架的作用。具体的核心业务作业，如一些自动的、智能的优化功能交由 TOC、LP、SCM、CRM 等软件来完成。其管理思想已深深融入约束理论/精益生产的哲学。以 ERP 的信息集成为框架，结合 TOC 约束理论的整体观点，分析企业发展的约束；实施精益生产的管理方法，最大限度地消灭浪费。信息集成支持决策，快速响应，使企业管理达到全新的境界。

五、客户关系管理（CRM）

（一）CRM 的概念

从管理科学的角度考察，客户关系管理（Customer Relationship Management，CRM）源于市场营销理论；从解决方案的角度考察，CRM 是将信息技术与市场营销的科学理念相结合，以计算机软件为载体，在全球得以大规模地普及和应用。作为应用软件的 CRM 系统，凝聚了市场营销的管理理念。市场营销、销售管理、客户关怀、服务和支持构成了 CRM 的基石。

虽然不同的研究机构从不同的角度对 CRM 给出了不同的定义，但是都强调以客户为中心的思想。因此可以认为，CRM 是一种以客户为中心的经营策略，它以信息技术为手段，对相关业务功能进行重新设计，并对相关工作流程进行重组，以达到让已有的客户满意并增加新的满意的客户的目的。

（1）CRM 首先是一种管理理念，其核心思想是将企业的客户（包括最终客户、分销商和合作伙伴）作为最重要的企业资源，通过完善的客户服务和深入的客户分析来满足客户的需要，实现客户的价值。

（2）CRM 也是一种旨在改善企业与客户之间关系的新型管理机制，它应用于企业的市场营销、销售、客户与技术支持等与客户相关的领域。通过向企业销售、市场和客户服务的专业人员提供全面、个性化的客户资料，并强化跟踪服务、信息服务能力，使他们能够协同建立和维护一系列与客户和生意伙伴之间卓有成效的一对一关系，从而使企业得以提供更快捷和周到的优质服务，提高客户满意度，吸引和保持更多的客户，进而增加营业额。另外，通过信息共享和优化商业流程来有效地降低企业经营成本。

（3）CRM 又是一种管理软件和技术，它将最佳的商业实践与数据挖掘、数据仓库、一对一营销、销售自动化以及其他信息技术紧密结合在一起，为企业的销售、客户服务和决策支持等领域提供一个业务自动化的解决方案。同时它也是一个基于电子商务的面对客户的系统，可顺利实现由传统企业模式到以电子商务为基础的现代企业模式的转化。

（4）CRM 的核心思想是以客户为中心。CRM 要求企业从传统的"以产品为中心"的经营理念解放出来，确立"以客户为中心"的企业运作模式。通过富有成效的交流沟通，理解并影响客户行为。在一个将客户信息转化成积极的客户关系的反复循环过程中，实现让已有的客户满意并增加新的满意的客户的目的，为客户创造利润，也为企业本身创造利润。

（二）CRM 的功能

CRM 的功能示意图如图 1—10 所示。

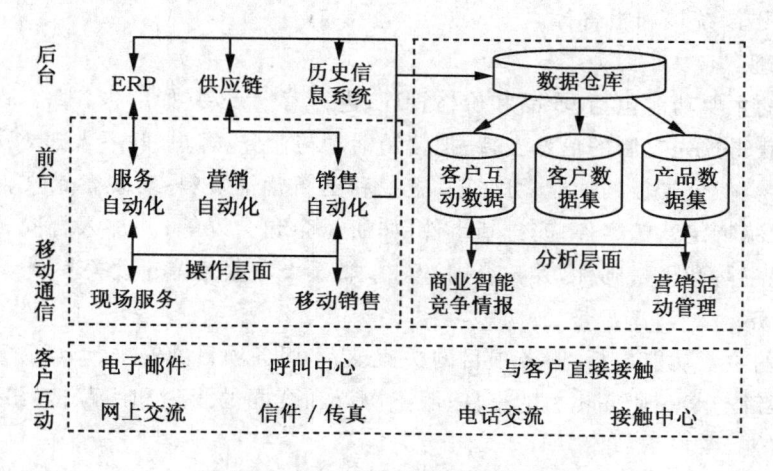

图 1—10 CRM 的功能示意图

CRM 软件的基本功能包括客户管理、联系人管理、时间管理、潜在客户管理、销售管理、电话营销和电话销售、营销管理、客户服务，有的还涉及呼叫中心、合作伙伴关系管理、知识管理、商业智能、电子商务等。现分述如下：

1. 客户管理

客户管理的主要功能包括：客户基本信息、与此客户相关的基本活动和活动历史、联系人的选择、订单的输入和跟踪、建议书和销售合同的生成。

2. 联系人管理

联系人管理的主要功能包括：联系人概况的记录、存储和检索；跟踪与客户的联系，如时间、类型、简单的描述、任务等；客户的内部机构的设置概况的查询等。

3. 时间管理

时间管理的主要功能包括：工作日历的维护、活动的计划和实现、冲突的提示、团队事件的计划和查询、活动备忘录管理等。

4. 潜在客户管理

潜在客户管理的主要功能包括：业务线索的记录、升级和分配，销售机会的升级和分配，潜在客户的跟踪等。

5. 销售管理

销售管理的主要功能包括：组织和查询销售信息；产生各销售业务的阶段报告，并给出业务所处的阶段、需要的时间、成功的可能性、历史销售状况评价等信息；对销售业务给出战术、策略上的支持；维护地域信息；把销售员归入某一地域并授权；地域的重新设置；根据利润、领域、优先级、时间和状态等标准，定制关于将要进行的活动、业务、客户、联系人和约会等方面的报告；提供类似公告板的功能，可张贴、查询和更新销售经验和销售技能；销售费用管理和销售佣金管理等。

6. 电话营销和电话销售

电话营销和电话销售的主要功能包括：电话簿维护；生成电话列表，并把它们与客户、联系人和业务建立关联；把电话号码分配到销售员；记录电话细节并安排回电；电话营销内容草稿的存储；电话录音、统计和报告等。

7. 营销管理

营销管理的主要功能包括：产品和价格管理；进行营销活动（如广告、邮件、研讨会、网站和展览会等）时，获得预先定制的信息支持；把营销活动与业务、客户、联系人建立关联；显示任务完成进度；提供类似公告板的功能，可张贴、查找和更新营销资料，实现营销文件、分析报告等信息的共享；跟踪特定营销事件；安排新事件（如研讨会和会议等）并加入合同、客户和销售代表等信息；信函书写和批量邮件，并与合同、客户、联系人和业务等建立关联。

8. 客户服务

客户服务的主要功能包括：服务项目的快速录入、服务项目的安排、调度和重新分配；事件报告，查询和跟踪与某一业务相关的事件；服务协议和合同的管理和跟踪；对出现的问题及解决方法的记录等。

9. 呼叫中心

呼叫中心的主要功能包括：呼入、呼出电话处理，互联网回呼，呼叫中心运行管理，呼入、呼出调度管理；电话转移，路由选择；报表统计分析；通过传真、电话、IP电话、电子邮件、打印机等自动进行资料发送。

10. 合作伙伴关系管理

合作伙伴关系管理的主要功能包括：合作伙伴通过标准的 Web 浏览器以及密码登录的方式对客户信息、公司数据库以及与渠道活动相关的文档进行存取和更新；合作伙伴可以方便地存取与售货渠道有关的销售机会信息；合作伙伴通过浏览器使用预定义的和自定义的报告；产品和价格配制等。

11. 知识管理

知识管理的主要功能包括：在站点上显示个性化信息；文档管理；对竞争对手的 Web 站点进行检测和报告；根据用户定义的关键词对 Web 站点的变化进行检测等。

12. 商业智能

商业智能的主要功能包括：预定义查询和报告功能，用户定制查询和报告功能，利用 SQL 进行查询和报告功能；以报告或图表的形式查询潜在客户和潜在业务可能带来的收入的功能；系统运行状态显示以及预警功能等。

13. 电子商务

电子商务的主要功能包括：网站服务管理，网上订单和业务处理；销售空间拓展，客户自助服务；网站运行情况的分析和报告等。

（三）CRM 的实施

一般来说，CRM 的实施过程和 ERP 的实施过程极为相似，包括总体规划、立项启动、产品选型、实施应用、持续改进等阶段。而 CRM 实施成功的关键因素也与 ERP 实施成功的关键因素极为相似，诸如，得到高层领导的支持、高度重视人的因素、具备切实可行的计划、关注流程、正确地运用信息技术以及组织良好的实施团队等都是 CRM 实施成功的关键因素。

六、供应链管理（SCM）

供应链管理（Supply Chain Management，SCM）是一种集成的管理思想和方法，它执行供应链中从供应商到最终用户的物流的计划和控制等职能。从单一的企业角度来看，是指企业通过改善上、下游供应链关系，整合和优化供应链中的信息流、物流、资金流，以获得企业的竞争优势。本部分内容将在后续章节做详细讲解。

复习思考题

1. 简述 ERP 发展经历的几个阶段。
2. 什么是订货点法？订货点法有什么局限性？订货点法在当今是否有应用价值？
3. 闭环 MRP 和基本 MRP 的区别是什么？
4. 简述 ERP 与 MRP 和 MRP II 的关系。
5. ERP 有哪些计划层次？它们分属于管理架构中的哪个层面？
6. 简述 ERP 系统产生的背景。
7. 简述 ERP 系统的核心管理思想。
8. 说明下列英文字母缩写所代表的含义：

MRP、MRP Ⅱ、ERP、JIT、LP、BPR、TQM、SCM、CRM。
9. 什么是客户关系管理(CRM)？其主要管理思想是什么？
10. 如何实现客户关系管理？
11. 简述客户关系管理(CRM)的主要功能。
12. 简述客户关系管理(CRM)在企业管理中的定位以及与其他系统的关系。
13. 查阅资料或者调研市场，谈谈你对 ERP 的理解。
14. 电子商务对于供应链管理有什么影响？

第二章　ERP 软件介绍

🔍 **学习目的和要求**

通过本章的学习,掌握 ERP 产品的主要功能和特点;了解 ERP 软件市场状况及国内外 ERP 软件产品;掌握企业 ERP 选型遵循的基本原则和方法。

第一节　ERP 功能概述

一、ERP 应用架构

不同的 ERP 软件由于设计思路和方法不同,其功能划分也有所不同,但 ERP 原理却是相同的。其整体应用框架此处以用友-ERP 软件为例说明,如图 2-1 所示。

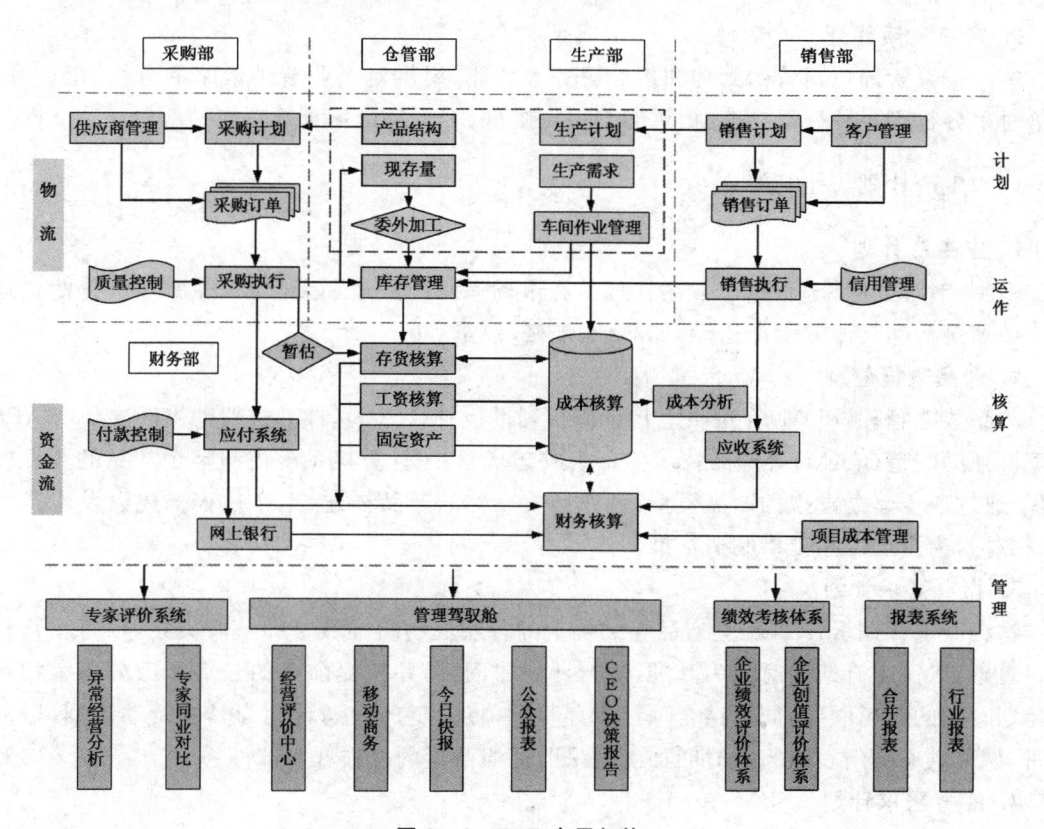

图 2-1　ERP 应用架构

二、ERP主要功能模块

按照企业运营流程,可以将 ERP 系统划分为供应链、生产计划与控制、财务链、人力资源管理及决策支持管理等几部分。主要功能模块说明如下:

(一)供应链部分

1. 销售管理

销售管理包括对销售订单的管理、销售分析,以及对销售合同的执行、发运进度、客户回款情况等进行的定期分类统计。

2. 采购管理

采购管理包括对采购订单的管理、对供应商信息进行查询、催货、采购与委外加工统计、价格分析、为采购部门和财务部门提供及时准确的信息、辅助管理决策。

3. 库存管理

库存管理系统应有进库管理、出库管理、库存计划与监控等功能,从而优化企业的物流和信息流,实现成本的有效控制。

4. 运输管理

运输管理系统应有运输排程和运输路线计划、运输业务处理、运输成本核算以及运输信息网络浏览等功能。

5. 客户关系管理

客户关系管理包括营销管理和售后服务等功能,提供对企业营销策略的分析、市场分析、竞争对手分析等多种分析功能,提供客户关怀管理、客户反馈信息等功能。

(二)生产计划与控制部分

1. 主生产计划

主生产计划(MPS)根据企业销售订单和市场预测的数量和交货期,经展开计算使企业的生产计划落实到具体的生产指标,如品种、规格、数量等。

2. 产品数据管理

产品数据管理(PDM)在逻辑上将计算机辅助设计(CAD)、计算机辅助生产准备(CAPP)、计算机辅助制造(CAM)等产品技术信息集成起来,利用计算机系统控制整个产品的开发设计过程,通过逐步建立虚拟的产品模型,最终形成完整的产品描述、生产过程描述以及生产过程控制数据,为企业产品提供制造标准。

3. 物料需求计划

物料需求计划(MRP)根据产品在结构上的各层次物料的数量和从属关系,以每个物料为计划对象,以完工日期和时间为基准,进行计划的倒排,并按提前期的长短来区分各个物料下达计划时间的先后顺序,同时结合预计库存状况,将主生产计划转化为具体行动计划,以了解车间、物资供应部门在适当的时间加工或采购适当数量的材料和零部件。

4. 能力需求计划

能力需求计划(CRP)用于核算能力与负荷的平衡情况,由于企业生产能力有限,物料需求计划要受能力需求计划的约束,通过编制计划可以及早发现能力的"瓶颈"所在,找出解决方案。

5. 分销需求计划

分销需求计划(DRP)根据各分销商提供的各产品、物料的需求数据,作为市场预测的一部分数据来源,交由物料需求计划运行。

6. 车间控制

车间控制(SFC)系统提供任务下达、任务跟踪与监控、任务查询、记录分析等功能,以确保各项任务按时完成。

7. JIT 管理

JIT 生产又称"拉式作业",其基本原理是:任何工序只在其后续工序需要而发出指令时才进行。它与"推式作业"最大的不同点在于:"推式作业"是以一定库存为前提的,指令同时下达给各工序,不论是否出现异常都继续生产,因而容易出现工序间的不平衡,在制品库存无法避免;而"拉式作业"可以消除不平衡,减少库存,节约资源。

8. 工作流管理

工作流管理是将业务流程的各个工作建立成一个过程模型并存放在系统中,不同于原来书面形式的企业内部通信方式,它采用电子周转文件夹将有关的工作文档和信息传送到相应的工位。

9. 质量管理

质量管理系统对企业生产过程中的质量信息进行全面的管理,包括购入物料的质量控制、生产过程的质量控制、计量检测控制、用户反馈质量信息等。

10. 设备管理

设备管理系统提供对企业的生产设备从购置到报废以及维修各个阶段的信息收集、整理、分析功能。

(三)财务链部分

1. 财务管理

财务管理系统应提供企业财务计划、财务预测、财务核算、财务分析与控制等功能,并对企业的经营情况做出相应的财务评价。

2. 成本管理

成本管理系统应提供对企业各种产品成本的核算、成本的构成比例分析、与定额标准比较分析等功能,以便企业对产品各个经营环节进行管理,而达到降低成本、提高经济效益的目的。

3. 应收款管理

应收款管理系统应提供发票管理、客户管理、付款管理、账龄分析、借贷通知单的生成、自动建立会计分录等功能,并能进行客户信用控制、销售折扣处理、坏账准备的计提与核销等。

4. 应付款管理

应付款管理系统主要有发票管理、供应商管理、付款管理、账龄分析等功能,除提供账务处理的基本功能外,也应提供统计分析功能,以便了解企业欠款情况,及时还款,提高企业的信誉。

5. 现金管理

现金管理系统是对硬币、纸币、支票、汇票和银行存款的管理系统,主要功能有:现金收入管理、现金支出管理、零用现金及银行存款的核算等。

6. 工资管理

工资管理系统主要有工资核算和工资管理功能。

7. 固定资产管理

固定资产管理系统有基础数据维护、固定资产折旧管理、固定资产增减管理、固定资产维修管理和固定资产租赁管理等功能。

8. 多币制管理

外币交易中涉及外币的折算、外币的兑换、汇率。多币制管理为跨国作业的处理提供方便,使财务人员能够迅速地计算汇率损益,以适应市场波动。

(四)人力资源管理部分

人力资源管理系统提供人力资源规划的辅助决策、绩效管理、招聘管理、薪资与福利管理、考勤管理等功能。

ERP 系统的基本架构和基本逻辑是以 MRP Ⅱ 为基础的,ERP 系统从功能上分析仍是以制造过程为中心,其核心是 MRP,体现了制造业的通用模式。但在资源概念内涵上,分别向内、外两个方向延伸,向内主张以精益生产方式改造企业生产管理系统,向外则增加战略决策功能和供应链管理功能。

第二节　ERP 软件产品简介

ERP 软件的诞生与发展是信息技术在管理领域广泛应用的结果,是众多应用需求的提炼与总结。ERP 在企业的广泛应用极大地推动了 ERP 软件的发展。

一、软件产品简介

(一)国外 ERP 软件

目前,高端的 ERP 产品仍然来自国外,包括 SAP、Oracle、JDE、SSA 等,这些产品的拥有者基本上在中国设立了自己的公司,有些还设立了研发中心,以支持产品的汉化和响应客户的二次开发需求。这些产品的客户规模较大,IBM 在中国的生产基地、联想集团、海尔集团都是以这些产品为基础来实现信息化目标的。这些产品的特点是经历了更长的市场考验,在跨国集团的应用上有成功的经验和案例。

国外产品的特点是管理思想严谨,支持通过个性化设置来调整应用流程。但中等规模的软件在操作界面上并不好用,没有面向作业的导航设置,计划方面的算法也不完备,对变更的处理能力较差。

1. 功能强劲的 SAP——大型企业的首选

SAP 公司是 ERP 思想的倡导者,SAP 的 ERP 软件占有 36% 的市场份额。尤其是在世界

500强企业里,SAP产品的用户达到70%以上。SAP公司新推出的mySAP.com是SAP的高端产品。它提供电子商务解决方案,能将企业的不同合作伙伴集成在同一电子商务平台上。因其功能比较丰富,各模块之间的关联性非常强,所以价格偏高,一般在四五百万元以上。

2. 完美集成的Oracle

Oracle公司是全球最大的应用软件供应商。Oracle的主打管理软件产品Oracle Applications是目前全面集成的电子商务套件之一,能够使企业经营的各个方面全面自动化。其用户主要分布在航空航天、汽车、化工、消费品、电器设备、电子、食品饮料行业。Oracle凭借"世界领先的数据库供应商"这一优势地位,建立起构架在自身数据之上的企业管理软件,其核心优势就在于它的集成性和完整性。对于集成性要求较高的企业,Oracle无疑是理想的选择。

3. 动态企业建模的SSA

其用户主要分布在汽车、化工、消费品、离散型、电器设备、电子、食品饮料、机器制造、金属加工、制药等行业。SSA主要向用户提供的商业计划与控制系统(Business Planning and Control System,BPCS)套件包括财务、分销、制造三大部分,能满足企业在这三个管理领域的大部分需要。

4. 适宜"大批量生产"的JDE

J. D. Edwards公司的JDE系统是一套用于企业商务解决方案的软件产品。JDE在系统稳定性和运行速度上有优异的表现,特别适用于大量生产型的工业企业,而且实施总成本不高。JDE是完全基于IBM AS/400小型机开发的,在其他通用系统上的运行效果并不理想。

(二)我国台湾、香港地区的ERP产品

在ERP等企业管理软件方面,我国台湾和香港地区也有很好的发展,现在已经成为不可忽视的一大供应面,在珠江三角洲地区取得了明显的优势,目前正成为市场的主力。

我国台湾地区的优势在于其制造业发达、市场规模较大,相应的ERP产品有较好的应用基础,现在进入我国内地的天心资讯在台湾地区便有很好的客户基础。台湾地区其他软件公司也纷纷与我国内地其他软件公司联手,通过内地公司的市场优势来获得发展空间。神州数码和用友集团就是借我国台湾地区的产品来打天下的。这方面主要的代表厂商有鼎新、汉康、艾一、天心、普扬、锐众。

我国台湾地区的产品有多年的发展历史,产品的商品化程度较高,特别适合于中小型企业,以套装的解决方案见长。台湾地区的企业历来比较重视成本管理,这方面的优点也在其产品中有所体现。例如,天心资讯的Sunlike在成本分摊的方式上就非常丰富,是企业进行成本管理的理想工具。

我国香港地区的软件公司比较重视在技术上紧跟国际潮流,多家公司都在B/S架构下发展自己的产品。由于我国香港本土的企业数量较少,其产品策略更偏向于为企业提供个性化的解决方案,在特殊行业里有更多成功的案例。有一定知名度的是盛创与佛氏两家。佛氏早年起源于财务及MIS,盛创是当地一家专业公司,主要面向中小企业推广,与鼎新在我国台湾地区的情况相似。

如果从产品的价格上比较,我国台湾公司的产品更有竞争力;但在个性化的服务方面,我国香港公司则略占优势,投资规模都能控制在100万元以内。

(三) 我国内地的 ERP 产品

我国内地的 ERP 产品主要分成以下三种类型：

1. 独立开发型

我国内地的 ERP 厂商最早起源于专业的单一 ERP 独立开发商。这些厂商的共同特点就是在国外 ERP 软件基础上借鉴并开发自己的原型产品，如利玛、开思、和佳、科希盟、启明等。

2. 财务软件转型

我国应用软件业最强大的是财务软件，它的兴起得益于国家政策的推广与扶持，起点低且符合大多数企业的应用水平。这些厂商在面临市场发展势头下降而寻找新增长点的需求转型中进入 ERP 领域。特别是从 1998 年年底开始，以用友、金蝶为首的公司频繁在市场上造势，为该领域应用在我国的普及起到了推波助澜的作用。它们一致的市场战略是借着在财务市场积累的巨大知名度与资金实力迅速切入。代表性的软件产品有用友的 U8、金蝶的 K/3、浪潮国强 ERP 等。

3. 引进拓展型

一些厂商通过引进其他国家或地区的 ERP 产品，并进行本地化和功能扩展等方式快速形成自己的 ERP 产品，已具有相当的实力，神州数码与中国台湾鼎新合作的神州数码易飞 ERP 就是最典型的代表。但国产化 ERP 软件产品在系统稳定性、软件可维护性与扩展性、软件模块设计的精细性、ERP 系统可配置性与软件适应性等方面与国外 ERP 软件产品差距较大。另外，在软件公司规模、软件产品成熟度、配套的咨询实施队伍方面差距更大。

二、ERP 软件供应商简介

目前，国内管理软件市场上依然壁垒分明，一方是 SAP、Oracle、JDE、SSA 等一些拥有雄厚资本以及丰富的市场运作经验且技术实施能力和人才储备都一流的外国公司，另一方是以用友、金蝶、神州数码、和佳、新中大、开思等为代表的国内软件企业。

对于中国软件业来说，财务管理软件现已具有 90% 以上的市场占有率，基本进入以用友、金蝶、神州数码、新中大等大型厂商为主导的时代。但在 ERP 企业管理软件领域，以 SAP 为代表的国外厂商具有明显的技术优势，在系统安全性、可延续性和可扩充性等方面仍处于领先地位。随着国内 ERP 厂商在技术和市场领域的日趋成熟，ERP 市场逐渐形成了四大阵营：

(1) 以 SAP 为代表的国外 ERP 厂商阵营；

(2) 以用友、金蝶为代表的，从财务软件转型的管理软件厂商阵营；

(3) 以和佳、利玛为代表的，从 MRP 发展起来的专业 ERP 厂商阵营；

(4) 以神州数码为代表的，从 IT 分销商"杀入"ERP 市场的硬件厂商阵营。

三、ERP 软件目前应用状况

(一) 高端应用主要由国外厂商主导

高端应用的企业由于应用复杂，涉及大量的二次开发，对厂商以及供应商要求有较强的技术实力和二次开发能力。目前我国 ERP 厂商尚不具备这方面的能力。

(二)中端应用目前市场需求最大

这部分需求主要来自前期已应用过部分模块的企业,如应用了财务部分模块或供应链部分模块,存在"信息孤岛"问题,因此,需要对企业进行整体资源信息的整合。中端ERP应用市场也是竞争最充分的领域。典型的厂商代表为用友、金蝶以及神州数码,主要方式是提供套装化产品,以及本地化及时、快速的服务。因此,产品和服务成为该领域最核心的竞争力。而中国台湾软件厂商由于积累了丰富的制造业信息化经验,对于现阶段我国中小企业信息化具有更丰富的经验,提供的产品符合市场需求,市场份额上升较快。

(三)低端市场主要由部分企业普及应用,或者以某个业务模块为主

这些产品应用周期短,或者只是企业在正式应用之前的"练兵"。随着应用效果的体现,这些企业会逐渐扩大信息化应用范围,在同等条件下,这些企业将优先选择原有供应商的高端产品。大部分高端厂商或中端厂商提供低端产品,扩大市场基础,为未来的企业升级应用培养大量的用户基础。

第三节 ERP软件系统选型

ERP的理论必须有一套好的软件系统作为载体才能在企业中得到应用,所以,ERP软件系统选型问题是非常重要的。

一、ERP软件的开发与购买

每个实施ERP的企业都必须有一套软件系统。从ERP的发展过程来看,软件系统的实现有两种方法,即自行开发软件和购买现成的商品化软件。

(一)自行开发软件

自行开发软件有明显的缺点,总结起来有三点,即耗时过长、未必成功且起点较低。自行开发一套ERP软件,一般至少要用2~3年的时间,再加上其他方面的工作,实施周期将会更长。这样,不仅要考虑软件开发的成本,还必须考虑推迟实现ERP系统的损失。

另外,自行开发软件往往特别着眼于当前的业务环境和需求,其管理思想的体现只能取决于当前的管理人员和软件开发人员,因此,起点往往较低,可能经不起时间的考验。一旦业务发展突破原有框架,软件很可能不再适用。

(二)购买现成的商品化软件

购买现成的商品化软件可以事先了解它是否成功,而自己开发软件却做不到这一点。有时,投资已经做出,时间已经花费,却不能保证它一定成功。鉴于自行开发软件可能出现以上问题,所以采用商品化软件实现ERP系统的企业比例日益增加。无论是国内还是国外,20世纪80年代以后,实现应用ERP的企业大多是购买商品化软件系统。

这些商品化软件基本上是按照Oliver Wight公司发布的"MRP Ⅱ标准系统"的要求开发

的，而且功能上多有扩充，都能体现 ERP 的管理思想。但是，购买现成的商品化软件可能存在以下问题：

(1) 由于商品化软件的通用性，系统可能过于复杂。一般来说，要比企业具体的需求复杂得多，这不仅造成使用上的困难，而且价格也高昂。

(2) 可能需要进行二次开发来修改或扩充系统的功能。

(3) 可能难以连接企业已有的程序。

(4) 可能存在故障隐患。一个大型的 ERP 软件系统含有故障隐患是不奇怪的。问题在于这些故障可能很难发现和排除，往往需要软件供应商的帮助，如果这种帮助不能及时得到，那么整个 ERP 项目的实施和应用可能都会推迟。

二、选择商品化软件的原则

选择 ERP 软件必须遵循以下四个步骤：理解 ERP 原理、分析企业需求、选择软件，以及选择硬件平台、操作系统和数据库。前两项是为了做到"知己"，后两项是为了做到"知彼"，只有知己知彼，才能选好软件，做到百战不殆。

鉴于企业自行开发软件的种种弊端，越来越多的企业选择了商品化软件，这也是市场经济发展的必然。在选择一个软件之前，往往需要调查同行业企业的软件系统，访问软件公司并了解其产品的特点及定位是否符合本企业的特点和需求，观摩演示，注意其他增补模块的集成性是否完好，访问软件公司的用户及询问有关咨询公司，然后使用企业数据上机试验，最后做出是否购买的决定。要评价一个软件的质量是否可靠、是否成熟、是否满足企业的需求，其选择标准可以从以下几方面考虑：

（一）软件功能

软件功能应以满足企业当前和今后发展的需求为准，多余的功能只能是一种负担。例如，应考虑属于升级后解决的功能，如升级的可能性、时间及条件，以及能否适应企业的实施进度，甚至还包括系统的开放性、预留各种第三方接口等。

（二）开发软件系统所使用的工具

任何商品化 ERP 软件都会有或多或少的用户化修改，并随着应用范围的扩大，企业必定会有一些增补功能的二次开发工作，因此，软件所用的开发工具必须方便用户掌握和使用。另外，尽量选用二次开发量少的软件可以缩短实施周期，能得到源程序也是一个好的因素。

（三）软件的文档

规范化的商品化软件，文档应该齐备，包括用户手册、运行手册、培训教材和实施指南等，这些文档都应方便自学使用。

（四）售后服务与支持

售后服务与支持的质量直接关系到项目的成败。它包括各种培训、项目管理、实施指导、用户化二次开发等工作，可以由咨询公司或软件公司承担。服务支持费用与软件费用在

1.5：1左右,甚至更大。

（五）软件商的信誉与稳定性

所选软件商应有长期经营战略,通过高技术、高质量的服务来赢得市场。选择软件应考虑软件产品的寿命周期、先进性、适用性与可扩性,与软件商或软件代理商的长期合作有利于企业管理信息系统的完善。

（六）价格问题

这里要考虑软件的性能和质量,做出投资/效益分析,其中软件投资应当是:软件费用＋服务支持费用＋二次开发费用＋因实施延误而损失的收益。另外,还应考虑日常维护费、硬件、数据库、操作系统、网络的费用等因素。

（七）软件运行环境

对于一个开放型的软件,硬件和软件的选择余地应较大。其系统的适应性,应采用符合工业标准的程序语言、工具、数据库、操作系统和通信界面,比如,能否接受多数据库等,都是购买时需考虑的因素。

（八）企业原有资源的保护问题

这里主要指在企业原有系统上运行的数据及原有硬件是否有必要保护及如何保护,如何将原有数据通过转换和维护形成新的、符合要求的数据。

复习思考题

1. 企业应如何权衡是自行开发还是购买商品化 ERP 软件?
2. 简述企业选择 ERP 商品化软件遵循的一般原则。

第三章　ERP 的实施应用

学习目的和要求

通过本章的学习,了解企业实施 ERP 的目的和意义;掌握 ERP 系统的实施过程和实施方法;掌握 ERP 系统实施的关键性因素;了解 ERP 系统业务流程重组的概念和业务流程重组应遵循的原则;理解业务流程重组和 ERP 的关系。

第一节　ERP 实施的意义

一、ERP 是企业管理的基本工具之一

随着中国加入世界贸易组织,企业面临世界贸易竞争的大环境,客户要求高质量、低价格、高技术、多样化、客户化的产品,市场需求多变,产品交货周期越来越短,要求准时供货。这一切都对传统的企业管理理念提出了更高的要求。在这种形势下,企业如何对其整体资源实现优化配置,以最小的投入实现最大的效益,成为一个关系企业能否生存发展的根本课题。

因此,向管理变革要效益,引入先进的 ERP 管理模式与理念,实现 ERP 信息管理系统,以信息化带动工业化成为不可逆转的必然。

二、ERP 是企业提升管理的必然选择

ERP 具有双重核心,即管理思想和信息技术。ERP 就是运用信息技术将企业内的资金流、物流和信息流进行有效集成,使其协调运作,从而实现整个系统工作绩效最优。

ERP 实现了信息流、物流、资金流的集成,从而实现资源共享。同时,对信息的及时高效处理,减轻了加工负担;对数据进行统计、分析与挖掘,提炼了知识。实施 ERP 能有效解决企业的诸多困扰,提升综合管理水平。

三、ERP 最终全面建立企业竞争优势

ERP 以市场和客户需求为导向,以实行企业内外资源优化配置,消除生产经营过程中一切无效的劳动和资源,实现企业整体的信息流、物流、资金流、价值流和业务流的有机集成和提高客户满意度为目标。

ERP 能将企业的人力、资金、信息、物料、设备、时间、方法等各方面的资源充分调配和平衡,为企业加强财务管理、提高资金运营水平、建立高效供应链、减少库存、提高生产效率、降低成本、提高客户服务水平等方面提供强有力的工具,同时为高层管理人员经营决策提供科学的

依据,有效地提高盈利水平,最终全面建立企业竞争优势,提高企业的市场竞争力。

第二节　ERP系统实施方法

　　由于ERP技术和信息科学技术在飞速发展,所以ERP项目实施过程中要讲究一定的方法。从ERP的实践来讲,并没有绝对的法则,因为ERP项目实施是一种科学与艺术或技巧与艺术的结合与运用。从ERP软件的发展与企业使用ERP的情况来看,大的软件供应商为客户提供实施原则和步骤,同时还开发了相应的实施工具,如甲骨文、金碟和用友等公司均有自己的实施方案与策略。除此之外,大的企业信息化方面的管理顾问咨询公司和学术机构等均拥有一套相应的ERP实施方法和途径。在此仅以金蝶公司的"金手指六步实施法"为例,核心内容如下:

一、项目组织

　　项目是有目标和计划的任务总称。ERP作为一个大型的企业管理系统,其成功实施要求必须将企业的关键资源即技术、数据和人员有效地组织起来,并且需要制定阶段目标,明确项目实施计划及其支持方式,包括工作分配、人员配合及配合的基本要求、工作可量化标准、实施纪律和工作注意事项等。

二、系统培训

　　咨询顾问要结合企业的实际,有针对性并有步骤地进行培训,包括MRPⅡ原理及实施规范、企业现有业务流程的研究与分析、系统集中培训(业务系统和财务系统等)、系统管理员培训、系统模块功能总体认识、系统模块功能的实现和操作及定向任务培训、系统实施成功案例研究,以及系统实施过程中的人员与进度管理等。

三、系统定义

　　系统定义阶段的任务是找出"新"系统与"旧"业务流程的契合点,详细定义明确各种业务的具体需求并使相关业务人员能从企业整体的角度理解自身业务实现的过程。如果说前期的工作打下了项目实施的基石,那么此阶段则需全面展开攻坚战。

　　系统定义大致可进一步细分为整理现行业务流程、原型测试、二次开发所需文件、整理与归集数据、二次开发系统规划,以及现有系统与二次开发系统规划形成集成系统实现方案的确认等。

四、数据准备

　　数据是企业实际业务信息的表现,需遵循一定编码规则定义,用标准的方法反映企业的初始和不断变化的业务情况。企业的数据分为静态和动态两种。

　　静态数据包括系统参数设定、单据编码、业务处理方式编码、物料编码、库房库位编码、客户编码、供应商代码、工作中心编码、工艺路线编码及科目代码等编码规则和人员资料、系统操作权限资料、物料资料、库存资料、客户资料、供应商资料、财务科目资料及MRP运算所需的相关期量标准等,它是企业截止到某一时间的实际情况的数据反映。

动态数据包括销售合同、销售订单、销售出库单、销售发票、退销单、退销入库单、请购单、采购订单、采购入库单、采购发票、退购单、退购出库单、生产工单、生产领料单、生产退料单,还有其他出库单、其他入库单、收款单,以及付款单等企业随时发生的业务情况的数据反映。

实施过程中的数据准备是工作量最大且要求最细致、参与人数最多、时间最长的阶段,所以需要制订全面而周密的计划。在数据准备过程中,人员职责要分工明确,与工作业绩挂钩的考核机制也是有力的保障。整个工作特别强调全体参与人员认真负责的工作态度及长时间的工作韧劲。

五、系统切换

系统切换是大量前期工作应运而生的产物,是一个水到渠成的过程,因此可以把切换理解为一个点或一个分水岭。站在这个点上,要认真全面检验并评估之前的工作,同时使未来可能的问题浮现出来,并提出实施解决方案。

除了数据维护外,切换前还要做全面的环境检查,包括硬件环境、人员准备和操作规程准备等。特别是要补做二次开发的测试、确认、原型测试和评估改进等工作,并考虑系统的全面集成。

切换可一次完成,也可分模块进行,应视具体情况而定。无论哪种方式,均需制订详细的切换计划,在数据、人员、起止日期、跟踪评定、整改要求以及改善记录等方面下足功夫,做好冲刺准备。

六、运行维护

运行维护是切换后的系统同步监控并纠偏、排错及改错的过程,同样需要企业和咨询管理顾问的分工协作。运行维护既是系统实施阶段性目标实现的开始,也是系统扩展及系统应用水平不断提高的开始。

第三节 ERP 系统实施的关键性因素

从实施 ERP 的企业来分析,沿海地区、经济发达地区的私营企业、合资企业实施的成功率较高,而国有大中型企业实施的成功率较低。究其原因是前者承担的市场风险大,有强烈的营利目的,这迫使它们采取灵活的经营方式,大胆采用先进技术和管理方式,所以实施 ERP 的阻力相对较小;而后者由于其历史原因造成机制不活、管理重叠、人浮于事、部分人员的既得利益难以破除,所以实施阻力较大,成功率也较低。

在 ERP 的实施过程中,有许多成功的案例,也有不少惨痛的教训。成功的经验总是非常类似,失败的教训却各有各的不同。ERP 的成功实施,需要解决下面几个关键问题:

一、高层管理者坚决支持,中低层员工积极参与

ERP 的实施不是一项简单的技术软件培训,而是一项跨功能的工程,不可避免地需要进行业务流程的重组和组织机构的调整,它将改变企业的管理模式和人的思维方式,并且常常伴

随着权力和利益的转移,ERP的实施常常会遇到或明或暗的阻力。如果没有高层管理者的明确支持,是很难推进的。只有得到高层管理者的坚决支持,才能排除干扰,克服困难,成功地实施ERP。

企业的中层管理者,扮演着局部目标和政策的制定者,以及企业管理政策执行者的双重角色;企业的基层员工是业务流程的日常参与者和软件的日常操作者。企业的基层员工必须理解如何利用ERP提高日常决策的及时性和正确性,才能提高工作的效率和效益。因此,应当注重对中层领导和业务骨干的培训,使他们理解在ERP的实施过程中,自己如何配合项目小组、管理咨询公司、软件厂商的工作,调整工作方式、工作内容,才能使为ERP实施所付出的时间和投资得到切实的收益。

二、良好的管理基础

企业管理基础涉及许多方面,总结起来,较为关键的有以下几点:

(1)制度基础。这里特指企业的产权制度、法人治理结构和激励约束机制等企业基本制度。良好的制度基础是企业建立和使用信息系统的动力源泉,也是突破实施障碍的关键。

(2)业务流程基础。企业的业务流程应该较为固定并且固化为管理制度。即使业务流程经常发生变化,企业各个部门也应该根据规定按部就班地进行各种调整。

(3)数据基础。ERP软件是企业管理非常有效的工具,其运行的基础是企业的数据,真实可靠的数据将运行出正确科学的结果。"三分技术,七分管理,十二分数据",很多企业就是没有度过这个痛苦阶段而宣告ERP实施失败。

(4)人力资源基础。人力资源基础包括企业员工素质、能力、责任心以及各种人力资源政策。ERP实施过程的一个重要工作,就是对企业员工进行计算机操作培训。员工的操作能力、岗位理解能力和学习能力也是影响实施成败的重要因素。

三、长远规划,分阶段实施

理论上完整的ERP系统,业务流程覆盖广泛,功能繁杂。随着投入使用的ERP子系统逐渐增多,企业信息集成程度不断提高,企业在优化资源运用、缩短采购提前期和生产周期、降低库存资金占用和制造成本等方面的收益也日益显著。企业领导者应该结合企业现状和企业发展战略,制订中长期的ERP实施计划,明确ERP实施项目的范围和目标。也就是说,要确定中长期内ERP应用所应该覆盖的业务流程领域,并对业务流程优化提出明确、可量化的目标。

由于时间、资金、人力资源等方面的约束,企业实施ERP通常不可能在所有的业务流程同时开始实施ERP,也不可能一下子实施ERP中的所有功能,因此,应当从提高企业整体竞争力的角度出发,从那些"瓶颈"业务流程入手;对于业务流程内的功能需求,优先考虑那些对改进关键增值活动有明显的效益。只有这样,才能既有效地控制ERP项目的时间、成本,又能切实看到效益,这样后续的ERP项目才能进行。在实施过程中常见的错误就是ERP项目承诺了过多对于实现企业增值并无实际帮助的功能需求,导致大量的客户化或二次开发工作,项目进度拖延,成本超支。

四、选择好的ERP软件供应商和管理咨询公司

各个企业实施的ERP项目中所覆盖的流程以及流程中要求的功能不尽相同。不同的

ERP 供应商在所适应的行业范围、覆盖的业务流程、产品功能的全面性、与第三方软件的集成性、可扩展性、二次开发难易程度等方面各有千秋。

目前,国内的 ERP 厂商,有些是从财务软件转型做 ERP 软件,在财务模块上的功能很强,而在其他模块上相对较弱;有些则是从 MRP 扩张而来,在财务方面的功能相对较弱。国外的 ERP 厂商水平相对较高,但在本地化支持和价格方面缺乏优势。企业应该根据自身需要和承受能力量体裁衣,在考核 ERP 软件商的公司资信、ERP 软件产品演示、样板客户调查结果、合同费用、实施人员和实施计划、各个模块的功能需求后,再选择合适的 ERP 软件供应商。

咨询公司的价值在于帮助客户赢得时间和降低风险。国外企业实施 ERP 时的惯常采用方式是由软件供应厂商、咨询顾问公司共同为客户完成系统实施服务。

五、注重实施工程中的项目监控

ERP 实施是一项高风险的工程,需要进行严谨认真的项目监控。具体来说,应该规范项目例会和阶段性评审制度:定期召开由企业的项目领导、各业务部门的领导以及实施咨询人员参加的项目实施例会,协调解决实施过程中出现的部门协调、人员沟通、技术支持、时间和成本控制等问题;分阶段对项目实施进行评估,如果出现偏差,研究是否需要更新计划及资源,同时落实所需的更新措施,如果达到要求,就部署下一阶段的工作。

规范项目实施过程中的文档管理也是一项关键工作。应该对实施过程进行全面的文档记录。详尽而规范的实施文档不仅有利于企业、ERP 软件厂商、管理咨询公司之间的交流,而且对于 ERP 项目的后期维护和持续改进都是重要的基础资料。

六、稳定的实施队伍和员工素质的提高

ERP 不仅是一种先进的管理系统、一种先进的管理思想,更是先进的管理思想与先进技术的结合,这就要求实施、应用它的人员应当具备一定的专业素质。另外,ERP 是通过全企业的协同应用发挥作用的,只有普遍提高企业全体员工的素质,才能提高 ERP 应用的成功率。而这只有通过强化培训来解决。

最了解企业需求和应用基础的是企业本身的职工。ERP 系统提供的仅仅是一套工具,如何活学活用则要靠自己筹划,企业实施 ERP 是一个循序渐进、不断完善的过程,需要有一支强有力的队伍在企业发展遇到新问题时能不断提出解决方案,这样才能将系统坚持实施下去。有不少企业 ERP 实施"夭折",就是由于关键人才的流失造成的。

总之,ERP 实施的过程就是体制与观念变革的过程。实施 ERP,首先要学习和领悟先进的管理思想,只有企业内部对 ERP 所代表的先进管理思想有充分的认识,才能加强企业上下级之间、各部门之间、企业与 ERP 软件厂商和管理咨询公司之间的沟通和协作,共同把 ERP 实施工作做好。

第四节　ERP 实施案例——广州五十铃案例

一、企业概况

2000 年 3 月,广州五十铃客车有限公司成立,注册资金达 2 990 万美元,并且被定位为继

广州本田之后的广州汽车工业的"第二张名片",成为广州市重点扶持的发展企业。2002年3月28日,在浦东新国际博览中心世界客车博览亚洲展览会上,广州五十铃客车有限公司(以下简称"广州五十铃")的领导人领取了该次展览会的最高奖——年度最佳旅游客车奖。

二、ERP实施的背景

(一)国际竞争需要

自加入世界贸易组织后,中国市场已成为国际化竞争市场的一部分。竞争国际化意味着中国企业必须具备比国外同行更有竞争力的管理信息平台,突破地区隔阂的最直接和最有竞争力的核心手段是信息全球化。

(二)国内环境变化

进入21世纪后,中国企业的市场化环境渐趋完善,面向市场经济的经济结构、格局和秩序逐步形成并更加规范。随着Internet/Intranet技术和电子商务的广泛应用,企业面临的竞争环境发生了根本性变化,如顾客需求瞬息万变、技术创新不断加速、产品生命周期不断缩短等,竞争日趋激烈。

由于管理思维的日新月异以及客户需求的提高,主导型生产方式必须转向市场主导型生产方式,粗放性经营必须转向成本控制性经营,部门管理必须向企业级协同商务转变。

(三)行业存在的问题

汽车行业属于典型的生产制造与销售服务一体化的企业,价值链条涉及零件供应商、外包商、加工制造商、经销商、零售商以及价值链条终端的客户。另外,由于国内特殊的环境,现金流量一旦出现问题,就会导致企业资金匮乏、经营步履维艰、销售不畅、库存积压以及生产管理成本增加等。

造成这种现象的原因固然是多方面的,但总结起来其中一个共同的原因就是:忽视以计算机管理为基础的企业资源计划建设,导致业务部门与财务部门不能很好地沟通,从而造成结算拖延、坏账损失加大、信用下降、库存与账目不符等问题,财务对各购销业务的发生情况也无法做到有效监控。作为企业整体来讲,根本不能形成完整的分析决策体系。

(四)客户需求

在经营模式上,广州五十铃初期采用以销定产的个性化定制经营模式,客户的个性化需求直接并强烈地驱动着产品的开发、生产、销售与服务的全过程,而消费者对产品的需求越来越趋于多样化、复杂化和个性化,他们要求得到技术性能高、质量好、符合应用定位、价格适当的汽车产品和及时周到的售后服务。这就要求建立快速设计、生产、优化营销、后勤、物流和服务的信息化管理体系。

企业管理层决心不仅从信息平台,而且从文化、观念、组织架构、业务流程、资源流程等方面进行更新和重组,塑造一个适应网络经济的"E"化企业。

三、ERP项目实施基本目标

（一）实现财务业务一体化

"信息孤岛"问题一直是困扰企业信息化建设的关键。有些企业局部已实现计算机管理，但相互之间仍处于游离状态，这种残缺的信息化仅仅是使用计算机代替了手工劳动，并没有为先进管理方法的实施创造条件。

实现财务业务一体化是广州五十铃进行信息化建设的初衷，也是信息化建设中最关键的问题。从硬件和软件上保证财务业务的协同，在加强对企业资金流管理的同时，加强企业的物流控制，达到真正有效的经营运作控制，此外，还要实现信息高度集成。

（二）设计最优业务流程，提升核心竞争力

结合计算机环境下企业管理模式的新要求，综合考虑企业的业务特点和企业软硬件条件，设计最优业务流程。

(1)实现"信息集成、过程集成、功能集成"。
(2)实现"一张原始凭证（销货发票、购货发票、入库单、领料单等）一次录入，业务核算、统计核算、会计核算全部自动完成"。
(3)实现对业务过程的科学严格控制。
(4)真正提升企业的核心竞争力，满足企业的长远发展需要，应对竞争激烈的市场环境。

（三）严格库存管理

库存是连接企业内外的枢纽，而且库存占用资金情况直接关系到企业资金周转问题。

企业根据产品的生产工艺、材料定额和制造部门的生产计划，科学采购材料，材料的收发必须遵循严格的控制程序，在保证生产顺利进行的同时，尽量减少库存成本。

（四）以项目和个人两条主线，加强企业成本费用控制

(1)借助项目管理和个人往来管理，节省成本费用支出。
(2)以项目管理为手段加强对固定资产的管理，加强对现金收支的管理，对资金的来源和使用情况进行分析，减少不必要的开支。
(3)进行个人往来管理，利用个人往来将每笔投资所引发的资金管理责任落实到人。

（五）加强产成品成本核算和管理

广州五十铃的产成品为大中型客车，成本高，更为重要的是，企业采用以销定产的营销方式，根据客户需求进行个性化生产，因此，需要对产成品进行单台成本核算和管理。从某种程度上说，企业需要以单台客车作为成本中心进行管理。

一个正确的ERP软件的价值不仅仅在于它能给企业插上腾飞的"翅膀"，更重要的是，少走弯路，赢得时间，强化竞争力。根据经验，企业在进行软硬件选型工作时，必须遵守一定的规则。按规则选择出来的软件，才最适合企业应用，这样建立的系统才是较完美的，投资回报率

才能是较高的。

广州五十铃在确定 ERP 系统后即成立了项目领导小组进行软件的选型工作,首先对国内外知名的 ERP 厂商进行初步了解,参考已成功应用 ERP 软件的企业的情况,在此基础上选择 4 家厂商进行招标,最终选择了用友公司的 ERP-U8 管理软件。

四、ERP 选型原则

广州五十铃在选型的过程中主要遵循了以下原则:
(1)ERP 软件必须是成熟的产品,包括对环境的适应性、实践的成熟度及技术的成熟度。
(2)挑选最适合本企业管理模式的企业管理软件。
(3)需要具有针对行业以及业务的解决方案。
(4)该软件供应商在 IT 界有良好的信誉,有实力维持其软件产品在产业中的第一方队。
(5)该 ERP 产品需要有高水平的本地化技术支持。
(6)有较强的实施队伍及项目实施经验。
(7)具有比较标准化的实施流程。
(8)ERP 厂商的售后服务质量比较好。
(9)该 ERP 产品具有比较合理的价格。

五、ERP 实施方案

(一)硬件方案

广州五十铃各部在同一座办公楼内办公,为了给管理信息系统提供硬件环境,公司在办公楼内搭建了一个局域网,采用奔腾至强 700(双 CPU)服务器,整个网络有 15 个工作站。

(二)软件方案

广州五十铃购销存以及财务都采用用友 ERP-U8 软件,生产制造部分则另行开发软件。两套软件之间通过接口程序实现无缝连接。

六、优化重组系统流程的分析

广州五十铃 ERP 以财务业务协同为目标,以库存控制为重点,将企业的实际业务和用友财务软件相结合,主要使用财务系统和购销存系统两大子系统,实行财务与业务的全面集成,对企业物流、资金流和信息流进行同步管理,使企业资源达到最佳配置状态,提高企业获利能力。下面将对其业务处理流程进行分析,探寻其流程管理中的经验。

(一)采购管理系统分析

广州五十铃的采购业务由其采购部执行。制造部根据销售订单制订生产计划,生产制造系统根据生产技术部提供的有关材料定额资料以及制造部提供的生产计划,考虑现有库存情况,生成采购计划。采购部根据采购计划分别进行国内采购和国外采购。

采购管理系统主要进行采购订单、采购入库单和采购发票的管理。采购业务发生后,采购部将采购发票录入采购管理系统;采购物料入库时,采购部储运科根据验收单在库存管理系统中录入入库单,财务部根据采购发票和物料验收单据进行采购结算,系统自动生成相关凭证,登记相关库存账。

(二)销售管理系统分析

广州五十铃的销售业务主要由其销售部处理,一般根据订单进行销售,销售部将签订的销售订单录入销售管理系统,动态掌握销售订单执行情况。

销售业务真正发生时,销售部在销售管理系统中录入销售发票,系统自动冲减库存系统的货物现存量;财务部根据销售发票进行销售审核,审核后自动生成销售出库单传递给库存系统,库存系统为销售系统提供可用于销售的存货的现存量;系统根据审核后销售发票自动生成销售出库单,传给存货核算系统。存货核算系统将计算出来的存货的销售成本传递给销售系统。

(三)库存管理和存货核算系统分析

广州五十铃对其材料的采购以及收发存进行严格的控制。

在广州五十铃ERP中,库存管理系统从物流的角度加强对存货的管理,而存货核算系统则从资金流的角度加强对存货的成本管理。库存系统录入各种出、入库单,登记出、入库台账;存货核算系统生成存货成本的凭证传递到总账。

(四)财务系统流程分析

财务系统由总账、工资管理、固定资产、应收款管理、应付款管理、成本管理、UFO表和现金流量表等模块组成。

内部各模块之间自动传递数据,财务系统和购销存系统之间自动传递数据。

七、企业应用ERP的实施过程

企业应用ERP是一个长期的系统工程,为了在建设过程中提供更完善而科学的整体规划以及加强实施指导,在遵循用友公司规范的ERP-U8项目实施流程的基础上,广州五十铃决策层成立了供应链管理项目小组,成员包括各部门中层领导及业务骨干。

在ERP项目顾问的指导下,广州五十铃从一开始就确立了系统建设目标,包括网络建设、软件选型、人才培养等一套合理的解决方案。使先进的软硬件建设与企业的实际情况得到有机结合,使信息技术能真正为企业提供知识与管理的创新,将企业打造成市场的领先者。

(一)"整体规划、分步实施"与"业务流程的改进、优化和重组"

根据广州五十铃的业务流程以及企业长远发展规划需要,结合目前汽车行业的现状,为广州五十铃设计出了符合其实际运作的业务流程的改进、优化与重组方案:(1)规范现有流程,找出缺少的流程,把不规范的流程规范化;(2)对几个相互协同作业的流程进行集成化、系统化;(3)将这些优化、统一、集成以及系统化的流程,在用友ERP-U8软件中充分实现,达到信息的完美集成,并且为广州五十铃的长远信息化建设规划预留系统的接口,由此完全实现ERP系统"总体规划,分步实施"原则的圆满吻合。

针对公司人员素质较高、管理较规范的特点,先进行财务系统与进销存系统的上线并进行集成;在基础数据准确的基础上安排生产制造系统的上线,使企业的业务处理在一个闭环系统中运行,降低了人为因素对决策正确性的影响,形成了以市场为导向的体现计划控制特点的企业经营管理模式。

(二)领导决策与人才培养

在整个信息化建设以及应用过程中,公司的决策机构始终处于正确的位置上进行决策、指导和控制,下设项目实施小组进行组织、推进工作,实施小组由公司发展部牵头各部门主管及用友方咨询顾问组成,事实证明效果良好。

1. 决策层发挥重要作用

决策层对 ERP 项目高度重视:(1)行使领导权;(2)把握关键点;(3)保证资金到位;(4)监控全过程;(5)负责协调各部门关系。

2. 项目实施小组的主要任务

其主要任务包括:(1)组织项目实施;(2)上报实施计划;(3)推荐项目组成员;(4)掌握实施进度表;(5)为各部门布置实施过程中的角色任务;(6)为各部门培训人员;(7)协调项目组和各部门间的关系;(8)定期召开项目会议总结经验;(9)评价各部门实施进度中的优缺点。

借此,达到以优秀部门带动其他部门的方式,推动企业信息化的进程。

另外,广州五十铃一贯注重公司人才的培养,提拔懂技术、懂管理的德才兼备员工进入项目小组,让他们学习先进的管理思想和软件操作技能,并将出类拔萃者送去国外或高等学府深造。这些人成了企业信息化建设的坚定支持者和先锋,并最终成长为各部门的骨干,成为信息化系统建设的生力军。

还有,通过对各部门人员开展 ERP 思想和软件操作培训,使他们加深了对软件及企业业务的理解,保证了实施后系统的适用性。

(三)创建基础网络环境

在信息化建设的安排上,公司首先考虑的是基础环境的建设。为了能容纳不同的软件系统高速、安全运行,公司立足高起点,耗资近百万元从国外进口了先进的交换机设备,选择优秀的硬件提供商为企业搭建了网络。

同时,基于高标准建成了覆盖全厂的光纤网络系统,形成 100M 快速以太网信息传输能力,在公司范围内,从办公室到车间到仓库、从普通的仓管员到总经理,通过网络实现了互联互通,为今后的信息传递及系统集成打下了基础。

(四)创建基础软件环境

为了设计生产出符合客户要求的、切合市场需求的产品,广州五十铃技术人员很早就开始使用 CAD/CAM 软件进行产品设计。该软件能够利用三维的设计效果完成产品外观设计和产品结构(BOM)定义,提高了工作效率与质量,缩短了产品开发周期。

八、企业应用 ERP 的效益分析

信息系统自投入使用以来取得了可喜的成绩,通过投入使用供应链管理系统,广州五十铃明显提高了工作效率,提升了管理水平。

(一)实现数据共享与信息集成,加大财务监控力度

整个 ERP 系统集成使用,业务发生后数据一次录入,财务以及各业务部门共同使用,"数出一门,全厂使用",实现了数据共享和信息的有机集成,解决了长期以来一直困扰财务部门的账务串户、错账问题;解决了财务与业务部门长期存在的账账不符、账证不符的难题,真正实现了财务和业务的协同运作。

例如,为促使业务人员在采购业务完成后即时报账,相关制度规定:采购业务借款时需填写"借支单"挂个人账,报销时,必须出具"借支单"底联及合法的报销单证,财务人员在用友系统中审核无误并出具会计凭证销账,经资金科复核后交出纳支付款项并由出纳在用友 ERP-U8 系统中执行"签字"功能完成整单业务。

简言之,ERP 的应用为广州五十铃实现了数据共享与信息集成,进而实现了财务和业务的共同协作,具体表现为以下四个方面:

(1)保证相关单据能及时、准确地录入系统,使财务部门在业务发生时即可进行监控,错户、串户现象被消灭在萌芽状态。

(2)通过系统提供的穿透式查询功能,可同步查询到购销链业务发生的明细及余额情况,监控到多种原始业务单据,保证账证相符、账实相符。

(3)通过对应收账龄分析,及时通知相关部门和人员催收款项,坏账损失至今为零,令同行羡慕。

(4)通过对应付账龄的分析,在维护企业形象的同时,尽量利用商业信用为企业运作提供资金。2001 年,广州五十铃减少银行贷款 17%,为企业节约利息支出达 132 万元。

(二)加强库存和生产过程控制,降低企业运营风险

生产部门按照销售订单并结合产品材料定额制订生产计划,由采购部据以编制采购计划,采购部根据系统提供的库存信息参考生产的时间及数量确定采购数量,材料发放时严格按照生产工艺定额进行,做到每批采购的原材料都被对应生产令号(广州五十铃采用以销定产的生产方式,制造部根据销售订单下生产令)所消耗,仓库中不会有积压原材料,仅有极少量的物料储备作为正常供件磕、碰、伤的替代品。这样,既能保证生产的正常进行,又能实现库存占用资金成本最小化。公司 2002 年产量比上年增加 50%,而库存平均占用资金同比降低 22%,资金的有效利用率同比提升 11.2%。

随着广州五十铃产品品种的日益增多、客户订单交货前置时间的缩短,特别是订单内容的个性化,公司所面临的采购、装配、前置时间的压力也必将日益增加。公司采用的生产制造管理系统在建立如物料主文件、产品结构表、工艺过程、生产线产品定义等档案的基础上,充分整合产供销等各项管理资源,形成主生产计划及物料需求计划,经过重复排程展开形成车间订单、车间备料计划、工位备料单等,实现了生产过程的流程控制,使企业降低库存、合理安排生

产。其交货准时完成率达100%,提高资金周转次数45%,减少加班工时35%,生产率大大提高。

(三)以项目为主线,加强企业内部管理

广州五十铃的固定资产从用途来看,大致分为生产部门、运输和仓库用固定资产,公用动力设施,办公设备等。广州五十铃对每年新增的固定资产需要进行单独管理,如果采用科目核算方法对固定资产进行核算和管理,随着公司经营期的增加,科目体系也日益庞大,将给核算和管理带来很大的困难。

为了更好地对固定资产进行管理,广州五十铃将其实际情况与用友 ERP-U8 软件相结合,采用项目管理的形式对固定资产进行管理,从而简化核算体系,同时保证信息详尽。而管理部门可以及时准确地了解各年固定资产投资情况,从时间序列、生产安全角度来分析固定资产的使用情况,及时安排检修或更换,为安全生产、大批量的车间作业创造理想的作业环境。

随着竞争的日益加剧,现金流量的分析和利用对企业的作用越来越重要,广州五十铃自创立开始就十分重视对现金流的管理,同样借助于用友软件提供的项目管理功能,通过对现金的收支进行项目管理,不仅可以实时监控现金的来源及耗用情况,快速、准确、便捷地获取现金收支表,为现金流量分析提供基础数据,而且为事业计划(全面预算)的考核及调整提供了参考数据,同时也使企业的筹融资决策有据可依。

(四)加强产成品成本核算和管理

在用友 ERP-U8 软件中成本核算采用分批法,广州五十铃通过销售订单与生产令相对应,一个生产令对应一张订单,按生产令发料,对每台客车的实际成本进行核算。正确的产品成本核算为销售定价、损益确认提供了准确、及时的信息。同时,通过对产品车间耗用材料明细及成本构成的比例分析,控制了不合理支出并为企业标准成本的建立打下了基础,加快并完善了企业的现代化制度建设工作。

(五)运用管理软件实现预算管理

广州五十铃通过用友 ERP-U8 软件提供的预算管理功能,事前根据企业的利润目标由各部门编制销售计划、生产计划、采购计划、人员计划、费用计划、投资计划、筹资计划等,报经董事会研究确认后付诸实施。在经营过程中,严格按预算执行,对超预算情况逐级上报并说明原因,定期根据客观情况对预算进行调整,年度终了对预算执行情况进行总结分析,奖优罚劣。

通过预算的计划监控职能,不仅强化了部门间的协同运作,更规避了经营风险,提升了竞争能力。例如,以前受客观条件的限制,公司对费用的控制起点定位在超预算时,效果不是很理想,而现在借助用友 ERP-U8 软件的数据分析功能,当某项费用的实际发生数达原预算数的70%时即被列入黄色警戒区,其后的报账手续按规定增加一级审批以强化预算的控制职能。事实证明,积极、有效的预算控制使广州五十铃2001年各项费用同比降低12%,共计280多万元,向内部管理要效益不再是一句空话。

第五节 业务流程重组

一、业务流程和业务流程重组的概念

(一)业务流程的概念

业务流程是指我们怎样做事,是一组共同为客户创造价值而又互相关联的活动。它不同于产品和产品的功能,企业创造财富的基础是业务流程。

(二)业务流程重组的概念

业务流程重组(BPR)是对企业的业务流程做根本性的思考和彻底重建,其目的是在成本、质量、服务和速度等方面取得显著的改善,使得企业能最大限度地适应以顾客(Customer)、竞争(Competition)、变化(Change)为特征的现代企业经营环境。在这个定义中,显著性、根本性和彻底性是应关注的核心内容。

(1)显著性。显著性不是指略有改进或稍有改进,不是5%或10%的增长,而是极大的、"戏剧性"的提高,有突破,有大飞跃。

(2)根本性。根本性不是指修修补补,不是稍做改良,而是要治本,要根本改变思路重新做,是一个从"熟悉"走向"未知"的过程。

(3)彻底性。重新设计(Redesign)是企业流程重组定义的核心。抛开旧框框,从提高客户服务水平出发,进行业务流程的重新设计。

业务流程重组由迈克尔·哈默(Michael Hammer)和詹姆斯·钱皮(James Champy)在1993年发表的《公司重组》一书中提出,并正式把企业流程重组学说介绍给全世界。随后,哈默这一新的管理概念就像一股巨大的浪潮席卷着美国和西方工业化国家,赢得了广大企业的认可和接受,取得了明显的经济效果,被称为"恢复美国竞争力的唯一途径",在20世纪90年代这一管理思想达到全盛的状态。

二、业务流程重组和ERP的关系

(一)ERP与业务流程重组的结合是必然趋势

ERP这种反映现代管理思想的软件系统的实施,必然要求有相应的管理组织和方法与之相适应。通过BPR改革传统的管理模式,建立适应现代市场经济要求的现代企业制度,包括现代企业的管理体制、组织形式和经营方式。因此,ERP与业务流程重组的结合是必然趋势。

(二)ERP要求企业进行业务流程重组

ERP软件的应用改变了传统的经营管理方式,它将企业的经营管理活动按照其功能分为制造、分销、财务、人力资源管理等几大模块,为保证ERP功能的实施,无疑要求企业对原有的组织机构、人员设置、工作流程重新进行安排。尤其是ERP系统运行需要大量有效的基础数

据，而我国大多数企业长期处于粗放式的管理，所以开展管理咨询和业务流程重组就显得尤为重要。

当然，企业实行 BPR 并不完全是应用 ERP 的需要，而主要是面对市场竞争，为了提高企业整体水平和竞争能力的需要。

（三）ERP 与业务流程重组同步或交叉进行

ERP 与业务流程重组关系密切，尤其是在实施上孰先孰后的问题，经常在业界引起争论。哈默教授在《业务流程重组公司重组》前言中提到："尝试实施 ERP 系统的公司，如果不是事先或同步地进行业务流程重组，就会对实施的结果感到失望。"

从这段话来看，哈默并没有强调一定要先进行 BPR，再实施 ERP，而是说，许多情况下 BPR 与 ERP 是同步的或交叉进行的。在这里体现了"具体问题，具体分析"的精神，并没有强调非得先进行 BPR 才能实施 ERP。从应用情况来看，先进行业务流程改进和重组，再实施 ERP 的企业占多数。

三、业务流程重组的主要思想与原则

（一）从职能管理到面向业务流程管理的转变

传统的劳动分工理论将企业管理划分为一个个职能部门，各职能部门根据级别高低组成一个树形或金字塔式的结构，这即是"科层制"管理。"科层制"管理不仅有利于专业化劳动技能与管理技能的发展，也有利于企业的稳定。但这种管理组织注重的是"老板"而不是顾客，没有人对同级部门间的工作进行控制并进行强有力地协调。顾客与企业的联系不是单点方式，如一个顾客要想查询发票信息，必须与企业的财务部门联系，与之打交道的销售部门只知道有关销售方面的信息。此外，由于部门边界限制，很多工作只是为了满足企业内部管理结构的需要而完成，从而存在很多无效的工作。业务流程重组强调管理要面向业务流程，对业务流程的管理以产出（或服务）和顾客为中心，将决策点定位于业务流程执行的地方，在业务流程中建立控制程序，从而可以大大消除原有各部门间的摩擦，降低管理费用和管理成本，减少无效劳动，提高对顾客的反应速度。

（二）注重整体流程最优的系统思想

在传统劳动分工的影响下，作业流程被分割成各种简单的任务，并根据任务组成各个职能管理部门，经理们将精力集中于本部门个别任务效率的提高上，而忽视了企业整体目标，即以最快的速度满足顾客的不断变化的需求。对企业进行业务流程重组实际上是系统思想在重组企业业务流程过程中的具体实施，它强调整体全局的最优而不是单个环节或作业任务的最优。

（三）组织为流程而定，而不是流程为组织而定

业务流程重组以适应"顾客、竞争和变化"为原则重新设计企业业务处理流程，然后根据业务流程管理与协调的要求设立部门，通过在流程中建立控制程序来尽量压缩管理层次，建立扁平式管理组织，提高管理效率。

(四)充分发挥每个人在整个业务流程中的作用

在"科层制"管理下的企业每个员工,被囿于每个部门的职能范围内,评价他们的标准是在一定边界范围内办事的准确度如何,任何冒险与创新行为都是不受欢迎的。因此,极大地抑制了个人能动性与创造性。重组后的企业业务处理流程化要求在每个流程业务处理过程中最大限度地发挥每个人的工作潜能与责任心,流程与流程之间则强调人与人之间的合作精神。可以说,在知识经济时代,个人已转变为"社会人",个人的成功与自我实现,取决于这个人所处的流程及整个流程能否取得成功。这样,绝对权威制度显然已无法适应这种观念的转变,因此,必然要求建立以人为主体的流程化"有机组织",在有机组织中充分发挥每个人的主观能动性与潜能。

(五)客户与供应商是企业整体流程的一部分

在知识经济时代,仅靠自己企业的资源不可能有效地参与市场竞争,还必须把经营过程中的有关各方如供应商、制造工厂、分销网络、客户等纳入一个紧密的供应链中,才能有效地安排企业的产、供、销活动,满足企业利用全社会一切市场资源快速高效地进行生产经营的需求,以期进一步提高效率和在市场上获得竞争优势。换句话说,现代竞争不是单一企业与单一企业间的竞争,而是一个企业供应链与另一个企业供应链之间的竞争。这就要求在进行业务流程重组时不仅要考虑企业内部的业务处理流程,还应对客户、企业自身与供应商组成整个供应链中的全部业务流程中进行重新设计。

(六)信息资源的一次性获取与共享使用

在传统的业务处理流程中,相同的信息往往在不同的部门都要进行存贮、加工和管理,这其中存在着很多重复性劳动甚至无效劳动。很多企业甚至建立专门的部门,收集和处理其他部门产生的信息。随着信息技术的发展及其在企业的应用,以及员工素质的提高,信息处理完全可以由处在各不同业务处理流程中的人员自己完成。通过业务流程重组确定每个流程应该采集的信息,并通过信息系统的应用,实现信息在整个流程上的共享使用。

四、企业流程重组的实施过程

不同公司进行流程重组的具体方法也不相同,但总体来说,企业流程重组可以分为以下四个阶段:

(1)对原有流程进行全面的功能和效率分析,发现其存在的问题。

(2)设计新的流程改进方案,并进行评估。

(3)制定与流程改进方案相配套的组织结构、人力资源配置和业务规范等方面的改进规划,形成系统的企业再造方案。

(4)组织实施与持续改善。

在企业业务流程重组过程中,确立新的企业管理模型是最核心的,为了达到最佳效果,企业往往要借助管理咨询公司和专家的帮助,参照世界上优秀的同类企业的管理模型,采用先进的建模工具和业务流程重组技术建立本企业自身的管理模型。

五、业务流程重组的实效

科学的业务流程设计,能够减少中间环节,极大地提高工作效率,对客户的需求变化做出灵敏反应,再加上适当的人员配置和良好的组织结构,从而使企业获得优异的流程效益。

● **IBM 信贷公司的业务流程重组实例**

IBM 信贷公司为购买 IBM 公司产品的客户提供贷款。其贷款步骤如下:

(1) IBM 公司现场销售代表接到客户贷款申请,打电话给 IBM 信贷公司,IBM 信贷公司有 14 名员工专门接听电话并做详细记录。

(2) 电话记录被送达公司的信贷部,由一名专家把信息输入计算机,并核查客户的信用状况。把结果写在一份表格上,派人送至商务部。

(3) 商务部根据客户的实际要求,修订标准的贷款合同。把贷款合同送至核价员。

(4) 核价员把各项数据输入计算机,计算出适当的贷款利率,再把利率写在纸上,连同其他文件送到文秘科。

(5) 文秘科的一位行政主管把所有信息汇总,写成一份报价信,经由联邦捷运公司,寄给现场销售代表。

这个流程一般为 6 天,最长 14 天。显然,作为销售过程的一部分,其耗时过长。客户常常会在这 6～14 天内改变主意,或另找渠道贷款,或另寻条件优惠的供应商,或干脆取消订单。现场销售代表会不时打电话,询问客户贷款申请办理的情况,但是谁也说不清,只能等待,眼睁睁地看着机会流失。

IBM 信贷公司为了提高办理贷款申请的速度,动过不少脑筋。先是设一个控制台,让各个部门办完一道手续立即交到控制台,再传递给下一个部门。这样一来,回答现场销售代表的询问是很方便了,但就整体办案过程来说,却又增加了时间。

IBM 信贷公司的两位高级经理想搞清楚问题究竟出在哪里。他们突发奇想,两人亲自拿着一份贷款申请,一个部门一个部门地跑。每到一处,都要求立即办理。结果,他们发现,全部手续办完只用了 90 分钟。问题终于搞清楚了,问题就出在各部门互相交接的拖沓上。或者说,问题出在流程上,而不是出在单个步骤上。找到了问题,办法也就随之产生。IBM 信贷公司下决心重组了业务流程。他们建立了专家系统。在专家系统的支持下,一个专案员取代了各部门的专家。就这样,办理申请贷款的速度取得了"戏剧性"的提高。

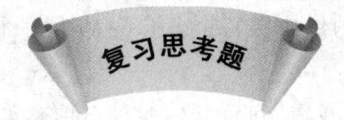

复习思考题

1. 为什么说 ERP 是企业提升管理的必然选择?
2. 简述金蝶公司"金手指六步实施法"的核心内容。
3. 结合广州五十铃公司的 ERP 实施案例,分析说明 ERP 成功实施的关键性因素。
4. 什么是业务流程重组(BPR)?
5. 简述业务流程重组和 ERP 的关系。
6. BPR 的实施包括哪几个阶段?
7. 查阅资料,举例说明业务流程重组的实效。
8. 你认为什么样的公司应当进行业务流程重组?

第四章 供应链管理概述

学习目的和要求

通过本章的学习,理解供应链的概念和内涵以及供应链的广义和狭义之分;掌握信息流、物流、资金流、价值流和业务流的含义及相互之间的关系;掌握企业内部供应链管理的构成、主要功能和业务处理流程;了解供应链系统的应用模式和总体操作流程。

第一节 供应链概述

一、供应链的概念

早期的供应链(Supply Chain)是指制造企业内部的运作过程,是指把从外部采购的原材料和零部件,通过生产转换和销售等活动,传递到批发商、零售商以及用户的过程。因此,当时供应链仅仅被视为企业内部的一个物流过程,它所涉及的主要是物料采购、库存、生产和分销诸部门的职能协调问题,其最终目的是为了优化企业内部的业务流程、降低物流成本,从而提高经营效率。

进入20世纪90年代后,随着世界经济的飞速发展、市场竞争的加剧、客户需求的日益多变,企业经营者逐步认识到,只关注企业内部管理水平的提高是不够的,来自供应商的物料与服务的质量对企业自身满足用户需求的能力存在重要的影响。这使得企业把关注的重点从企业内部扩展到企业外部的供应策略,企业必须参与"上游企业"和"下游企业"的管理才能面对激烈的市场竞争,企业与供应商、销售商的联系也因此愈发紧密。这就使得供应链的内涵突破了企业的"围墙"并不断扩展,新的供应链将企业自身和上游企业、下游企业联系起来,形成了网链结构。

因此,供应链通常被定义为:围绕核心企业,通过对信息流、物流、资金流的控制,从采购原材料开始,制成中间产品以及最终产品,最后由销售网络把产品送到消费者手中的将供应商、制造商、分销商、零售商直到最终用户连成一个整体功能的网链结构。

它不仅是一条连接供应商到用户的物流链、信息链、资金链,而且是一条增值链,物料在供应链上因加工、包装、运输等过程而增值,给相关企业带来收益。现在的供应链已从一种运作工具上升为一种管理方法体系、一种运营管理思维和模式。

二、供应链的基本构成

一条完整的供应链应包括供应商、制造商、分销商、零售企业以及消费者。

（一）供应商

它主要是指给生产企业提供原材料或零部件的企业。

（二）制造商

它负责产品的生产、开发和售后服务等，通常是指加工厂或装配厂。

（三）分销商

它是指为实现将产品送到经营地理范围每一角落而设的产品流通代理企业，如代理商、批发商。

（四）零售企业

它是指将产品销售给消费者的企业，如大卖场、百货商店、超市、专卖店、便利店和杂货店。

三、供应链的分类

根据不同的划分标准，供应链可以分为不同的类型。其中，按范围可以分为广义供应链和狭义供应链两部分。

（一）广义供应链

广义供应链一般是指企业外部供应链，即企业外部的与企业相关的产品生产和流动过程中涉及的原材料供应商、生产厂商、储运商、零售商以及最终消费者组成的供需网络。广义供应链的结构如图4—1所示。

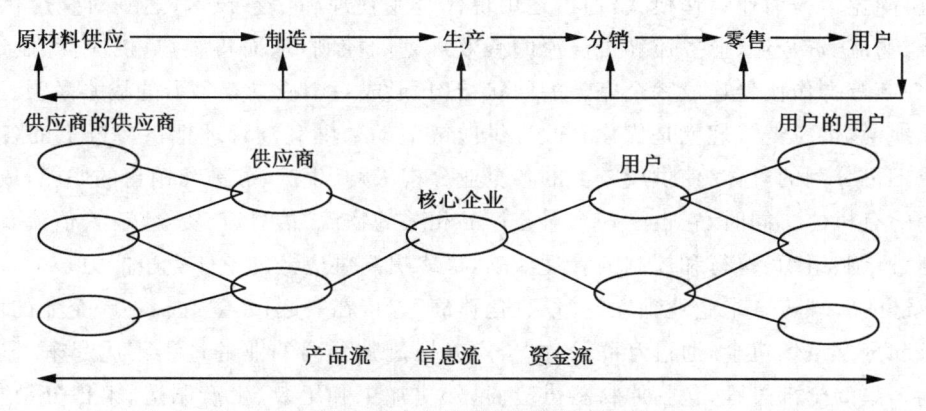

图4—1 广义供应链的结构

（二）狭义供应链

狭义供应链一般是指企业内部供应链，即企业内部产品和流动过程中所涉及的采购部门、生产部门、仓储部门、销售部门等组成的供需网络。企业内部供应链管理如图4—2所示。

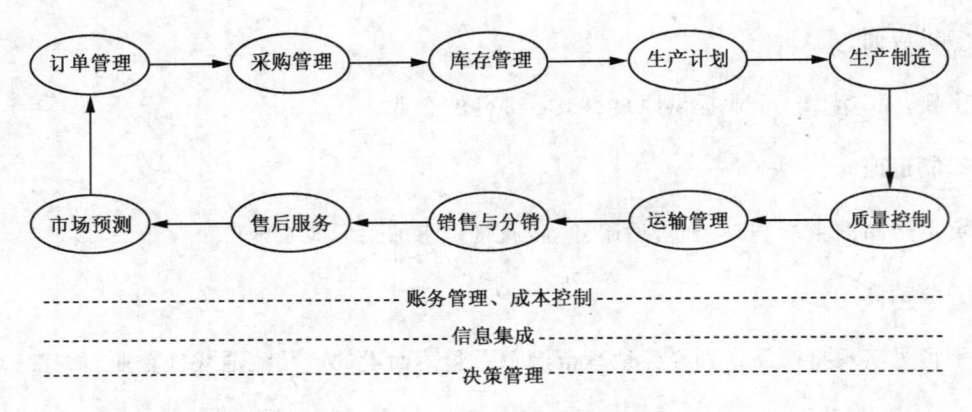

```
订单管理 → 采购管理 → 库存管理 → 生产计划 → 生产制造
  ↑                                              ↓
市场预测 ← 售后服务 ← 销售与分销 ← 运输管理 ← 质量控制
---------------- 账务管理、成本控制 ----------------
------------------- 信息集成 -------------------
------------------- 决策管理 -------------------
```

图4-2 企业内部供应链管理

依照供应链的广义和狭义之分,供应链管理也可以分为广义供应链管理和狭义供应链管理。广义供应链管理就是我们现在经常提到的供应链管理(SCM)。狭义供应链管理主要是指企业内部业务流程的管理。下面我们就从广义供应链管理和企业内部供应链管理两方面加以介绍。

第二节 广义供应链管理

一、供应链管理的定义

关于供应链管理(SCM),很多学者给出了不同的定义,但在诸多定义中内涵较全面的应该是这一条:供应链管理是以市场和客户需求为导向,在核心企业协调下,本着共赢原则,以协同商务、协同竞争为商业运作模式,通过运用现代企业管理和信息技术,达到对整个供应链上的信息流、物流、资金流、业务流和价值流的有效规划和控制,从而将客户、供应商、制造商、销售商、服务商等合作伙伴连成一个完整的网状结构,形成一个极具竞争力的战略联盟。

简单地说,供应链管理就是优化和改进供应链活动。供应链管理把供应链上的各个企业作为一个不可分割的整体,使供应链上的各企业分担采购、生产、分销和销售的职能,成为一个协调发展的有机体。同时,它也是一个对与产品相关的物流、信息流、资金流、价值流及业务流进行计划、协调、组织、执行和控制的管理活动,最终提高供应链的整体竞争能力。

供应链的管理将各个企业独立的"信息化孤岛"连接在一起,建立起一种跨企业的协作,以此来追求和分享市场机会,通过互联网、电子商务把过去分离的业务过程集成起来,覆盖了从供应商到客户的全部过程,包括原材料供应商、外协加工和组装、生产制造、销售分销与运输、批发商、零售商、仓储和客户服务等,实现了从生产领域到流通领域一步到位的全业务过程。供应链管理注重了与其他企业的联系,注重了供应链的外部环境。

另外,需要说明的是,供应链管理是从英文 Supply Chain Management 直译过来的,不是意译,没能体现内涵。在国外的文献中,也有称"供应/需求链"的。按照事物的本质来命名,采用"供需链管理"更能说明问题,但供应链的称呼已经是先入为主而流行了,所以本书仍然采用"供应链管理"的提法。

二、供应链管理的内涵

供应链管理是一种集成的管理思想和方法,我们可以从以下几个方面去理解:

(一)供应链管理是一种运作管理,实现全过程的战略管理

供应链管理把物流、信息流、资金流、业务流和价值流的管理贯穿于供应链的全过程。它覆盖了整个物流,从原材料和零部件的采购与供应、产品制造、运输与仓储到销售各种职能领域。它要求各节点企业之间实现信息共享、风险共担、利益共存,并从战略的高度来认识供应链管理的重要性和必要性,从而真正实现整体的有效管理。

(二)供应链管理是一种管理思想和方法

供应链管理不等同于一个软件产品,它包含着重要的管理思想、管理理念和管理方法。当然供应链管理还要有先进的信息系统和强大的信息技术作为支撑,管理软件就是先进管理思想的载体,是管理者用于提升企业管理水平的管理工具。

(三)供应链管理是一种战略管理,以实现供应链整体效率为目标进行的组织管理

通过把不同的企业集成起来增加整个供应链的效率,供应链管理注重的是企业之间的合作协同,以提高供应链的整体竞争能力。

(四)供应链管理以最终客户为中心,这也是供应链管理的经营导向

无论构成供应链节点企业的数量有多少,也无论供应链节点企业属于何类型、层次有多少,供应链的形成都是以客户和最终消费者的需求为导向的。正是由于有了客户和最终消费者的需求,才有了供应链的存在。而且,也只有让客户和最终消费者的需求得到满足,才能有供应链的更大发展。

通过对供应链管理的概念与内涵的分析,我们可以知道:相对于旧的依赖自然资源、资金和新产品技术的传统管理模式,以最终客户为中心并将客户服务、客户满意、客户成功作为管理出发点的供应链管理确实有很多优势。

未来的竞争不是企业与企业之间的竞争,而是供应链与供应链之间的竞争,这是一个越来越被中国企业所认同的观念。供应链应成为企业赖以生存的商业循环系统,同时对供应链的管理也成为现代企业管理中最重要的研究课题。

三、供应链管理的五种"流"

供应链之所以能够形成,主要是有五种基本"流"在各个相关经济实体之间流动。这就是信息流、物流、资金流、价值流和业务流。就管理而言,这些流的信息必须在权限范围内,做到预定权限和协议范围之内的可视化和实时沟通。

(一)信息流

信息流分为需求信息和供应信息两种不同流向的信息。需求信息(如预测、订单、计划等)

从需方向供方流动,这时还没有物料流动,但是它却引发物流,是供应链管理的源头。而供应信息(如入库单、完工报告、提货单等)同物料一起沿着供应链从供方向需方流动。广义上讲,各种流都是通过信息的形式在信息化管理系统中表达的。

供应链管理的第一个目的就是要不误时机地捕捉需求信息,而满足需求是一切经营活动和作业的出发点。

(二)物流

物料从供方开始,沿着各个环节向需方移动,是供应链上最显而易见的物资流动,也是人们习惯上称其为"供应链"的缘由。

供应链管理的第二个目的就是要根据需求信息迅速组织供应,控制物料均衡有序地流动。

(三)资金流

物料是有价值的,物料的流动引发资金的流动。各项业务活动都会消耗一定的资源,发生成本。消耗资源会导致资金流出,只有当消耗资源生产出的产品被客户和市场接受后,资金才会重新流回企业,并产生利润。通过资金的周转和流动可监控和指导物料的流动。

供应链管理的另一个目的就是从整个供应链上、下游各个环节的总体运营成本或产品生命周期的整体拥有成本来降低商品和运营成本,由某个企业或某段流程降低的成本毕竟是有限的。

(四)价值流

物料流动的过程也是一个增值的过程,提供客户认同的价值是实现共赢的出发点。供应链也有价值链或增值链的含义。其竞争优势之一就在于它能比对手为客户创造出更多的价值。

(五)业务流

信息、物料、资金都不会自己流动,物料价值也不会自动增值,都要靠人的劳动和创新来实现,要靠企业的业务活动(业务流),才能推动它们流动起来。

业务流决定了增值作业和无效作业的比率,决定了物流的速率和企业的效益。促进协同商务的实现,是企业业务流程重组重点研究的对象。企业的业务流必须保证信息、物料、资金流的畅通,不断消除非增值流程,这是对瞬息万变的环境做出快速响应的先决条件。

没有这五种流在各个经济实体之间流动,就形成不了供应链。研究管理就是要从系统和全局来认识和考虑问题,从经济全球化来考虑问题,要充分理解"不谋全局,不足以谋一域"的道理。借鉴中医学"通则不痛"的学说,企业的"痛"就是竞争和经营失利,"通"就是保证五种流在利害攸关群体之间实时通畅地流动。在需求或供应有可能出现异常时,实时地发出警告或提示。

可以说,供应链管理是一种说明商品生产供需关系的系统工程,体现了敏捷制造思想。供应链的竞争优势总是受最薄弱的一个环节制约,通过分析五种流是否流畅,经过不断筛选和加强薄弱环节以保持整体强势,这是供应链优化的目的。在产品和服务的内容或性质发生变化时,要适时地调整供应链成员的组成,按照增值最大化的原则调整合作伙伴。

四、供应链管理的内容

供应链管理涉及四个主要领域,即供应、生产计划、物流和客户需求。供应链管理正是以客户需求为驱动,以同步化、集成化的生产计划为指导,以信息技术为依托,围绕上述4个领域的活动来实现的。供应链管理的目标在于提高用户服务水平并降低总的交易成本。

供应链管理关心的并不仅仅是物料实体在供应链中的流动,除了企业内部与企业之间的实物流动和运输问题以外,供应链管理还包括以下主要内容:

(1)战略性供应商和用户合作关系管理。
(2)供应链产品需求预测和计划。
(3)供应链的设计(全球节点企业、资源、设备等的评价、选择和定位)。
(4)企业内部与企业之间的物料供应与需求管理。
(5)基于供应链管理的产品设计与制造管理、生产计划、跟踪和控制。
(6)基于供应链的用户服务和物流(运输、库存、包装等)管理。
(7)企业间资金流管理(汇率、成本等问题)。
(8)基于信息技术的供应链信息管理。

供应链管理注重物流总成本(从原材料到最终产品的费用)与用户服务水平之间的关系,为此要把供应链各个节点企业有机地结合在一起,从而最大限度地发挥供应链的整体功效,达到供应链企业群体得益的目的。

五、ERP向供应链管理的扩展

现代企业的集成使供应链管理经营模式对于传统的ERP系统提出了更高的要求,为了适应新的要求,传统ERP系统的功能需要进行必要的扩展。

(一)生产计划功能的扩展

由于供应链管理要求将供应商、分销商、零售商等联结起来,所以新的生产计划已不局限于企业内部,而是把供应商等外部资源也都看作受控对象而集成进来,根据供应链系统内部所有企业的资源与能力进行计划的平衡,并将时间作为一种十分重要的要素加以管理,这种新型的计划模式称为同步化供应链企业计划,它涉及供应链系统内部各个层次的集成,从而增加了新的内容:

(1)经过供应链企业粗能力平衡的主生产计划。
(2)经过供应链企业细能力平衡的生产计划。
(3)经过对上游企业生产进度进行分析后产生的车间作业计划。

以上这些信息均是整体供应链信息流的一部分,它们在供应链系统内部循环流动,并不断地得到修正,从而得到最准确的结果。

(二)库存管理功能的扩展

为了避免整体供应链系统内部的库存量过高、资金占用过大、需求信息不真实等现象,出现了一种新的供应链库存管理方法——供应商管理的库存(Vendor Managed Inventory,

VMI)。VMI 以系统的、集成的管理思想进行库存管理,使供应链系统能够进行同步化的运作。实施 VMI 要求建立功能强大的销售网络管理系统,使得信息在供应链系统中是共享的,尤其是订单信息。供应商、批发商使用同样的系统处理方式、同样的信息模式,这样就可以保证库存状态的全局透明性,减少需求的不真实程度,从而降低整体库存量。

第三节 企业内部供应链管理

一、企业内部供应链管理的定义

企业内部供应链管理主要是指对企业内部采购、销售、库存等业务部门的集成管理,以企业购销存业务环节中的各项活动为对象,不仅记录各项业务的发生,还有效跟踪其发展过程,为财务核算、业务分析、管理决策提供依据,实现物流、资金流的统一。

供应链管理是 ERP 系统中的重要组成部分,它的集成管理是推进企业 ERP 系统集成应用、提高企业核心竞争力的关键要素。

本书重点以"用友 T6 管理软件"为蓝本,通过一个典型企业的应用案例,介绍如何利用 ERP 系统的供应链管理功能对企业内部业务流程实施管理和控制。

二、供应链业务构成

供应链管理是用友 T6 管理系统的重要组成部分,它是以企业购、销、存业务环节中的各项活动为对象,不仅记录各项业务的发生,还有效跟踪其发展过程,为财务核算、业务分析、管理决策提供依据,并实现了财务业务一体化的全面管理,实现了物流、资金流管理的统一。

供应链管理系统主要包括物料需求计划、采购管理、销售管理、库存管理、存货核算、GSP 质量管理几个模块。主要功能在于增加预测的准确性,减少库存,提高发货供货能力;减少工作流程周期,提高生产效率,降低供应链成本,减少总体采购成本,缩短生产周期,加快市场响应速度。同时,在这些模块中提供了对采购、销售等业务环节的控制,以及对库存资金占用的控制,完成对存货出入库成本的核算,使企业的管理模式更符合实际情况,制定出最佳的企业运营方案,实现管理的高效率、实时性、安全性、科学性。

三、供应链各子系统的主要功能

(一)物料需求计划

物料需求计划,简称 MRP,是供应链的入口,是 ERP 的重要组成部分,是工业企业实现精益生产、准时制库存必不可少的工具,它对降低生产在库物料数量、提高企业管理水平、降低资金占用、提高企业资金周转速度有着重要的作用。物料需求计划依据 MRP 的需求,按照 MRP 计算原理进行计算,确定企业的生产计划和采购计划。MRP 能够决定企业生产的产品、生产数量、开工时间、完成时间;外购的产品、外购数量、订货时间、到货时间。

(二)采购管理

采购管理帮助企业对采购业务的全部流程进行管理,提供请购、订货、到货、入库、开票、采购结算的完整采购流程,支持普通采购、受托代销、直运等多种类型的采购业务,支持按询价比价方式选择供应商,支持以订单为核心的业务模式。企业还可以根据实际情况进行采购流程的定制,既可选择按规范的标准流程操作,又可按最简约的流程来处理实际业务,便于企业构建自己的采购业务管理平台。

(三)销售管理

销售管理帮助企业对销售业务的全部流程进行管理,提供报价、订货、发货、开票的完整销售流程,支持普通销售、委托代销、分期收款、直运、零售、销售调拨等多种类型的销售业务,支持以订单为核心的业务模式,并可对销售价格和信用进行实时控制。企业可以根据实际情况进行销售流程的定制,构建自己的销售业务管理平台。

(四)库存管理

库存管理主要是从数量的角度管理存货的出入库业务,能够满足采购入库、销售出库、产成品入库、材料出库、其他出入库、盘点管理等业务需要,并提供多计量单位的使用。具体包括仓库货位管理、批次管理、保质期管理、出库跟踪入库管理、可用量管理等全面的业务应用。通过对存货的收、发、存业务进行处理,及时动态地掌握各种库存存货信息,对库存安全性进行控制,提供各种储备分析,避免库存积压占用资金或材料短缺影响生产。

(五)存货核算

存货核算是从资金的角度管理存货的出、入库业务,掌握存货耗用情况,及时准确地把各类存货成本归集到各成本项目和成本对象上。存货核算主要用于核算企业的入库成本、出库成本、结余成本;反映和监督存货的收发、领退和保管情况;反映和监督存货资金的占用情况,动态反映存货资金的增减变动,提供存货资金周转和占用分析,以降低库存和减少资金积压。

(六)GSP 质量管理

GSP 质量管理模块完全按照医药商业企业的实际业务流程和管理需要,以及国家 GSP(《医药商品质量管理规范》,简称 GSP)质量管理规范的标准管理流程开发。它结合药品经营企业的特点,经 GSP 规范,融于医药商业企业日常管理的业务流程中,完美有效地解决了质量管理中存在的问题。系统可自动生成药品经营质量管理相关的记录、文档、单据、表格和 GSP 质量管理文件等,支持采购质量检验、不合格药品处理、销售退货、库存养护、出库复核、首营企业和首营品种审批等业务流程处理,对医药商业企业,GSP 能够为顺利达标和实现符合 GSP 质量管理规范的日常运作提供保证。

四、整个供应链系统的业务处理流程

我们知道,ERP 系统是从制造企业的管理需求出发开发完善而来的,所以制造企业的供应链业务流程应该是最为完整的。下面以制造业为例介绍供应链系统的业务流程(如图 4-3 所示),其他行业的业务流程相对较为简单。

ERP 知识与供应链应用

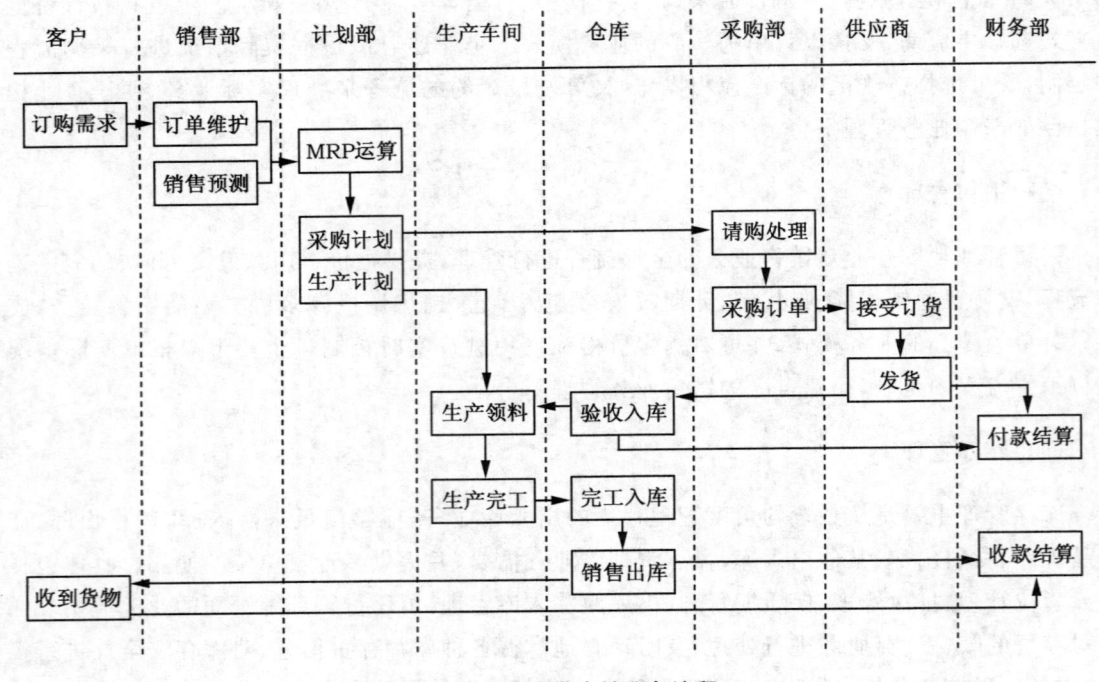

图 4—3 企业供应链业务流程

（一）订单维护和销售预测

1. 客户订单维护

当客户产生订货需求后,会向企业进行询价,经过讨价还价后,就数量和定价方面达成协议,就可以作为正式的销售合同履行了。订单处理时制度化地处理客户的订单,使该订单处于准备出货或准备生产的状态。销售订单是销售订货环节的主要单据,订单的表头部分描述订单的整体资料,订单的表体部分描述订单的详细资料。一张订单除了所销售产品的价格外,还往往需要向客户收取附属费用,如运费、包装费等。客户往往指定包装或运输方式。

2. 维护销售预测资料

在实际业务中,为了加速订单交货,一个公司不能等到接单后才开始生产活动,因为从客户下订单到客户要求供货的时间可能会短于企业生产的时间,所以,必须做销售预测,除非该行业的客户别无选择,可以容忍较长的交货期(事实上这样的客户越来越少了),否则,销售预测在所难免。当然预测往往是不准确的,但做了总比没做好。销售预测资料通常以周为期间单位。销售预测是对未来需求的估计,既可以根据历史资料用数学方法计算,也可以主观地以各种信息来源来做估计,或者并用两种方法。

（二）MRP 运算及执行

有了客户订单和销售预测之后,我们就知道了需要在什么时间提供什么产品。然后根据物料清单对这些需求进行分解和展开,从而知道我们为了按时提供这些产品,应该在什么时间准备些什么物料,这些工作是由 MRP 运算完成的。

MRP 是 ERP 系统中极为重要的功能,可以说是核心的规划功能,MRP 运算是借助物料清单,考虑现有库存量及在途量,并对净需求做适当的前置时间推移得到的,其运算结果表明:为了满足销售需求需要提供的所有零件及材料的数量以及这些零件及材料的需要日期。对 BOM 中的采购件来讲,将生成采购计划;对 BOM 中的自制件来讲,将生成生产计划。

(三)请购、采购及验收

外购材料通常需经请购、采购及验收三个步骤。请购是授权采购部门在特定时间购入特定数量的特定材料;采购是购入直接材料、间接物料及服务;验收是实际收料、检验数量和品质与采购订单有无差异,识别并分送到各仓库,并准备验收报告的一种功能。

1. 请购处理

请购处理包括汇总请购需求和请购询价。MRP 运算生成的采购计划只是一个建议性的计划,企业的采购部门考虑采购时,还需要汇总企业其他部门的零星采购请求,结合企业实际情况确定采购数量,因此,对 MRP 生成的建议采购数量是可以进行修改的。明确需采购的物品和数量后,企业可以向供应商进行询价,以得到最优的性价比,降低采购成本。

2. 采购订货

采购订货由采购部门执行,根据请购汇总资料、考虑数量、交货期,决定供应商,并发出采购订单。采购订单是企业同供应商之间的采购合同,是采购订货业务的主要载体。

3. 采购验收

对一些企业来说,采购料品到达以后,需要经过严格的检验程序,对到货料品的规格、质量等按照特定的检验标准进行验收,在规定容差范围内准予入库,不符合质量标准和订单要求的需要退货。

(四)生产订单及发料

1. 生产订单

MRP 运行的另一个结果是生成生产订单,生产订单授权制造单位特定数量的特定零件或产品。MRP 系统计算出自制品的计划生产数量后,就会给出加工建议。用户可以根据 MRP 的加工建议并结合企业实际情况制订市场计划,向生产单位下达。

2. 生产领料

生产计划部门给制造车间下达生产订单的同时,给仓库下发该生产订单的备料单。生产管理人员向各加工单位派工,加工单位据此向仓库领料。

(五)完工及出货

1. 生产完工

加工单位领料后,即可进行加工,并保证在规定时限内提供订单所需要的产品。生产完工之后,就要入库。

2. 出货作业

当产品完工入库(或采购入库)后,就可以依据订单向客户发货。订单上一般都注明发货日期、运输方式等。严格控制交货期,提高服务水平,提高客户满意度,才能提升企业竞争力。

(六) 财务处理

1. 付款结算

通常，供应商向企业发货的同时会提供货物的发票，记录该批货物的价格，该发票是企业核算入库成本和确认应付款项的依据。如果是长期合作的供应商，可以定期汇总发票一起付款结算。

2. 收款结算

同样，企业向客户发货的同时也会提供货物的发票，记录该批货物的价格，该发票是企业确认应收款项的依据，据此可向客户进行收款处理。

五、供应链子系统间的数据处理流程

在企业的日常业务中，生产计划管理部门、采购供应部门、仓库部门、销售部门、财务部门都与供应链管理有极为密切的关系。各个部门的管理内容不同，其工作间的延续性是通过单据在不同部门间的流转来完成的。计算机环境下的业务处理流程与手工环境下的业务处理流程肯定存在差异，要想更好地理解和应用供应链系统，就要了解整体数据处理流程，掌握供应链各系统之间的关系，否则就会影响系统的使用和运行效率。

供应链系统整体数据关系和流程如图 4—4 所示。如果是制造型企业，那么流程中还会有物料需求计划模块。

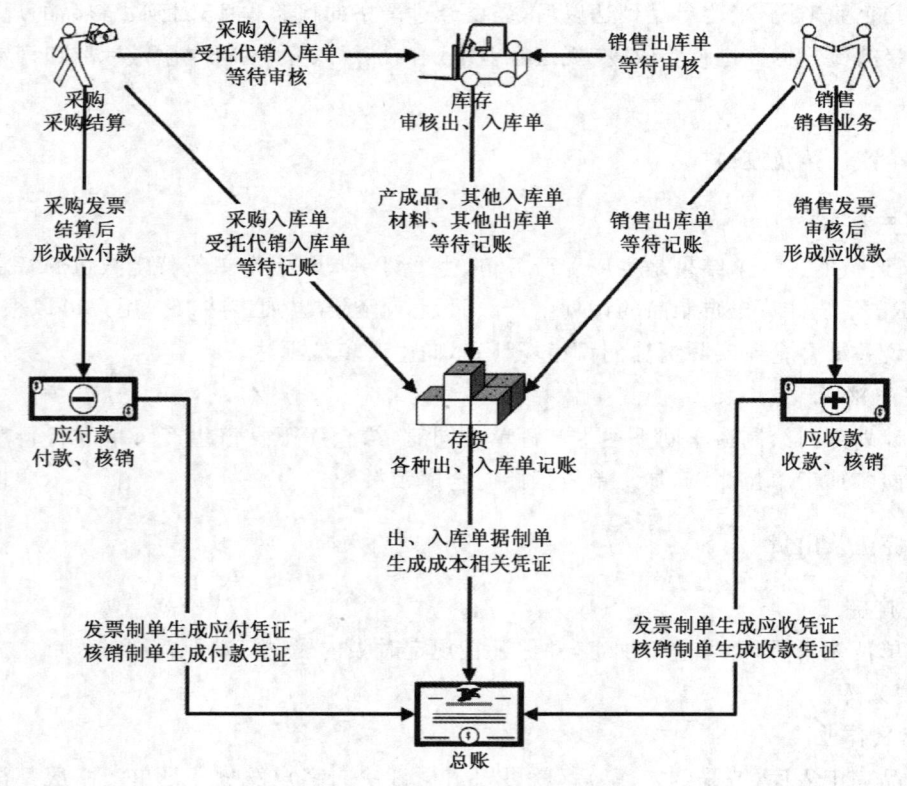

图 4—4 供应链系统数据流程图

第四节　供应链系统的应用模式和流程

一、供应链系统的应用模式

目前,企业管理软件的应用突破了之前财务软件单一的财务核算功能和管理软件单一的业务管理功能,实现了系统的应用集成,实现了企业财务业务一体化。所以提到供应链系统,除了包括采购管理、销售管理、库存管理外,也应把应收款管理、应付款管理、存货核算包含在内。按模块功能和性质来讲,采购管理、销售管理、库存管理属于业务系统,而应收款、应付款、存货核算则属于财务核算系统。

如果采购、应付、销售、应收、库存、存货这几个模块一起联合使用,数据业务关系就非常清晰:原始业务单据在各自系统录入,涉及出、入库业务在库存系统完成,涉及业务发票在采购和销售系统中完成,涉及货款结算在应收款、应付款中完成,存货成本计算在存货核算系统中完成。

现在的软件产品考虑到企业应用的多样性和特殊性,模块往往都可以自由搭建和构架。在供应链系统中,很多模块既可以单独使用,也可以联合使用。还有几组数据业务关系比较密切的模块,如采购管理和应付款系统、销售管理和应收款系统、库存管理和存货核算系统,企业可以依据自己的实际应用和需求情况合理地选择应用模式。

二、供应链系统的应用指导

(一)结合企业特点做好系统初始化

作为一个应用系统的正式运行,系统初始化业务是一项十分重要而又比较繁重复杂的工作。首先要按企业的业务特点进行参数设置,对系统的运行有一个整体的把握,即对数据基本处理原则和方法、业务操作的基本规则、业务流程规范必要的参数和控制等进行设置和管理。其次,需要充分准备初始数据和档案管理资料,以保证初始化工作的顺利进行。最后,要将企业初始数据和管理资料进行整理、汇总并录入系统,要检查财务、业务系统关联数据是否一致正确。

(二)日常业务基础数据的录入和管理

作为日常业务处理,各个业务系统相关的岗位要做好原始单据的录入和稽核工作,及时按照单据处理流程要求对原始单据进行处理。注意各个系统之间单据传递的路线和控制关系,从中理解各部门的业务数据在供应链系统中是如何实现信息集成的。

(三)做好期末结账工作

期末结账工作对于企业很重要,尤其是电算系统下能否顺利如期结账。企业的经理、投资者、债权人都很关心企业的经营状况和企业的财务、业务数据。在期末结账前要做好当月所有业务工作并且做好数据备份,这样才可以按照业务流程关系依次对各个系统进行结账处理。如果是年度结转,还要在年结前进行一系列年末业务检查。

三、供应链系统总体操作流程

(一)供应链系统初始化

(1)各系统选项设置。
(2)基础档案设置。
(3)各系统期初余额录入。

(二)日常业务主要处理内容

(1)采购管理:录入采购订单、到货单、采购发票,结算采购成本。
(2)应付款管理:审核采购发票和应付单据,付款、核销、转账操作,生成财务凭证。
(3)销售管理:录入销售订单、发货单、销售发票等,统计费用支出,管理包装物。
(4)应收款管理:审核销售发票和应收单据,收款、核销、转账操作,生成财务凭证。
(5)库存管理:录入、审核出入库单据,进行货位管理、保质期管理、批次管理等。
(6)存货核算:处理暂估业务、单据记账、计算出库成本、跌价准备,生成财务凭证。

(三)期末结账

(1)采购管理、销售管理结账。
(2)库存管理结账。
(3)存货核算系统结账。
(4)应付款、应收款管理系统结账。
(5)总账系统结账。

第五节 供应链系统的应用准备

供应链系统在企业中一般不会独立应用,通常是采用财务业务一体化的应用模式。关于系统运行环境和用友 T6 软件的安装、账套的建立和用户权限的分工以及财务链系统的具体应用在本系列教材《会计信息系统教程》中已经详细讲解,在此只做流程性的概述。这里对企业内部供应链的阐述是通过案例形式展开的,为保证供应链案例业务的顺利实现和财务业务一体化处理过程的展现,下面给出供应链业务所必需的公共基础档案和财务资料。

一、账套的建立

完成 ERP 系统安装后,首先要为企业建立一个应用数据库,即账套。账套是 ERP 系统存放企业各种数据的载体,各种业务数据、财务数据、辅助信息等都存放在账套中。通过系统设置企业账套的基本信息、行业性质、确定档案分类和分类编码方案等,建立符合企业个性化核算和管理需要的账套。

案例业务 4-1

根据企业经营管理的需要,翔飞公司经领导者研究决定自 2009 年 3 月 1 日起开始正式运行用友 T6 企业管理软件实施信息化管理。公司执行 2007 年新会计准则制度;公司记账本位币为人民币;存货、客户、供应商需进行分类管理。

分类编码方案如下:科目编码级次 4222,客户分类编码级次 12,供应商分类编码级次 11,存货分类编码级次 12,部门编码级次 22,地区分类编码级次 12,结算方式编码级次 12,货位编码级次 2,收发类别编码级次 12。

处理过程如下:

(1)执行"开始"→"程序"→"用友 T6 系列管理软件"→"系统服务"→"系统管理",显示"系统管理界面"。

(2)以 Admin 身份执行注册操作,单击【建立】按钮,依据企业资料录入账套信息,如图 4-5 所示。

(3)定义核算类型,如图 4-6 所示。

(4)设置基础信息,如图 4-7 所示,单击【完成】按钮,出现"创建账套"对话框,确定后系统开始创建。

(5)按所给资料修改分类编码方案,如图 4-8 所示,而后设置数据精度。

(6)系统提示进行"系统启用",如图 4-9 所示。系统启用可以在此进行,也可以在企业门户中进行,至此账套建立完成。

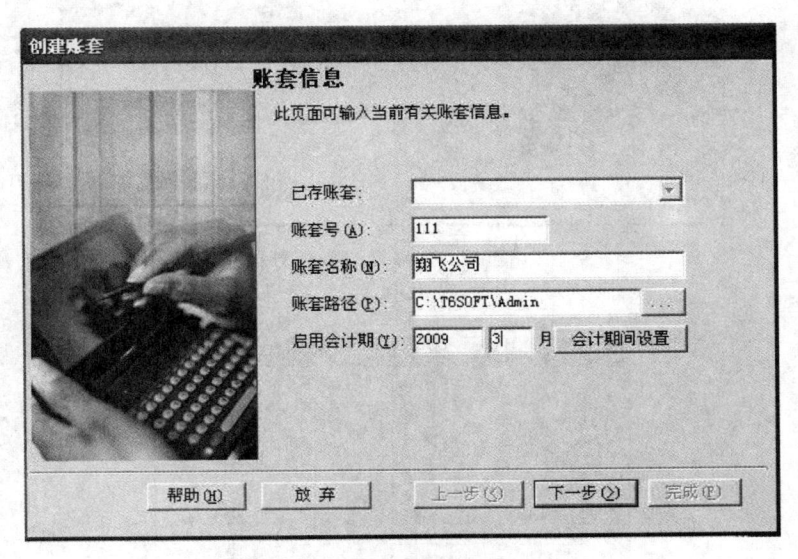

图 4-5　账套信息

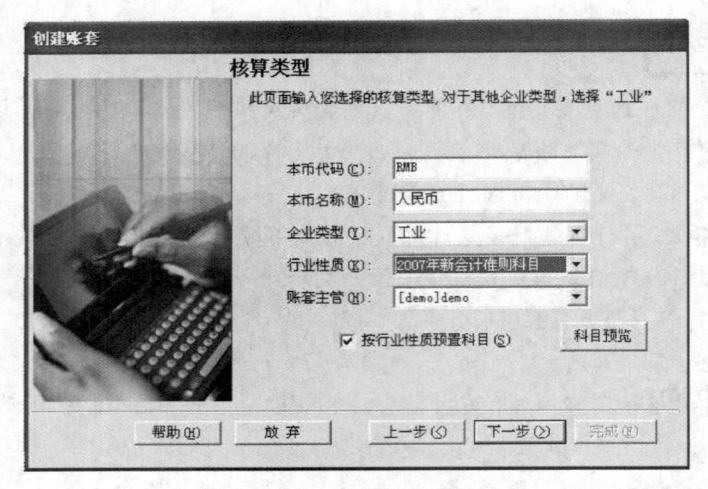

图 4-6　核算类型选择

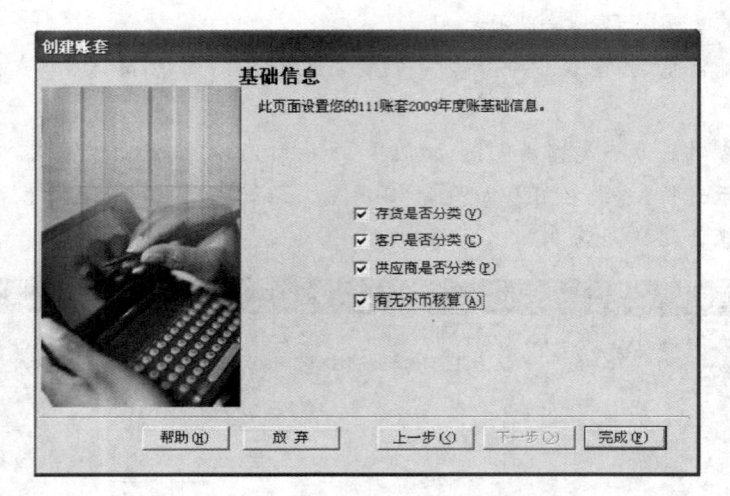

图 4-7　账套基础信息

图 4-8　分类编码方案

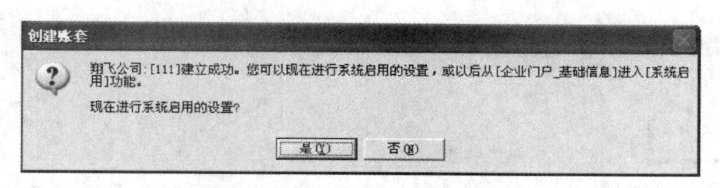

图 4-9　是否启用系统设置

【说明事项】

①核算类型设置中,企业类型可以修改。只有选择"工业"类型,供应链系统才能处理产成品入库、限额领料等业务。只有选择"商业"类型,供应链系统才能处理受托代销业务。

②是否对存货、客户及供应商进行分类,结合企业管理需要进行设置,这将直接影响其档案的设置。考虑到企业业务扩展的需要,"外币核算"一项最好选中。

③账套建立过程中如信息设置有错误,可以由账套主管在账套修改功能中修改。

④如果企业已使用财务系统,无须再新建账套,只要在企业门户中启用供应链管理相关模块即可。

二、系统的启用

每个系统在应用前必须先进行系统启用操作,设定系统的开始使用日期,以便系统进行流程配置。系统启用的方法有两种:一是在系统管理中创建账套时启用,二是登录企业门户后由账套主管执行系统启用。

(一)系统启用顺序

系统启用通常按照如下规则进行启用,启用顺序如图 4-10 所示。

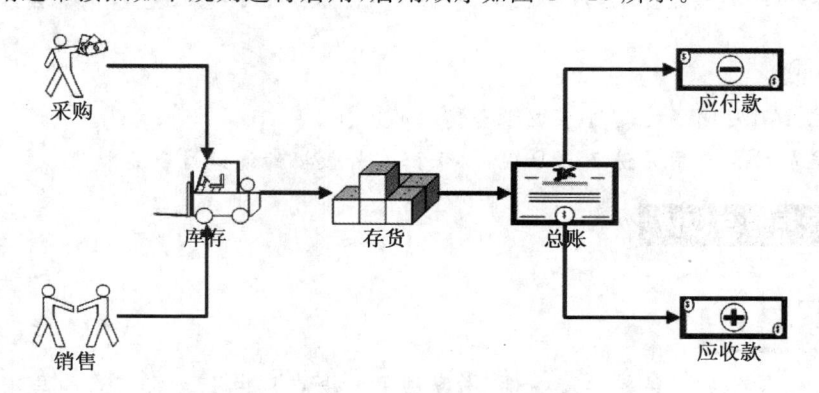

图 4-10　启用系统的规则

(1)先启用采购系统,同时或后启用应付款系统。

(2)先启用销售系统,同时或后启用应收款系统。

(3)先启用采购、销售系统,同时或后启用库存系统。

(4)先启用库存系统,同时或后启用存货核算系统。

(5)先启用总账系统,同时或后启用应收款、应付款系统。

（二）系统启用操作

案例业务 4-2

按照本企业业务管理的需要，经董事会研究决定从 2009 年 3 月 1 日起，启用采购、销售、库存、存货等供应链系统，同时启用与之紧密相连的总账、应收款、应付款等财务系统。

处理过程如下：

(1)在上述创建账套过程中，依据系统提示，点击要启用系统前面的复选框，选择启用时间，逐次启用各子系统，如图 4-11 所示。

(2)也可以登录企业门户，执行菜单"设置→基本信息→系统启用"进行启用，如图 4-12 所示。

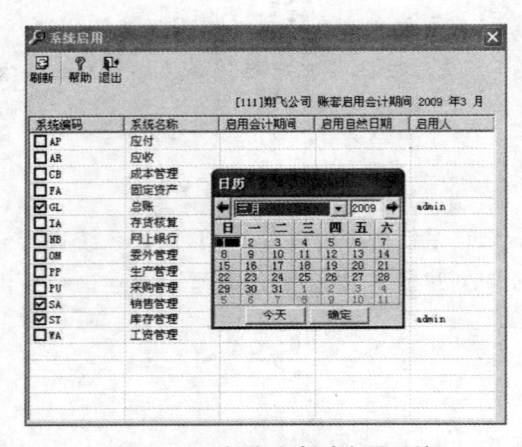

图 4-11　创建账套时启用系统　　　　图 4-12　登录企业门户启用系统

【说明事项】

①各系统启用时间不能超过系统账套建立的时间。

②各系统应该在启用月份 1 日启用，以保证本月数据的连续性和完整性。

三、设置用户与权限

案例业务 4-3

考虑到业务操作的方便性和流畅性，本案例用户设置只由王大伟(66)和马丁(88)出任账套主管，完成供应链系统的全部业务。

处理过程如下：

(1)登录"系统管理"平台，点击菜单"权限"→"用户"，执行增加操作员操作，然后返回"系统管理"主界面。

(2)继续点击菜单"权限"→"权限"，给操作员赋予"账套主管"权限。

四、预置前期档案资料

案例业务 4-4

根据后续供应链业务管理的需要,输入下列公共基础档案和财务信息:

(一)设置部门档案(见表4-1)

表4-1　　　　　　　　　　　　部门信息

部门编码	部门名称	部门属性	电　话
01	办公室	管理	85689881
02	财务部	财务管理	88580101
03	采购部	采购管理	88530020
04	销售部	销售管理	87945601
05	生产部		
0501	针剂车间	生产部门	
0502	片剂车间	生产部门	
06	仓储部	储运部门	

(二)设置职员档案(见表4-2)

表4-2　　　　　　　　　　　　职员信息

职员编码	职员名称	部门名称	职员属性
001	马丁	财务部	会计
002	王大伟	办公室	管理人员
003	杜传	采购部	采购员
004	王林	仓储部	保管员
005	张晓月	针剂车间	生产人员
006	段成智	销售部	销售员

(三)开户银行信息

建行开发区支行;账号:020-41213。

(四)结算方式设置(见表4-3)

表 4-3　　　　　　　　　　　　　　　结算方式

编　号	结算方式名称
1	支票
101	现金支票
102	转账支票
2	银行汇票
3	现金

（五）地区分类设置（见表 4-4）

表 4-4　　　　　　　　　　　　　　　地区分类信息

地区编码	地区名称
1	东北
111	长春
112	沈阳
113	哈尔滨
2	华北
211	北京
212	天津

（六）客户分类设置（见表 4-5）

表 4-5　　　　　　　　　　　　　　　客户分类

分类编码	分类名称
1	医院
111	长春
112	沈阳
2	公司
211	长春
212	哈尔滨

（七）客户档案设置（见表 4-6）

表 4-6　　　　　　　　　　　　　　　客户信息

客户编码	客户简称	客户分类编码	所属地区码	税号	开户银行	银行账号	业务员姓名	分管部门名称
001	长春市中心医院	111	111	3451	工行重庆路支行	01-5462	段成智	销售部
002	沈阳仁爱医院	112	112	5623	工行开发区支行	01-6545	段成智	销售部
003	长春医药公司	211	111	2345	建行翔运分行	03-4478	段成智	销售部

客户编码	客户简称	客户分类编码	所属地区码	税号	开户银行	银行账号	业务员姓名	分管部门名称
004	哈市医药批发	212	113	0789	建行卫星支行	03－5659	段成智	销售部
005	零散客户	111	111				段成智	销售部

（八）供应商分类设置（见表4－7）

表4－7　　　　　　　　　　　供应商分类

分类编码	分类名称
1	厂家
11	原料供应商
12	药品供应商
2	公司

（九）供应商档案设置（见表4－8）

表4－8　　　　　　　　　　　供应商信息

供应商码	供应商简称	所属分类编码	所属地区码	税号	开户银行	银行账号	业务员姓名	分管部门名称
01	吉林东方制药厂	11	111	4112	工行景阳支行	11－12456	杜传	采购部
02	辽宁成大药业公司	2	112	7945	工行普阳支行	12－45679	杜传	采购部
03	哈市大华药厂	12	113	5686	建行道外支行	12－13169	杜传	采购部
04	天津泰达药厂	11	212	9794	建行河北支行	13－65464	杜传	采购部
05	北京通宝公司	2	211	1545	建行中关村支行	11－95589	杜传	采购部

（十）凭证类别

采用"记账凭证"格式。

（十一）增加明细科目，设置辅助核算，并在总账系统录入科目期初余额（见表4－9）

表4－9　　　　　　　会计科目及余额　　　　　　　　　　单位：元

科目编码	科目名称	辅助核算	期初余额
1001	库存现金		2 934.70
100201	银行存款——工行存款	银行账	24 000.00
190101	待处理财产损溢		
1122	应收账款	客户往来	
1123	预付账款	供应商往来	
1403	原材料		10 110.00

续表

科目编码	科目名称	辅助核算	期初余额
140501	自制库存商品		39 340.00
140502	外购库存商品		54 800.00
1409（增）	委托代销发出商品		300.00
141101	周转材料——包装物		
222101	应交税费——应交增值税		
22210101	——进项税额		
22210105	——销项税额		
220201	应付账款——应付供应商	供应商往来	1 064.70
220202	应付账款——暂估应付款	供应商往来（不受控）	420.00
2203	预收账款	客户往来	
4401	实收资本		130 000.00
500103	生产成本——材料费		
500106	生产成本——转出完工产品		
670101	资产减值损失——坏账减值损失		

● 应付账款——应付供应商期初明细余额：

2009年2月28日，从天津泰达药厂采购材料，欠货款1 064.70元。

● 应付账款——暂估应付款期初明细余额：

2009年2月27日，从天津泰达药厂采购材料，材料已经入库但尚未收到采购发票，企业月末暂估入库成本420元。

复习思考题

1. 什么是供应链？
2. 什么是供应链管理（SCM）？
3. 为什么说信息技术在供应链管理过程中非常重要？
4. 为什么在供应链中会出现"长鞭效应"？如何利用信息技术来消除"长鞭效应"？
5. ERP系统如何向供应链管理扩展？
6. 供应链管理（SCM）的五种流分别指的是什么？
7. 企业内部供应链管理指的是什么？
8. 列举企业内部供应链管理系统的主要功能。
9. 通过查阅资料和企业调研，阐述采购管理、应付款管理、销售管理、应收管理、库存管理、存货核算等几个系统如何搭配使用。
10. 简述供应链系统的启用顺序。

第五章 供应链系统初始化

学习目的和要求

通过本章的学习，掌握供应链系统初始化具体包括的主要内容；了解供应链系统参数设置的意义、设置的顺序以及参数设置给企业业务流程和核算方式带来的影响；掌握供应链系统基础档案的设置方法和思想；掌握供应链系统初始余额的整理内容和准备过程以及初始余额的录入方法。

供应链系统初始化是一项十分重要而又比较烦琐复杂的工作，是供应链日常业务处理的前提。供应链系统初始化通常包括三个方面的内容：第一，要按企业的业务特点进行系统参数设置，对系统运行有一个整体的把握，即对数据基本处理原则和方法、业务操作的基本规则、业务流程规范、必要的参数和控制等进行设置与管理。第二，需要充分准备与供应链业务相关的档案和管理资料，并对档案资料进行代码化设计进而建立初始基础档案。第三，将企业初始数据进行整理、汇总、录入系统，并核对期初业务数据与财务数据是否正确一致。

第一节 供应链系统参数设置

供应链系统参数设置是供应链系统初始化的一项重要工作，只有通过选项的定义才能使通用软件满足企业的个性化需要。系统参数主要规定了企业业务处理的规则、业务处理的范围以及对各种业务的核算要求。供应链各子系统之间关系紧密，对同一项业务活动的约定可能会涉及多个子系统。因此，了解各项参数的意义、掌握各系统参数设置的先后顺序、清楚设置某项参数对业务流程和核算方式带来的影响，对于企业应用系统的建立非常重要，必须引起足够的重视。

系统参数在业务处理过程中发挥着重要的作用，一旦系统进行期初记账或开始处理日常业务，有的系统参数就不能进行重新设置或修改。因此，在系统初始化时应该结合企业的管理目标和内容对整个供应链业务进行整体设计，设置好相关的系统参数。

一、采购管理选项设置

采购选项参数主要分业务及权限控制、公共及参照控制、采购预警和报警三方面进行设置，约定日常采购业务的采购流程、价格录入方式、采购额度权限以及预警方式等。采购系统参数选项如图5—1、图5—2所示。

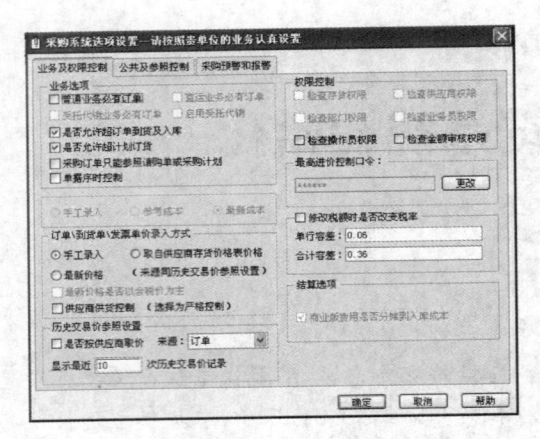

图 5-1　采购选项——业务及权限控制 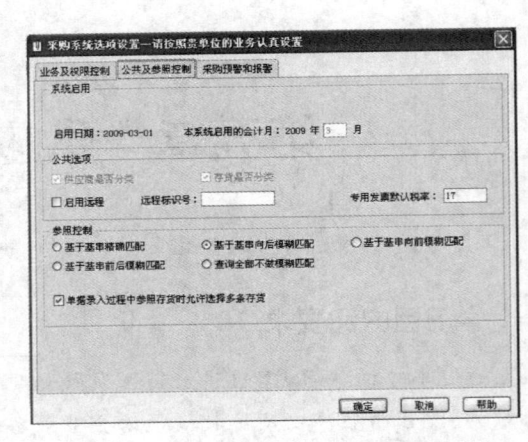　　　　图 5-2　采购选项——公共及参照控制

具体选项含义和控制作用说明如下：

(一)启用受托代销

只有在建立账套时选择企业类型为"商业"的账套,该选项才可选,采购系统菜单中才会出现有关受托代销的单据、受托代销结算、受托代销统计账表。

(二)是否允许超订单到货及入库

如果勾选允许,那么在存货到货和入库时就可以超过订单的数量,但不能超过订单数量入库的上限,即订单数量×(1+入库上限),入库上限在存货档案中设置。

(三)是否允许超计划订货

如果不允许超计划订货,则参照采购计划生成采购订单时,累计订货量不可超过采购计划的核定订货量。

(四)必有订单项

如果勾选必有订单项,则启用了订单业务模式,除请购单和订单以外,到货单、入库单、发票不可手工填制,只能参照生成。整个业务流程的执行都回写到相应的采购订单。

(五)入库单是否自动带入单价

只有在"采购管理系统"单独使用时才可设置。

(六)订单\到货单\发票单价录入方式

用户可以设置采购单据的取价方式,填制单据时系统根据取价方式带入单价,用户可修改。取价方式的设置减少了填制单据的工作量,避免了人工误差,为业务人员提供了可靠的参考价格。

（七）历史交易价参照设置

本选项可以设置交易价格参照历史供应商数据和来源单据。

（八）修改税额时是否改变税率

税额一般不用修改,在特定情况下,如系统和手工计算的税额相差几分钱,用户可以调整税额尾差。

（九）本系统启用的会计月

根据"采购管理"的启用月和会计月的第一日带入,不可修改。

（十）启用远程

有远程应用时,可设置远程标识号,可执行远程应用功能。远程标识号是指总部及各分支机构之间分配的唯一标识号,此编号必须唯一,以保证数据传递接收时不重号。

（十一）专用发票默认税率

默认为17,可修改,填制采购单据时自动带入采购单据的表头税率。普通发票的表头税率默认为0；运费发票的表头税率默认为7。

（十二）参照控制

选择不同的模糊参照方式,可以在录入、查询单据时快速地过滤出需要的供应商、存货等方面的档案资料。

（十三）采购预警设置

用户如果设置了采购预警,则登录采购管理系统时会弹出预警和报警窗口。如不设置采购预警,虽不弹出窗口,但用户可查询采购订单预警和报警表。

案例业务 5—1

依据企业采购业务管理目标的需要,设置采购系统参数：允许超订单到货及入库,允许超计划订货。

处理过程如下：

(1)在"业务"菜单中,点击"供应链"→"采购管理"→"设置"→"采购选项"进入采购系统选项设置界面,如图5—1、图5—2所示。

(2)选择相应的"业务及权限控制""公共及参照控制""采购预警和报警"选项卡,勾选相应的参数项。

二、销售管理选项设置

销售系统参数主要从业务控制、其他控制、信用控制、可用量控制和价格管理等几方面进行设置，约定企业的销售业务类型和业务处理模式，确定不同销售单据的生成过程和参照，以及销售出库时批号的管理等，使得系统能够合理地配置销售业务的处理流程和控制，选项界面如图5－3、图5－4所示。具体选项意义如下：

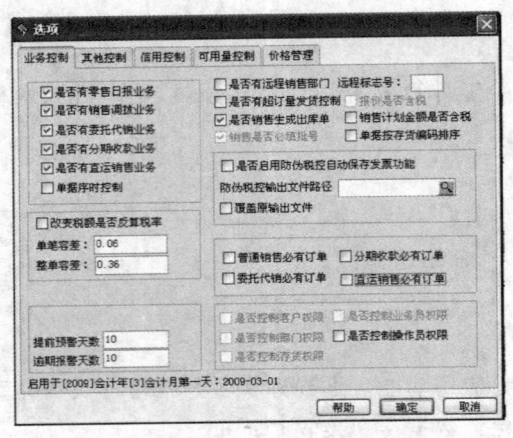

图5－3 销售选项——业务控制

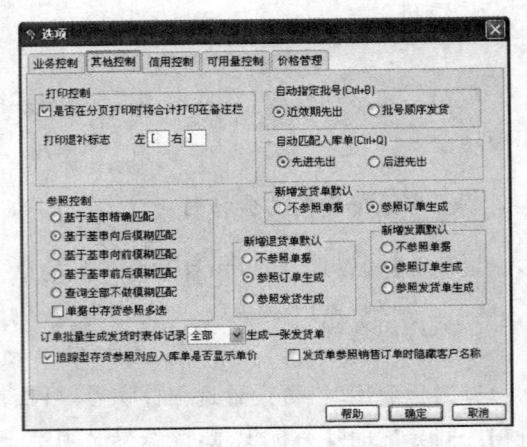

图5－4 销售选项——其他控制

（一）是否有零售日报业务

若勾选零售日报业务，系统会增加"零售"菜单项，相关账表中会包含零售日报的数据，此功能可以作为与前台销售收款系统的接口。

（二）是否有销售调拨业务

若勾选销售调拨业务，系统将增加"销售调拨"菜单项，提供内部销售调拨业务处理的功能，相关账表中会包含销售调拨单的数据。

（三）是否有委托代销业务

若勾选委托代销业务，系统会增加"委托代销"菜单项，同时也会增加委托代销明细账等账表。

（四）是否有分期收款业务

若勾选了分期收款业务，那么在填制销售单据时就可选择分期收款的业务类型。

（五）是否有直运销售业务

若勾选了直运销售业务类型，则销售管理系统的直运业务选项将会影响采购管理系统的直运业务。

（六）远程应用

此选项由库存管理、采购管理、销售管理、应付款管理、应收款管理等系统共用，即在一个系统中改变设置，在其他四个系统中也同时更改。

(七)是否有远程销售部门

企业有远程应用时,可设置远程标识号,执行远程应用功能。

(八)是否有超订量发货控制

通过该参数的设置,可根据销售订单控制销售发货数量,从而限制业务人员的权限,降低出货回款的风险。

(九)是否销售生成出库单

若勾选此项,销售管理系统中的发货单、销售发票、零售日报、销售调拨单在审核/复核时,会自动生成销售出库单,并传到库存管理和存货核算系统。库存管理系统不可修改出库数量,即一次发货全部出库;否则,销售出库单由库存管理系统参照上述单据生成,不可手工填制。在参照时,可以修改本次出库数量,即可以一次发货多次出库;生成销售出库单后不可修改出库数量。

(十)销售是否必填批号

若选择此项,则设置了批次管理的存货,在销售管理系统开具发货单、委托代销发货单、销售发票、零售日报、销售调拨单时,批号为必填项。如已在销售管理系统指定,则在库存管理系统不能修改,未指定则由库存管理系统指定。如果选择【是否销售生成出库单】,则批号只能在销售管理系统指定,用户不可修改。

(十一)是否启用防伪税控自动保存发票功能

若启用,则系统新增销售发票保存时,可调用防伪税控接口,在防伪税控开票系统实时生成一张相同的发票;当销售发票作废时,可调用防伪税控接口,在防伪税控开票系统作废原来对应生成的发票。

(十二)覆盖原输出文件

是指新输出的防伪税控文件是否覆盖原输出文件。

(十三)(普通销售、委托代销、分期收款、直运销售)必有订单项

若勾选此项,则该类业务必须参照订单,不可手工填制。

(十四)改变税额是否反算税率

税额一般不用修改,在特定情况下,如系统和手工计算的税额相差几分钱,用户可以调整税额尾差。

(十五)销售订单预警设置

若设置预警,则登录销售管理系统时,系统会自动弹出销售订单预警和报警窗口。

(十六)本系统启用的会计月

根据销售管理系统的启用会计月和会计月的第一日带入,不可修改,此日期前的数据为期初数据。

(十七)自动指定批号

本选项是设置在批次管理存货发货时,批号参照的排列规则和自动指定批号时的规则。

(1)批号顺序发货。它是指按批号顺序从小到大进行分配,一般应用于非保质期管理。

(2)近效期先出。当批次管理存货同时为保质期管理存货时,按失效日期顺序从小到大进行分配,适用于对保质期管理较严格的存货,如食品、医药等。

(十八)自动匹配入库单

用来指定在执行出库跟踪入库的存货发货时,发货参照入库单时的排列规则和自动指定入库单的规则。(出库跟踪入库即在发货时出库跟踪入库的存货,用户可输入相应的入库单号,以实现对存货的出入库跟踪,同时也是计算存货库龄的依据。)

(1)先进先出法:先入库的先出库,按入库日期从小到大进行分配。一般适用于医药、食品等需要对存货的保质期进行管理的企业。

(2)后进先出法:按入库日期从大到小进行分配。适用于存货体积重量比较大的存货,搬运不很方便,先入库的放在里面,后入库的放在外面,这样出库时只能先出库放在最外面的存货。

(十九)新增发货单默认

用于设置新增发货单时是否首先弹出销售订单的参照界面。

(二十)新增退货单默认

用户可以设置新增退货单时是否首先弹出销售订单、销售发货单的参照界面。

(二十一)新增发票默认

用户可以设置新增发票时是否首先弹出销售订单、销售发货单的参照界面。

(二十二)参照控制

选择不同的模糊参照方式,可以在录入、查询单据时快速过滤出需要的客户、存货等方面的档案资料。

案例业务 5-2

本企业有分期收款业务、直运业务,并且直运销售必有订单,允许非批次存货超可用量发货,允许批次存货超可用量发货,依据销售业务和管理需要设置销售选项。

处理过程如下:

（1）在供应链系统界面，执行菜单"销售管理"→"设置"→"销售选项"，打开选项界面，如图 5－3、图 5－4 所示。

（2）根据企业销售管理要求勾选参数选项。

三、库存管理选项设置

库存管理选项设置的界面如图 5－5、图 5－6 所示。具体选项意义如下：

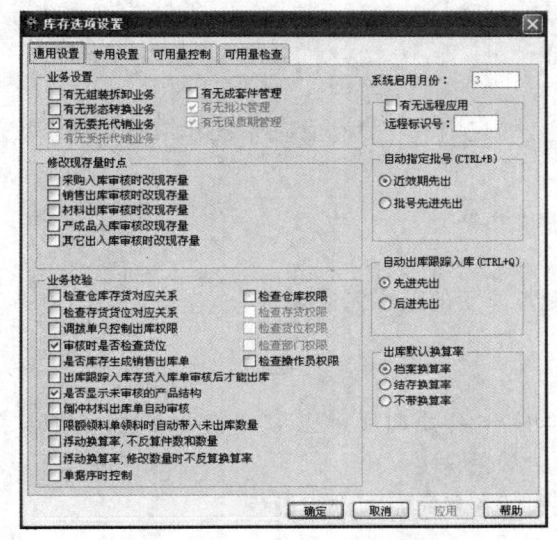

图 5－5　库存选项——通用设置

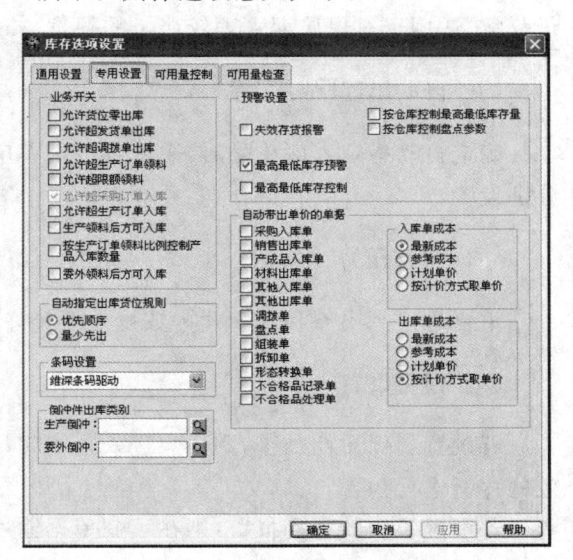

图 5－6　库存选项——专用设置

（一）业务设置

依据企业的具体业务类型，选择相应的组装拆卸业务、形态转换业务、委托代销业务、成套件管理、批次管理、保质期管理等。其中，受托代销业务只有在商业版才能选择，在工业版不能选择受托代销业务。

（二）修改现存量时点

企业根据实际业务的需要，有些单据在单据保存时进行实物出、入库，而有些单据在单据审核时才进行实物出、入库。为了解决单据和实物出、入库的时间差问题，用户可以根据不同的单据制定不同的现存量更新时点。该选项会影响现存量、可用量、预计入库量和预计出库量。

（三）业务校验——是否库存生成销售出库单

该选项主要影响库存管理系统与销售管理系统的集成使用。

不选此项，则由销售管理系统生成销售出库单，即销售管理系统的发货单、销售发票、零售日报、销售调拨单在审核/复核时，自动生成销售出库单。

选择此项，则由库存管理系统生成销售出库单，即销售出库单由库存管理系统参照上述单据生成，不可手工填制。

（四）自动指定批号

对于批次管理的业务，系统可以根据分配规则自动指定批号。在库存管理系统和销售管理系统中分别设置。

（1）批号先进先出：按批号顺序从小到大进行分配。

（2）近效期先出：当批次管理存货同时为保质期管理存货时，按失效日期顺序从小到大进行分配，适用于对保质期管理较严格的存货，如食品、医药等。

（五）自动出库跟踪入库

确定自动指定入库单号时，系统分配入库单号的规则。在库存管理系统和销售管理系统分别设置。

（六）业务开关

主要是控制出库和入库业务数量是否允许超过一定的单据数量。

（七）预警设置

若设置了保质期预警，则用户进入系统时，会弹出"保质期预警"窗口对临近、到期、过期失效的存货进行预警。

若设置了失效存货报警，则在填制单据输入失效存货时系统进行报警。

（八）最高、最低库存量管理

分为预警和控制两方面，既可按存货进行控制，也可按"仓库＋存货"进行控制。通过最高、最低库存管理可以细化用户的库存管理，为用户提供预警信息和控制出、入库，避免库存积压和库存短缺。

（九）自动带出单价的单据

可以设置自动带出单价的单据。单据包括采购入库单、销售出库单、产成品入库单、材料出库单、其他入库单、其他出库单、调拨单、盘点单、组装单、拆卸单、形态转换单、不合格品记录单、不合格品处理单等。

（十）入库单（出库单）成本

设置入库单（出库单）的默认成本，可以是最新成本、参考成本、计划单价、按计价方式取单价。填制入库单据时，按照当前设置带入单价，用户可修改。另外需要注意的是，最新成本、参照成本、计划单价/售价取自存货档案，按计价方式取单价取自存货核算系统。

案例业务 5—3

依据企业库存业务管理需要设置库存系统参数：有批次管理业务，有保质期管理，允许货位零出库，允许存货超可用量出库，批次存货允许超可用量发货。

处理过程如下：

(1)在"业务"菜单界面，点击"供应链"→"库存管理"→"初始设置"→"选项"，进入库存选项设置界面，如图5-5、图5-6所示。

(2)选择"通用设置""专用设置"等选项卡，勾选相应的参数项。

四、存货核算选项设置

存货核算选项设置的界面如图5-7、图5-8所示。

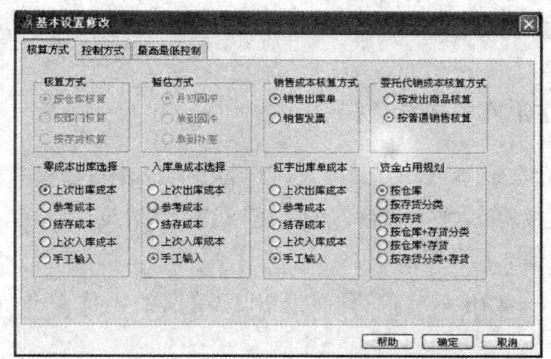

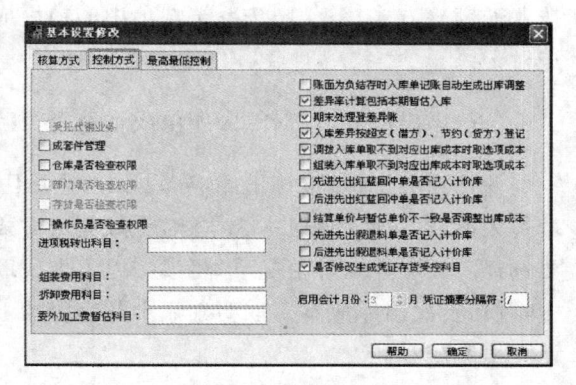

图5-7 存货核算选项——核算方式

图5-8 存货核算选项——控制方式

（一）核算方式

(1)如果是按仓库核算，则按仓库在仓库档案中设置计价方式，并且每个仓库单独核算出库成本。

(2)如果是按部门核算，则在仓库档案中按部门设置计价方式，并且相同所属部门的各仓库统一核算出库成本。

(3)如果按存货核算，则按用户在存货档案中设置的计价方式进行核算。系统默认按仓库核算，只有在期初记账前，才能进行修改。

（二）暂估方式

如果与采购系统集成使用，用户就可以进行暂估业务处理，并且在此选择暂估入库存货成本的回冲方式。

(1)月初回冲是指月初时系统自动生成红字回冲单，报销处理时系统自动根据报销金额生成采购报销入库单。

(2)单到回冲是指报销处理时，系统自动生成红字回冲单，并生成采购报销入库单。

(3)单到补差是指报销处理时，系统自动生成一笔调整单，调整金额为实际金额与暂估金额的差额。

与采购系统集成使用时，如果明细账中有暂估业务未报销或本期未进行期末处理，此时，暂估方式将不允许修改。

(三)销售成本核算方式

当销售系统启用后,确定销售成本时,用户可选择以销售发票或销售出库单为依据进行记账和凭证处理,默认为销售出库单。

(四)委托代销成本核算方式

委托代销记账时,如果用户选择按发出商品业务类型核算,则按"发货单+发票"记账。若按普通销售方式核算,则按系统选项中的销售成本核算方式中选择的销售发票或销售出库单进行记账。

(五)零出库成本选择、入库单成本选择、红字出库单成本选择

此选项分别指:核算出库成本时,出现账中为零成本或负成本;入库单据记明细账时,没有填写入库成本即入库成本为空;对先进先出方式核算的红字出库单据记明细账时,出库成本需要选择。在上述三种情况下,可以按以下方式取值:

(1)上次出库成本。取明细账中此存货的上一次出库单价,作为本出库单据的出库单价,计算出库成本。

(2)参考成本。取存货目录中此存货的参考成本,即参考单价,作为本出库单据的出库单价,计算出库成本。

(3)结存成本。取明细账中此存货的结存单价,作为本出库单据的出库单价,计算出库成本。

(4)上次入库成本。取明细账中此存货的上一次入库单价,作为本出库单据的出库单价,计算出库成本。

(5)手工输入。提示用户输入单价,作为本出库单据的出库单价,计算出库成本。用户可以随时对零出库成本进行重新选择。

(六)资金占用规划

此选项是指用户确定本企业按某种方式输入资金占用规划,并按此种方式进行资金占用的分析。用户可以随时对资金占用规划进行重新选择。

案例业务 5-4

依据企业存货核算的需要设置存货选项:按存货进行存货核算,对于暂估业务采取月初回冲的方式,销售成本依据销售出库单进行记账和凭证处理,委托代销核算业务按发出商品进行核算,零成本出库依据参考成本。

处理过程如下:

(1)执行菜单"存货核算"→"初始设置"→"选项"→"选项录入",打开选项录入界面,如图5-7、图5-8所示。

(2)根据企业存货核算需求设置参数。

五、应收款管理选项设置

应收款管理参数设置的内容主要包括:应收款的核销方式、坏账处理方式、控制科目依据、销售科目依据、制单方式、汇兑损益处理方式以及应收账款核算模型的选择。选项界面如图 5-9、图 5-10 所示。

图 5-9 应收款选项——常规参数设置

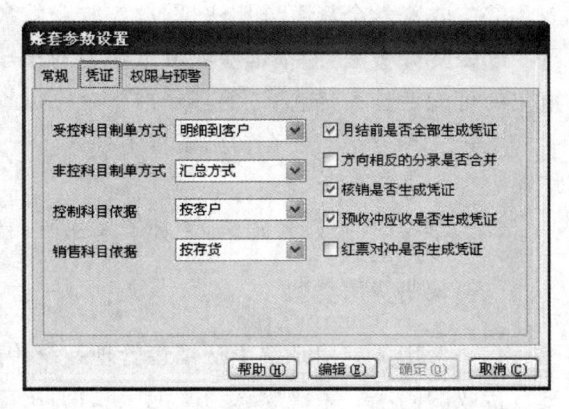

图 5-10 应收款选项——凭证参数设置

(一)应收款核销方式

(1)按单据核销:系统将满足条件的未结算单据全部列出,按照用户选择的单据进行核销。

(2)按存货核销:系统将满足条件的未结算单据按存货列出,按照用户选择的存货进行核销。

通常,对于单位价值较高的存货,企业可以采用按产品核销,即收款指定到具体存货上。一般企业按单据核销即可。

(二)单据审核日期依据

单据的审核日期即单据的入账日期,何时审核,何时入账。依据单据日期还是业务日期(登录日期),决定了业务总账、业务明细账、余额表等的查询期间取值。

如果使用单据日期为审核日期,则月末结账时单据必须全部审核,因为下月无法以单据日期为审核日期,业务日期无此要求。

(三)汇兑损益方式

系统提供了两种汇兑损益方式,即外币余额结清时计算和月末计算两种方式。

外币余额结清时计算是指仅当某种外币余额结清时才计算汇兑损益,在计算汇兑损益时,界面中仅显示外币余额为 0 且本币余额不为 0 的外币单据。

月末计算是指每个月末都要计算汇兑损益,在计算汇兑损益时,界面中显示所有外币余额不为 0 或者本币余额不为 0 的外币单据。

(四)坏账处理方式

坏账处理的方式有两种:直接转销法和备抵法。直接转销法是指只有在实际发生坏账时,才将坏账损失计入当期损益,同时冲销应收款项。备抵法是指按期估计坏账损失,形成坏账准备,当某一应收款项全部或部分被确认为坏账时,才根据其金额冲减坏账准备,同时转销相应的应收款项金额的一种核算方法。

(1)如果选择备抵法,系统提供了三种备抵方法:

①销售收入百分比法,即根据历史数据确定的坏账损失占全部销售额的一定比例进行估计。

②应收账款余额百分比法,即以应收账款余额为基础,估计可能发生的坏账损失。

③账龄分析法,即根据应收账款账龄的长短来估计坏账损失的方法。账龄越长,即账款被拖欠的可能性越大,应估计的坏账准备金额也越大。

上述三种方法需要在初始设置中录入坏账准备期初和计提比例或输入账龄区间等,并在坏账处理中进行后续处理。

(2)如果选择直接转销法,当坏账发生时,直接在坏账发生处将应收账款转为费用即可。

(五)代垫费用类型

代垫费用类型用来解决从销售管理系统传递的代垫费用单在应收款系统用何种单据类型进行接收的问题。系统默认为其他应收单,用户也可在单据类型设置中自行定义单据类型,然后在系统选项中进行选择。

(六)应收账款核算模式

根据企业对应收款管理的深度和详细程度的不同,系统提供了两种应收账款的核算模式,即简单核算和详细核算。

(1)选择简单核算:应收款系统只是完成将销售系统传递过来的发票生成凭证并传递给总账这样的模式。如果销售业务以及应收账款业务不复杂,或者现销业务很多,就可以选择此方案。

(2)选择详细核算:应收款系统可以对往来业务进行详细的核算、控制、查询和分析。如果销售业务和应收款业务比较复杂,或者需要追踪每一笔业务的应收款、收款等情况,或者需要将应收款核算到产品一级,那么就需要选择详细核算。

(七)是否自动计算现金折扣

为了鼓励客户在信用期间内提前付款而采用现金折扣政策,可以在系统中选择自动计算,在发票或应收单中输入付款条件,则在核销处理界面系统会依据付款条件自动计算该发票或应收单可享受的折扣,可输入本次折扣进行结算,则:

原币余额＝原币金额－本次结算金额－本次折扣

(八)是否进行远程应用

如果在异地有应收业务,则可选择远程应用功能,并在系统后续处理中提供远程标识号,远程标识号必须为两位(01～99)。

(九)是否登记支票

这是系统提供给用户将具有票据管理结算方式的付款单自动登记到支票登记簿的功能。

（十）受控科目制单方式

(1)明细到客户：当将一个客户的多笔业务合并生成一张凭证时，如果核算这多笔业务的控制科目相同，系统将自动将其合并成一条分录。这种方式的目的是为了在总账系统中能够根据客户来查询其详细信息。

(2)明细到单据：当将一个客户的多笔业务合并生成一张凭证时，系统会将每一笔业务形成一条分录。这种方式的目的是为了在总账系统中也能查看到每个客户每笔业务的详细信息。

（十一）非受控科目制单方式

(1)明细到客户：当将一个客户的多笔业务合并生成一张凭证时，如果核算这多笔业务的非受控科目相同，且其所带辅助核算项目也相同，则系统会自动将其合并成一条分录。这种方式的目的是为了在总账系统中能够根据客户查询其详细信息。

(2)明细到单据：当将一个客户的多笔业务合并生成一张凭证时，系统会将每一笔业务形成一条分录。这种方式的目的是为了在总账系统中也能查看到每个客户的每笔业务的详细情况。

(3)汇总制单：当将多个客户的多笔业务合并生成一张凭证时，如果核算这多笔业务的非控制科目相同且其所带辅助核算项目也相同，则系统会自动将其合并成一条分录。这种方式的目的是精简总账中的数据，在总账系统中只能查看到该科目总的发生额。

非受控科目在合并分录时若自动取出的科目相同，辅助项为空，则不予合并成一条分录。

（十二）控制科目依据

单据制单时，会计科目的确定顺序依次是：

(1)单据上的科目。

(2)【控制科目设置】如图5-11所示。

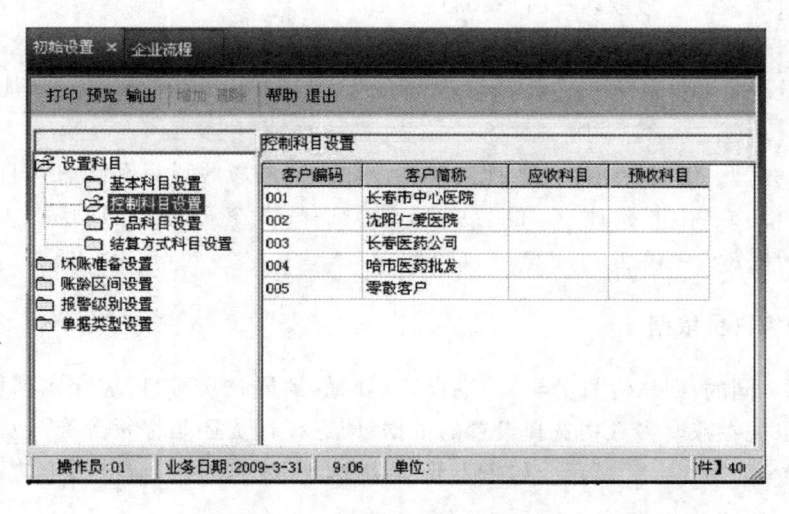

图5-11 应收款——控制科目设置

(3)【基本科目设置】如图5-12所示。

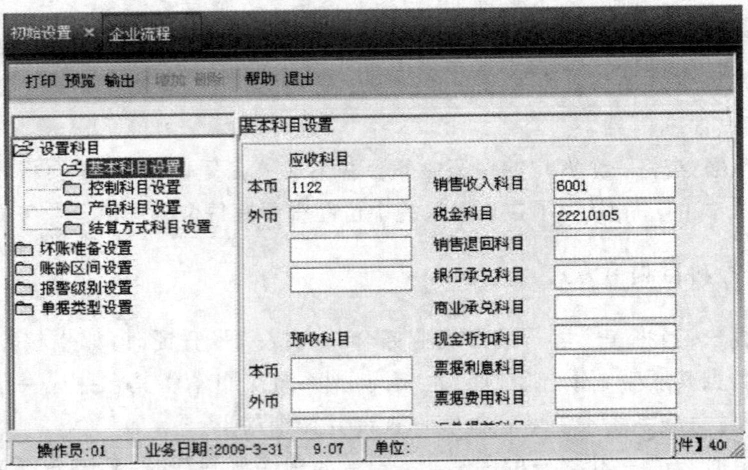

图5-12 应收款——基本科目设置

(4)手工输入的科目。

如果需要在总账中对客户按不同的分类标准进行反映,就需要在总账系统按相应的标准设置明细科目,在应收款系统生成凭证时,系统会自动按控制科目依据归集到相应的明细科目。通常有以下三种设置:

①按客户分类设置。客户分类是指根据一定的属性将往来客户分为若干大类,例如,可以将客户根据时间分为长期客户、中期客户和短期客户,也可以根据客户的信用将客户分为优质客户、良性客户、一般客户和信用较差的客户等。在这种方式下,就可以针对不同的客户分类设置不同的应收科目和预收科目,如应收账款——长期客户(112201)、应收账款——中期客户(112202)、应收账款——短期客户(112203)。

②按客户设置。可以针对不同的客户设置不同的应收科目和预收科目。这种设置适合特殊客户的需要,如应收账款——长春市中心医院(112201)、应收账款——沈阳仁爱医药(112202)。

③按地区设置。可以针对不同的地区分类设置不同的应收科目和预收科目。例如,将客户分为华东、华南、东北等地区,设置应收账款——华东(112201)、应收账款——华南(112202)、应收账款——东北(112203)。

(十三)销售科目依据

如果针对不同的存货(存货分类)分别设置不同的销售收入科目、应交销项税科目和销售退回科目,可以先在账套参数中选择设置的依据(即选择存货还是存货分类),然后在【产品科目设置】处设置,如图5-13所示。如果不分别设置,则取【基本科目设置】中的销售收入和税金科目。

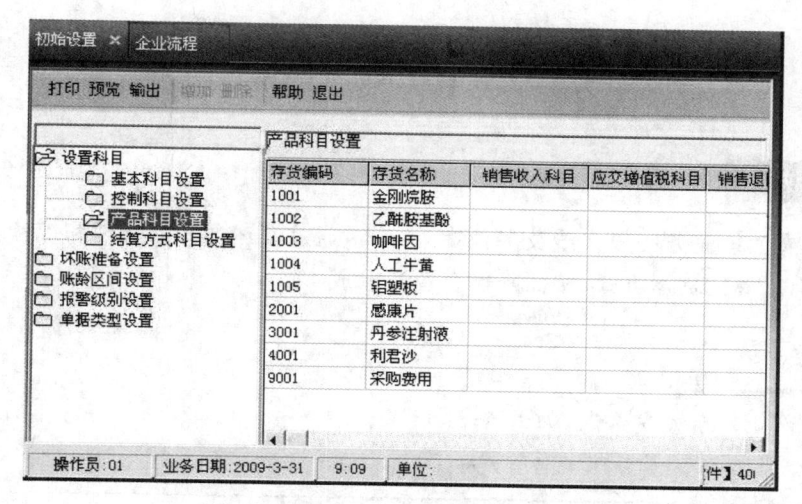

图 5-13 应收款——产品科目设置

> **案例业务 5-5**

依据企业应收款管理的目标,应收款参数设置如下:坏账处理方式采用应收余额百分比法、系统自动计算现金折扣、登记支票、核销生成凭证。

处理过程如下:

(1)在"业务"菜单中,点击"财务会计"→"应收款管理"→"设置"→"选项",进入账套参数设置界面,如图 5-9、图 5-10 所示。

(2)选择"常规""凭证"等选项卡,勾选相应的参数项。

六、应付款管理选项设置

应付款系统的参数与应收款系统的参数相似,在此不再赘述。

> **案例业务 5-6**

依据企业应付款管理的需要,应付款采取详细核算模式,系统自动计算现金折扣,登记支票,核销生成凭证。

处理过程如下:

在业务菜单中,执行菜单"财务会计"→"应付款管理"→"设置"→"选项",进入账套参数设置界面,选择"常规""凭证"等选项卡,勾选相应的参数项。

第二节 供应链系统基础档案设置

一、发运方式

采购业务或销售业务一般会涉及多种货运方式,通过发运方式的管理和统计,便于企业加强运输管理,确定最佳货运方式,从而降低企业运输成本。

案例业务 5—7

录入翔飞药业发运方式信息,如表 5—1 所示。

表 5—1　　　　　　　　　　　　发运方式信息

编　号	方式名称
01	公路
02	铁路
03	航空

处理过程如下:

执行菜单"基础档案"→"业务"→"发运方式",依照资料填写发运方式信息。

二、仓库档案

存货一般是由仓库来保管的,对存货进行核算管理,首先应对仓库进行集中、分级管理。因此,进行仓库设置是供应链管理系统的重要基础准备工作之一。仓库档案的作用就是标识和描述每个仓库编码、所属部门、资金定额、计价方式等基本管理信息。第一次使用本系统时,应先将本单位使用的仓库预先输入系统,即进行仓库档案设置。

案例业务 5—8

录入翔飞药业仓库档案信息,如表 5—2 所示。

表 5—2　　　　　　　　　　　　仓库档案信息

仓库编码	仓库名称	部门名称	计价方式	是否货位管理	资金定额(元)
01	原料库	仓储部	全月平均法	是	5 000
02	成品库	仓储部	全月平均法		8 900

处理过程如下:

(1)单击"基础档案"→"业务"→"仓库档案",进入仓库档案处理界面,如图 5—14 所示。

(2)单击【增加】按钮,录入各项仓库档案信息。

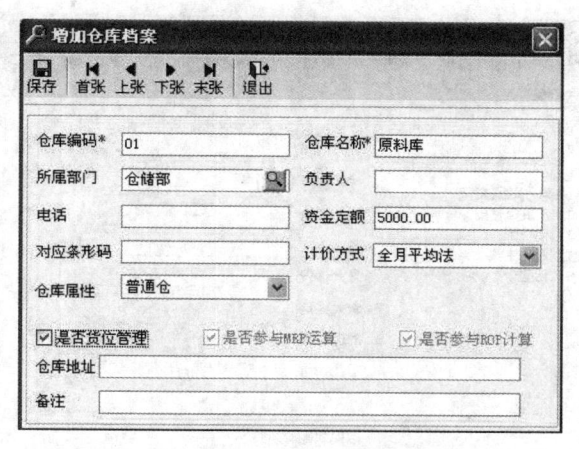

图 5-14 仓库档案窗口

【说明事项】

若仓库已经使用,则不可删除此仓库。

三、货位档案

如果要对存货进行货位管理,在录入期初结存或进行日常业务处理之前应首先对企业各仓库所使用的货位编码、所属仓库、最大体积、最大重量等内容进行定义,以便在实物出入库时依据空间和重量合理地确定存货的货位,便于企业加强物流管理。

【案例业务 5-9】

录入翔飞药业货位档案资料,如表 5-3 所示。

表 5-3　　　　　　　　　　货位档案信息

货位编码	货位名称	所属仓库	最大体积(升)	最大重量(千克)
01	金刚烷胺货架	原料库	320	500
02	乙酰胺基酚货架	原料库	240	1 000
03	咖啡因货架	原料库	600	540
04	人工牛黄货架	原料库	870	1 000
05	铝塑板货架	原料库	200	600

处理过程如下:

(1)执行菜单"基础档案"→"业务"→"货位档案",进入货位档案处理界面,如图 5-15 所示。

(2)单击【增加】按钮,录入各个货位档案信息。

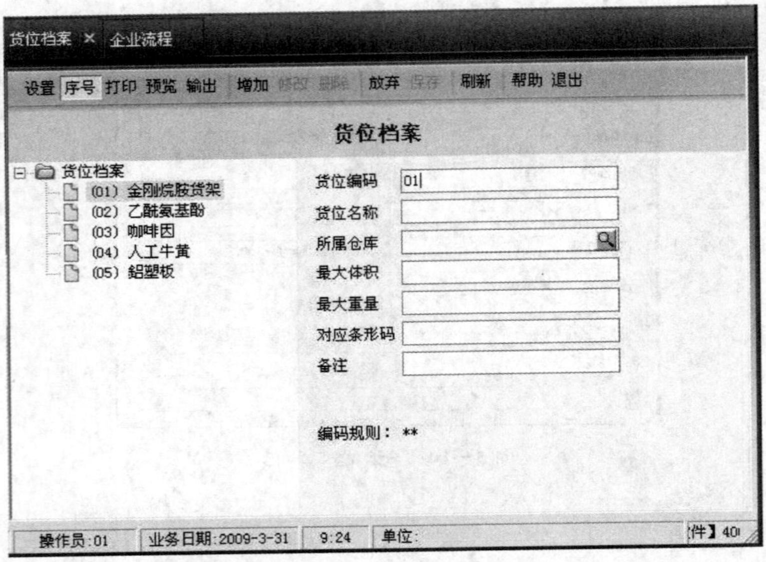

图5—15 货位档案窗口

四、存货分类

如果企业存货较多,可以根据存货的管理要求对存货进行分类管理,以便对业务数据进行统计和分析。存货分类最多可分 8 级,编码总长不能超过 30 位,每级级长用户可自由定义。通常,制造型企业可以按性质和用途等进行分类,商业企业可以按商品和应税劳务等进行分类。

案例业务 5—10

翔飞药业存货分类情况如表 5—4 所示。

表 5—4　　　　　　　　　　存货分类信息

分类编码	分类名称
1	原辅材料
2	包装物
3	库存药品
301	自制药品
302	外购药品
4	采购费用

处理过程如下:
(1)执行菜单"基础档案"→"存货"→"存货分类",进入存货分类设置界面,如图 5—16 所示。

(2)单击【增加】按钮,录入存货分类信息。

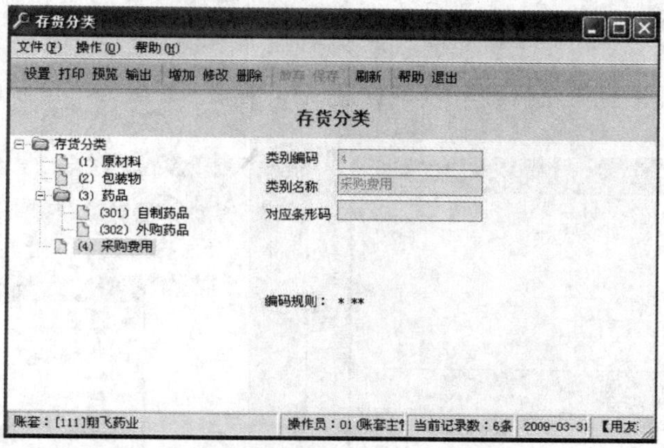

图 5-16　存货分类窗口

五、计量单位

企业在进行物资管理过程中,由于同一存货在采购、销售、库存等实物流转环节的外观形式不一定相同,所以在不同的系统和部门采用了不同的计量单位进行反映和统计,即多计量单位。在一个计量单位组中,有且只有一个主计量单位,同一组的其他辅助计量单位需设置换算系数。可根据业务需要,由系统自动通过单位换算,将主计量单位换算成辅助单位来进行核算和显示。通过多计量单位的有效使用,可以达到各部门直观查看存货数量的目的。可见,多计量单位的应用在企业物流管理中尤为重要。

设置计量单位时应先增加计量单位组,再设置计量单位。

计量单位组分无换算、浮动换算、固定换算三种类别,系统只允许建立一个无换算计量单位组,而固定换算计量单位组和浮动换算计量单位组可以建立多个。

每个计量单位组中有一个主计量单位、多个辅助计量单位,可以设置主辅计量单位之间的换算率;在后面存货档案中可以设置采购、销售、库存和成本各系统所默认的计量单位。

案例业务 5-11

翔飞药业为便于各工作岗位对存货的计量,设置计量单位如表 5-5 所示。

表 5-5　　　　　　　　　　计量单位设置信息

单位组编码	计量单位组名称	计量单位组类别	单位编码	单位名称	主计量单位标志	换算率
01	无换算关系	无换算	0101	克		
			0102	盒		
			0103	板		
			0104	元		
02	包装	固定换算	0201	瓶	是	1
			0202	盒		12

处理过程如下：

(1)执行菜单"基础档案"→"存货"→"计量单位"，进入计量单位界面。

(2)单击【分组】按钮，显示计量单位分组界面如图5—17所示，录入案例中的计量单位组。

(3)单击某个计量单位组，然后单击【单位】按钮，进入计量单位设置界面，如图5—18所示。

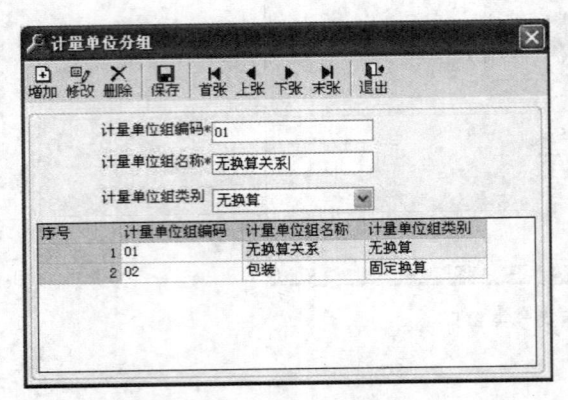

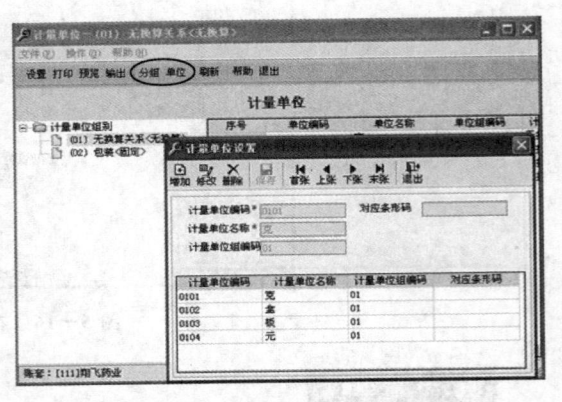

图5—17 计量单位组设置窗口

图5—18 计量单位设置窗口

【说明事项】

①无换算计量单位组：该组下的计量单位都以单独形式存在，即相互之间不需要输入换算率。

②固定换算的计量单位组：包括多个计量单位，即一个主计量单位和多个辅计量单位。

③浮动换算的计量单位组：只能包括两个计量单位，即一个主计量单位和一个辅计量单位。

④若删除计量单位组，应先删除组中的计量单位，而且是先删除辅计量单位。

⑤设置计量单位时，一定要先选中计量单位组，然后再单击【单位】按钮。

⑥主计量单位可以改变，当选择另一个单位做主计量单位时，原主计量单位自动取消。

⑦一个固定换算的计量单位组中有且只有一个主计量单位。当有辅计量单位时，主计量单位不可删除。

六、存货档案

设置存货档案的目的主要是便于进行购销存管理，加强存货成本核算。存货档案应当按照已经定义好的存货编码原则建立，而且只有在存货分类的最末级才能设置存货档案。在建立存货档案时，为了保证存货核算的完整性，通常应当将随同发货单或发票一起开具的应税劳务或采购费用等项目也设置在存货档案信息中。存货档案设置模块应同时提供基础档案在输入中的方便性，完备基础档案中的数据项，提供存货档案的多计量单位设置，提供存货档案、项目档案的记录合并等功能。

一般情况下，存货档案信息包括存货基本信息（包括存货编码、存货名称、存货代码、规格型号、主计量单位、辅计量单位、税率、属性等）、控制信息（包括提前期、累计提前期、ABC分类、安全库存、最高库存、最低库存、平均耗用量、经济批量等）、成本信息（包括计价方式、费用率、计划单价/售价、参考成本、最新成本、参考售价、最低售价、最高进价等）和其他信息等。

案例业务 5-12

翔飞药业存货档案信息如表 5-6 所示。

表 5-6　　　　　　　　　　　　　　存货档案信息

存货编码	存货名称	计量单位组	主计量单位	所属分类	存货属性	计价方式	批次管理	保质期管理（天数）
1001	金刚烷胺	无换算关系	克	1	外购、生产耗用	先进先出法		
1002	乙酰胺基酚	无换算关系	克	1	外购、生产耗用	先进先出法		
1003	咖啡因	无换算关系	克	1	外购、生产耗用、销售	先进先出法	是	720
1004	人工牛黄	无换算关系	克	1	外购、生产耗用	先进先出法	是	720
1005	铝塑板	无换算关系	板	1	外购、生产耗用	先进先出法		
2001	感康片	无换算关系	盒	301	自制、销售	先进先出法		
3001	丹参注射液	包装	瓶	302	外购、销售	先进先出法		
4001	利君沙	无换算关系	盒	302	外购、销售	全月平均法		
9001	运输费	无换算关系	元	4	应税劳务			

处理过程如下：

(1) 执行菜单"基础档案"→"存货"→"存货档案"，进入存货档案录入界面，单击【增加】按钮，在"基本""成本""控制"等选项卡中录入存货档案信息，如图 5-19 所示。

(2) 单击【保存】按钮，则保存当前输入信息。

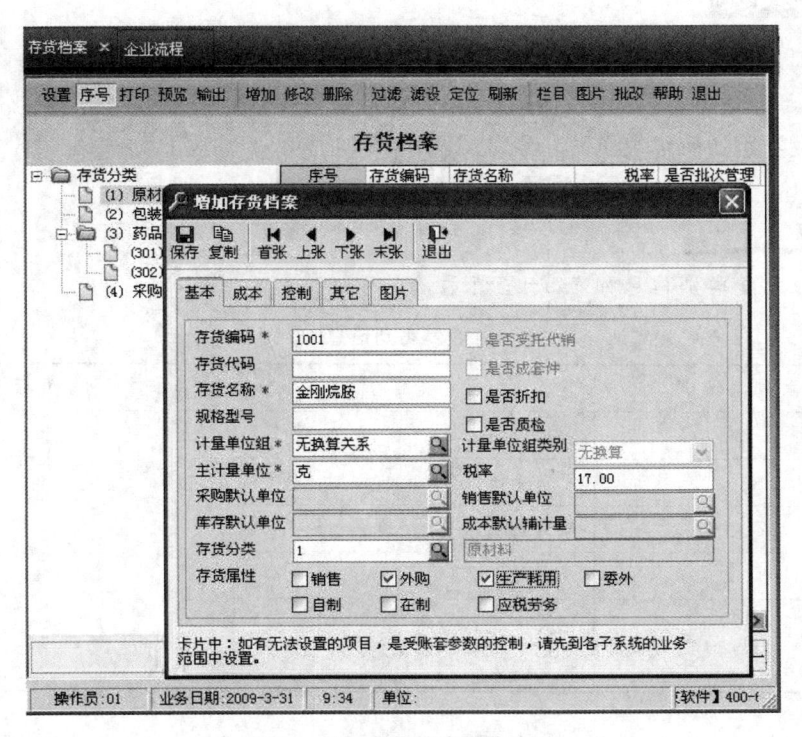

图 5-19　存货档案录入窗口

【说明事项】

同一存货可以设置多个属性,系统为存货设置了六种属性,具体含义如下:

销售:可用于销售的存货勾选此属性。发货单、发票、销售出库单等与销售有关的单据参照存货时,参照的都是具有销售属性的存货。开在发货单或发票上的应税劳务,也应设置为销售属性,否则开发货单或发票时无法参照。

外购:可以采购的存货勾选此属性。到货单、采购发票、采购入库单等与采购有关的单据参照存货时,参照的都是具有外购属性的存货。开在采购专用发票、普通发票、运费发票等票据上的采购费用,也应设置为外购属性,否则开具采购发票时无法参照。

生产耗用:可用于生产耗用的存货勾选该属性。例如,生产产品耗用的原材料、辅助材料等。具有该属性的存货可用于材料的领用,材料出库单参照存货时,参照的都是具有生产耗用属性的存货。

委外:可用于委外加工的存货勾选此属性。例如,工业企业委托委外商加工的委外商品。委外订单、委外产品入库、委外发票等与委外有关的单据参照存货时,参照的都是具有委外属性的存货。

自制:可由企业生产自制的存货勾选此属性。例如,工业企业生产的产成品、半成品等存货。具有该属性的存货可用于产成品或半成品的入库,产成品入库单参照存货时,参照的都是具有自制属性的存货。

劳务费用:指开具在采购发票上的运费费用、包装费等采购费用或开具在销售发票或发货单上的应税劳务。

七、收发类别

收发类别是为用户对存货的出、入库情况进行分类汇总统计而设置的,表示存货的出、入库类型,用户可根据各单位的实际需要自由灵活地进行设置。一般情况下,企业会按照存货的分类设置收发类别的明细级。

案例业务 5—13

翔飞药业收发类别信息如表 5—7 所示。

表 5—7　　　　　　　　　　收发类别信息

收发类别编码	收发类别名称	收发标志
1	入库分类	收
101	原料采购入库	
102	外购药品采购	
103	产成品入库	
104	包装物采购入库	
105	盘盈入库	

续表

收发类别编码	收发类别名称	收发标志
2	出库分类	发
201	原料领用出库	
202	药品销售出库	
203	盘亏出库	

处理过程如下：

(1) 执行菜单"基础档案"→"业务"→"收发类别"，进入收发类别处理界面，如图 5-20 所示。

(2) 单击【增加】按钮，录入收发类别信息。

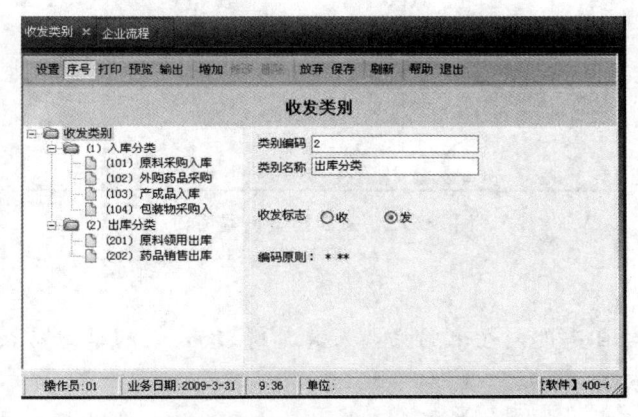

图 5-20 收发类别设置窗口

【说明事项】

明细级的收发标志必须与它的上级相同，不可修改。

八、采购类型

采购类型是由用户根据企业需要自行设定的项目，用户在使用采购管理系统填制采购入库单等单据时，会涉及采购类型栏目的编辑。如果企业需要按采购类型进行统计，那么就应该设置自定义采购类型。

案例业务 5-14

翔飞药业采购类型信息如表 5-8 所示。

表 5-8   采购类型信息

采购类型编码	采购类型名称	入库类别	是否默认值
1	原材料采购	原料采购入库	是

续表

采购类型编码	采购类型名称	入库类别	是否默认值
2	药品采购	外购药品采购	
3	包装物采购	包装物采购入库	

处理过程如下：

(1)执行菜单"基础档案"→"业务"→"采购类型"，进入采购类型设置界面，如图5-21所示。

(2)单击【增加】按钮，录入采购类型信息。

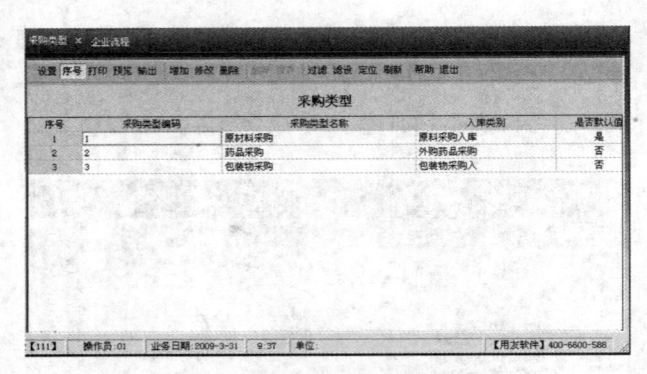

图5-21 采购类型设置窗口

【说明事项】

①入库类别：此栏目是设定在填制采购入库单时，输入采购类型后系统所默认的入库类别，以便加快录入速度。

②是否默认值：选中此项是设定该采购类型是填制采购入库单据时系统所默认的采购类型，对于最常发生的采购类型，可以设定为默认的采购类型。

九、销售类型

用户在处理销售业务时，可以根据自身的实际情况自定义销售类型，以便按销售类型对销售业务数据进行统计和分析。

案例业务5-15

翔飞药业销售类型信息如表5-9所示。

表5-9　　　　　　　　　　　　销售类型信息

销售类型编码	销售类型名称	出库类别	是否默认值
1	国内销售	药品销售出库	是
2	出口销售	药品销售出库	

处理过程如下：

(1)执行菜单"基础档案"→"业务"→"销售类型"，进入销售类型设置界面，如图5-22所示。

(2)单击【增加】按钮,录入销售类型信息。

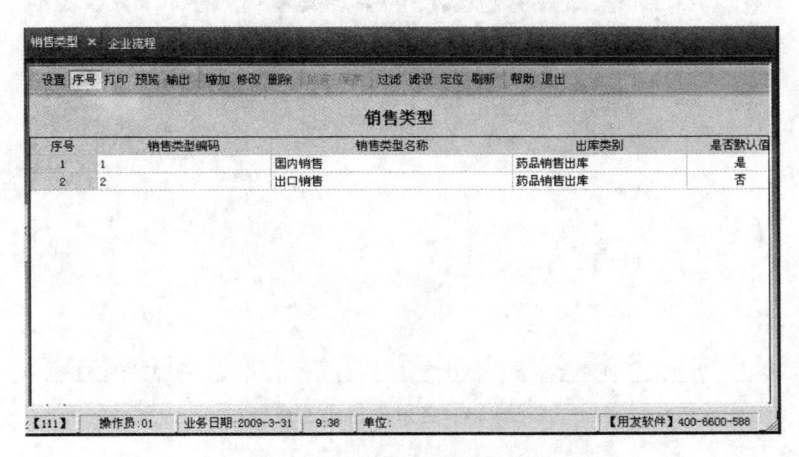

图 5—22 销售类型设置窗口

【说 明 事 项】

①出库类别:此栏目是设置该销售类型所对应的出库类别,以便销售业务数据传递到库存管理系统和存货核算系统时进行出库统计和财务制单处理。可以直接输入出库类别编号或名称,也可以参照输入。

②是否默认值:标识销售类型在单据录入或修改被调用时,是否作为调用单据的销售类型的默认取值。

十、费用项目

企业在销售时往往会发生很多费用,如代垫费用、销售支出费用等,为便于企业对费用的分类统计,可利用本功能设定这些费用项目。

案例业务 5—16

翔飞药业费用项目信息如表 5—10 所示。

表 5—10　　　　　　　　　　　费用项目信息

费用项目编码	费用项目名称
01	运费
02	招待费
03	广告费

处理过程如下:

(1)执行菜单"基础档案"→"业务"→"费用项目"进入费用项目处理界面,如图 5—23 所示。

(2)单击【增加】按钮,录入费用项目信息。

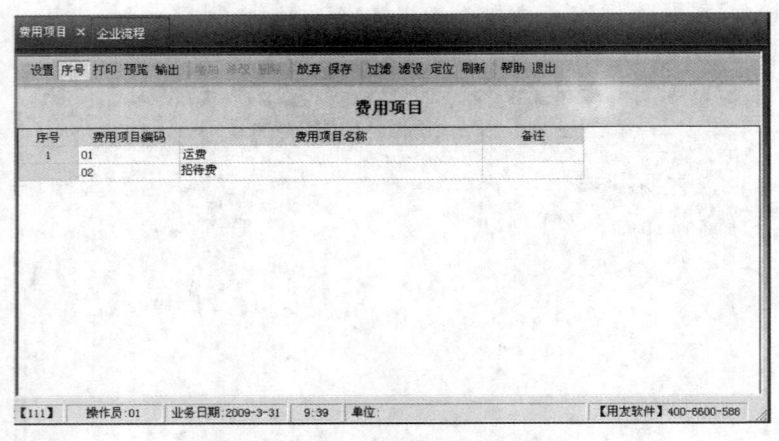

图 5—23　费用项目录入窗口

十一、物料清单

物料清单是指产品的组成成分及其数量,简称 BOM(Bill of Material),即列示企业生产的产品具体由哪些材料组成。定义了物料清单,才可以通过 MRP 运算得出 MRP 采购计划、MRP 生产计划、MRP 委外计划所需的物料数量;商业企业或没有物料清单的工业企业不需要定义物料清单。

案例业务 5—17

翔飞药业物料清单信息如表 5—11 所示,录入并审核。

表 5—11　　　　　　　　　　　物料清单信息

母件编码	母件名称	子件编码	子件名称	主计量单位	基本用量分子	存货仓库
2001	感康片	1001	金刚烷胺	克	1.2	原料库
		1002	乙酰胺基酚	克	3	原料库
		1003	咖啡因	克	0.12	原料库
		1004	人工牛黄	克	0.18	原料库
		1005	铝塑板	板	1	原料库

处理过程如下:

(1)执行菜单"基础档案"→"物料清单"→"物料清单维护",进入物料清单维护界面,如图 5—24 所示。

(2)单击【增加】按钮,先录入母件信息,然后再录入子件信息。

(3)单击【保存】按钮,检查无误后,单击【审核】按钮。

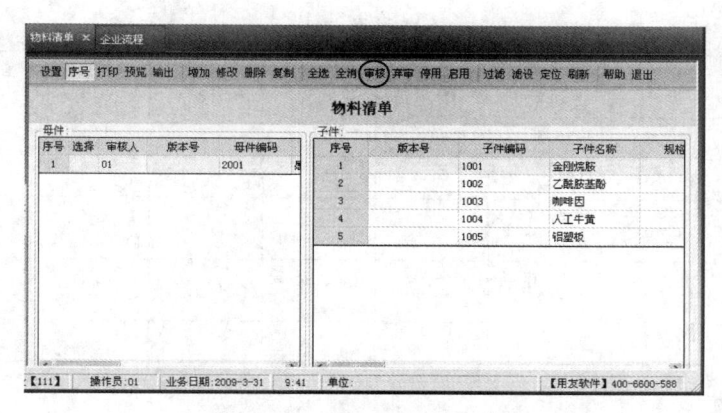

图 5—24　物料清单设置窗口

【说明事项】

①物料清单中引用的物料必须首先在存货档案中定义,且存货属性应为自制。

②母件可以是最终完成的产成品,也可以是生产装配过程中形成的半成品。

③当一个母件打上了审核标志后,该母件下的子项就不允许修改;弃审以后才允许修改该母件下的子项。

④物料清单子件栏目中的"基本用量分子"是一个母项所需该子件数量的分子,"基本用量分母"是一个母项所需该子件数量的分母。对于医药、化工等行业,有些子件如果用小数表示其用量会有误差,则可以用分数的表现方式。如用量为 1/3,则分子为 1,分母为 3。如果子件的数量不用按分数方式表示,则可以把子件的用量直接输在分子处,分母默认为 1 即可。

十二、存货核算系统——存货科目设置

用户可以根据企业的实际情况对存货科目和对方科目进行相应的设置。

由于存货核算系统能够根据已知资料和业务数据自动生成记账凭证,所以在系统初始化时应预先设置生成记账凭证所需要的所有存货科目、差异科目、分期收款发出商品科目、委托代销科目。应注意的是:用户在制单之前应将存货科目设置正确、完整,否则系统生成凭证时无法自动带出科目。

通常入库业务制单时借方取存货科目,出库业务制单时贷方取存货科目。

存货科目的设置可以有不同的依据,比如可依据存货、存货分类或仓库进行设置。如依据仓库来设置,原料库的存货记入"原材料"科目,成品库的存货记入"库存商品"科目;如依据存货分类来设置,属于原材料分类的存货记入"原材料"科目,属于包装物分类的存货记入"包装物"科目;另外,还可以直接按具体存货直接指定科目。

案例业务 5—18

翔飞药业存货科目设置如表 5—12 所示。

表 5-12　　　　　　　　　　　　　存货科目设置

存货分类编码	存货分类名称	存货科目编码	存货科目名称	分期收款科目编码	分期收款科目名称	委托代销品科目编码	委托代销科目名称	直运科目编码	直运科目名称
1	原辅材料	1403	原材料					1401	材料采购
2	包装物	141101	包装物						
301	自制药品	140501	自制库存商品			1409	委托代销商品		
302	外购药品	140502	外购库存商品	1406	分期收款发出商品	1409	委托代销商品	1401	材料采购
4	采购费用	1403	原材料						

处理过程如下：

(1) 执行菜单"存货核算"→"初始设置"→"科目设置"→"存货科目"，进入存货科目录入界面，如图 5-25 所示。

(2) 单击【增加】按钮，按仓库、存货分类或具体某种存货录入存货科目。

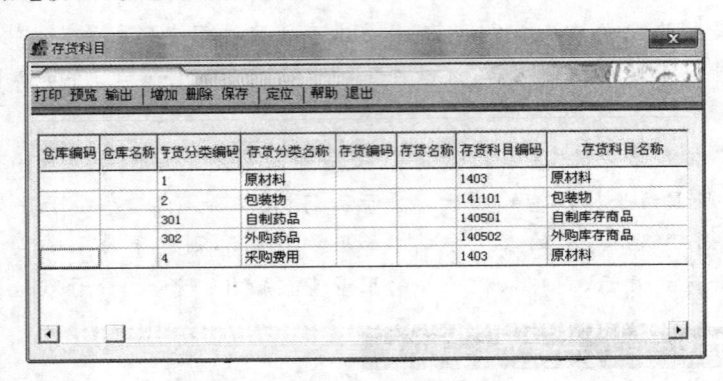

图 5-25　存货科目录入窗口

【说明事项】

①入库业务制单时，借方取存货科目，贷方取对方科目中收发类别对应的科目。

②出库业务制单时，借方取对方科目中收发类别对应的科目，贷方取存货科目。

③发出商品业务发货单制单时，借方科目取发出商品对应的科目，贷方取存货对应的科目。

④直运采购发票制单时，借方取用户在存货科目设置中的直运科目；直运销售发票制单时，贷方取用户在存货科目设置中的直运科目。

⑤盘盈业务制单时，借方取存货科目，贷方取对方科目；盘亏业务制单时，借方取对方科目，贷方取存货科目。

⑥调拨业务制单时，借方取存货科目，贷方也取存货科目。

⑦组装、拆卸、形态转换业务制单时，借方取存货科目，贷方也取存货科目。

⑧仓库和存货分类不可以同时为空；同一仓库的同一存货分类不可重复设置；同一仓库的不同存货分类不可有包含关系。

十三、存货核算系统——对方科目设置

此功能用于设置本系统生成凭证所需要的存货对方科目。可以依据收发类别、存货、存货分类、部门和项目等设置存货对应的会计科目,通常入库业务制单时贷方取对方科目,出库业务制单时借方取对方科目。因此,用户在制单之前应先在此模块中将存货对方科目设置正确、完整,否则无法生成科目完整的凭证,有暂估业务的需录入暂估科目。

案例业务 5-19

翔飞药业存货对方科目信息如表 5-13 所示。

表 5-13　　　　　　　　　　存货对方科目信息

收发类别编码	收发类别名称	存货分类编码	存货分类名称	对方科目编码	对方科目名称	暂估科目编码	暂估科目名称
103	产成品入库			500106	转出完工产品		
105	盘盈入库			190101	待处理财产损溢		
201	原料领用出库			500103	材料费		
202	药品销售出库			6401	主营业务成本		
203	盘亏入库			190101	待处理财产损溢		
		1	原辅材料	1401	材料采购	220202	暂估应付款
		2	包装物	1401	材料采购	220202	暂估应付款
		302	外购药品	1401	材料采购	220202	暂估应付款

处理过程如下:

(1)执行菜单"存货核算"→"初始设置"→"科目设置"→"对方科目",进入对方科目处理界面,如图 5-26 所示。

(2)单击【增加】按钮,根据收发类别、存货分类、部门、项目分类、项目或存货来设置填写对方科目。

图 5-26　存货对方科目设置窗口

十四、应收款管理初始设置

应收款管理初始设置主要包括设置科目、账龄区间设置、报警级别设置、坏账准备设置和单据类型设置。这里简要介绍前三种设置。

（一）设置科目

由于应收款业务类型比较固定，生成的凭证类型也较固定，因此，为简化凭证生成操作，可以预先设置各业务类型凭证中常用的会计科目。凭证科目设置包括基本科目、控制科目、产品科目、结算科目等的设置。其中，控制科目和产品科目的设置在"应收款管理选项设置"中已经讲述，在此只介绍基本科目和结算科目的设置。

案例业务 5-20

依据翔飞药业应收款核算和管理的需要，设置如表 5-14、表 5-15 所示的基本科目和结算方式科目。

表 5-14　　　　　　　　　　基本科目信息

基本科目	本币
应收科目	1122
销售收入科目	6001
税金科目	22210105
预收科目	2203

表 5-15　　　　　　　　　　结算方式科目信息

结算方式	币种	科目
现金	人民币	1001
转账支票	人民币	100201
银行汇票	人民币	100201

处理过程如下：

(1) 执行菜单"应收款管理"→"设置"→"初始设置"，屏幕显示初始设置界面。单击"基本科目"菜单项，进行基本科目设置，如图 5-27 所示。

(2) 单击"结算方式科目设置"菜单项，如图 5-28 所示，录入结算方式科目信息。

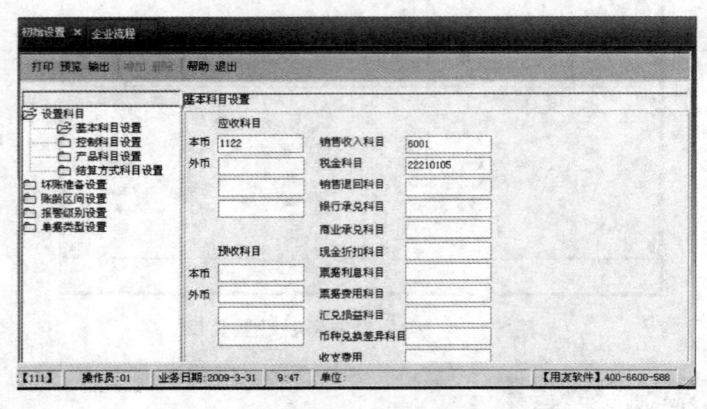

图 5-27　应收款——基本科目设置

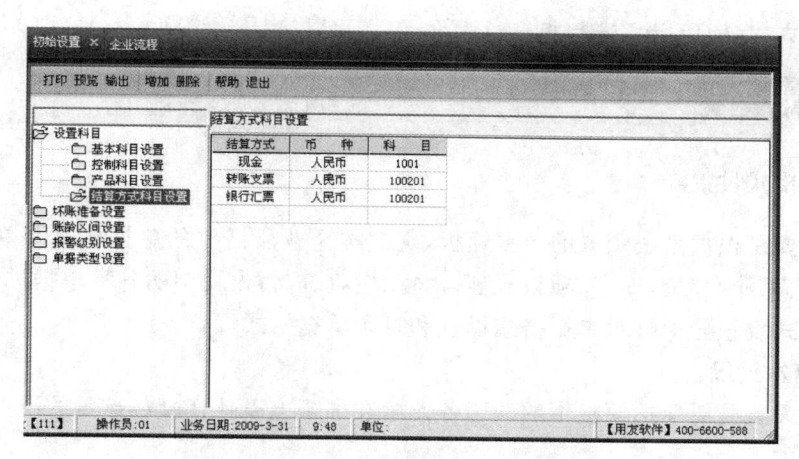

图 5—28 应收款——结算方式科目设置

(二)账龄区间设置

账龄区间设置是用户自定义应收账款或收款时间间隔的功能,它的作用是便于用户根据自定义的账款时间间隔,进行应收账款或收款的账龄查询和账龄分析,清楚地了解在一定期间内所发生的应收款、收款情况。

(三)报警级别设置

可以通过对报警级别的设置,将客户按照客户欠款余额与其授信额度的比例分为不同的类型,以便掌握各个客户的信用情况。

十五、应付款管理初始设置

应付款管理初始设置主要包括设置科目、账龄区间设置、报警级别设置和单据类型设置,相比应收款管理只是不需要进行坏账准备设置,具体设置和处理过程同应收款管理初始设置。

案例业务 5—21

翔飞药业应付款系统基本科目如表 5—16 所示。

表 5—16　　　　　　　　　　应付款系统基本科目信息

基本科目	本　币
应付科目	220201
采购科目	1401
税金科目	22210101
预付科目	1123

处理过程如下:

执行菜单"应付款管理"→"设置"→"初始设置",屏幕显示初始设置界面。单击"基本科目设置"和"结算方式科目设置"进行相应科目设置。

十六、单据设置

(一)单据格式设置

此功能主要是根据系统预置的单据模板,定义本企业所需要的单据格式。单据格式设计可对报账中心、采购、存货、库存、项目管理、销售、应收、应付模块中的各种单据进行格式设计。每一种单据格式设置分为显示单据格式设置和打印单据格式设置。

1. 单据属性设置

单据属性设置是对单据模板中的关于各元素在屏幕上以什么颜色显示的设置进行设计。
处理过程如下:

选择"单据设计"→"工具"→"单据属性",显示"单据属性设置"对话框,如图 5-29 所示。

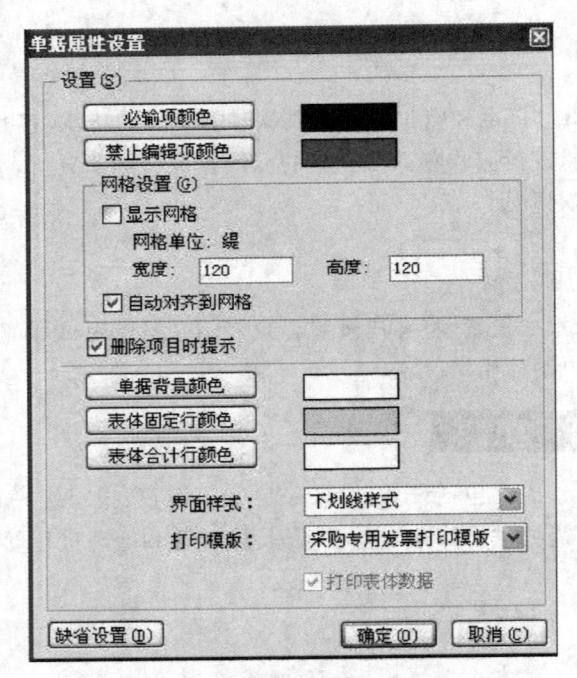

图 5-29 单据属性设置对话框

【说明事项】

①颜色设置:点击【设置颜色】按钮可设置显示格式的颜色,各种颜色可以调出调色板进行重新设置。在"单据背景颜色""表体固定行颜色""表体合计行颜色"栏目对应处,用户可自定义颜色。

②网格设置:"显示网格"是在进行单据格式设计时显示网格,可以精确定位。用户可自定义网格的宽度和高度。选择"自动对齐到网格"选项,则系统自动将项目对齐到网格。删除项目时提示是指在进行单据设计时,如删除项目,选中此项则系统给予提示。

2. 表头项目设计

本功能用于设置单据表头项目的显示内容,包括显示内容、显示顺序、显示项目。如果是数值型项目,还需设置数字显示格式。

处理过程如下:

选择"单据设计"→"编辑"→"表头项目",显示"表头项目"设置对话框,如图 5－30 所示。

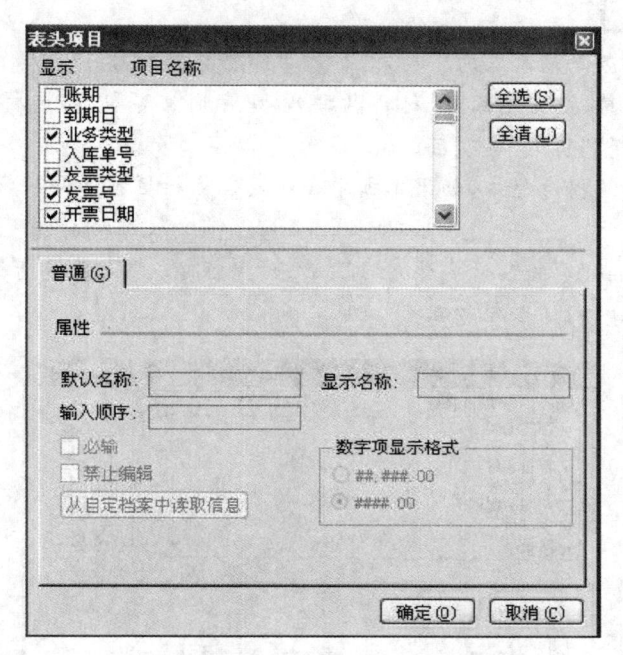

图 5－30 表头项目设置对话框

【说明事项】

①显示各单据表头项目的系统默认名称,不允许修改、删除,只允许查看。

②默认名称在实际应用的单据中可以其他不同的名称显示,是单据实际显示的名称,可与默认名称不同,但建议显示名称最好与默认名称保持一致。在这里输入需要在单据中显示的名称,可以随时修改。

③是否必输是指所有自定义项均可以设置是否需要必须输入限制,可随时修改此参数。设置为必输时,在以后的业务处理中用该单据模板增加单据时,该项目必须输入相关内容,否则不予保存。该参数对系统固定必输项无效。

④是否禁止编辑:在输入过程中不希望进行修改的项目可以设置为不可编辑状态;否则,即使是自动带出的项目,用户也可以修改其内容。该参数对系统固定必输项无效。

⑤合计是指选择该自定义项是否需要"合计"汇总显示。

⑥数字项显示格式:选择输入,允许随时修改。该选项只对数字型项目起作用。

⑦数据来源:该参数只对自定义项起作用,数据来源提供的选择有手工输入、来源档案、来源单据。

⑧在"显示项目名称"栏目中选择要显示的项目,打"√"表示选中,取消"√"表示不在单据表头显示该项目。其中,"系统固定项"必须显示,不能更改。

3. 表体项目设置

本功能用于设置单据表体项目的显示内容，包括显示内容、显示顺序。显示项目如果是数值型项目，还需要设置数字显示格式，并选择是否合计。具体操作同表头项目设计。

案例业务 5-22

依据后续案例业务单据录入的需要，进行如下单据格式设计：

一是对采购入库单、配比出库单、材料出库单、库存期初等单据，进行单据格式设置，表体增加"批号""生产日期""货位"等项目。

二是在录入其他单据过程中，如果单据中表头或表体栏目不够，在此进行设置。

处理过程如下：

选择"单据设计"→"编辑"→"表体项目"，显示"表体项目"设置对话框，如图5-31所示。具体操作与"表头项目设计"操作相同。

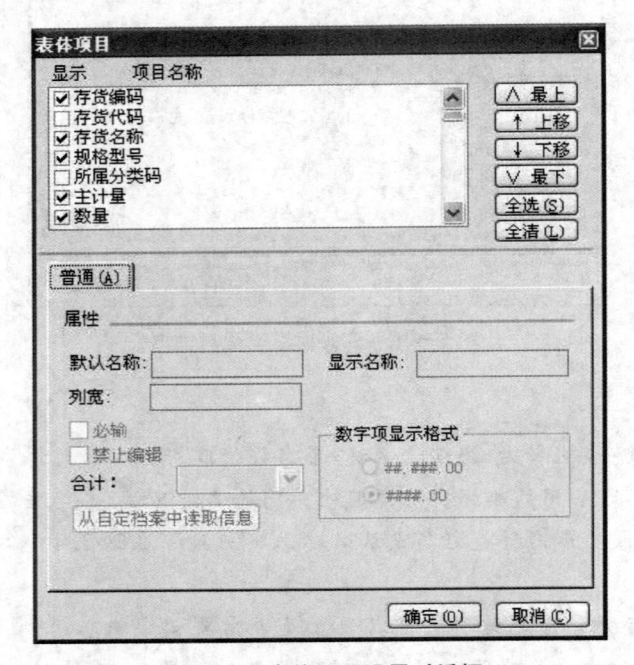

图5-31 表体项目设置对话框

（二）单据编码设置

根据企业业务中使用的各种单据的不同需求，由用户自己设置各种单据类型的编码生成原则。单据编号设置有编号设置、对照表、查看流水号三个功能。

其中，单据编码设置应用比较多，可以由用户自行设计编码方案。先选定要设置的单据，然后单击【修改】按钮，企业通常采用带有一定含义的"前缀＋流水号"的方式进行编码，如图5-32所示。

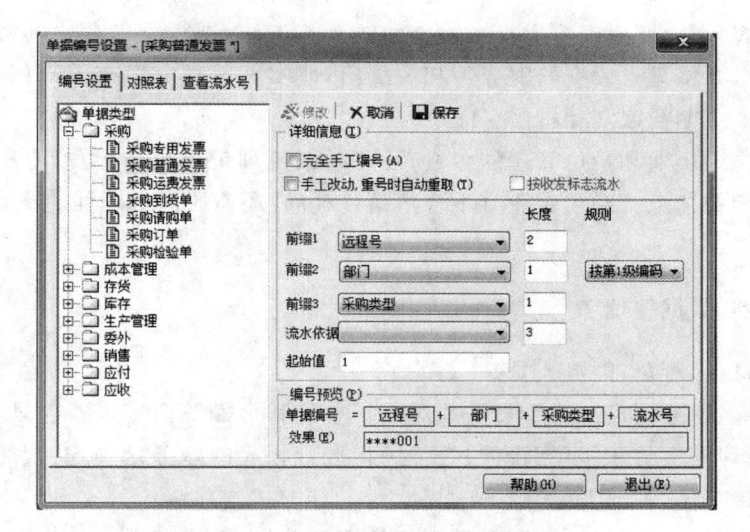

图 5-32 单据编码设置对话框

第三节 供应链系统初始余额录入

供应链系统初始化时很重要的工作就是整理和录入期初数据,这样才能保证供应链业务手工与电算的衔接和数据的连贯。期初数据是信息系统运行的基础,为了使企业供应链业务正常顺利地展开,一定要保证期初数据的完整和准确。下面重点阐述企业如何根据软件提供的期初余额录入的功能和界面,结合企业实际业务设计表格并整理期初数据。

期初数据是以系统启用日期为准,启用日期之前的数据为期初数据,启用日期之后的单据为本期日常业务。

一、期初数据的整理准备

(一)采购期初数据整理

(1)准备人员:采购部门与财务部门共同准备。
(2)整理内容:主要包括暂估入库货物的整理和在途货物的整理。若暂估入库存货有批次管理、保质期管理和货位管理,整理时要把每种存货的各个批号、保质期及货位一并整理。

(二)销售期初数据整理

(1)准备人员:销售人员、库管员、统计员、财务人员。
(2)整理内容:销售期初数据是指系统启用日期之前已经发货、出库,但尚未开具销售发票的存货数据,主要包括普通销售发货业务、已经发出但未完全结算的委托代销发出商品和已经发出但未完全结算的分期收款发出商品。

(三)库存期初数据整理

(1)准备人员:库管员、统计员。

(2) 整理内容：企业要对库房进行一次全面的盘点工作，进行仓库存货的实物数量和账面数量的核对工作，并将盘点表交给财务等相关部门，账实不符部分经有关部门批准后，进行相应的调整处理，实现期初账实相符。

对于有批次、保质期和货位管理的存货，还要详细整理记录批号、生产日期、失效日期、入库单号、货位等相关信息。对于企业有不合格品管理的，还需要对未处理的不合格品结存量进行统计。

(四) 存货期初数据整理

(1) 准备人员：库管员、财务人员。

(2) 整理内容：财务人员与库管员一并对存货单价和金额等内容进行整理，核对企业财务部的财务账和库房的实物账，不相符的找出原因，进行相应的账务处理，实现启用初始数据账账相符。

如果企业已实行计划价的，还需要整理存货期初差异；如果企业已计提跌价准备的，还要整理系统启用之前已经计提的跌价准备余额。

(五) 应付款期初余额整理

(1) 准备人员：采购人员、财务人员。

(2) 整理内容：采购人员和财务人员一并对已经取得但尚未付款的采购发票进行整理统计，并与财务的应付账进行核对。

(六) 应收款期初余额整理

(1) 准备人员：销售人员、财务人员。

(2) 整理内容：销售人员和财务人员一并对已经开出但尚未收到款项的销售发票和应收单进行整理统计，并与财务的应收账进行核对。同时整理坏账准备业务相关的账务资料，包括计提方法、应收账款期初余额、坏账准备期初余额、提取比例等。

二、采购管理期初余额

(一) 期初暂估入库业务

暂估业务，是指在启用日期前，存货已经入库但没有取得供货单位的采购发票，采购成本尚未确定，估价入账的业务。这样的业务要通过期初采购入库单输入系统，以便以后取得发票后进行采购结算。

案例业务 5—23

2009年2月28日，从天津泰达药厂购入原料人工牛黄2 000克，批号为20090201，已入原料库人工牛黄货架，发票未收到，暂估单价0.21元。

处理过程如下：

执行菜单"采购管理"→"业务"→"入库"→"入库单"，如图5—33所示，录入相应暂估业务入库单数据,单击【保存】按钮。

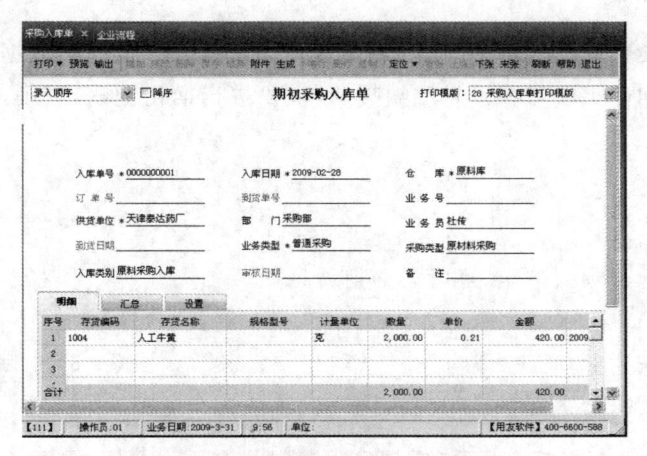

图5-33 期初采购入库单窗口

(二)期初在途存货业务

在途业务,是指在启用日期前,已取得供货单位的采购发票,但货物没有入库。这样的业务通过期初采购发票输入系统,以便货物入库填制采购入库单后再进行采购结算。

案例业务5-24

2009年2月27日,从吉林东方制药厂采购咖啡因1 600克,单价0.30元,专用发票已收到,货物在运输途中,填制期初采购专用发票。

处理过程如下:

(1)执行菜单"采购管理"→"业务"→"发票"→"专用采购发票",如图5-34所示。

(2)录入相应采购发票数据,单击【保存】按钮。

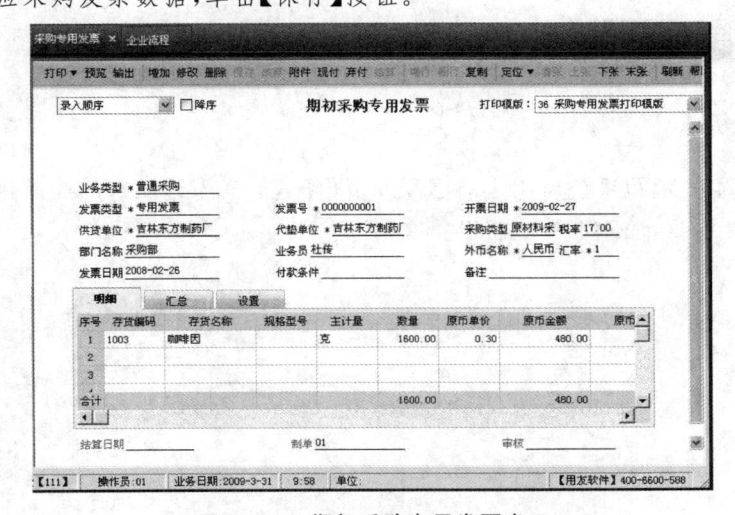

图5-34 期初采购专用发票窗口

(三)采购期初记账

期初记账是将采购期初数据记入有关采购账。期初记账后,期初数据不能增加、修改,除非取消期初记账。即使采购业务没有期初数据,也要进行期初记账,否则,不能录入日常采购业务单据。

案例业务 5-25

采购期初业务已经录入完毕,进行采购期初记账。

处理过程如下:

(1)执行菜单"采购管理"→"设置"→"采购期初记账",如图 5-35 所示。

(2)单击【记账】按钮,屏幕显示"期初记账完毕"。

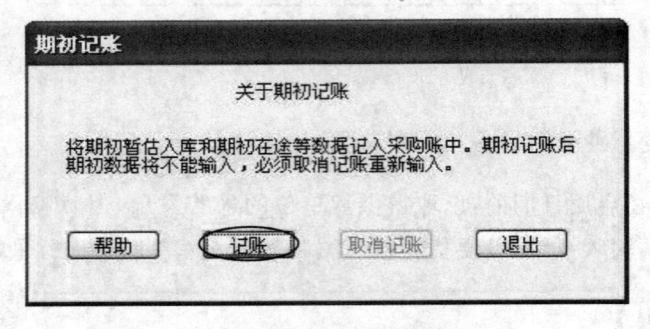

图 5-35 期初记账界面

【说明事项】

①采购期初记账后,在期初记账界面可以"取消记账"。

②若采购管理系统已经进行月末结账和采购结算、存货核算系统已经进行期初记账,则采购期初不允许"取消记账"。

三、销售管理期初余额

(一)期初发货单

期初发货单主要填写系统启用之前已经发货出库,但尚未开发票的业务,包括普通销售发货单、分期收款发货单,如图 5-36 所示。

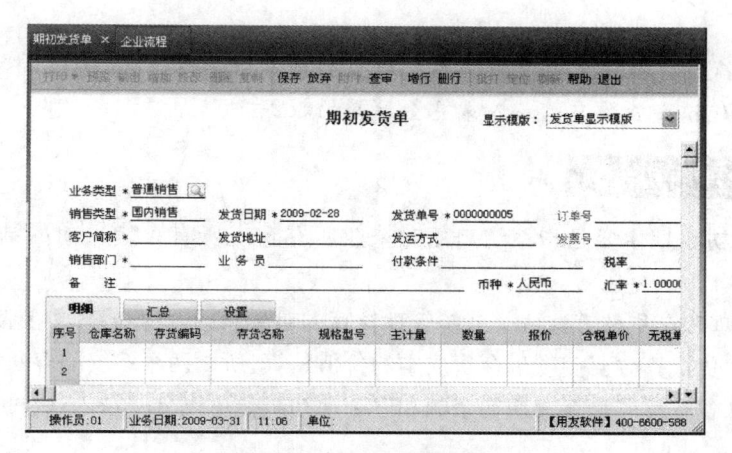

图 5-36 期初发货单窗口

【说明事项】

①期初发货单按照正常发货单录入,发货日期小于系统启用日期。

②期初分期收款发货单被存货核算系统取数后就不允许再弃审。

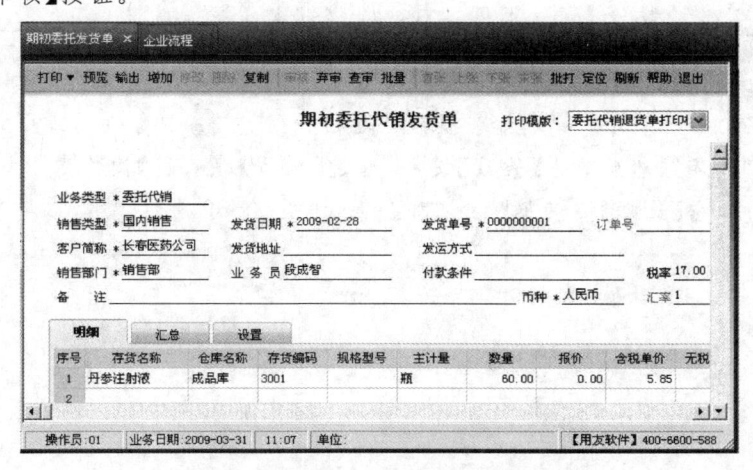

(二)期初委托代销发货单

期初委托代销发货单主要录入启用日期之前已经发生,但尚未完全结算的委托代销发货业务。

案例业务 5-26

2009 年 2 月 28 日,委托长春医药公司销售丹参注射液 60 瓶,出库单价 5 元,从成品库发货,尚未收到委托代销结算单。

处理过程如下:

(1)执行菜单"销售管理"→"设置"→"期初录入"→"期初委托代销发货单",如图 5-37 所示,录入相关业务信息。

(2)单击【审核】按钮。

图 5-37 期初委托代销发货单窗口

【说明事项】
①期初委托代销发货单被存货核算系统取数后就不允许再弃审。
②期初委托代销发货单只需录入未完全结算的数据。

四、库存管理期初余额

库存管理期初数据主要是指系统启用时企业所有仓库所有存货目前的结存情况,即期初结存。

由于库存管理和存货核算这两个系统管理核算的对象相同,库存管理主要侧重于数量、货位等实物的管理,存货核算主要侧重于存货成本的价值核算,所以两个系统的存货期初数量应该保持一致,其他信息各有不同。存货期初余额和库存期初余额可以分开录入,也可以相互取数。

(一)录入期初结存数据

案例业务 5—27

2009 年 3 月启用库存管理系统时,企业整理期初库存数据如表 5—17 所示,录入期初结存数据并审核。

表 5—17　　　　　　　　　　　　期初库存数据

仓库名称	仓库编码	存货编码	存货名称	数量	单价(元)	金额(元)	批号	生产日期	货位
原料库		1001	金刚烷胺	4 800	0.60	2 880			金刚烷胺货架
		1002	乙酰胺基酚	12 640	0.50	6 320			乙酰胺基酚货架
		1003	咖啡因	600	0.40	240	2009—02—02	2009 年 2 月 2 日	咖啡因货架
		1004	人工牛黄	1 600	0.20	320	2009—02—06	2009 年 2 月 6 日	人工牛黄货架
		1005	铝塑板	7 000	0.05	350			铝塑板货架
成品库		2001	感康片	5 620	7	39 340			
		3001	丹参注射液	4 200	6	25 200			
		4001	利君沙	3 700	8	29 600			

处理过程如下:
(1)执行菜单"库存管理"→"初始设置"→"期初数据"→"期初结存",如图 5—38 所示。
(2)先选择"仓库",然后单击【修改】按钮,通过【增行】、【减行】操作录入该仓库的存货信息。也可以通过单击【选择】按钮来批量增加存货,如图 5—39 所示,填写后单击【保存】按钮。

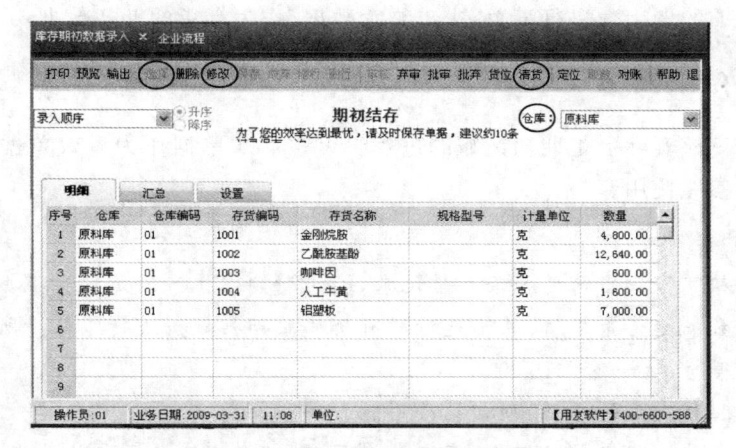

图 5-38 库存管理期初结存窗口

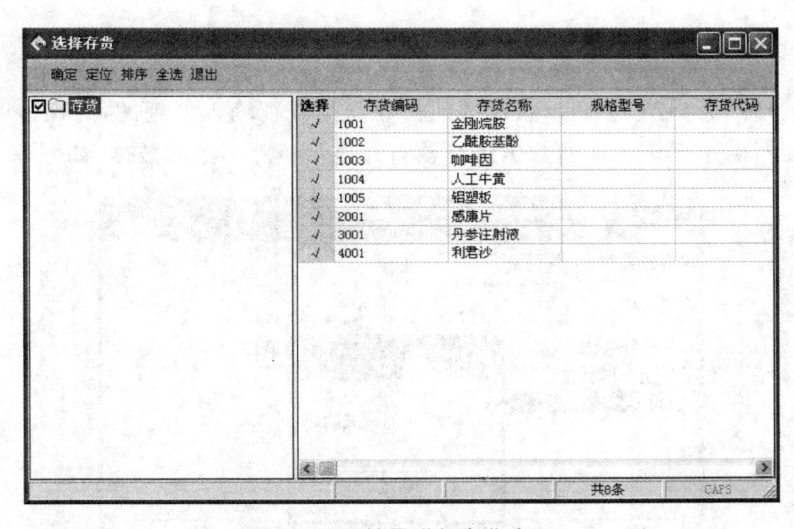

图 5-39 批量增加存货窗口

【说明事项】

①有货位管理的存货,要先选中"存货",然后可以通过单击【货位】按钮指定具体货位,单击【清货】按钮清除货位。

②已审核的单据不可删除,未审核的期初结存可随时更改。

③批次管理的存货,如果已出库则不允许删除。

（二）从存货系统取数

库存管理期初结存数据也可以从存货核算系统取数。选择"仓库"后,单击【修改】按钮,然后单击菜单栏中的【取数】按钮,系统自动从存货核算系统取来当前仓库的数量和单价。但货位、批次等存货核算系统没有的信息,需要在此填写完整。

如果存货核算系统和库存管理系统启用月份相同,则直接取存货核算系统启用月份的期初数;如果启用月份不同,存货先启用库存后启用,则期初数据要将存货的期初数据和存货在库存启用日期之前的发生数进行汇总,求出结存数据,作为存货的期初数据。

(三)审核库存期初余额

期初结存的审核实际上是期初记账的过程。审核后的单据作为有效单据,可以被其他单据或其他系统所参照使用。

【说明事项】

①【审核】按钮只审核当前的一条存货记录,【批审】按钮执行的是批量审核,只能针对所选仓库的存货结存数据进行审核,而并不是对所有仓库的期初数据进行审核。所以,期初结存的审核工作要对所有仓库逐一进行。

②已有日常业务发生的存货,期初结存不能弃审。

③从存货核算系统取期初数据,只有在第一年启用时,才能使用取数功能。以后年度执行"结转上年"后,系统会自动结转期初数据,而不能再使用"取数"功能。

(四)与存货期初对账

由于库存管理和存货核算两个系统的期初数据是分别输入处理的,为保持两个系统存货数据的一致,要对两个系统的期初数据进行核对并显示核对不上的数据,如图5-40所示。

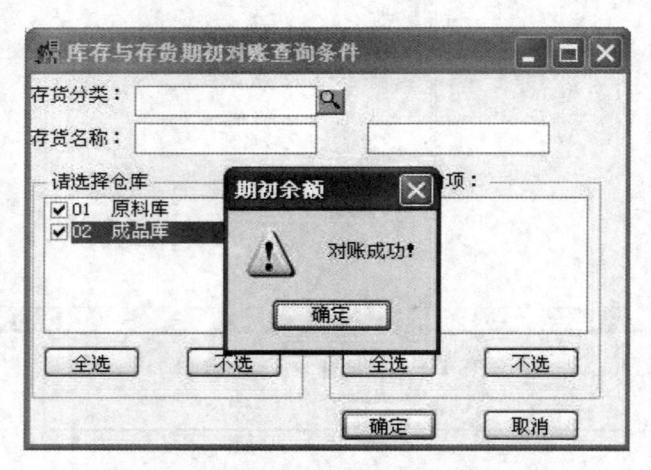

图5-40 库存与存货期初对账

五、存货核算期初余额

与存货相关的期初余额主要包括:库存系统现有存货的期初余额,发出商品或者委托代销发出商品的存货余额,还有存货的期初差异。企业在应用供应链系统核算和管理存货的情况下,进行存货成本核算多采用实际价法,在此关于成本差异的问题不做详细阐述。

(一)录入存货系统期初余额

存货系统期初余额的录入可以手工直接录入,也可以从库存系统取数。另外,为了与总账系统对账,还要录入每种存货对应的存货科目编码。

案例业务 5-28

企业的存货期初结存数据已在库存管理系统录入,存货系统的期初余额通过【取数】功能获得,为生成期初存货明细账要填写下列存货科目编码(见表 5-18)。

表 5-18　　　　　　　　　　　期初存货科目信息

仓库名称	仓库编码	存货编码	存货名称	存货科目编码
原料库	01	1001	金刚烷胺	1403
		1002	乙酰胺基酚	1403
		1003	咖啡因	1403
		1004	人工牛黄	1403
		1005	铝塑板	1403
成品库	02	2001	感康片	140501
		3001	丹参注射液	140502
		4001	利君沙	140502

处理过程如下:

(1)执行菜单"存货核算"→"初始设置"→"期初数据"→"期初余额",如图 5-41 所示。

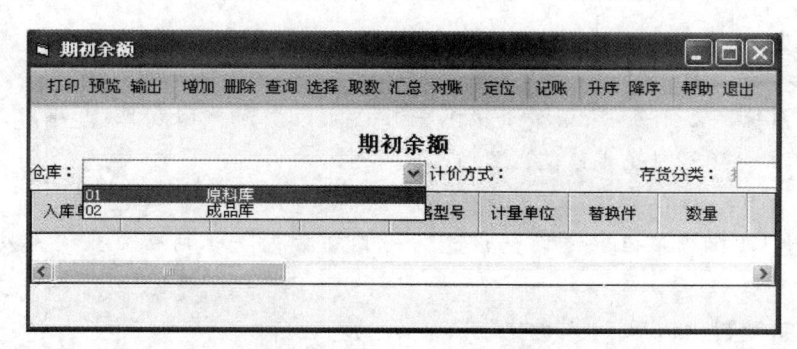

图 5-41　录入存货期初余额

(2)选择具体仓库,可以单击【增加】或者【选择】按钮录入期初数据,也可以单击【取数】按钮自动从库存系统取数。

(3)填写存货科目编码等存货信息,如图 5-42 所示。

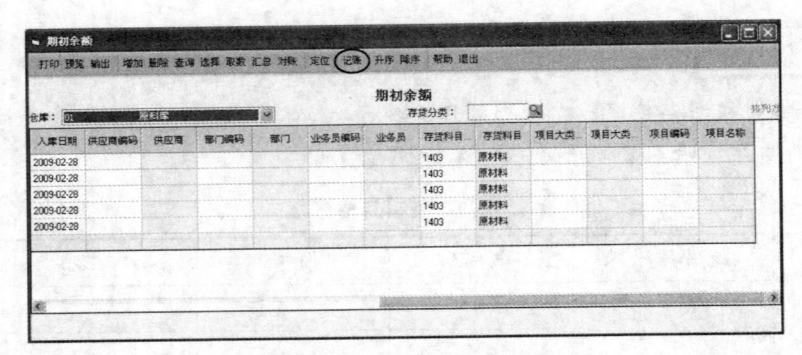

图 5-42 录入期初存货科目

【说明事项】
①取数操作只是针对当前仓库,多个仓库要执行多次取数操作。
②存货期初记账后,不允许修改、删除期初数据。

(二)录入期初委托代销发出商品余额

只有在销售系统已经启用而且委托代销业务选择"按发出商品"核算时,存货核算系统才能录入期初委托代销数据。期初委托代销发出商品连同存货余额一同记账,在期初记账后系统会生成发出商品账。

案例业务 5-29

依据销售系统期初业务,从销售系统取委托代销发出商品的数量,并填写发货金额 300元,存货科目编码 1409(委托代销发出商品)。

处理过程如下:
(1)执行菜单"存货核算"→"初始设置"→"期初数据"→"期初委托代销发出商品",如图 5-43 所示。
(2)单击【取数】按钮,显示"取数完毕"。
(3)若查看取数结果,单击【查询】按钮,如图 5-44 所示。

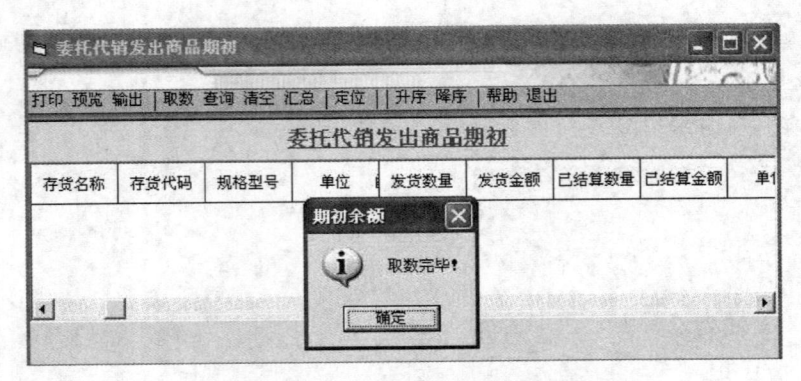

图 5-43 从委托代销发出商品取期初数据

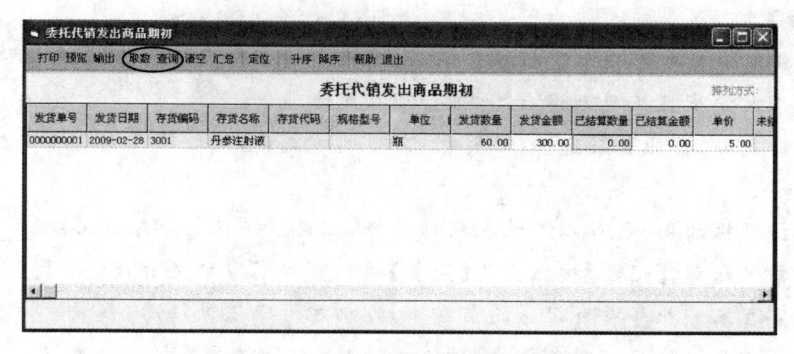

图 5-44 委托代销期初取数结果

【说明事项】

①存货核算系统一旦从销售系统取数后，销售系统就不能再录入分期收款和委托代销发出商品期初数据。

②若需重新取数，可单击【清空】按钮，从销售系统取过来的期初数据会被全部清空，然后再重新取数。存货期初记账后，就不能再执行清空操作。

（三）期初记账

期初数据录入后，执行期初记账，系统自动把期初差异分配到期初单据上，并把期初单据的数据记入存货总账、存货明细账、差异账、委托代销/分期收款发出商品明细账等。只有期初记账后，用户才能进行日常业务处理、账簿查询、统计分析等操作。

案例业务 5-30

对期初存货进行记账处理。

处理过程如下：

在图 5-42 中，单击【记账】按钮，执行期初记账处理，结果如图 5-45 所示。

图 5-45 期初记账界面

【说明事项】

①期初记账是针对所有仓库进行操作的,因此在进行期初记账前,必须确认各仓库的所有期初数据全部录入完毕且正确无误后,再进行期初记账。

②对于暂估业务,企业如果选择了"月初回冲"的方式,系统还将根据暂估单生成红字回冲单。

③没有期初数据的用户,可以不录入期初数据,但也必须执行期初记账操作。

④执行期初记账后,【记账】按钮变为【恢复】按钮。如发现余额有错误,可以选择恢复记账功能。但一定要在本期业务没有记账的前提下,期初才可以恢复记账。

⑤只有存货期初记账后,"财务核算"功能才能启用,否则不显示此菜单。

(四)存货系统期初对账

由于存货的实物账与财务账是分开的,明细数据与总账是分开的,所以系统提供了对账的机制,以保证账目的一致。

1. 与库存管理系统对账

存货系统与库存系统管理核算的对象是一致的,所以要对账,看存货是否相符。可以按存货分类、仓库等条件进行期初对账,如有不符,系统会自动显示,如图5-46所示。

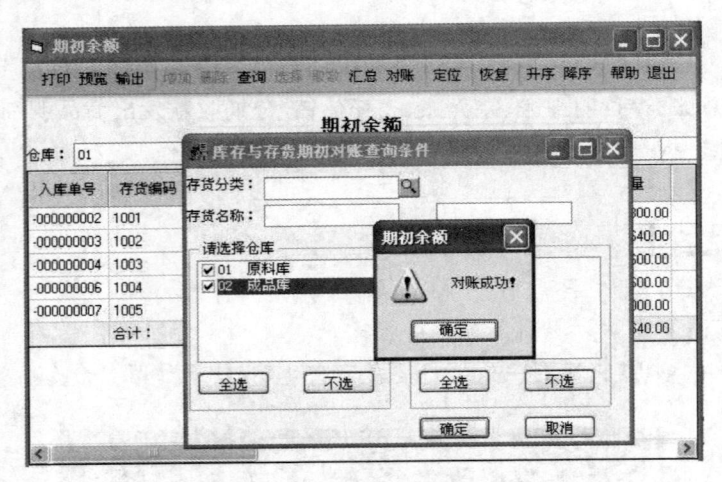

图5-46 库存与存货期初对账

2. 与总账系统对账

存货核算系统是对存货的明细核算,总账系统主要反映存货的汇总数据,两者之间金额应该是一致的。期初要进行对账处理,以免初始化时系统间数据不符。

处理过程如下:

选择"存货核算"→"财务核算"→"与总账对账",显示对账界面,如图5-47所示。

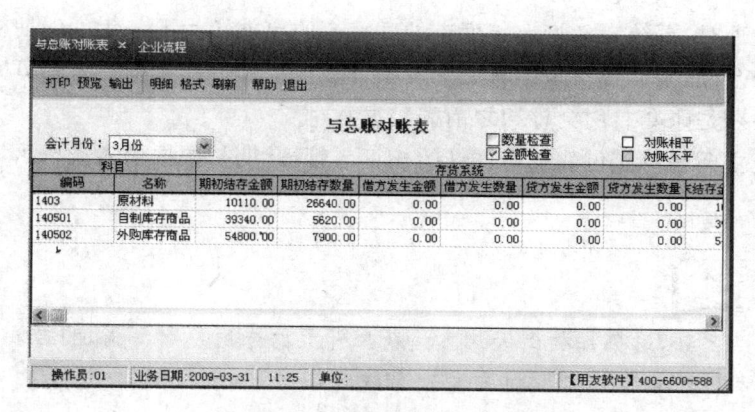

图 5—47　存货与总账对账界面

【说明事项】

①存货期初记账后才可以与总账系统对账。

②与总账对账可以进行数量检查、金额检查，或同时进行这两项检查。企业根据实际业务情况自行选定检查条件。如果总账系统没有设置存货科目的数量核算，在此只进行金额检查即可。

③对于核对结果是否两账相符，系统采用不同显示颜色加以区分，白色显示记录表示对账结果相平，蓝色显示记录表示对账结果不平。

④与总账系统对账，需要在存货核算系统初始科目设置中设置存货科目，也需要在期初余额录入时录入存货科目。

⑤对账结果列表所显示的项目可自行选择，如图 5—48 所示。

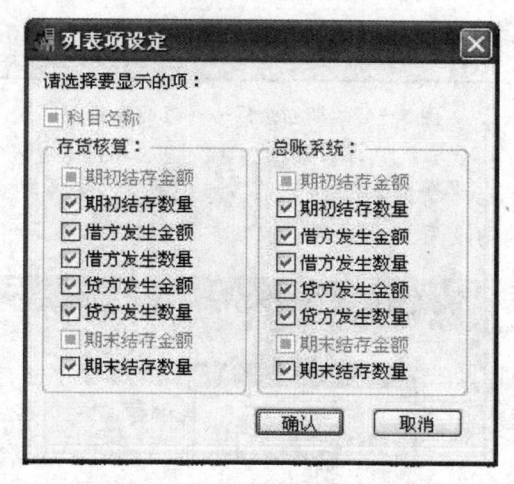

图 5—48　与总账对账列表项目选择

六、应付款管理期初余额

初次使用应付款管理时，为保证应付款数据手工和电算的连续性和完整性，要将正式启用账套前的所有应付业务数据录入系统，并将此作为期初建账的数据，系统即可对其进行管理。

进入第二年度处理时,系统自动将上年度未处理完全的单据转为下一年度的期初余额。

应付款期初余额,主要包括未结算完的发票、应付单、预付款单据和未结算完的应付票据。这些期初数据必须是账套启用会计期之前的数据。

应付款系统主要是对应付款进行详细的核算与管理,期初数据录入完毕后,还要与总账系统进行对账。

案例业务 5—31

2009年2月28日,财务部收到天津泰达药厂开具的专用发票一张,利君沙130盒,单价7元,款项尚未支付。录入期初余额,并与总账系统对账。

处理过程如下:

(1)执行菜单"应付款管理"→"设置"→"期初余额",显示"期初余额——查询"界面,如图5—49所示,录入条件后单击【确认】按钮即可。

图5—49 期初余额——查询界面

(2)在期初余额界面,单击【增加】按钮,如图5—50所示,选择单据名称、单据类型和方向。单击【确认】按钮后,显示采购专用发票界面,输入发票信息,如图5—51所示。

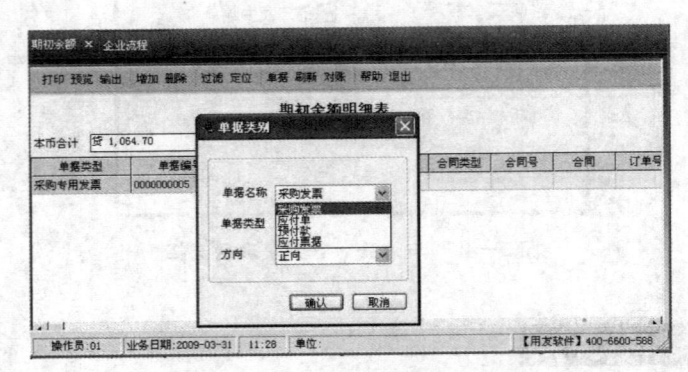

图5—50 选择单据类别界面

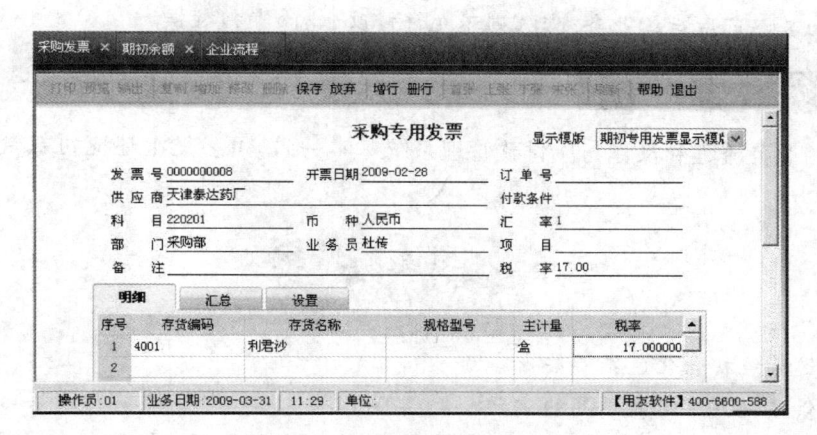

图 5－51 期初采购发票录入界面

(3) 录入完毕单击【退出】按钮，屏幕显示期初余额明细表，如图 5－52 所示。

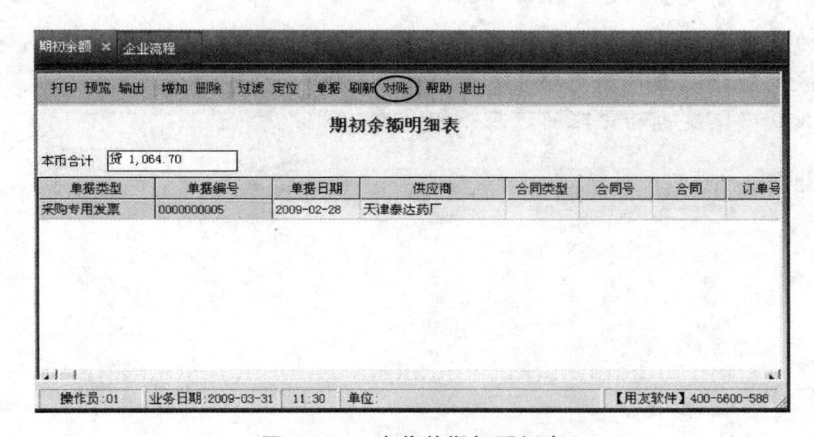

图 5－52 应收款期初明细表

(4) 单击【对账】按钮，显示期初对账结果，如图 5－53 所示。

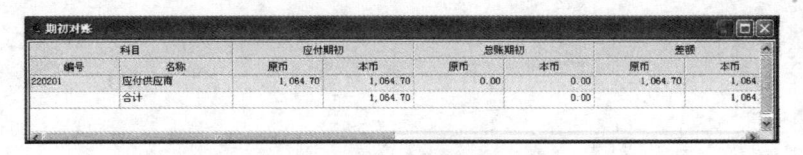

图 5－53 与总账对账结果

【说明事项】

① 单据日期必须小于该账套启用期间。

② 期初发票是指还未核销的应付账款，期初应付单是指还未结算的其他应付单，期初预付单是指提前支付的供应商款项，期初票据是指还未结算的票据。这些数据在系统中以单据的形式列示，已核销部分金额不再显示。

③ 采购发票和应付单的方向分为正向和负向，蓝字是正向，红字是负向。预付款和应付票据则不用选择方向，系统均默认为正向。

④若期初数据已做后续业务处理,则不允许修改、删除期初数据。

七、应收款管理期初余额

应收款的业务流程和操作与应付款管理系统基本一致,可参见上述应付款管理期初余额的处理过程。

复习思考题

1. 供应链系统初始化包括哪些内容?
2. 阐述供应链系统参数设置的意义。
3. 用友 ERP 软件提供了几种存货核算方式?你认为企业应如何结合企业核算要求进行核算方式的选择?
4. 应收款系统要设置哪几个方面的会计科目?如何设置?
5. 企业为什么要设置计量单位组?
6. 简述采购、销售、库存业务期初数据整理的内容。
7. 执行供应链系统期初记账的顺序如何?

第六章　采购管理

学习目的和要求

通过本章的学习，了解采购管理系统的主要功能和目标；掌握采购管理业务的处理流程；理解掌握采购管理系统与其他系统之间的关系；熟悉采购请购单、订单、到货单、入库单、采购发票等各种单据的参照关系和生成方法；重点掌握如何通过采购结算功能计算采购成本和采购业务凭证自动生成的原理。

第一节　采购管理概述

采购是企业物资供应部门按已确定的物资供应计划，通过市场采购、加工订制等各种渠道，取得企业生产经营活动所需要的各种物资的经济活动。在现代企业中，采购成本在总成本中所占的比例相当高，并且采购工作也非常繁杂。物资采购的价值和费用在很大程度上影响着产品成本和企业利润，所以采购作业的执行情况对企业的影响是多方面的，对其进行有效的管理和控制很有必要。

采购管理属于企业计划管理中的执行层面，采购人员要对物料供应的数量、价格和供应时间进行有效的控制，要研究采购市场和进行供应商管理，并建立相应的供应商计划，进而为企业建立稳固、高效和低成本的供应链。企业在应用 ERP 系统之后，由于有了一份有效的采购计划，采购人员可以从以往繁杂的日常事务中解脱出来，把主要时间和精力放在做好商务谈判、价值分析、减少成本等方面，采购工作可以做得更为高效。通过该系统与供应链其他子系统、应付款管理系统的结合运用，能提供更完整、更全面的企业物流管理信息和财务管理信息的集成。可见，ERP 系统规范了采购流程，对降低采购成本起到了积极的作用，在企业信息化进程中，采购部门是见效最快的部门之一。

一、采购业务运作过程

采购部门的主要工作是完成物料的采购，它与生产部门、财务部门和库存部门有着较为密切的业务联系。采购部门要根据生产计划和物料需求计划制订采购计划，并形成用款计划提交财务；根据物料的采购提前期、采购批量来选择供应商，并通过谈判取得优惠价格，再发出采购订单，供应商按计划送料，仓库根据订单收料，安排检验，合格后办理入库业务，将入库单据交财务部门，并根据发票形成应付款。

二、采购管理系统的主要功能

(一)有效管理供应商

在进行采购业务时,首先应建立供应商档案,包括供应商基础数据,如供应商代码、名称、地址、电话、联系人等。然后建立供应商的供应物品明细,还应该有供应商信誉记录、供应商技术水平的资料和供应商的有关账务资料,系统在下达采购订单时,会读入相应的供应商资料。

通过对供应商进行分类管理,维护供应商档案信息和供应商存货对照表,便于企业与供应商建立长期稳定的采购渠道,积极维护与供应商的良好关系。同时,系统还可以对供应商的交货时间、货物质量、供应价格等进行分析评价,确定审查合格的供应商,并调整供应商档案。

(二)严格管理采购价格

供应链管理系统可以提供完整的供应商档案文件,以便采购人员询价、对采购价格进行严格管理,并且为企业降低采购成本提供依据。同时协商采购的条款和条件,具体包括检验方式、付款方式、退货索赔方式、违约处理、经济纠纷的仲裁方式等。

(三)设置需要的采购流程

采购业务单据主要包括请购单、采购订单、采购到货单及采购入库单。在采购管理系统中,这些相关单据有序传递,企业可以根据实际采购业务的特点,设置不同的采购流程和不同的单据传递轨迹。为保证物料供应的稳定性和可靠性,可尽量缩短采购周期和降低库存,以满足企业的管理需要。

(四)及时进行采购结算

接收供应商开具的采购发票后,直接根据采购发票与采购入库单进行采购结算,确定采购成本,并将采购结算单直接传给财务部门进行相应的账务处理,以便财务部门及时支付货款。

(五)分析采购订单执行情况

可以对采购订单的执行情况进行分析,这样便于分清责任,及时发现解决采购过程中出现的问题,以便采购部门及时组织采购,确保生产顺利进行,并能够保持较低的库存,从而为降低成本提供保证。

三、采购管理业务处理流程图

一般的企业可以利用系统采购业务流程灵活配置的功能进行自行配置,下面以普通采购业务为例介绍采购业务的处理过程,如图6-1所示。

从图6-1可以看出,一笔采购业务的发生,同时涉及请购部门、采购部、质检部、仓库、财务部等多个部门,系统间通过系列采购业务单据协调运作,具体业务处理过程描述如下:

图 6-1 采购业务处理流程图

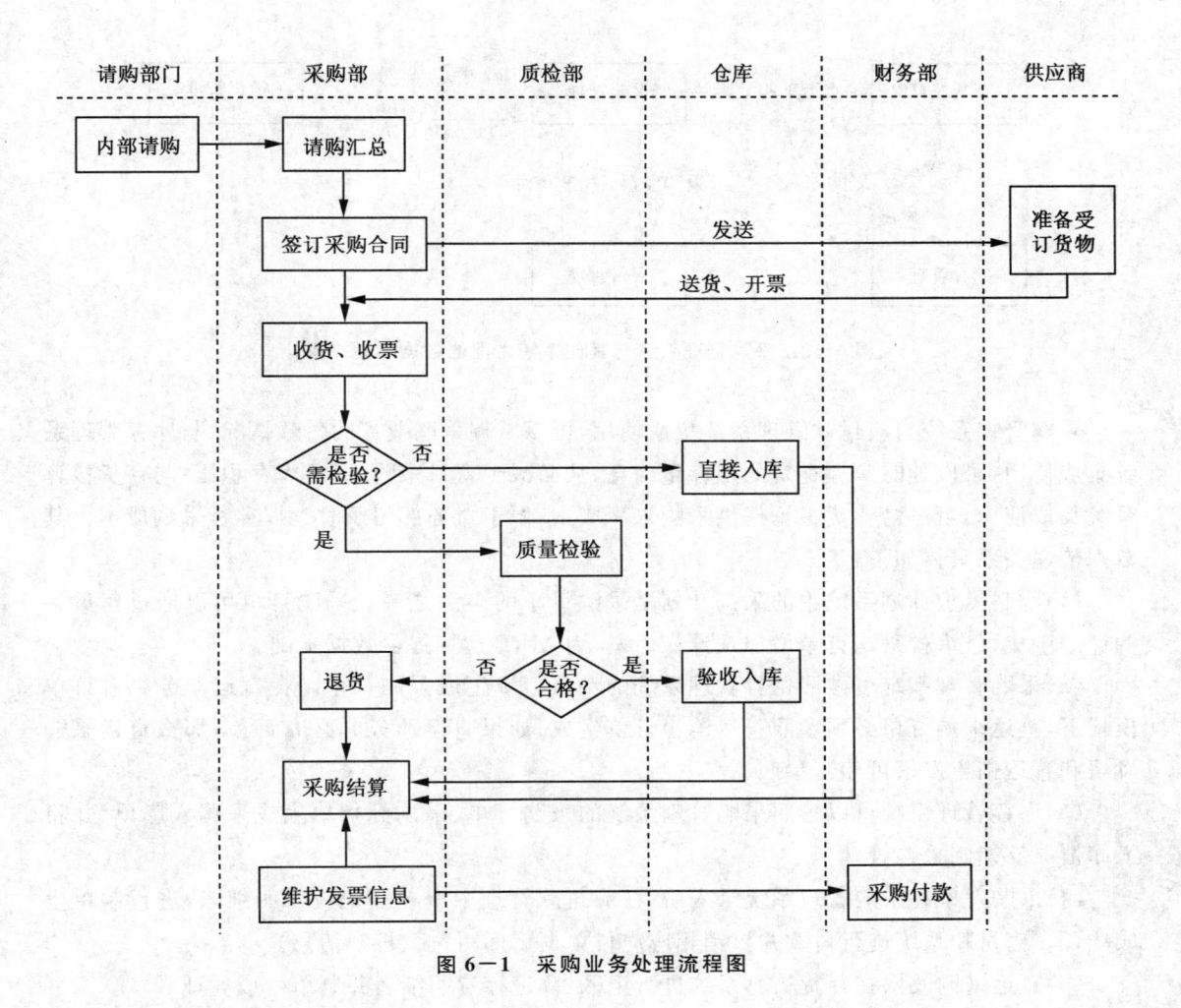

(1)请购部门填制采购请购单。
(2)采购部门根据采购请购单进行比价,确定供应商签订合同。
(3)采购部门依照请购单填制采购订单。
(4)采购部门将采购订单发送给供应商,供应商送货。
(5)货物到达企业后,对收到的货物进行清点,参照采购订单填制采购到货单。
(6)经过仓库的质检和验收,参照采购订单或采购到货单填制采购入库单。
(7)取得供应商开具的发票后,采购部门录入采购发票。
(8)采购部门根据采购入库单和采购发票进行采购结算,确定采购成本。
(9)将采购入库单报给财务部门成本会计进行存货核算,将采购发票等票据报给应付款会计进行应付账款核算。

四、采购管理系统与其他系统之间的关系

采购管理系统既可以单独使用,又可以与需求计划、库存管理、存货核算、销售管理集成使用,它们之间的数据关系如图 6-2 所示。

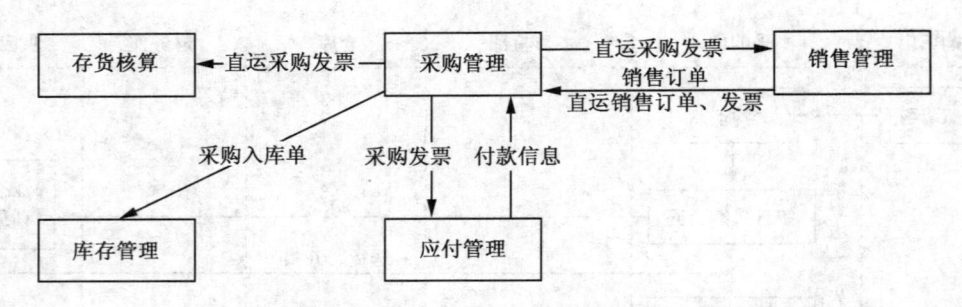

```
存货核算 ←直运采购发票— 采购管理 —直运采购发票→ 销售管理
                                 销售订单
                                 直运销售订单、发票
                      采购入库单  采购发票  付款信息
           库存管理              应付管理
```

图6-2 采购管理系统与其他系统之间的数据传递关系

采购管理系统与应付款管理系统集成使用,可以掌握采购业务的付款情况;与库存管理系统集成使用,可以随时掌握存货的现存量信息,从而减少盲目采购、避免库存积压;与存货核算系统集成使用,可以为存货核算提供采购入库成本,便于财务部门及时掌握存货采购成本。其数据传递关系具体如下:

(1)物料需求计划系统中的采购计划是采购订单的来源之一。采购订单可以通过拷贝采购计划生成,已审核采购订单增加预计入库量,为MRP运算提供数据基础。

(2)采购管理系统可参照销售管理系统的销售订单生成采购订单。在直运业务必有订单模式下,直运采购订单必须参照直运销售订单生成;如果直运业务非必有订单,那么直运采购发票和直运销售发票可相互参照。

(3)库存管理系统可以参照采购管理系统的采购订单、采购到货单生成采购入库单,并将入库情况反馈到采购管理。

(4)采购发票在采购管理系统录入后,在应付款管理中审核登记应付明细账,进行制单生成凭证。应付款系统进行付款并核销相应应付单据后回写付款核销信息。

(5)直运采购发票在存货核算系统进行记账、登记存货明细表并制单生成凭证。

(6)采购结算单在存货核算系统进行制单生成凭证。

五、采购业务类型

企业在日常的采购活动中,由于采购方式不同以及采购物品所有权等问题,企业采购流程呈多样化,因此,采购业务类型及业务应用模式也有不同。

用友 ERP-T6 软件的采购管理系统结合企业的应用,提供了三种采购业务类型的处理:

(一)普通采购业务

普通采购业务支持所有正常的采购业务,适用于大多数企业的一般采购业务。

(二)受托代销业务

受托代销业务是一种先销售后结算的采购模式。其他企业委托本企业代销其商品,但商品的所有权仍归委托方,代销商品售出后,本企业与委托方进行结算,由对方开具正式的发票,商品所有权转移。

(三)直运业务

直运业务是指产品无须入库即可完成购销业务。由供应商直接将商品发给企业的客户，结算时由购销双方分别与企业结算。直运业务包括直运销售业务和直运采购业务，没有实物的出、入库，货物流向是直接从供应商到客户，财务结算通过直运销售发票、直运采购发票解决。直运业务适用于大型电器、汽车、设备等产品的销售。

六、供应商计划与供应商管理

由于采购执行的优劣会影响企业产品质量、产品的成本、对客户的供货满足率等，从企业长远发展来看，企业必须保持并发展自身的核心竞争力，而将其他所有非核心竞争活动向外采购。因此，企业期望由供应商能提供质量好、价格低廉的原材料或服务，双方在双赢的基础上发展为一种合作伙伴关系。在这样的背景下，供应商计划和供应商管理成为采购管理的重要内容之一。

(一)供应商计划

所谓供应商计划，是指企业与其供应商不再是相互压价的竞争关系，而是形成了一种长期合作的伙伴关系。企业与供应商建立比较长期的供求协定，互惠互利，按照滚动计划的方法，近期的采购条件比较详细，远期的条件可以较为笼统，一般把长期协定(半年到一年)和短期合同(月)结合起来，一次签约，分期供货。

在 ERP 应用环境下，采用 MRP 运算可以很容易地向供应商提供本企业较长期(半年到一年)的采购计划。这个计划不是一成不变的，而是随着时间的推移可以定时进行更新。如果有了供应商计划，供应商可以提前看到尚未下达的计划采购订单，这使得供应商可以提前做好物料和能力的准备，一旦订单下达，就可以更好地履行计划，从而使企业的采购计划得以更好地执行。

(二)供应商管理

供应商管理非常重要，就汽车制造业而言，它可能对外采购的物品和服务包含汽车外壳制造、内部车椅安装、汽车门窗安装、电力系统、安全气囊及安全系统等，涉及的供应商数量众多，所以如何有效管理供应商已成为采购部门的重要工作之一。

针对供应商管理问题，采购部门的任务是对具有各种专长的供应商掌握合适的组合及数量，通过长期且不断地评估，剔除竞争力弱的供应商，现在的趋势是向较少数但具有较高竞争力的供应商群发展，这种策略也称供应商群的最佳化。

第二节 普通采购业务

一、采购业务单据流程

采购业务流程可以根据企业的实际业务需要自行配置。采购流程中的主要单据有采购请购单、采购订单、采购到货单、采购入库单、采购结算单、采购发票等,其中,采购请购单、采购订单、采购到货单为可选单据,用户可以使用,也可以不使用。图6—3、图6—4列示的流程分别是企业最长的和最短的单据应用流程。

各种采购业务单据通常可以手工直接录入,也可以参照上游单据生成,但被参照的单据必须是经过审核的。

(一)最长的采购单据流程

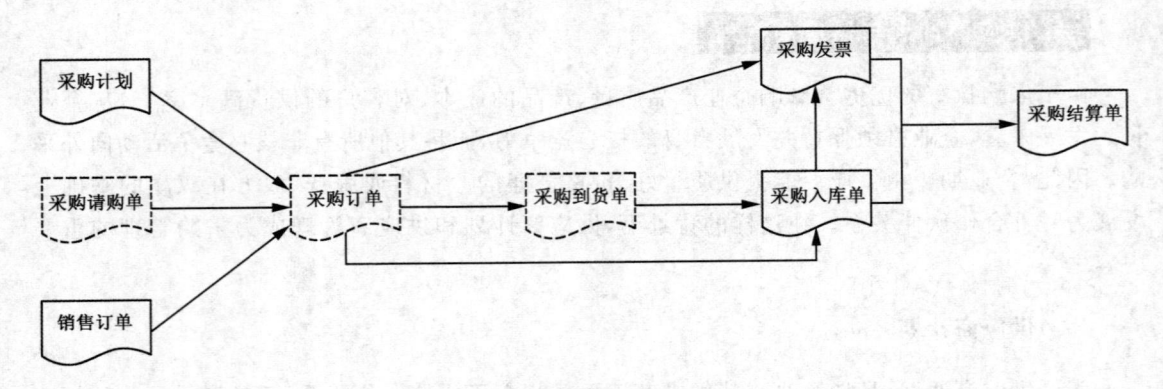

图6—3 最长的采购单据应用流程

(二)最短的采购单据流程

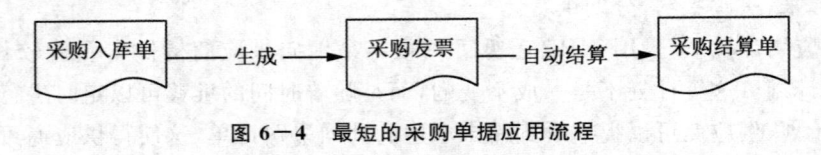

采购入库单 —生成→ 采购发票 —自动结算→ 采购结算单

图6—4 最短的采购单据应用流程

(三)必有订单业务模式

以订单为中心的采购管理是标准、规范的采购管理模式,订单是整个采购业务的核心,整个业务流程的执行都回写到采购订单,通过采购订单可以跟踪采购的整个业务流程。采购单据的填写可以参照采购订单。

二、ERP-T6采购业务处理过程

本节重点通过不同类型的采购业务来阐述采购业务具体的处理方法和过程。下面结合案例中的5笔采购业务,依照图6—5所示的采购业务处理流程,详细讲解采购业务发生后各相关部分如何进行业务处理和财务核算。

📄 资料6—1

2009年3月1日,销售部向采购部门申请购入利君沙800盒。2009年3月2日,经采购主管批准向北京通宝公司采购,无税单价6元,签订采购合同。2009年3月6日,采购业务员收到送货通知单,800盒利君沙到货,药品由仓库保管员验收入库并填写采购入库单;同时,采购业务员收到对方企业开来的采购专用发票,货款已通过银行汇票方式支付,结算票号2568,

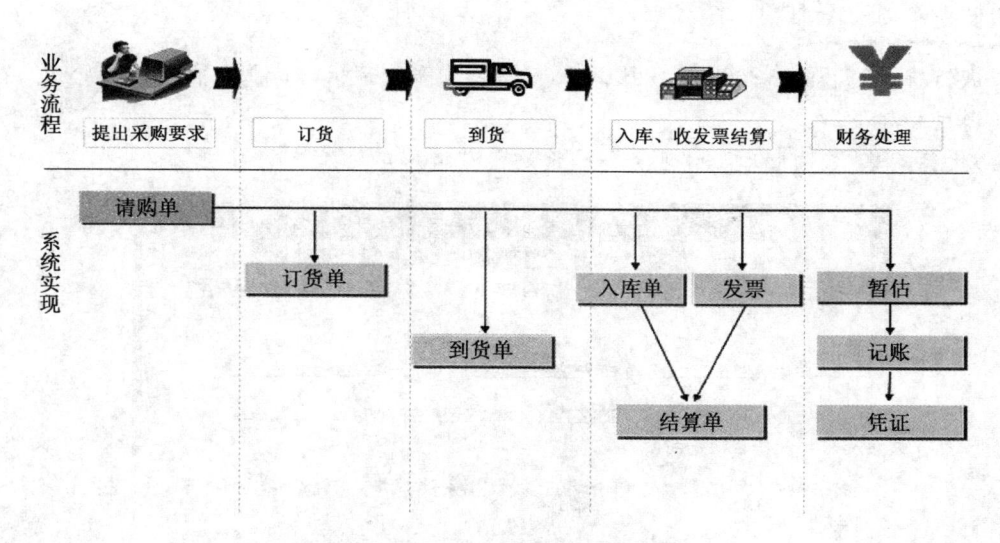

图 6—5　ERP-T6 采购业务处理过程

银行账号 013—625；采购部门进行采购结算，确定采购成本。财务部门在存货系统进行单据记账并生成凭证。

资料 6—2

2009 年 3 月 8 日，采购部门辽宁成大药业公司采购金刚烷胺 3 000 克，单价 0.55 元；乙酰胺基酚 6 000 克，单价 0.48 元。货到入原料库相应货架，同时收到对方交来采购专用发票和 120 元运费发票，货款未付。

资料 6—3

2009 年 3 月 7 日，收到 2009 年 2 月 28 日从天津泰达药厂购入原料人工牛黄 2 000 克的发票，单价 0.18 元，货款未付。（月初回冲方式）

资料 6—4

2009 年 3 月 14 日，从北京通宝公司采购铝塑板，到货入原料库铝塑板货架，数量为 1 500 个，发票尚未收到，月末暂估单价 0.06 元。

资料 6—5

2009 年 3 月 15 日，从吉林东方制药厂采购咖啡因 1 000 克，单价 0.45 元，批号 20090101，货到入原料库咖啡因货架，途中合理损耗 50 克，发票已收到，货款未付。

三、请购业务

采购请购是指企业内部向采购部门提出采购申请，或采购部门汇总企业内部采购需求提出采购清单，报上级主管批准。

请购是采购业务处理的起点，用于描述和生成采购的需求，如采购什么货物、采购多少、何时使用、谁用等内容；同时，也可为采购订单提供建议内容，如建议供应商、订货日期等。

案例业务 6-1

依据资料 6-1 所述，2009 年 3 月 1 日，销售部向采购部门申请购入利君沙 800 盒。

处理过程如下：

(1) 执行菜单"采购管理"→"业务"→"请购"→"请购单"，如图 6-6 所示。

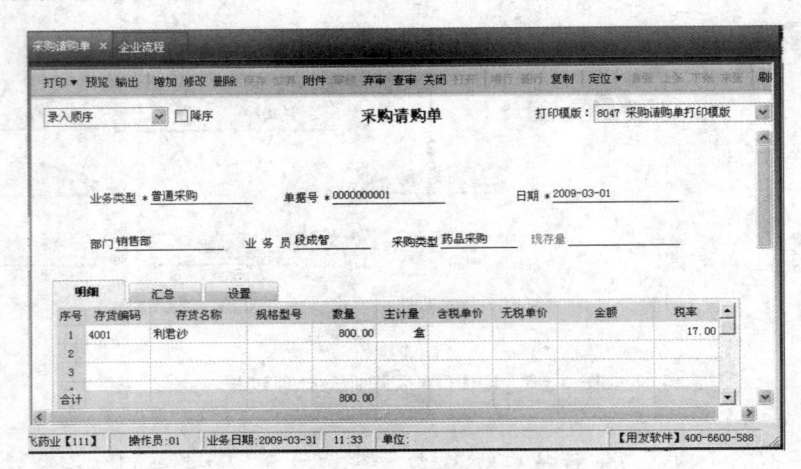

图 6-6 采购请购单

(2) 填写相关业务信息，单击【保存】按钮。
(3) 检查无误后，单击【审核】按钮签章。

【说明事项】

单据执行完毕，该单据就可以关闭；对于确实不能执行的某些单据，经主管批准后，也可以关闭该单据。如果单据已关闭，但又要执行，可以打开单据。

四、采购订单

采购订单是企业与供应商之间签订的采购合同、购销协议等，主要内容包括采购什么货物、采购多少、由谁供货、什么时间到货、到货地点、运输方式、价格、运费等。它可以是企业采购合同中关于货物的明细内容，也可以是一种订货的口头协议。通过对采购订单的管理，可以帮助企业实现采购业务的事前预测、事中控制、事后统计。

案例业务 6-2

依据资料 6-1 所述，经采购主管批准，同意销售部门的请购申请，向北京通宝公司采购利君沙 800 盒，无税单价 6 元。采购业务员参照请购单生成采购订单。

处理过程如下：

(1) 执行菜单"采购管理"→"业务"→"采购订单"，进入采购订单界面，单击【增加】按钮，再单击【拷贝】按钮，选中"请购单"，如图 6-7 所示。

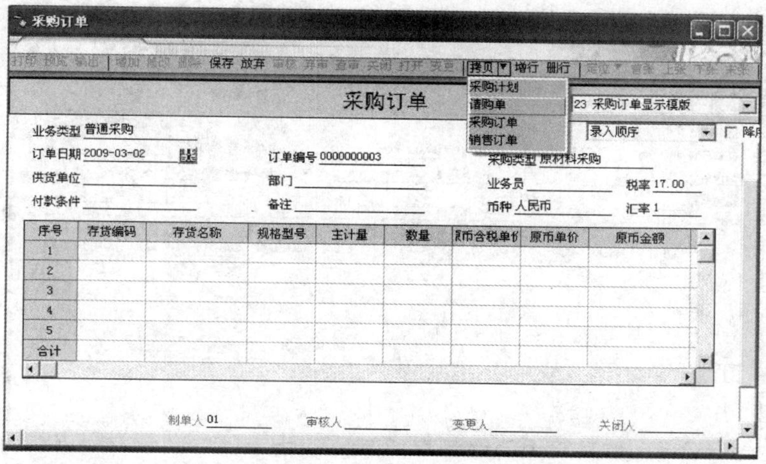

图 6-7 采购订单

(2)在过滤窗口中输入过滤条件,单击【过滤】按钮,如图 6-8 所示,在"生单选单列表"中选择相应的请购单记录,单击【确定】按钮,如图 6-9 所示。

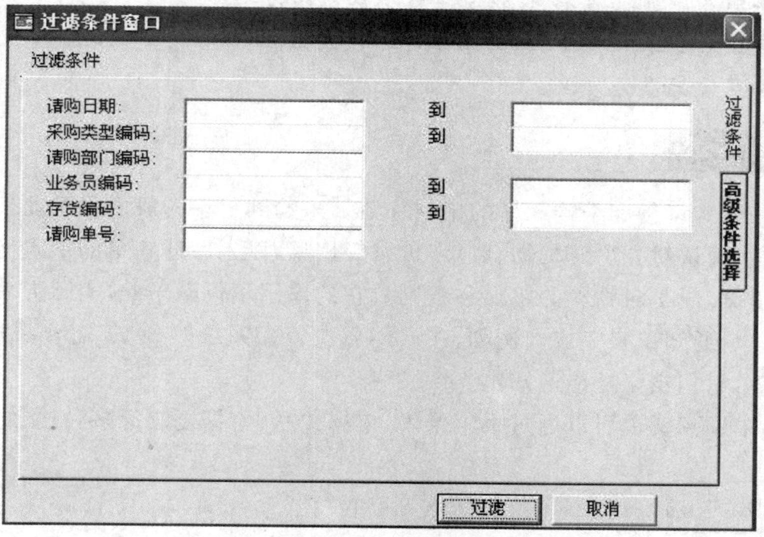

图 6-8 选择请购单过滤窗口

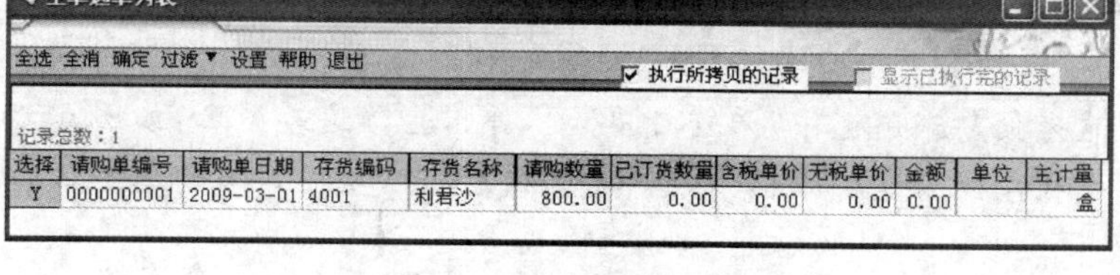

图 6-9 选择请购单

(3)在生成的采购订单中录入供应商和价格,单击【保存】按钮,如图 6-10 所示。

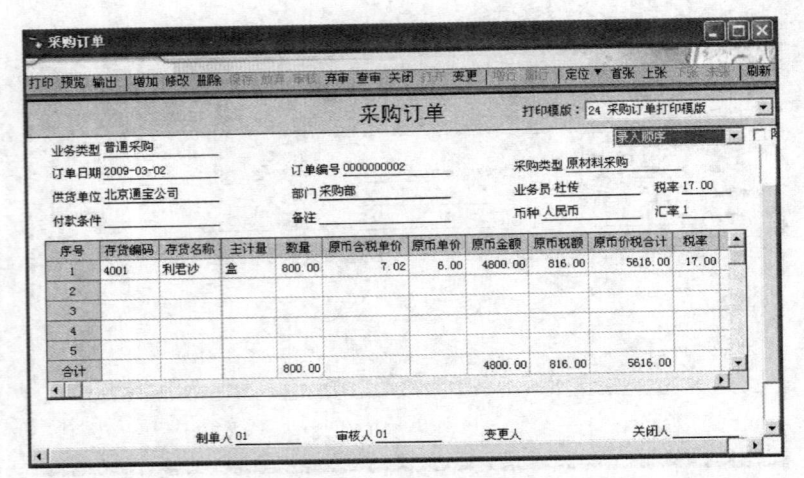

图 6-10 生成采购订单

【说明事项】

审核订单有三种含义,用户可根据业务需要选择其中之一:

① 采购订单输入计算机后,交由供货单位确认后的订单。
② 如果订单由专职录入员输入,由业务员进行数据检查,确定正确的订单。
③ 经过采购主管批准的订单。

五、采购到货单

采购到货是采购订货和采购入库的中间环节。采购到货单一般由采购业务员根据供方通知或送货单填写,确认对方所送货物、数量、价格等信息,以入库通知单的形式传递到仓库作为保管员收货的依据,便于对物料的跟踪和查询。它的作用不仅限于此,实际上采购业务的很多工作都要通过收料通知单来完成。例如,在启用质量管理系统时,对于需要报检的存货,必须使用采购到货单,它相当于送检通知单。

一般来说,采购到货单可以通过手工录入、单据关联、单据复制等多种途径生成。

案例业务 6-3

依据资料 6-1 所述,2009 年 3 月 6 日,从北京通宝公司采购的 800 盒利君沙到货,采购业务员参照采购订单生成采购到货单。

处理过程如下:

(1) 执行菜单"采购管理"→"业务"→"到货"→"到货单",进入采购到货单界面,单击【增加】按钮,再单击【拷贝】按钮,选中"采购订单"项,弹出生单选单列表,如图 6-11 所示。

(2) 双击选中相应的采购订单记录,单击【确定】按钮,生成的采购到货单如图 6-12 所示。

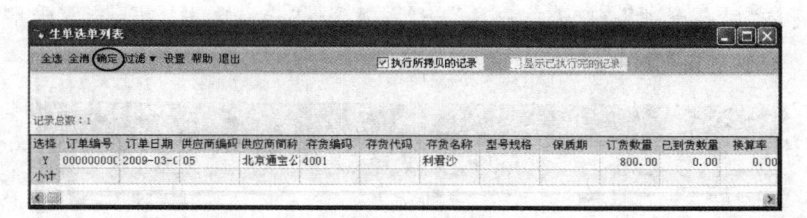

图 6-11 选择采购订单

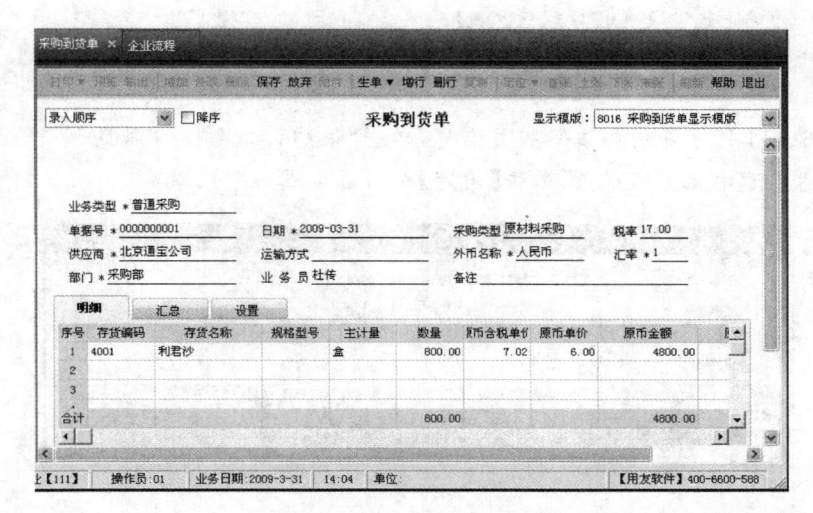

图 6-12 生成采购到货单

六、采购入库

采购入库是通过采购到货、质量检验环节,对合格到货的存货进行入库验收。采购入库单通常是确认货物入库的有效证明文件。如果本月存货已经入库,但采购发票尚未收到,可以对货物进行暂估入库,待发票到达后,再根据该入库单与发票进行采购结算处理。

采购入库单在哪个系统录入与供应链启用的系统有关。录入采购入库单的系统优先级依次是库存管理系统→采购管理系统→存货核算系统,即前一个系统没有启用,就在下一个系统录入。

采购入库单包括蓝字采购入库单和红字采购入库单,红字外购入库单是蓝字外购入库单的反向单据,代表物料的退库。采购入库单的常用增加方式有手工新增和关联生成两种。手工录入比较适用于没有正式订单的零星入库。

采购管理系统可以查询采购入库单据,也可以根据采购入库单生成采购发票。

案例业务 6-4

依据资料 6-1 所述,2009 年 3 月 6 日,800 盒利君沙到货入成品库利君沙货架,仓库保管员参照采购订单生成采购入库单(可以手工直接录入)。

处理过程如下:

(1)执行菜单"库存管理"→"日常业务"→"入库"→"采购入库单",进入采购入库单界面(如图6-13所示),单击【生单】按钮。

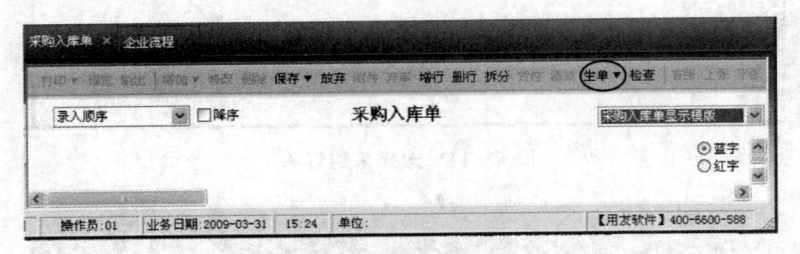

图6-13 执行生单操作

(2)在图6-14所示界面中填写相关信息,单击"采购订单"或者"采购到货单"选项,单击【过滤】按钮,然后选中相应的记录,单击【确定】按钮后生成采购入库单。

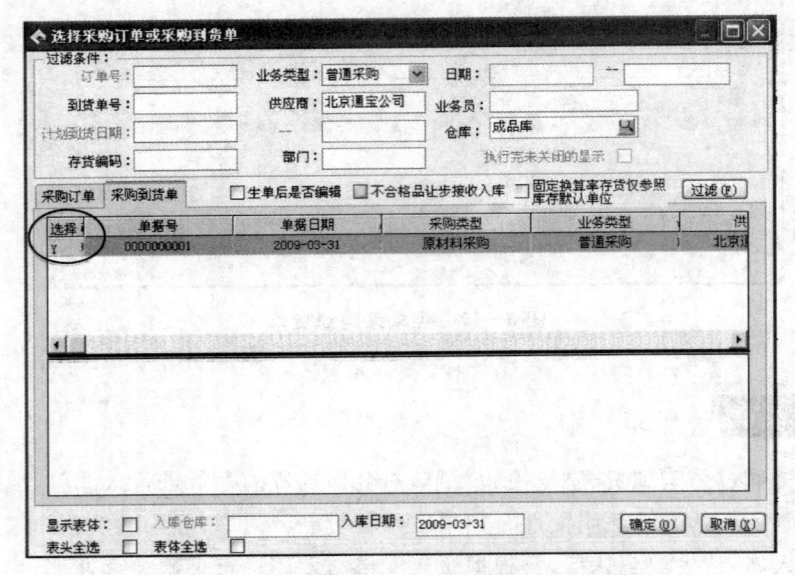

图6-14 选择"采购订单"或"采购到货单"界面

(3)利君沙有货位管理,鼠标单击利君沙记录行,单击【货位】按钮,弹出货位窗口,如图6-15所示,录入货位信息,单击【保存】按钮,再单击【货位】按钮,货位窗口关闭。

(4)单据无误后,单击【审核】按钮。

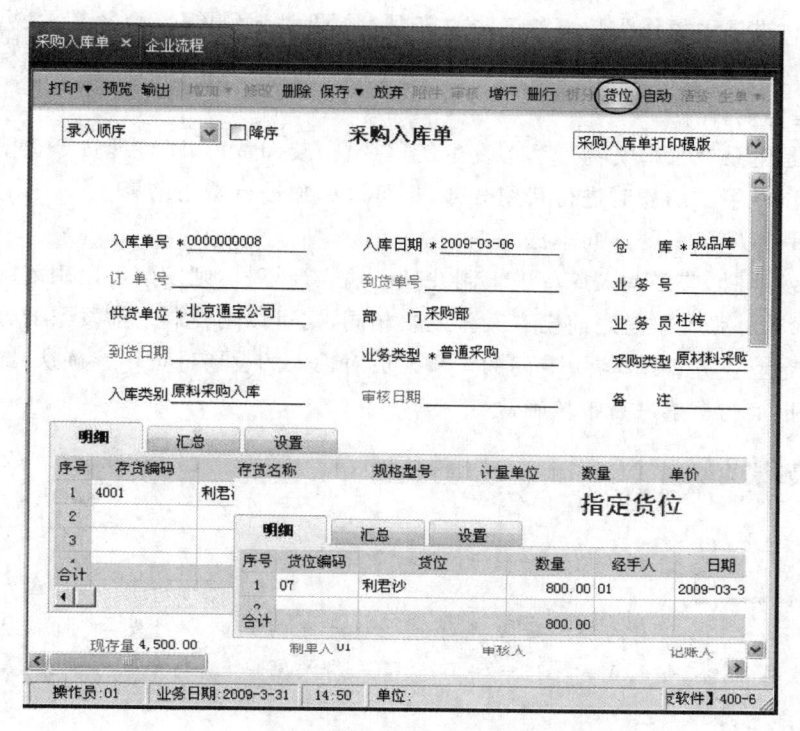

图 6—15　指定货位界面

【说明事项】

①有货位管理的存货,采购入库单的数量与指定货位数量要一致。修改数量时先修改货位数量;删除采购入库单时,要先单击【清货】按钮进行清货处理。

②若已在存货货位对照表中设置了货位的优先顺序,可以单击【自动】按钮对当前存货进行货位分配。

③鼠标单击某个存货行,单据下方会显示该存货的现存量,从而实时了解存货的库存情况。

④采购入库单中的单价不是采购价格,经采购结算后系统回填的是采购入库成本。此处所填价格在经采购结算处理之前,被系统视为暂估单价。

⑤若存货有批次管理和保质期管理,需要在采购入库单表体中填入相应的批次信息和保质期信息。

七、采购发票

采购发票是供应商开给购货单位,据以付款、记账、纳税的依据。在收到供货单位的发票后,如果没有收到供货单位的货物,可以对发票进行压单处理,待货物到达后,再输入计算机做报账结算处理。也可以先将发票输入计算机,以便实时统计在途货物。采购发票按发票类型分为专用采购发票、普通发票及运费发票,按业务性质分为蓝字发票和红字发票。

专用采购发票即增值税专用发票,是供应商纳税人销售货物或者提供应税劳务所开具的发票,发票上记载了销售货物的售价、税率以及税额等,购货方以增值税专用发票上记载的购入货物的已支付进项税额作为扣税和记账的依据。单价是无税单价,金额是无税金额。

普通发票包括普通发票、废旧物资收购凭证、免税农产品收购凭证、其他票据等,单价是含税单价,金额是价税合计。

运费发票是记录在采购货物过程中发生的运杂费、装卸费、入库整理费等费用的单据。运费发票记录可以在手工结算时进行费用分摊,也可以单独进行费用结算。

红字发票是蓝字发票的逆向单据。

输入采购发票时,若采购入库单先填制并且已输入计算机,则发票可以用复制原采购入库单的方法输入;若本张发票与之前已有某张发票相同,则可以用复制之前发票的方法输入。

为了加强企业业务管理,应由专门的审核人员对输入的发票进行审核确认,或者对经主管领导签字准予报销的发票进行审核确认。

(一)采购发票的填制

案例业务 6—5

依据资料 6—1 所述,采购部人员收到对方企业开来的采购专用发票,货款已通过银行汇票支付,结算票号 2568,银行账号 013—625,参照采购入库单,填制采购专用发票。

处理过程如下:

(1)执行菜单"采购管理"→"业务"→"发票"→"采购专用发票",进入界面后单击【增加】按钮,再单击【生单】按钮,选择"采购入库单",如图 6—16 所示。

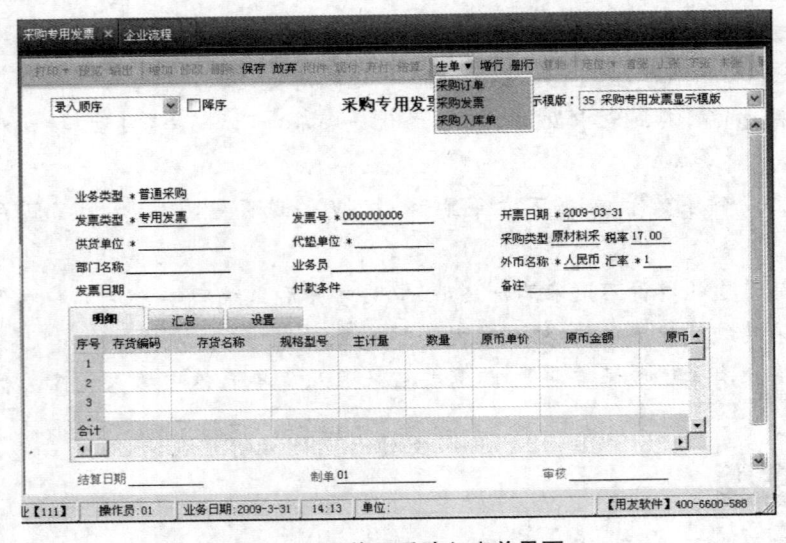

图 6—16 拷贝采购入库单界面

(2)在"生单选单列表"窗口中选中记录,如图 6—17 所示,单击【确定】按钮,生成采购专用发票。

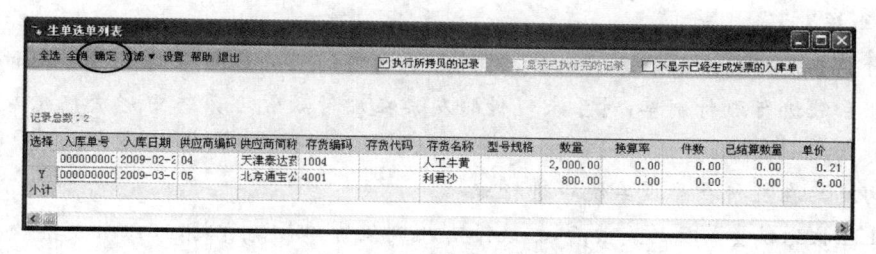

图 6-17 选单操作界面

(3)单击【保存】按钮,在采购专用发票界面(如图 6-18 所示)单击【现付】按钮,填入相关信息,单击【确定】按钮后,采购发票显示 已现付 字样,如图 6-19 所示。

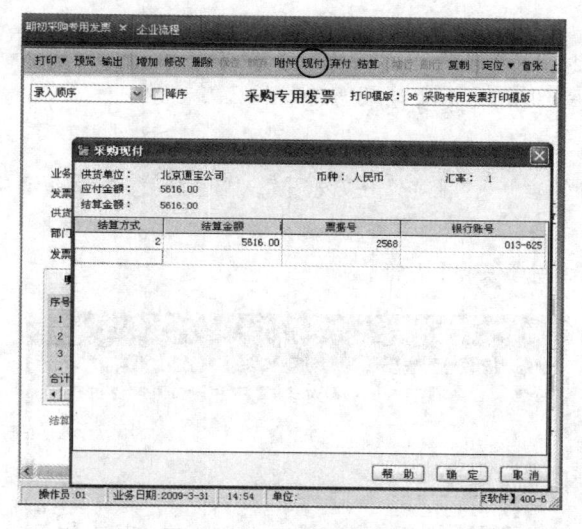

图 6-18 采购现付界面

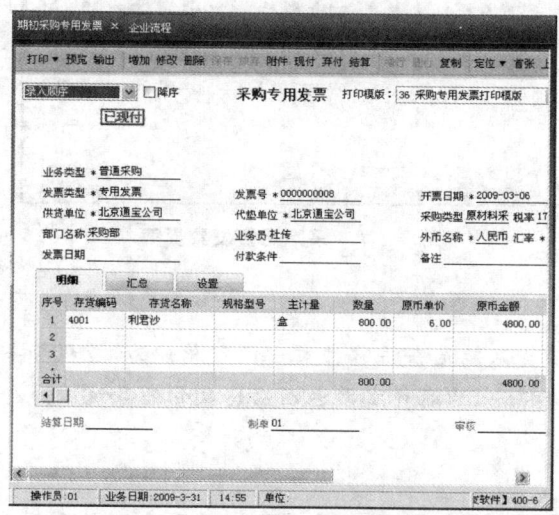

图 6- 采购专用发票已现付

【说明事项】

①现付业务是指在采购业务发生时,收到采购发票的同时进行采购付款。现付的发票在应付款管理系统进行现付制单,对于未现付的发票在应付款管理系统中形成应付款进行反映和记录。

②采购发票在应付款管理系统中进行审核。

③企业在收到供货单位的发票后,如果没有收到供货单位的货物,可以对发票做压单处理,待货物到达后,再输入系统做报账结算处理;也可以先将发票输入系统,以便实时统计在途货物。

(二)运费发票的填制

案例业务6—6

依据资料6—2所述,2009年3月8日,从辽宁成大药业公司购入原材料,填写入库单和采购发票,同时发生运费120元,填写运费发票。

处理过程如下:

(1)执行菜单"采购管理"→"业务"→"发票"→"运费发票",显示采购运费发票界面,如图6—20所示。

(2)填写相关信息,单击【保存】按钮。

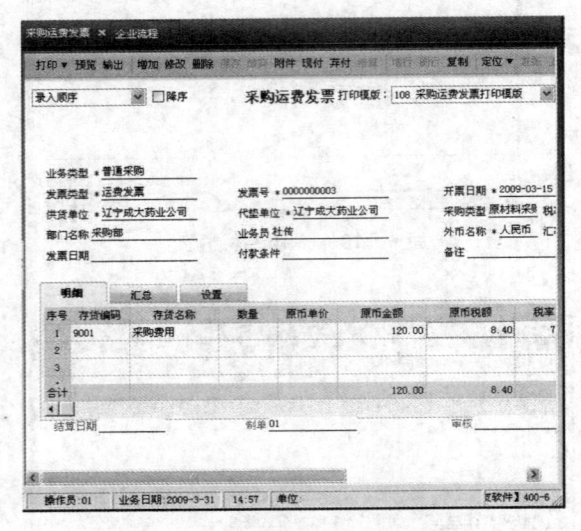

图6—20 采购运费发票界面

【说明事项】

①运费发票的表体存货只能是在存货档案中设定属性为"应税劳务"的存货。

②同采购专用发票一样,采购运费发票也在应付款管理系统中进行审核。

八、采购结算

采购结算也称采购报账,即由采购核算人员根据采购入库单和采购发票核算采购入库成本。采购结算的结果是采购结算单,它是记载采购入库单记录与采购发票记录对应关系的结算对照表。采购结算从操作处理上分为自动结算和手工结算两种方式。按单据处理可分为蓝字入库单与红字入库单结算、蓝字发票与红字发票结算、运费发票与入库单结算、单独进行费用折扣结算。

采购结算可以跨月,不限制业务发生的日期。具体采购结算处理流程如图6-21所示。

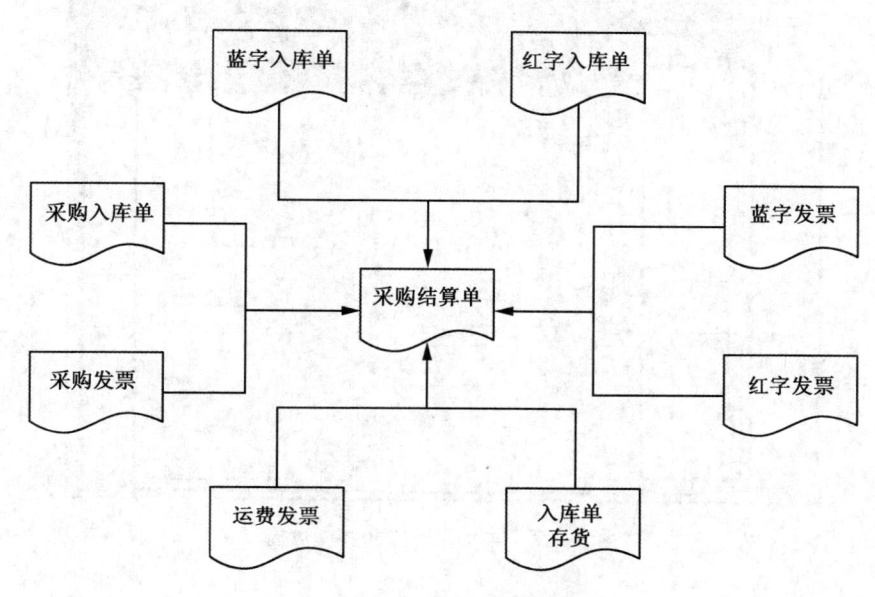

图6-21 采购结算单据流程图

(一)手工结算

手工结算的适用范围比较广泛,可以进行正数入库单与负数入库单的结算、正数发票与负数发票的结算、正数入库单与正数发票的结算以及费用发票单独结算。手工结算时,可以结算入库单中部分货物,未结算的货物可以在取得发票后再结算;也可以同时对多张入库单和多张发票进行报账结算。

1. 费用折扣分摊

费用折扣分摊是指把费用按会计制度规定的方法摊入存货的采购成本。在采购业务中,采购发生的费用根据会计制度规定,允许计入采购成本,具体可以按以下情况区别处理:如果费用发票与货物发票一起报账,应将货物发票按其发票类型录入,运费发票从运费发票功能菜单中输入计算机,之后用手工结算功能进行结算;如果运费发票在货物发票已报完账后才收到,可以将运费发票输入计算机后用手工结算功能单独进行报账。

案例业务6-7

依据资料6-2所述,采购部门采购金刚烷胺和乙酰胺基酚发生共同运费120元,通过手工结算功能进行费用分摊并结算。

处理过程如下:

(1)执行菜单"采购管理"→"业务"→"采购结算"→"手工结算",进入手工结算界面,如图 6—22 所示。

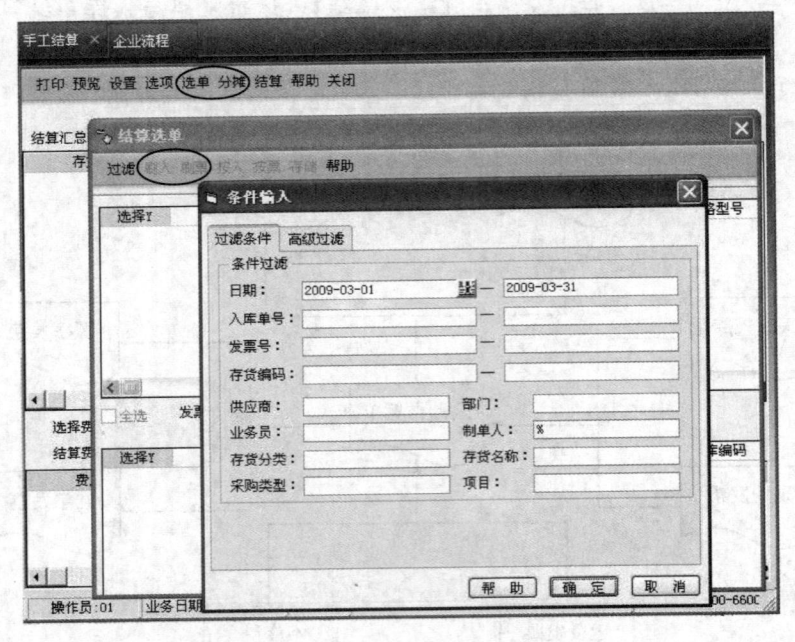

图 6—22 手工结算过滤条件界面

(2)单击【选单】按钮,再单击【过滤】按钮,输入业务条件,点击【确定】按钮。
(3)在图 6—23 结算选单界面内,单击【刷入】按钮,窗口下方带入采购入库单,单击【刷票】按钮,窗口上方带入采购发票和运费发票,选择相关的业务单据,单击【确定】按钮。

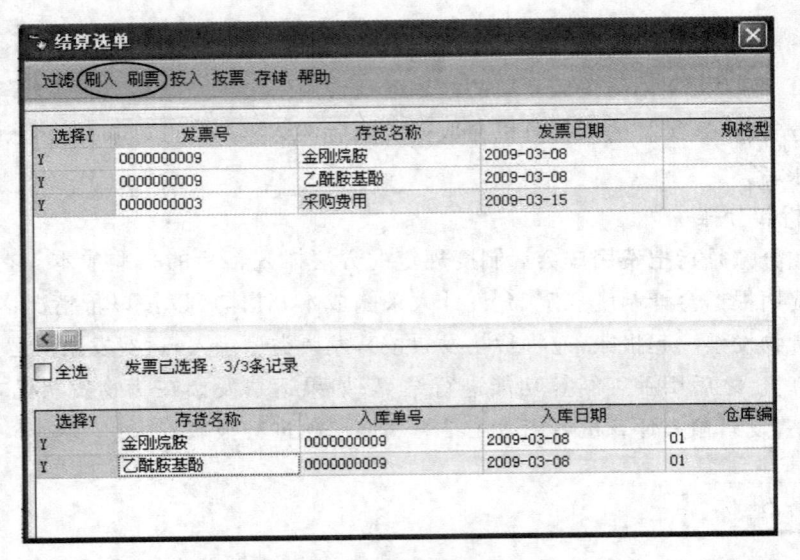

图 6—23 结算选单界面

(4)在图 6—24 手工结算界面内,先单击【分摊】按钮,选择费用分摊方式"按金额",然后再单击【结算】按钮进行结算。

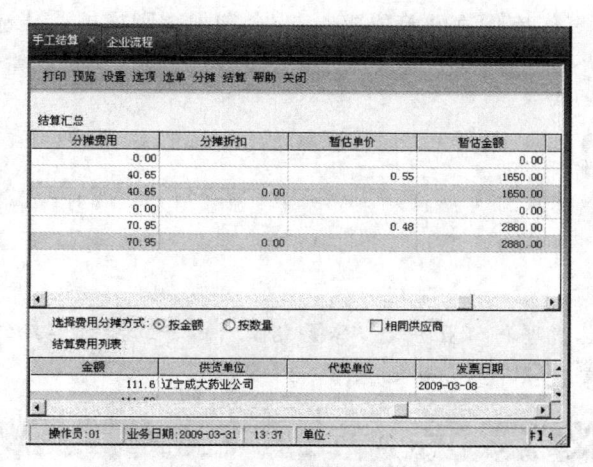

图 6—24 费用分摊界面

(5)结算结果可以查询"采购结算单",如图 6—25 所示。

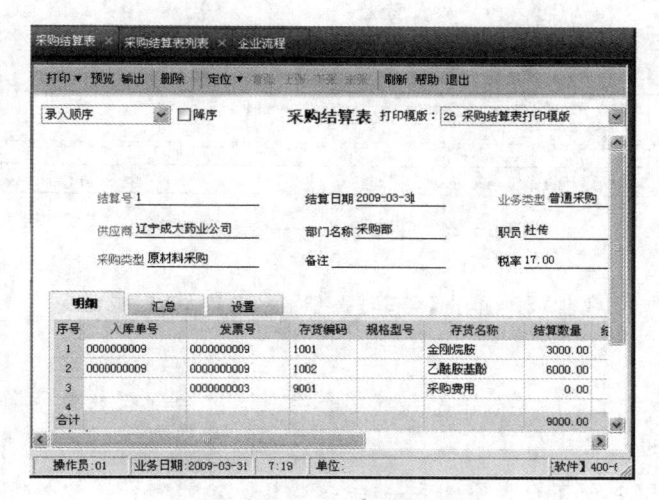

图 6—25 采购结算列表

【说明事项】
①注意选单时,一定要选择同一笔业务的采购入库单、采购发票和运费发票。
②若想重新结算,可以先删除相应的采购结算单。
③结算后,结算金额回填到"采购入库单单价"一栏,作为最终的采购入库成本。
④结算选单的操作也可以先选择入库单记录,然后点击【按入】按钮,系统自动按入库单寻找相匹配的发票记录。若选择了发票记录,可点击【按票】按钮,系统自动按发票寻找相匹配的入库单。

2. 手工结算——溢余短缺结算
溢余短缺是指在企业采购业务中,由于运输、装卸等原因,采购的货物会发生短缺毁损。应根据不同情况,进行相应的账务处理。

在采购结算时,如果入库数量与发票数量不一致,应确定其是否为合理损耗。合理损耗直接计入成本,即相应提高入库货物的单位成本;非合理损耗则根据业务选择相应的非合理损耗类型,并由存货核算系统根据结算时记录的非合理损耗类型自动生成凭证。

案例业务 6—8

依据资料 6—5 所述,填写入库单和采购发票,咖啡因途中合理损耗 50 克,入库 950 克,进行手工结算。

处理过程如下:

(1)执行菜单"采购管理"→"业务"→"采购结算"→"手工结算",经过【选单】、【过滤】单据,然后进行【刷入】、【刷票】操作后,结果如图 6—26 所示。

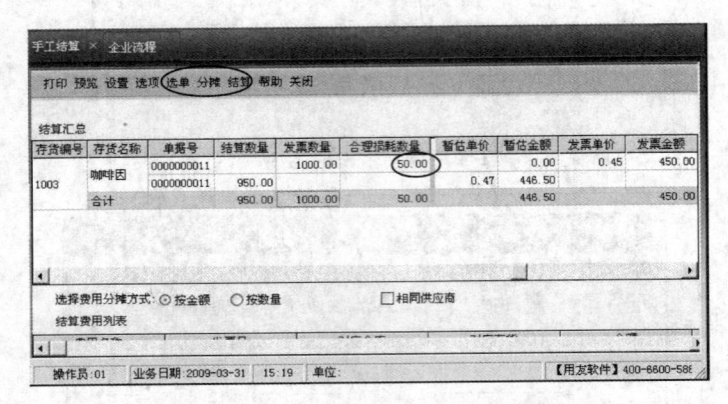

图 6—26 手工结算——合理损耗窗口

(2)填写"合理损耗数量"50,单击【结算】按钮,系统显示"完成结算"。

【说明事项】

①只有当"发票数量=结算数量+合理损耗数量+非合理损耗数量"时,该条入库单记录与发票记录才可以进行采购结算。

②合理损耗会增加存货的入库成本,非合理损耗不会影响存货的入库成本。

(二)自动结算

自动结算是由系统自动将符合结算条件的采购入库单记录和采购发票记录进行结算。系统将按照以下三种结算模式进行自动结算:

1. 入库单与发票结算

这是指将供应商、存货、数量完全相同的入库单记录和发票记录进行结算,生成结算单。发票所记录的单价作为入库单上的实际成本。

2. 红、蓝入库单结算

在实际采购业务中,由于退货、填错入库单等情况产生了红字入库单,对于红字入库单分两种情况进行结算:填制的红字退货单,可以在取得供货单位的退货发票后,进行结算,如果退货单与退货发票一致,可以自动结算;否则,对于原数冲回负数入库单,可以用手工结算功能。

另外，在进行采购结算时，可以选择原有错误的蓝字入库单和冲销蓝字入库单的红字入库单进行结算。入库单记录可以没有金额只有数量。

3. 红、蓝采购发票结算

在收到供货单位开具的红字（负数）发票后，分以下情况进行结算：该发票对应的货物未入库，即没有对应的入库单，采用手工结算，不选入库单，直接选择原蓝字发票和红字发票进行结算；货物已退货，采用手工结算，选择对应的退货单，并选择该红字发票进行结算。

案例业务6—9

对于上述几笔采购业务执行自动结算处理。

处理过程如下：

(1)执行菜单"采购管理"→"业务"→"采购结算"→"自动结算"，显示过滤条件窗口，如图6—27所示。

(2)单击【确认】按钮，系统自动结算，显示界面如图6—28所示。

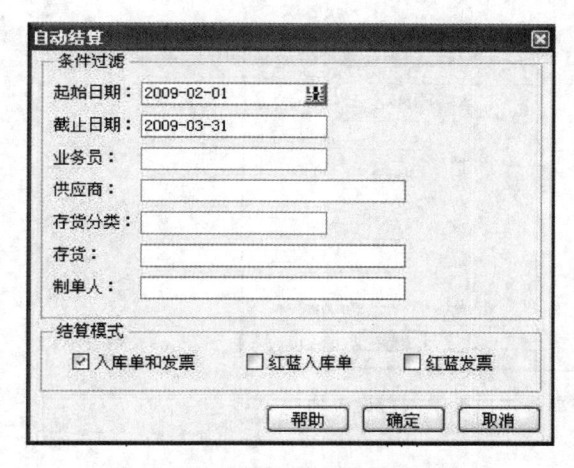

图6—27 自动结算条件过滤界面　　图6—28 采购结算结果界面

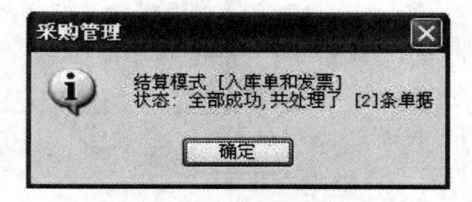

【说明事项】

①在输入结算过滤条件时，注意起始日期要把之前未结算的业务包含在内。
②结算后，采购发票上的采购单价自动回填到"采购入库单单价"一栏，作为采购入库成本。
③对于运费、溢余短缺等业务，一定要先进行手工结算，再执行自动结算。

九、采购业务成本核算

采购业务成本核算主要是通过正常单据记账将用户所输入的采购入库单据登记于存货明细账、差异明细账/差价明细账、受托代销商品明细账等，主要包括暂估成本录入、结算成本处理、采购单据记账等处理过程。

（一）暂估成本录入

如果到了期末，外购的存货发票还没有到，在不知存货的具体单价时，财务人员应该暂时估计存货的价格，成批录入入库单成本。

案例业务 6-10

依据资料 6-4 所述，2009 年 3 月 14 日，从北京通宝公司采购铝塑板 1 500 个，发票尚未收到，期末暂估入库单价 0.06 元。

处理过程如下：

(1) 执行菜单"存货"→"业务核算"→"暂估成本录入"，显示界面如图 6-29 所示，输入查询条件，单击【确定】按钮，如图 6-30 所示。

(2) 录入"单价"，单击【保存】按钮。

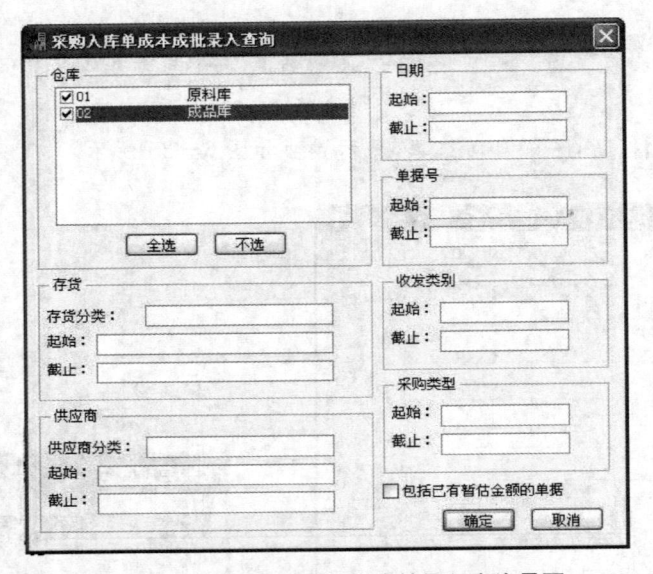

图 6-29 采购入库单成本成批录入查询界面

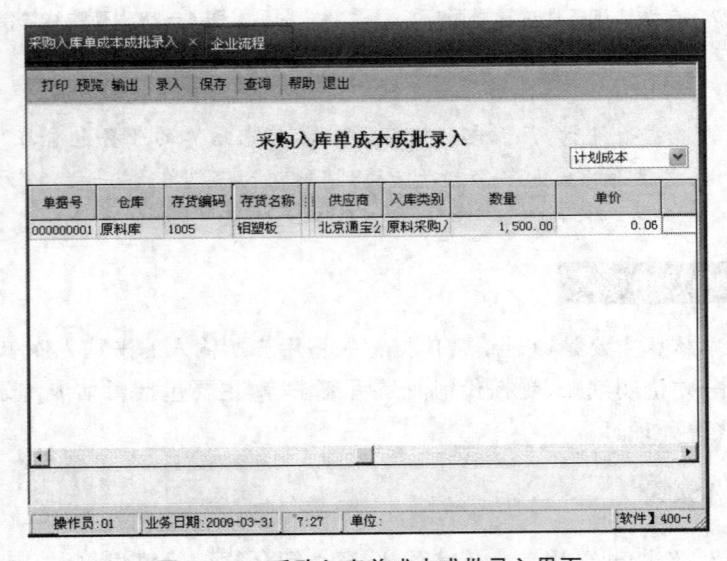

图 6-30 采购入库单成本成批录入界面

（二）结算成本处理

存货暂估是外购入库的货物发票未到，在不知道具体单价时，财务人员期末暂时按估计价格入账，下月用红字予以冲回的业务。系统提供了三种暂估处理方式：

一是月初回冲。它是指月初时系统自动生成红字回冲单，报销处理时，系统自动根据报销金额生成采购报销入库单。

二是单到回冲。它是指报销处理时，系统自动生成红字回冲单，并生成采购报销入库单。

三是单到补差。它是指报销处理时，系统自动生成一笔调整单，调整金额为实际金额与暂估金额的差额，以此处理暂估业务。

结算成本处理主要是对暂估业务报销的自动处理。下面以月初回冲法为例，说明暂估业务的处理过程：月初时，系统对上月未报销的暂估单自动在明细账中生成红字回冲单，当结算成本处理时，系统在明细账中生成蓝字报销单，蓝字报销单的入库金额为已报销金额。月末时，系统对本月未报销的入库单进行期末处理后，系统自动生成蓝字暂估单，直接记入明细账，用户不能修改。逐月类推，直至收到发票进行结算成本处理。

案例业务 6—11

依据资料 6—3，2009 年 3 月 7 日，收到上月从天津泰达药厂购入原料人工牛黄的发票，以月初回冲方式进行结算成本处理。

处理过程如下：

（1）执行菜单"存货"→"业务核算"→"结算成本处理"，屏幕显示"暂估结算表"，如图 6—31 所示。

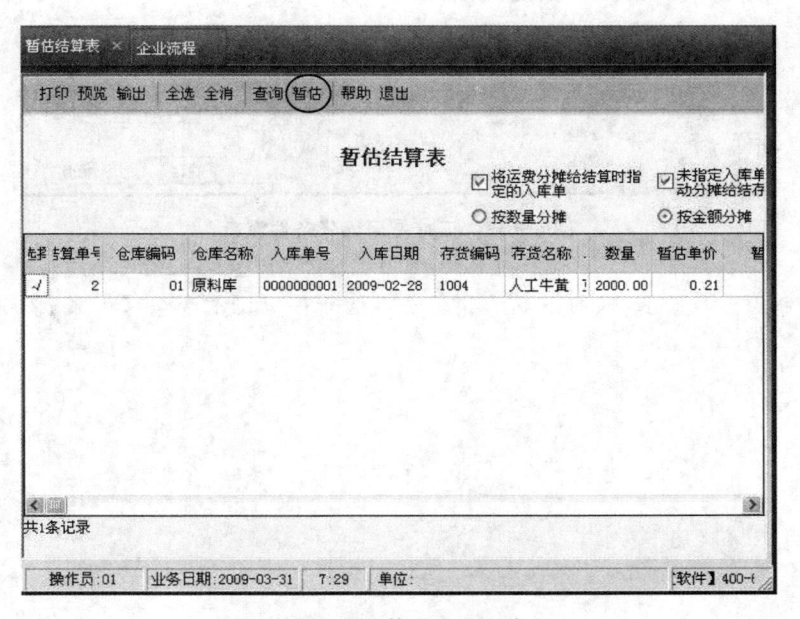

图 6—31 结算成本处理窗口

(2)选中结算记录,单击【暂估】按钮,系统自动在明细账中生成蓝字报销单,蓝字报销单的入库金额为已报销金额。

(三)采购单据记账

经采购结算和暂估成本录入,在存货核算系统执行采购入库单据记账时,采购成本会自动登记到存货明细账中。

案例业务 6—12

对于上述所有采购入库单据进行正常单据记账。

处理过程如下:

(1)执行菜单"存货"→"业务核算"→"正常单据记账",在正常单据记账条件窗口(如图 6—32 所示),输入记账条件,单击【确定】按钮。

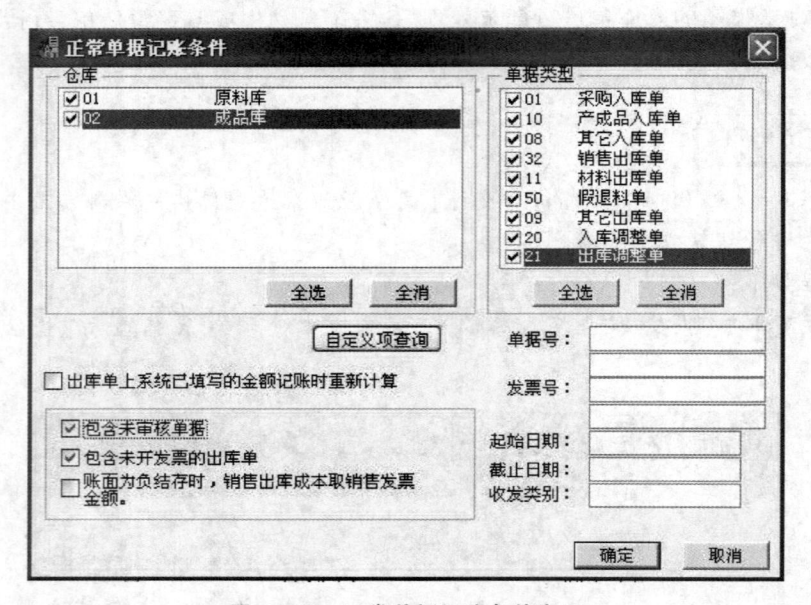

图 6—32 正常单据记账条件窗口

(2)在正常单据记账窗口(如图 6—33 所示),选择存货记录,单击【记账】按钮,系统自动登记存货明细账。

第六章 采购管理

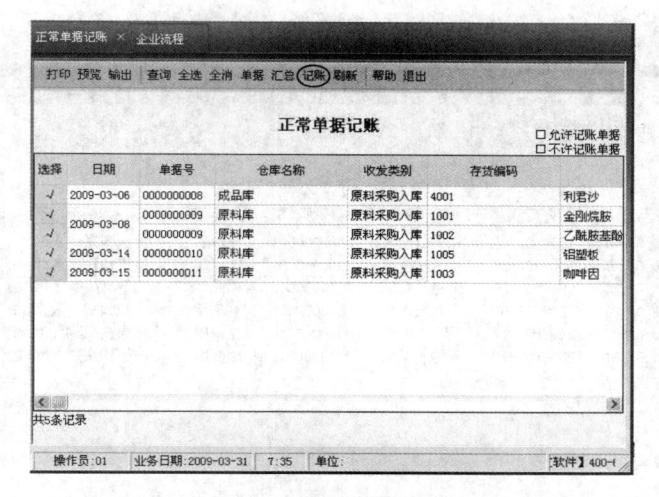

图 6—33 正常单据记账窗口

十、生成采购凭证

采购业务经过采购计划、订单、到货、入库等系列处理完成后，需进行财务核算。在存货核算系统中执行单据记账功能，系统会依据初始化时存货科目、对方科目、应付款科目的设置自动生成记账凭证，并在总账系统进行审核、记账，月末可与总账系统对账。

案例业务 6—13

针对上述 5 笔采购业务在存货核算系统进行制单处理。

处理过程如下：

（1）执行菜单"存货核算"→"财务核算"→"生成凭证"，在"查询条件"窗口输入条件（如图 6—34 所示），单击【确定】按钮。

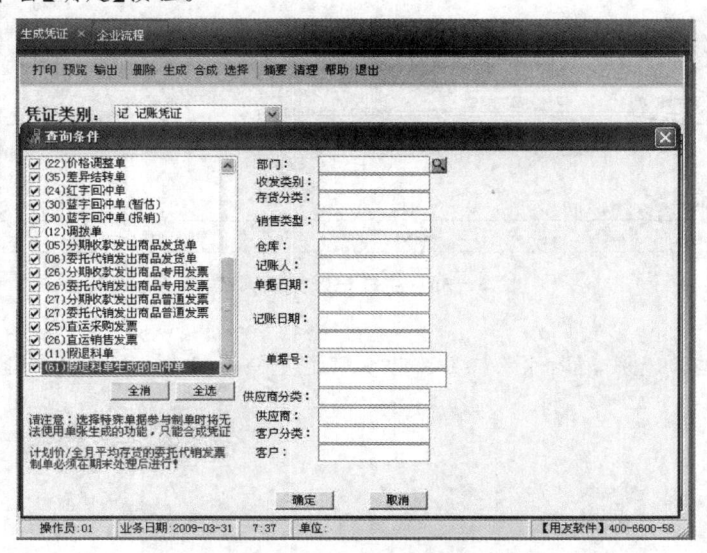

图 6—34 选择生成凭证单据的界面

(2)在"选择单据"窗口(如图6—35所示),选择单据,单击【确定】按钮。

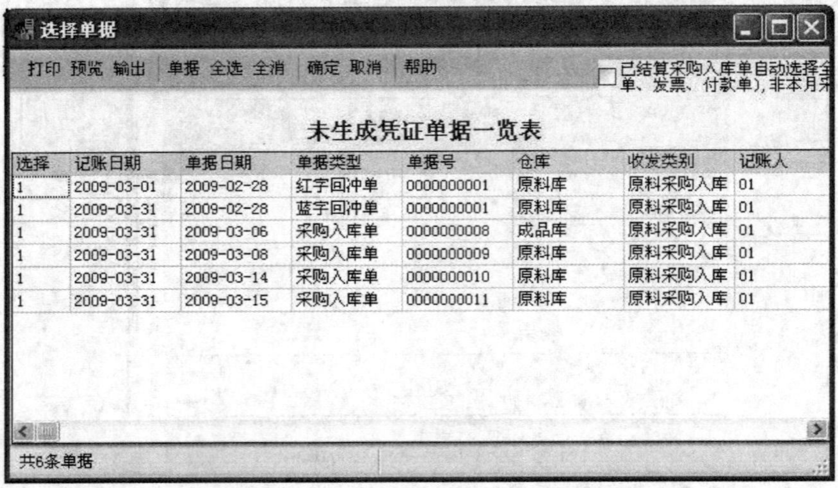

图6—35 未生成凭证单据一览表

(3)在"生成凭证"窗口(如图6—36所示),显示凭证列表,单击【生成】按钮。

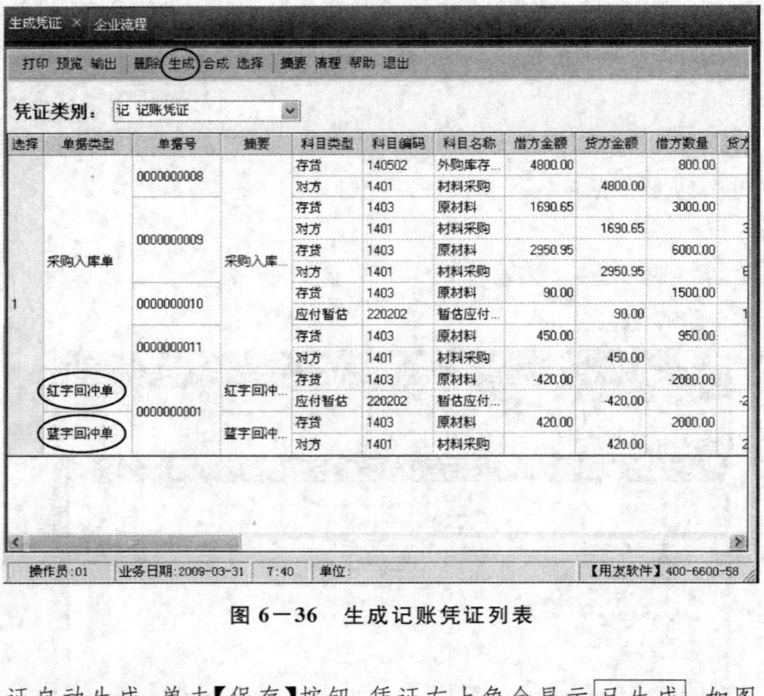

图6—36 生成记账凭证列表

(4)记账凭证自动生成,单击【保存】按钮,凭证左上角会显示 已生成 ,如图6—37所示。

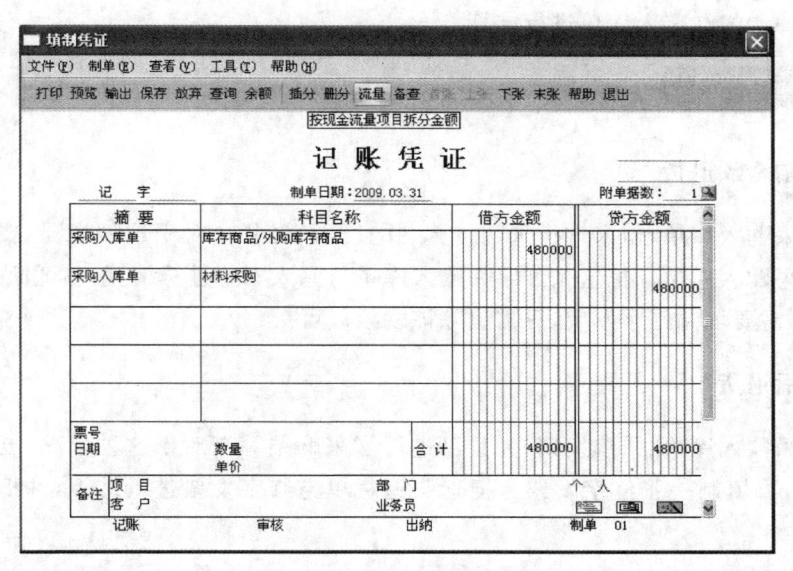

图 6—37　自动生成的记账凭证

【说明事项】

红字回冲单是系统月初自动生成的,蓝字回冲单是经结算成本处理后自动生成的。

十一、采购付款

采购业务一方面是采购入库成本的处理,另一方面是货款的结算处理。除了现付业务以外,其他采购业务要及时进行应付款的确认和付款的处理,这些工作主要由财务部门通过应付款管理系统来完成。采购结算后的采购发票会自动传递到应付款管理系统,由应付款系统审核、付款、制单,最后传递到总账系统。详见第七章"应付款管理系统"。

第三节　退货业务

在采购业务活动中,如果发现已入库的货物因质量等因素要求退货,则对普通采购业务需进行退货处理。红字单据是正常业务的逆向单据,通过红字单据实现退货业务处理。

一、退货业务实际应用

在采购活动中,如发生退货或要求供货单位销售折让,可分以下四种情况进行处理:

(1)如果该项业务的发票没有录入系统,不论货物是否办理入库手续,即不论是否已输入入库单,都可以不进行处理,不必要求供应商开具红字发票,只需将发票退给供货单位即可。

(2)如果该项业务的发票已录入系统,那么若该发票还没有采购结算,则可以删除该发票,不必要求供应商开具红字发票。

(3)如果该发票已经结算,则必须要求供应商开具红字发票,并录入系统与相应的红字入库单进行结算。

(4)如果原入库单有错,用户重输一张红字入库单冲错,在进行采购结算时,选择原有错的蓝字入库单和冲错的红字入库单进行结算。

二、退货业务类型

(一)结算前全额退货

即已录入采购入库单,但未进行采购结算,并且全额退货。对于这种情况,要填制一张全额数量的红字采购入库单。把这张红字采购入库单与原入库单进行结算,冲抵原入库单数据。因没有结算,不需要填制红字发票,只需删除该发票即可。

(二)结算后退货

即已录入采购入库单、采购发票,并且已进行了采购结算。对于这种情况,要填制一张红字采购入库单,再填制一张红字发票。把这张退货单与红字发票进行结算,冲抵原入库单数据。

三、退货业务的处理过程

(一)填写红字采购入库单

处理过程如下:

在库存管理系统【增加】采购入库单,在入库单的右上角选择【红字】单选按钮,并且在数量一栏数量要填成"负数",如退货数量是600,则在数量栏填入"-600",如图6-38所示。

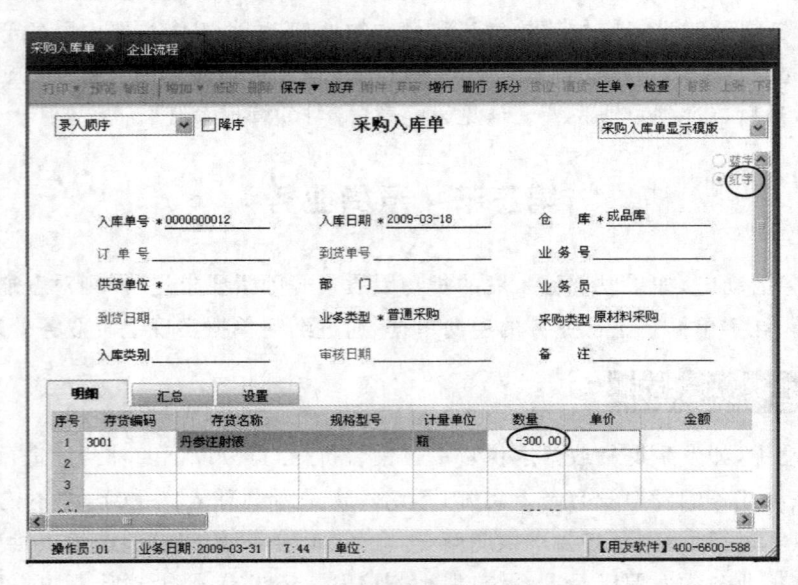

图6-38 红字采购入库单

(二)填写红字发票

执行菜单"采购管理"→"业务"→"红字专用发票",增加红字采购专用发票,可以手工填入,也可以拷贝红字入库单生成。

(三)进行自动结算

选择"红蓝入库单"和"红蓝发票"项,【确定】后自动结算,冲抵原数据(如图6－39所示)。

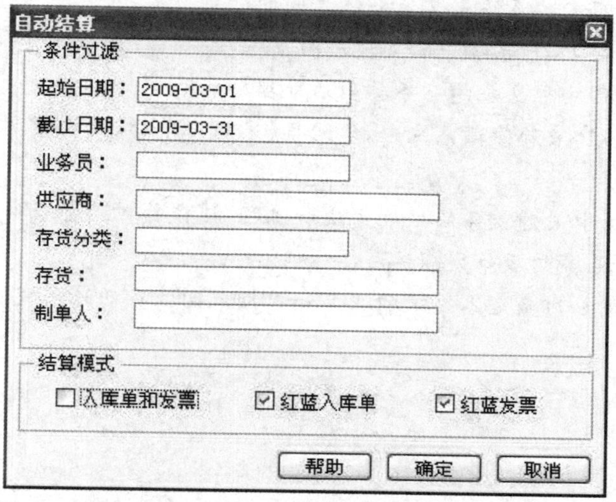

图6－39 红字入库单自动结算界面

四、采购单据和账表的查询

采购管理系统的查询内容主要包括采购单据、采购统计表、采购账簿和采购分析表。

采购单据查询是通过入库单明细列表、发票明细列表、结算单明细列表、凭证列表查询等进行单据查询,可以分别对入库单、发票及结算单等进行查询。采购管理系统提供了多种明细表,包括采购明细表、入库明细表、结算明细表、货到票未到明细表、票到货未到明细表及费用明细表。明细表可由使用者任选查询条件,将采购业务一笔一笔地显示出来。

采购统计是将采购业务中的采购发票、采购入库单以及采购结算数据,由用户任选查询条件,汇总显示。统计表包括采购统计表、入库统计表、结算统计表、货到票未到统计表、票到货未到统计表及综合统计表等。

采购账簿包括在途货物余额一览表、暂估入库余额一览表、代销商品款余额表和代销商品款台账。

采购分析表包括采购成本分析表、供应商价格分析表、采购类型结构分析表、采购资金比重分析表等。

综合利用采购管理系统提供的各种账表及查询功能,充分实现采购业务管理的事中控制、事后分析功能,可以全面提升企业的采购管理水平。

复习思考题

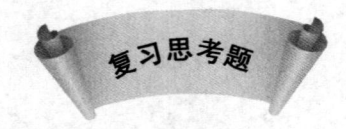

1. 什么是采购管理？采购管理的目标是什么？
2. 通过流程图说明采购系统与其他系统之间的关系。
3. 简述采购业务在 ERP 系统中的实现流程。
4. ERP 软件提供哪些常见采购业务类型的处理功能？
5. 简述在用友 ERP 采购管理系统中，请购单、采购订单、采购到货单、采购入库单及采购发票是如何生成的。
6. 结合 ERP 系统中采购业务的处理方法和流程，谈谈你对财务业务一体化思想的理解。
7. 简述采购退货业务的操作处理流程。
8. 用友 ERP 系统如何确定本期采购业务和前期采购业务的采购成本？

第七章　应付款管理

学习目的和要求

通过本章的学习，了解应付款管理的主要功能和应付款管理的具体应用方案；掌握应付款系统与采购管理系统之间的数据传递关系；掌握应付单据、付款单据的审核与核销；掌握发票制单、现结制单、应付单制单、核销制单等制单方法；深入了解应付款核算管理的意义和账表查询分析的内容。

第一节　应付款管理概述

应付款管理系统是财务链中的子系统，通过销售发票、其他应付单、付款单等单据的录入，对企业的往来账款进行综合管理，及时、准确地提供往来账款余额和各种分析报表，使企业能够全面掌握每一笔应付款，从而合理地进行资金的调配，提高资金的利用效率。

同时，企业的应付款信息在财务系统中得到实时反映后，财务主管就可以对业务运营进行动态控制，如果在总账系统发现异常数据，可以通过明细分类账、凭证依次追踪到某一笔业务单据，实现要求追本溯源的管理，从而有效地控制应付款项的业务运作风险。

一、应付款管理系统的主要功能

（1）提供系统参数的定义，用户结合企业管理要求进行的参数设置，是整个系统运行的基础；提供单据类型设置、账龄区间的设置，为各种应付款业务的日常处理及统计分析做准备；提供期初余额的录入，保证数据的完整性与连续性。

（2）提供应付单据、付款单据的录入、处理、核销、转账、汇兑损益、制单等处理功能。

（3）提供各类业务单据、详细核销信息、报警信息、记账凭证等内容的万能查询功能。

（4）提供总账、余额表、明细账等多种账表查询功能，提供应付账龄分析、付款账龄分析、欠款分析等丰富的统计分析功能。

（5）提供给用户进行远程数据传递的功能，提供对核销、转账等处理进行恢复的功能，以便进行操作修改。

二、应付款管理系统与其他系统之间的关系

应付款管理系统主要与总账系统、采购管理、应收款管理、财务分析、UFO 报表、网上银行、存货核算等系统有接口，其密切关系如图 7—1 所示。

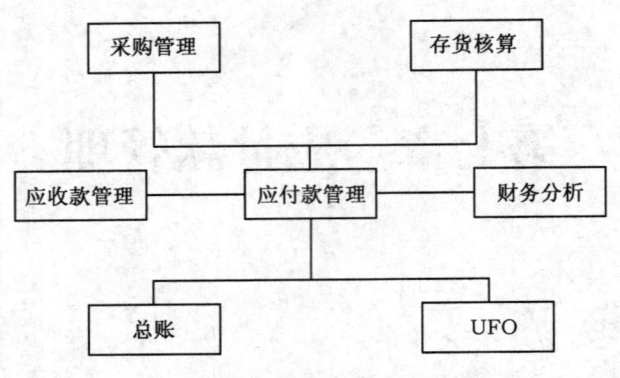

图 7-1 应付款与其他系统之间的关系

应付款管理与其他系统之间的关系主要体现为:

(1)应付款管理系统接收采购系统的发票,审核并生成会计凭证,对发票进行核销处理。采购中的现结业务在采购系统处理,本系统可对现结单据制单。

(2)应付款管理系统向总账传递凭证数据,并能查询其生成的凭证。

(3)应收与应付系统之间进行转账处理。

(4)应付款管理系统向财务分析系统提供各种分析数据。

(5)应付款管理系统向 UFO 提供应用函数。

(6)应付款管理系统与网上银行进行付款单的导入、导出。

(7)采购结算业务制单,既可以在存货核算系统制单,也可以在应付款管理系统制单,但只能选其一(在本书所讲案例中,采购结算业务制单在应付款管理系统制单)。

三、应付款管理应用方案

根据对供应商往来款项核算和管理的详细程度和深度不同,系统提供了应付款"详细核算"和"简单核算"两种应用方案。

(一)详细核算

若采购业务及应付账款业务繁多,或者需要追踪每一笔业务的应付款、付款和余额等情况,或者需要将应付款核算到产品一级,那么就可以选择详细核算方案。

(二)简单核算

如果使用单位采购业务及应付款核算业务并不十分复杂,或者现结业务较多,就可选择简单核算方案。

第二节 日常业务

日常处理是应付款管理系统的重要组成部分,是经常性的应付业务处理工作。日常业务主要完成企业日常的应付/付款业务录入、应付/付款业务核销、应付并账、汇兑损益等的处理,及时记录应付、付款业务的发生,为查询和分析往来业务提供完整、正确的资料,加强对往来款项的监督管理,提高工作效率。

下面以前述采购业务的货款结算处理讲述应付款系统的使用。在本案例中,企业采用详细核算方案,采购管理系统和应付款管理系统联合使用。

一、应付款的处理

应付单据处理主要是对应付单据(采购发票、应付单)进行管理,包括应付单据的录入和审核。

(一)应付单据录入

应付款管理系统和采购管理系统联合使用,则发票由采购系统录入,在本系统对这些单据进行审核、弃审、查询、核销、制单等功能。此时在本系统需要录入的单据仅限于应付单。

如果没有启用采购管理系统,则各类发票和应付单均应在本系统录入。

(二)应付单据审核

案例业务 7—1

审核本月采购部门录入的采购发票和应付单。

处理过程如下:

(1)执行菜单"应付款管理"→"日常处理"→"应付单据审核",显示单据过滤条件,界面如图 7—2 所示。

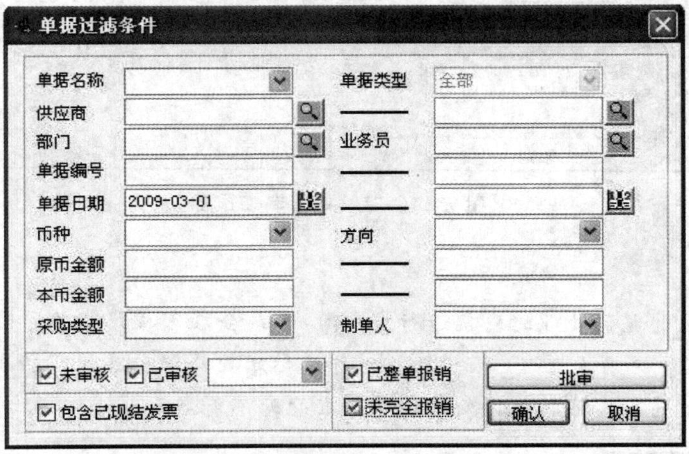

图 7—2 应付单据审核过滤条件界面

(2)输入单据过滤条件,单击【确认】按钮。

(3)在应付单据列表界面(如图 7—3 所示),单击【全选】按钮,再单击【审核】按钮,进行批量审核。或者双击进入单据卡片界面进行单张审核,如图 7—4 所示。

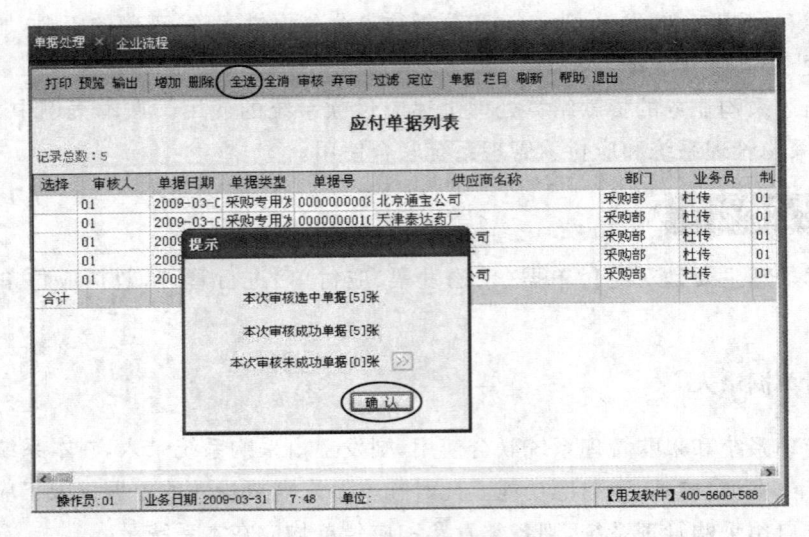

图7-3 应付单据选择界面

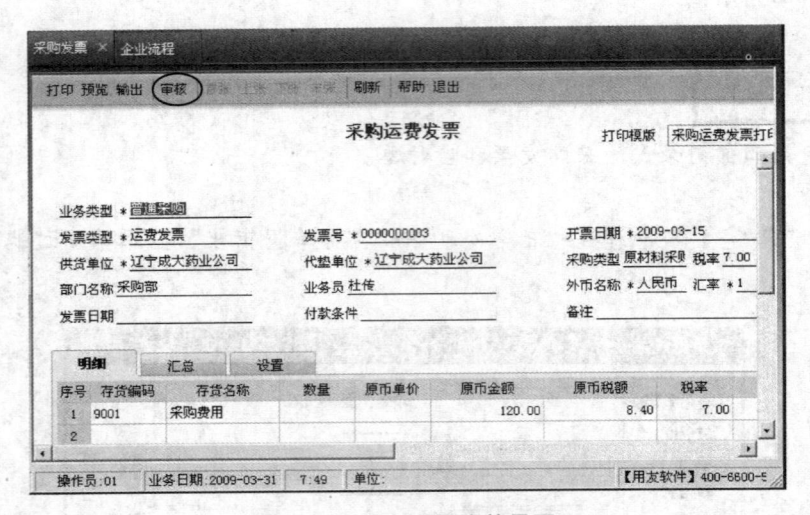

图7-4 应付单据审核界面

【说明事项】

① 对于已经做过现付处理的发票进行审核时,系统会在审核记账的同时,后台还将自动进行相应的核销处理。对于发票有剩余的部分,作应付账款处理。

② 做过后续核销、制单、转账等处理的单据在此处不能显示。

二、付款单据处理

在采购业务中,必然涉及一系列付款业务。付款单据处理主要是对结算单据进行管理,包括对付款单、收款单的录入和审核。其中,付款单用来记录企业所支付的款项,收款单(红字付款单)用来记录发生采购退货时,企业所收到的供应商退款。

(一)付款单据的录入

付款单据录入的内容不仅是支付给供应商的货款,还可以是提前支付给供应商的预付款或者是其他费用。

案例业务7-2

2009年3月19日,以转账支票方式支付天津泰达药厂货款421.20元,票据号2685。
处理过程如下:

(1)执行菜单"应付款管理"→"日常处理"→"付款单据录入",在收付款单录入界面(见图7-5),单击【增加】按钮,录入相关业务信息,单击【保存】按钮。

(2)保存后,单击【审核】按钮进行付款单审核。

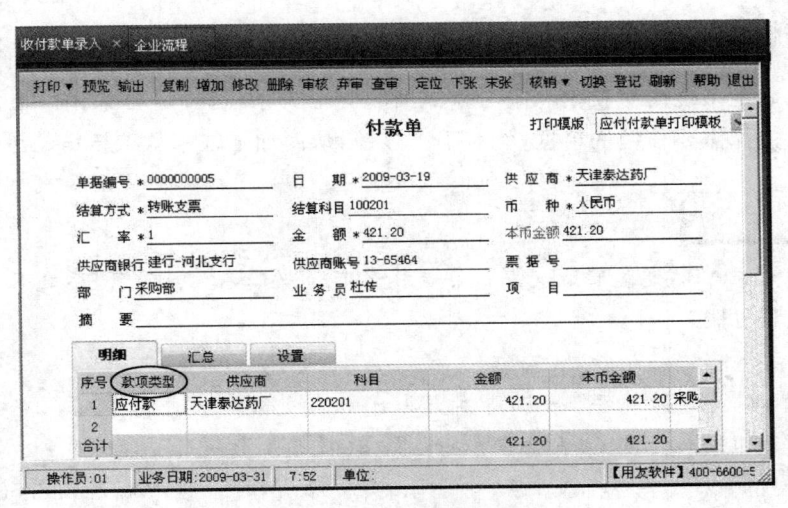

图7-5 付款单录入界面

【说明事项】

①款项类型:根据业务类型选择预付款、应付款、其他费用。

②对于同一张付款单,如果包含不同用途的款项,应在表体记录中分行显示。

③录入金额时应在表头中录入,表体金额会自动带入。

④菜单栏中【切换】按钮,可以在付款单和收款单(红字付款单)之间切换。

⑤在此界面还可以进行付款单核销和制单处理。如果不想处理,也可以在后面的"核销处理"和"制单处理"处进行。

(二)付款单据的审核

此项主要完成付/收款单的自动审核、批量审核功能。只有审核后的单据,才允许进行核销、制单等处理。

付款单据审核的操作过程同应付单据的审核。

三、核销处理

核销处理是指用户日常进行的付款核销应付款的工作。单据核销的作用是处理付款核销应付款,建立付款与应付款的核销记录,监督应付款及时核销,加强往来款项的管理。系统提供两种批量核销方式,即手工核销和自动核销。核销处理过程如图7-6所示。

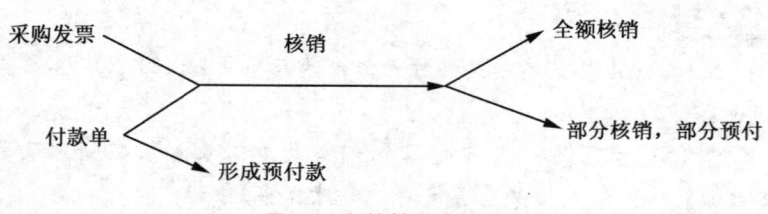

```
采购发票 ─┐              ┌─ 全额核销
          ├─→ 核销 ─→─┤
付款单 ───┤              └─ 部分核销,部分预付
          └─ 形成预付款
```

图7-6 核销处理过程

(一)手工核销

用户手工确定系统内付款单与应付款单据的对应关系,选择进行核销。通过本功能可以根据查询条件选择需要核销的单据,然后手工核销,从而加强往来款项核销的灵活性。

案例业务7-3

2009年3月19日,通过转账支票预付吉林东方药业792.50元,其中,还货款526.50元,剩余部分作为预付账款。

处理过程如下:

(1)执行菜单"应付款管理"→"日常处理"→"核销处理"→"手工核销",在核销条件窗口(如图7-7所示),输入供应商"吉林东方药业",单击【确认】按钮。

(2)单据核销窗口如图7-8所示,在上面表体"本次结算"栏中输入526.50,在下面表体"本次结算"栏内也输入526.50,然后单击【保存】按钮。

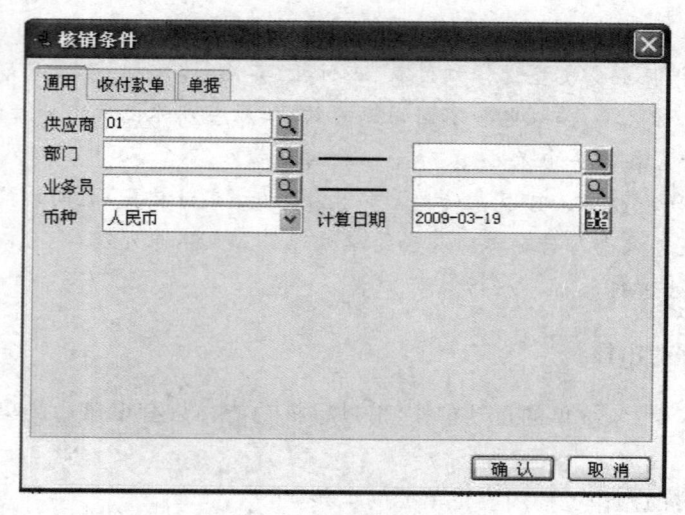

图7-7 输入核销条件窗口

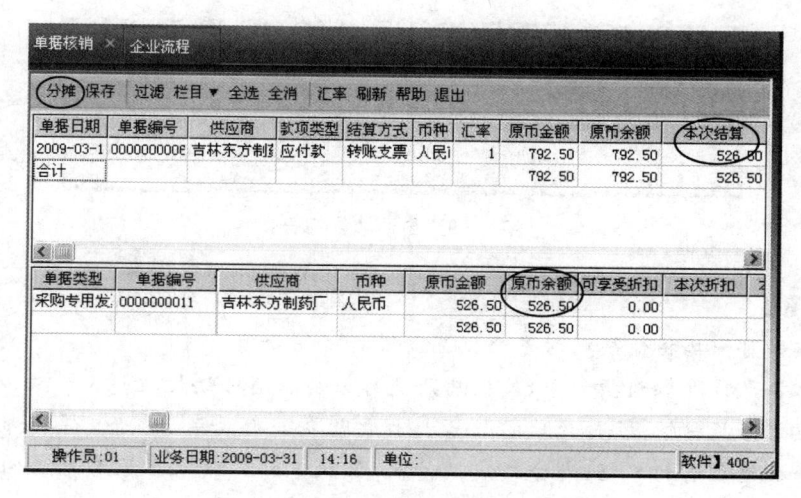

图 7—8　手工核销窗口

【说明事项】

①单据核销界面,上面列表显示该供应商可以核销的结算单记录,下面列表显示该供应商符合核销条件的应付单据。

②核销时可以修改本次结算金额,但是不能大于该记录的原币余额。

③用户可以手工输入本次结算金额,本次结算,上、下列表中的结算金额合计必须保持一致。也可手工输入本次结算金额后,点击【分摊】按钮,系统将当前结算单列表中的本次结算金额合计自动分摊到被核销单据列表的本次结算栏中。核销顺序依据被核销单据的顺序排序。

④手工核销时一次只能显示一个供应商的单据记录。一次只能对一种结算单类型进行核销,即手工核销的情况下需要将收款单和付款单分开核销。

⑤手工核销保存时,若结算单列表的本次结算金额合计不等于被核销单据列表的本次结算金额合计,系统将提示用户"结算金额不相等,不能保存"。

⑥核销的记账日期与处理时的注册日期相同。

⑦若发票中同时存在红、蓝记录,则核销时先进行单据的内部对冲。

(二)自动核销

系统自动确定系统内付款单据与应付款的对应关系,选择进行核销。通过本功能可以根据查询条件选择需要核销的单据,然后系统自动核销,从而加强了往来款项核销的效率性。

案例业务 7—4

自动核销本月应付款。

处理过程如下:

(1)执行菜单"核销处理"→"自动核销",进入核销过滤条件界面。

(2)输入过滤条件,单击【确认】按钮,自动核销后,屏幕显示"自动核销报告",如图 7—9 所示。

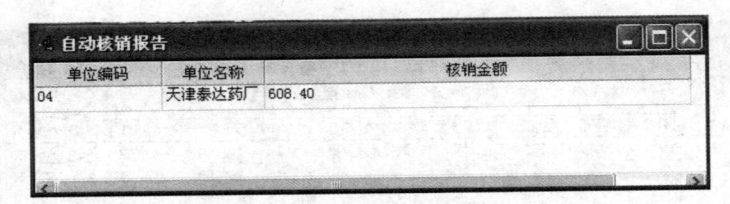

图7-9 自动核销报告

【业务规则】
①自动核销可依据核销规则对多个供应商进行核销处理。
②自动核销允许在取消操作中,按供应商进行分别取消核销处理。
③付款核销有几种情况:付款单的数额小于原有单据的数额,单据仅得到部分核销;付款单的数额部分核销之前的单据,部分形成预付款;付款单的数额小于原有单据的数额,单据仅得到部分核销;预付往来单位款项大于实际结算的货款,收到退款。
④若想取消核销操作,可在"应付款管理"→"其他处理"→"取消操作"中进行。

四、转账业务

应付款转账业务主要有应付冲应付、预付冲应付、应付冲应收、红票对冲等几种形式。

(一)应付冲应付

应付冲应付是指将某一供应商的应付账款转入另一供应商账中。通过本功能将应付款业务在供应商之间转入、转出,实现应付业务的调整,解决应付款业务在不同供应商间入错户或合并户的问题。

(二)预付冲应付

可将预付供应商款项和所欠供应商的货款进行转账核销处理。

(三)应付冲应收

应付冲应收是指用对某供应商的应付账款,冲抵对某客户的应收账款。

(四)红票对冲

红票对冲是指将同一供应商的红票与其蓝字发票进行冲销。

五、业务制单

(一)制单处理

制单即生成凭证,并将凭证传递至总账记账。系统对不同的单据类型或不同的业务处理提供了实时制单和统一制单的功能,用户可以根据需要在填制业务单据时立即生成凭证,也可以最后统一制单,并可依据规则进行合并制单等处理。

案例业务 7-5

对本月所有应付款相关业务进行制单处理。

处理过程如下:

(1) 执行菜单"日常处理"→"制单处理",显示制单查询界面(如图 7-10 所示),输入制单业务和条件。

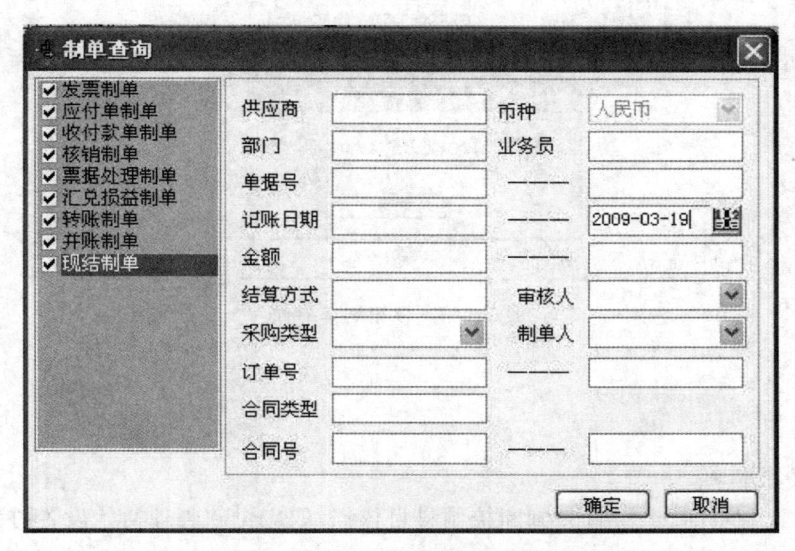

图 7-10 制单单据选择界面

(2) 在制单界面(如图 7-11 所示)选择单据,单击【制单】按钮,生成凭证。

图 7-11 应付制单列表

其中,在核销双方的入账科目相同的情况下不需要进行核销制单。在上述业务中,吉林东方药业和天津泰达药厂全额核销,只是冲抵原入账科目应付账款,并不涉及其他科目,故不生成凭证,如图 7-12 所示。

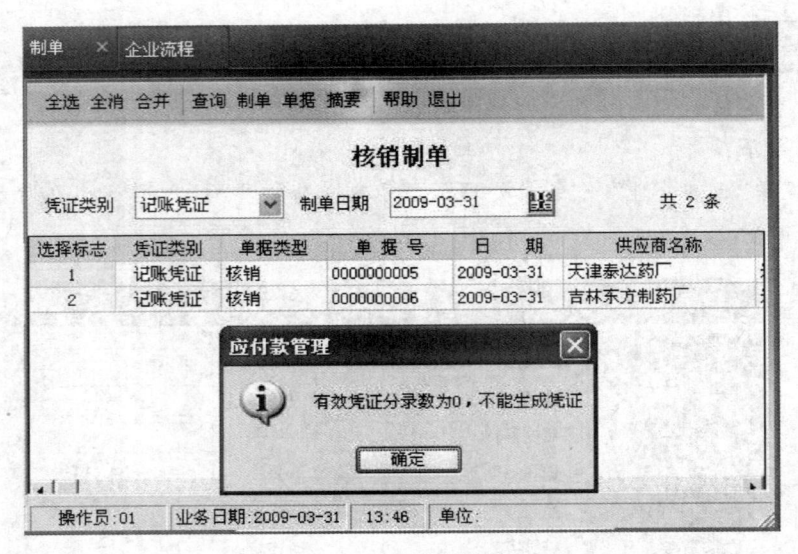

图 7-12 核销制单界面

（二）制单规则

1. 采购发票制单

对采购发票制单时，系统首先判断控制科目依据，取应付款管理初始设置【控制科目设置】中对应的科目；然后判断采购科目依据，取【产品科目设置】中对应的科目，若没有设置，则取【基本科目设置】中设置的应付科目和采购科目，若没有设置，则手工输入。

例如，控制科目依据为"按供应商"，则系统依据采购发票上的供应商，取该供应商在【控制科目设置】中设置的科目"应付账款——A供应商"。采购科目依据为按存货分类，则系统依据采购发票上的存货，找寻其存货分类的采购科目为"材料采购——西药"，税金科目为"应交增值税——进项税"。

  借：材料采购——西药
    应交增值税——进项税
   贷：应付账款——A供应商

2. 付款单制单

应付系统中的付款单制单，结算单表体款项类型为"应付款"，则借方科目为应付科目；款项类型为"预付款"，则借方科目为预付科目；款项类型为"其他费用"，则借方科目为费用科目，贷方科目为"结算科目"，取表头金额。

  借：应付科目 款项类型＝应付款
    预付科目 款项类型＝预付款
    费用科目 款项类型＝其他费用
   贷：结算科目 表头金额

3. 结算单核销制单

在核销双方的入账科目不相同的情况下，才需要进行核销制单。例如，应付单入账科目为应付科目 1(核销金额＝130)，结算单入账时对应受控科目有应付科目 1(核销金额＝30)、应付科目 2(核销金额＝80)、预付科目(核销金额＝20)，则这两张单据核销时生成的凭证应该是：

借：应付科目 1　　　　　　　　　　　　　　　　　　　100
　　贷：预付科目　　　　　　　　　　　　　　　　　　　　　20
　　　　应付科目 2　　　　　　　　　　　　　　　　　　　　80

如果采购应付单入账科目是应付账款，结算还款时冲抵科目还是应付账款，这样的核销不需要制单。

(三)现结制单

对现结或者部分现结的采购发票制单时，借方取【产品科目设置】或者【基本科目设置】中对应的采购科目和应交增值税科目，贷方取【结算方式科目】设置中的结算方式对应的科目。

完全现结	部分现结
借：材料采购 　　税金科目 　　贷：结算科目	借：材料采购 　　税金科目 　　贷：结算科目 　　　　应付账款

六、取消操作

如果已经对原始单据进行审核并对付款单进行核销等操作，之后发现操作失误，可通过本功能将其恢复到操作前的状态，以便进行修改。

案例业务 7-6

因核销失误，取消对天津泰达药厂的核销操作。

处理过程如下：

(1)执行菜单"应付款管理"→"其他处理"→"取消操作"，在取消操作条件界面（如图 7-13 所示），录入取消条件和操作类型。

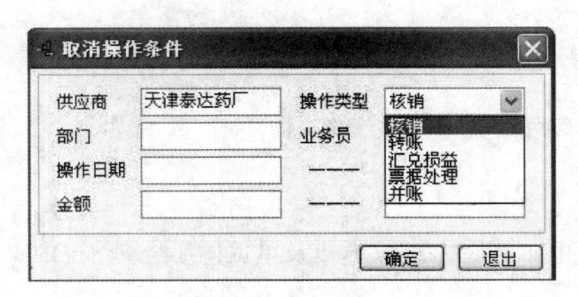

图 7-13　取消操作条件界面

(2)在取消操作界面（如图 7-14 所示），选择记录，单击【确认】按钮，即可取消核销操作。

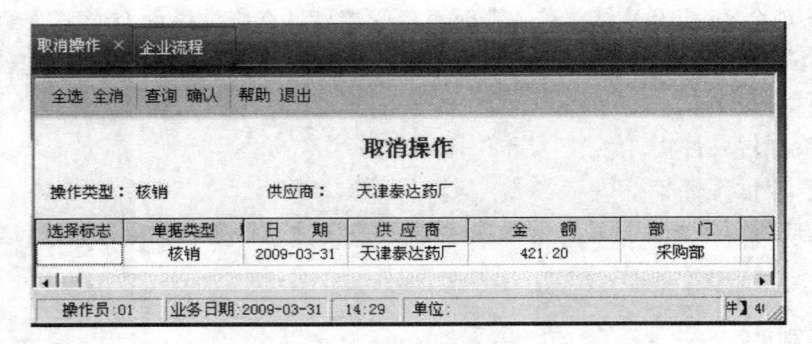

图 7-14 取消操作界面

【说明事项】

① 如果要取消的操作所在月份已经结账,则不能够恢复。

② 如果要取消的操作业务已经制单,应先删除其对应的凭证,再进行恢复。

第三节 单据账表查询业务

应付款业务发生后,单据经过审核记账,形成了一系列应付款管理所需要的账表。对于应付款的查询业务,系统提供了单据查询和账表查询。

一、单据查询

系统提供了对应收单、结算单、凭证等各类单据的查询。在查询列表中,系统提供自定义显示栏目、排序等功能,可以通过单据列表操作来制作符合要求的单据的列表。用户在单据查询时,若启用客户、部门数据权限控制,则用户在查询单据时只能查询有权限的单据。

(一)发票查询

可以按已审核、未审核,已核销、未核销,以及已整单报销和未完全报销几个条件进行全部发票的查询。

(二)应付单查询

主要提供除了发票以外的其他应付单的查询。

(三)收付款单查询

可以分别进行收款单和付款单的查询,以及单据详细结算情况的查询。

(四)凭证查询

通过此功能来查看、修改、删除、冲销应付款系统生成的并传到账务系统的凭证。

(五)应付核销明细表

本表能够给用户提供一个完整的详细核销情况。

(六)单据报警查询

可以根据不同的报警设置来查询哪些单据快到期,哪些单据很快就不能再享受现金折扣。报警设置有三种选择:

(1)如果选择了根据"信用期"自动报警,则还需要设置报警的提前天数。每次登录本系统时,系统自动将"单据到期日－提前天数≤当前注册日期"的已审核的单据显示出来,以提醒哪些供应商的款项应该付款。

(2)如果选择了根据"折扣期"自动报警,则还需要设置报警的提前天数。每次登录本系统时,系统自动将"单据最大折扣日期－提前天数≤当前注册日期"的已审核的单据显示出来,以提醒哪些采购业务再不付款就不能享受现金折扣待遇。

(3)如果选择了不进行自动报警,则每次登录本系统时不会出现报警信息。

二、账表管理

(一)业务账表

通过业务总账、业务余额表、业务明细账,可以查看供应商、供应商分类、地区分类、部门、业务员、供应商总公司、主管业务员、主管部门、存货、存货分类在一定月份内所发生的应付、付款的汇总和明细数据以及余额情况。

其中,与总账对账功能,提供应付款系统生成的业务账与总账系统中的科目账核对的功能,检查两个系统中的往来账是否相等。

(二)统计分析

通过统计分析,可以按用户定义的账龄区间,进行一定期间内应付款账龄分析、付款账龄分析、往来账龄分析,了解各个应付款的周转天数和周转率,了解各个账龄区间内应付款、付款及往来情况,能及时发现问题,加强对往来款项动态的监督管理。

(三)科目账表

科目账查询包括科目明细账和科目余额表的查询。主要用来查询应付受控科目各个供应商的明细账和余额情况。

复习思考题

1. 简述应付款管理系统的主要功能。
2. 简述应付款管理系统与其他系统之间的关系。
3. 举例说明应付款系统与采购系统之间的关系。
4. 应付款业务核销有哪些方式和方法?
5. 以现结制单为例,说明应付款业务如何自动生成会计凭证。
6. 简述应收账款的"详细核算"和"简单核算"两种方案在功能上有何区别。

第八章 库存管理

学习目的和要求

通过本章的学习,了解并掌握库存管理系统的主要功能、重要作用和主要业务类型;了解库存管理与采购管理、销售管理、存货核算模块之间的关系;熟悉库存管理系统关于货位管理、批次管理、保质期管理等物流管理功能实现的方法;掌握库存出、入库业务和盘点、调拨等业务的处理过程和财务核算内容。

第一节 库存管理概述

库存是企业为了保证生产和客户服务正常进行的一切存货和物料,包括原材料、在制品、最终用品、在途产品以及用于维护、修理和日常运作的物料。库存管理是企业管理的重要组成部分,是联系供应、生产、销售的枢纽。库存管理的主要功能是在供、需之间建立缓冲区,达到缓和用户需求与企业生产能力之间、最终装配需求与零件配套之间、零件加工工序之间、生产厂家需求与原材料供应商之间的供需矛盾的目的。同时,库存管理也是企业物流管理的核心,是进行物料流动、循环管理控制的系统。

在日常业务处理中,库存管理主要对企业的实物进行管理,每项存货的收发都须经过库存保管方的监督、管理和确认,是仓库或成本核算的重要基础数据来源,并随时为企业提供存货结存数量,保证企业的正常运营。

库存管理适用于各种类型的工商业企业,如制造业、医药、食品、批发、零售、批零兼营、集团应用及远程仓库等。系统着重实现工商业企业库存管理方面的需求,覆盖目前工业、商业的大部分库存管理工作。库存管理可以单独使用,也可以与采购管理、销售管理、存货核算集成使用,进而发挥强大的集成应用功能。

一、库存管理的目标

库存是一项重要的流动资产,它占用企业的大量资金。为降低库存占用资金,企业应保持最低限度的库存水平。同时,用户服务水平的高低又同库存项目有直接的联系。因此,平衡库存投资与服务水平之间的关系就成为库存管理中心。库存管理水平的高低直接影响企业的生产效率和服务水平。

企业库存管理的目标主要包括:
(1)适时地提供正确的库存情况。
(2)保持合理的低库存水平。

(3)满足客户的订单需求,保持供货率,取得较高的客户服务水平。
(4)降低库存费用。

二、库存管理系统的主要功能

库存管理系统的主要功能包括:

(1)满足企业日常采购入库、销售出库、产成品入库、材料出库、其他出入库、库存调整、仓库盘点、质检管理等日常业务需要。

(2)提供仓库货位管理、批次管理、保质期管理、出库跟踪入库、可用量管理等全面业务应用。

(3)根据企业业务及职能管理需要的不同,及时准确地提供库存账、批次账、货位账、统计表等各类账表和业务管理分析资料。

(4)提供丰富灵活的业务单据以及业务资料的修改、作废、审核、关闭、查询、打印输出等功能。

三、库存管理系统与其他系统之间的关系

库存管理系统与其他系统之间的关系(如图 8-1 所示)可概述如下:

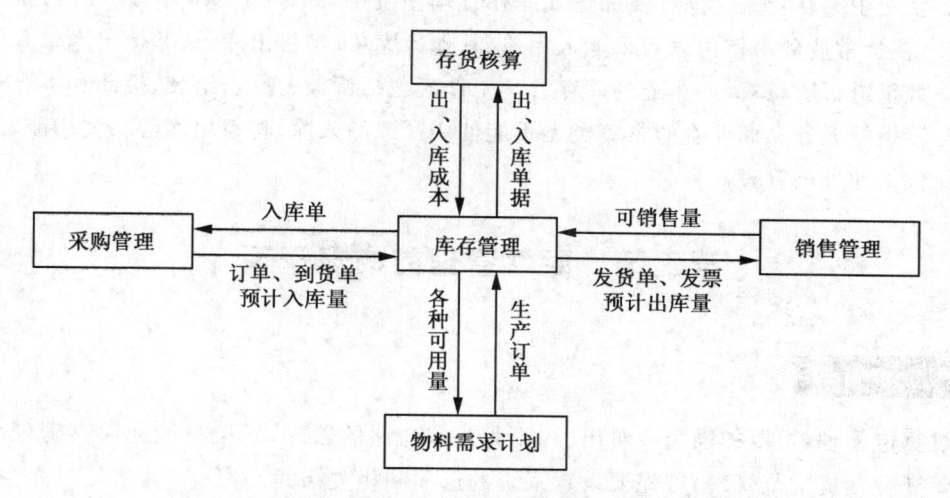

图 8-1 库存管理系统与其他系统之间的关系

(1)库存管理系统可以参照采购管理系统的采购订单、采购到货单生成采购入库单,并将入库情况反馈至采购管理系统。采购管理系统向库存管理系统提供预计入库量。

(2)库存管理系统可以参照物料需求计划系统产生的生产订单来生成产成品入库单、限额领料单、材料出库单、调拨单。以上单据的执行情况反馈至物料需求计划系统,可以跟踪查询生产订单的执行情况。库存管理系统向物料需求计划系统提供各种可用量。

(3)根据选项设置,销售出库单可以在库存管理系统填制生成,也可以在销售管理系统生成后传递到库存管理系统,库存管理系统再进行审核。如果在库存管理系统生成,则需要参照销售系统的发货单、销售发票。销售管理系统为库存管理系统提供预计出库量,库存管理系统为销售管理系统提供可用于销售的存货的可用量。

(4)库存管理系统为存货核算系统提供各种出、入库单据。所有出、入库单均由库存管理系统填制,存货核算系统只能填写出、入库单的单价和金额,并可对出、入库单进行记账操作,核算出、入库成本。

四、库存管理系统的业务类型

(一)工业企业核算类型

工业企业的存货是指原材料、辅助材料、包装物、低值易耗品、委托外加工材料及企业自行生产的半成品、产成品等。在库存管理系统中,如果建立账套时所选企业类型为工业企业,在日常业务中就可以对采购入库单、产成品入库单、其他入库单、销售出库单、材料出库单、其他出库单等单据发生的出、入库数量进行审核;工业企业库存管理工作还包括调拨、盘点、组装、拆卸、不合格品管理、形态转换和限额领料等业务。工业企业核算类型不能对受托代销业务进行管理。

(二)商业企业核算类型

商业企业中的存货是指库存商品。在库存管理系统中,如果建立账套时所选企业类型为商业企业,在日常业务中就可以对采购入库单、其他入库单、销售出库单、其他出库单等单据发生的出库数量进行审核;商业企业的库存管理工作还包括调拨、盘点、组装、拆卸和不合格品管理和形态转换等业务。商业企业核算类型不能使用产成品入库、材料出库等相关功能,但可以进行受托代销业务的管理。

第二节 库存管理的物流管理

一、货位管理

通过货位管理,可以加强企业对出、入库业务和仓储的管理,货位只能在库存管理系统中指定。要进行存货货位管理,首先要设置系统的选项和相关档案。

(一)货位管理相关选项

与货位有关的选项主要在库存管理系统选项中设置,具体有以下几个选项:

(1)是否检查存货货位对应关系。选中此选项表明在存货出、入库指定货位时,要检查是否与基础档案中设置的存货货位相符。

(2)审核时是否检查货位。单据审核时,如果单据表头列示的仓库是货位管理,则该单据所有记录的货位信息必须填写完整才能审核通过,否则不予审核签章。进行货位管理时,最好设置该选项,这样可以避免漏填货位。

(3)是否检查货位权限。查询时只能显示有查询权限的货位及其记录。

(4)是否允许货位零出库。即是否允许货位在出库后,结存小于零。

(二)与货位管理相关档案的录入

与货位管理相关的档案主要有仓库档案、货位档案、存货档案和存货货位对照表。设置顺序如下：

设置——基础档案——业务——仓库档案,录入仓库信息时确定是否货位管理。
设置——基础档案——业务——货位档案,录入货位的编码和货位管理信息。
设置——基础档案——存货——存货档案,录入存货档案时指定货位,并指明是否单独存放。
设置——基础档案——对照表,录入存货货位对照表,设置存货常用货位。

(三)指定货位的操作

货位的指定主要应用于出、入库业务,在填制出、入库单时,可以手工录入货位,也可以先按【货位】按钮,后按【自动】按钮,由系统自动指定货位。如货位处理有错误,可以按【清货】按钮清除货位,如图8-2所示。

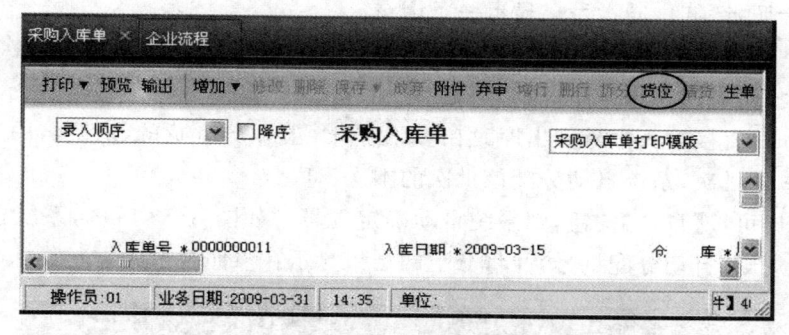

图8-2 货位操作界面

其中,【自动】按钮指定货位是由系统按照存货货位对照表设置的优先级自动分配货位,自动指定货位将删除未保存的货位记录,已指定货位的不再分配。如该存货未在存货货位对照表中设置,则不能自动指定货位。

(四)货位的调整

货位需要调整时,可以手工增加货位调整单,填入货位调整信息,系统自动按用户要求调整。

二、批次管理

用户通过存货的批号,可以对存货的收发存情况进行批次管理,可统计某一批次所有存货的收发存情况或某一存货所有批次的收发存情况。批次管理的存货,如果不选择"出库跟踪入库",则系统会将相同的批号自动合并,否则批号不合并。

(一)批次管理的选项和档案的设置

库存初始设置——选项——通用设置——有无批次管理。
库存初始设置——选项——通用设置——自动指定批号。
库存初始设置——选项——可用量控制——批次存货可用量控制。
设置——基础档案——存货——存货档案——控制选项卡——是否批次管理。

(二)批次冻结

存货入库后,在存货的保管过程中,企业如果发现某批存货有问题,可将该批存货冻结,冻结的批次不能再进行出、入库操作。冻结的批次进行检验后,如果有不合格品,可进行不合格品登记,从正品转为不合格品;如果有合格品,将合格品取消冻结。

(三)批次管理的业务规则

批号合并:批次管理的存货,如果没有设置"出库跟踪入库",则同批号多次入库记录合并为一条记录,参照批号时,同批号只显示一条记录。

批号不合并:批次管理的存货,如果同时设置"出库跟踪入库",则同批号多次入库不合并,出库时需指定相对应的入库单据,能够满足用户的精细管理。

存货入库时,直接输入批号。出库时在参照窗口中显示该存货的各批次,用户可选择多个批次,每选择一个批次,系统自动分配该批次的本次出库数。

在参照窗口可按【自动】按钮,则系统自动确定批号。如图 8—3 所示,系统按用户设置自动指定批号的规则,自动分配批号,并将分配的结果显示在参照窗口中。

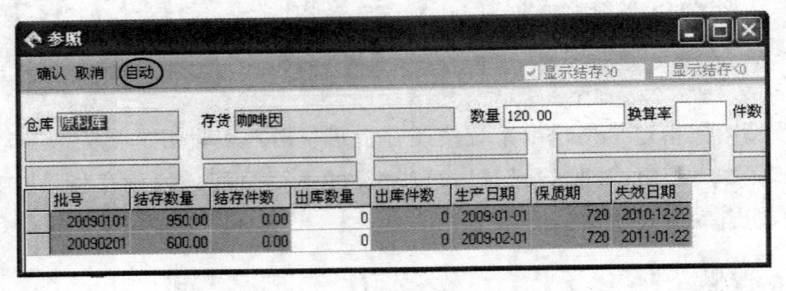

图 8—3 系统自动指定批号窗口

(四)批次账

批次管理可以通过批次台账和批次汇总表对实施批次管理存货的收发存情况进行查询。

批次台账:用于查询批次管理的存货的各仓库、各月份、各批次的收发存明细情况,按"批号+存货(或批号+存货+自由项)"设置账页,即一个批号一个存货一个自由项为一个账页。

批次汇总表:用于查询库存各存货各批次的出、入库和结存情况,可对各批次进行详细的跟踪。

三、保质期管理

（一）保质期管理的意义

在医药、食品等众多行业中，企业必须要了解：有哪些存货已经到期？又有哪些存货即将到期？销售发货时能否优先考虑即将到期的存货？针对这种需求，供应链管理提供了"保质期管理"功能。保质期管理涉及供应链管理系统中的库存管理和销售管理两个模块。

用户可以对存货的保质期进行管理，实施保质期预警和失效存货报警。只有批次管理的存货，才能进行保质期管理，即要进行保质期管理必须先进行批次管理。

（二）保质期管理的选项和基础档案设置

库存初始设置——选项——通用设置——有无批次管理。

库存初始设置——选项——通用设置——有无保质期管理。

设置——基础档案——存货——存货档案——控制——是否批次管理。

设置——基础档案——存货——存货档案——控制——是否保质期管理、保质期天数、预警天数。

只有前三个选项都设置，才能设置具体存货的保质期管理，而进行保质期管理的存货必须进行批次管理。

（三）保质期管理业务应用

保质期管理的存货入库时，保质期一栏根据存货档案中设置的保质期带入，不能修改。存货的生产日期、失效日期由用户录入，可以输入其中任意一项，由系统自动计算另外一项。存货入库时，根据用户所选批号的日期带入，不能修改。

四、出库跟踪入库

出库跟踪入库，即在出库时进行出库跟踪入库的存货，用户只需输入相应的入库单号，就可实现对存货的出、入库跟踪，同时这也是计算存货库龄的依据。对批次管理的存货实行出库跟踪入库，可实现批号不合并的功能，能够满足用户精细管理的需要。

五、库存量管理

在库存管理系统，库存的各种量的管理非常重要，如现存量、可用量、预计入库量、预计出库量等。通过库存量的管理，企业能够把采购、销售、仓储作为一个有机的整体，进行全面精确的物流管理。其中，几个量的含义如下：

（一）可用量

可用量是指企业实际上可以使用的存量。

（二）现存量

现存量是指仓库的实际库存量，每次办理实物出、入库后，根据修改现存量时点更改现存量。

(三) 整理现存量

如果用户认为目前的现存量与单据不一致,可通过此功能将现存量调整正确。

(四) 最高、最低库存量

最高、最低库存量管理分为预警和控制,既可按存货进行控制,也可按"仓库+存货"进行控制。通过此项管理,可以细化用户的库存管理,为用户提供预警信息和出、入库控制,从而避免库存积压和库存短缺的问题。

第三节 入库业务

仓库收到采购或生产要入库的货物,由仓库保管员验收货物的数量、质量和规格型号等,确认验收无误后入库并登记库存账。

入库业务包括企业外部采购物资形成的采购入库单、生产车间加工产品形成的产成品入库单,以及盘点、调拨单、调整单、组装、拆卸等业务形成的其他入库业务。

一、采购入库业务

具体业务处理详见第六章"采购管理"的内容。

二、产成品入库业务

产成品入库单是指产成品验收入库时所填制的入库单据,只有工业企业才有产成品入库单,商业企业没有此单据。产成品一般在入库时无法确定产品的总成本和单位成本,所以在填制产成品入库单时,一般只有数量,没有单价和金额。

案例业务 8—1

2009年3月30日,片剂车间生产400盒感康片完工入成品库,入库成本为7.5元。
处理过程如下:
(1)执行菜单"库存管理"→"日常业务"→"入库"→"产成品入库单",显示"产成品入库单"界面,如图8—4所示。
(2)单击【增加】按钮,填入相关信息,单击【保存】按钮。
(3)检查无误后,单击【审核】按钮。

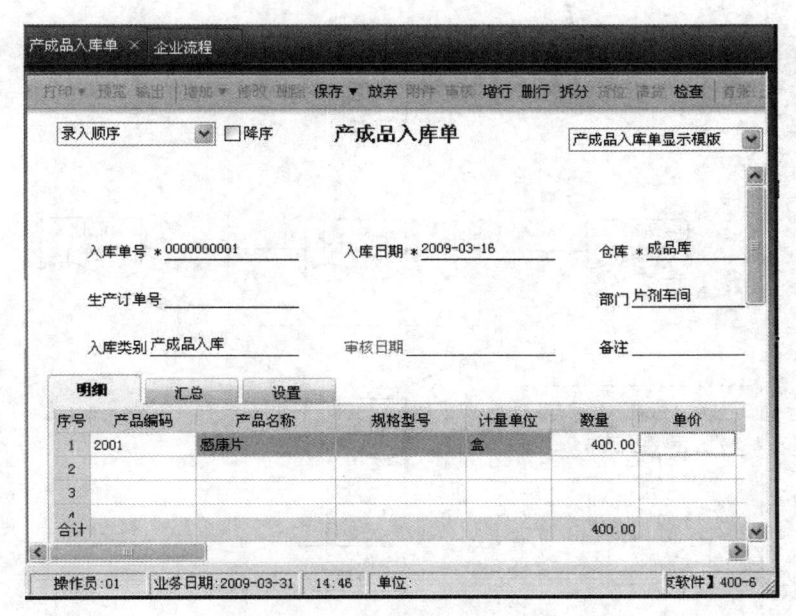

图 8—4 产成品入库单界面

【说明事项】
产成品入库单的单价可以在记账时手工填写,也可以与成本核算系统联用时自动生成。

三、其他入库业务

其他入库单是指除采购入库、产成品入库之外的其他入库业务,如调拨入库、盘盈入库、组装拆卸入库、形态转换入库等业务形成的入库单。其他入库单一般由系统根据其他业务单据自动生成,也可手工填制。

第四节 出库业务

库存出库业务主要包括销售出库、材料出库以及调拨、盘点、调整、组装、拆卸等其他出库业务。

一、销售出库

销售出库业务处理过程见第九章"销售管理系统"。

二、材料出库

对于工业企业,材料出库单是领用材料时所填制的出库单据。当从仓库中领用材料用于生产时,就需要填制材料出库单。材料出库单可以手工填写,或根据限额领料单生成,也可以通过配比出库由计算机自动生成材料出库单,材料出库业务的单据流程如图 8—5 所示。下面重点讲述配比出库业务的处理。

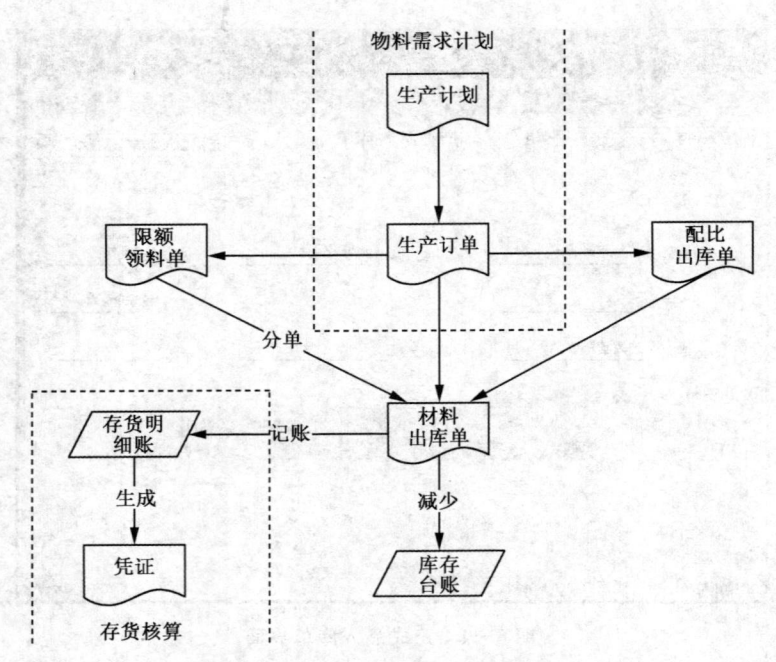

图 8－5　材料出库业务单据流程图

对于工业企业,配比出库单是一种特殊的材料出库单。用户如果要生产或组装某一母项产品,系统可以将其按照产品结构展开到子项材料,并计算生产或组装母项产品需要领用的子项材料数量。

对于具有产品结构的存货,配比出库可以加强领料出库的速度和准确性,它特别适用于生产车间按照销售订单生产的领料出库。

案例业务 8－2

2009 年 3 月 6 日,片剂车间生产感康片 1 000 盒,配比领用原材料。其中,领用材料的批号由系统自动指定,并且有货位管理的存货自行指定货位。

处理过程如下:

(1)执行菜单"库存管理"→"日常业务"→"出库"→"材料出库",单击【配比】按钮(见图 8－6),出现"配比出库单显示模板"界面,如图 8－7 所示。

(2)输入"产品名称",屏幕出现"是否展开到末级"的提示,单击【确定】按钮后生成配比出库单。

(3)单击【生单】按钮,材料出库单自动生成,如图 8－8 所示。

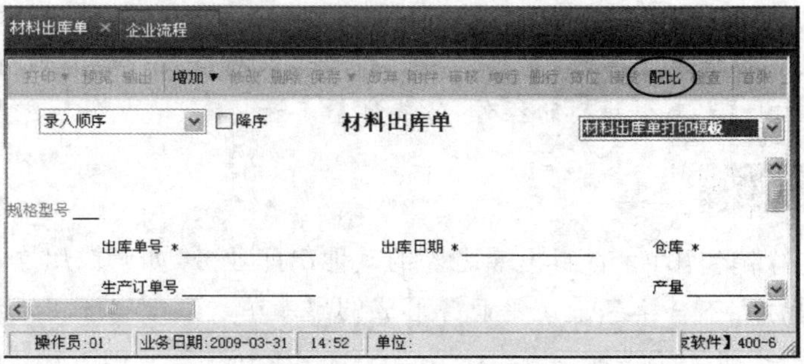

图 8－6　配比材料出库单窗口

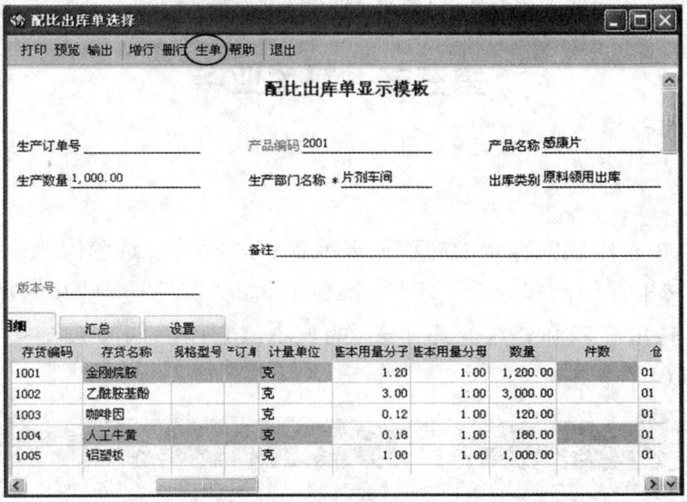

图 8－7　配比出库单显示模板

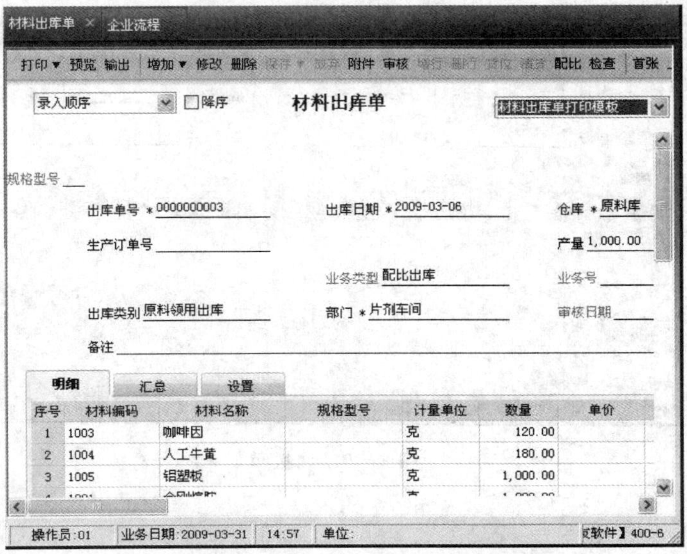

图 8－8　配比生成的材料出库单

【说明事项】

①通过配比生成材料出库单时,物料清单一定要经过审核其产品结构才能被调用展开。
②【增加】和【配比】是两个并列的操作,只能选择其一。

三、其他出库业务

其他出库是指除销售出库、材料出库之外的其他出库业务,如调拨出库、盘亏出库、组装拆卸出库、形态转换出库、不合格品记录等业务形成的出库单。其他出库单一般由系统根据其他业务单据自动生成,也可手工填制。

如果用户需要修改、删除其他单据或其他业务形成的其他出库单,应通过其他单据(调拨单、不合格品记录单)或其他业务(盘点、组装、拆卸、形态转换业务)进行修改和删除。

第五节 其他业务

一、调拨

调拨单是指用于仓库之间存货的转库业务或部门之间的存货调拨业务填写的单据。同一张调拨单上,如果转出部门和转入部门不同,就表示属部门之间的调拨业务;如果转出部门和转入部门相同,但转出仓库和转入仓库不同,就表示属仓库之间的转库业务。调拨单样式如图8—9所示。

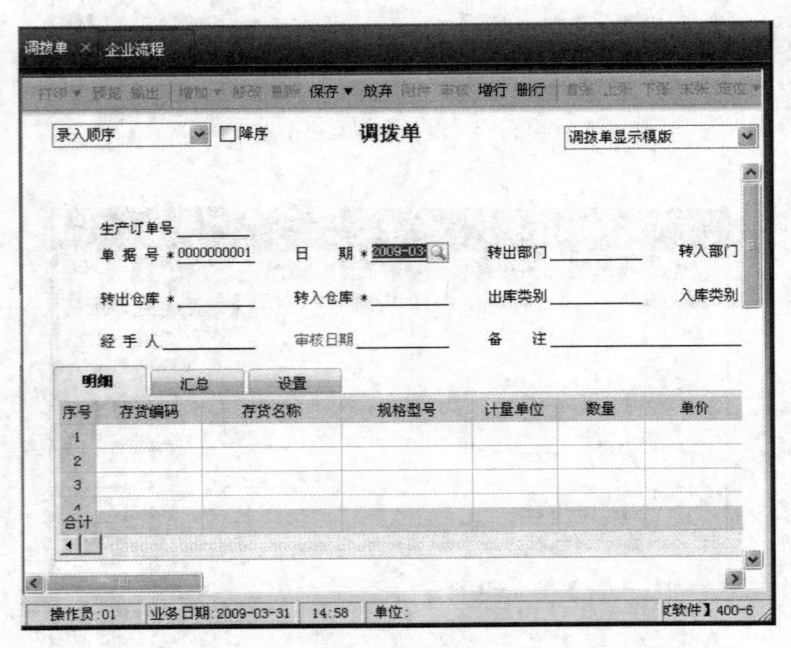

图8—9 调拨单

【说明事项】

调拨单经审核后自动生成"其他出库单"和"其他入库单"。

二、盘点

为了保证企业库存资产的安全和完整,做到账实相符,企业必须对存货进行定期或不定期的清查,查明存货盘盈、盘亏、损毁的数量及其原因,并据以编制存货盘点报告表,按规定程序,报有关部门审批。

经有关部门批准后,财务部门要进行相应的账务处理,调整存货账的实存数,使存货的账面记录与库存实物核对相符。

存货盘点时,系统提供了多种盘点方式,如按仓库盘点、按批次盘点、按类别盘点、对保质期临近多少天的存货进行盘点等,还可以对各仓库或批次中的全部或部分存货进行盘点。普通仓库盘点单审核时,系统会根据盘点表生成其他出、入库单:所有盘盈的存货生成一张其他入库单,业务类型为盘盈入库;所有盘亏的存货生成一张其他出库单,业务类型为盘亏出库。

案例业务 8-3

2009年3月25日,仓储部门王林盘点成品库感康片5 680盒,盘盈60盒,入账单价7元。处理过程如下:

(1)执行菜单"库存管理"→"日常业务"→"盘点",屏幕显示盘点单,如图8-10所示。

(2)录入相关盘点信息,单击【保存】按钮,然后单击【审核】按钮。

(3)系统自动生成其他入库单,对其他入库单也要进行"审核"处理,如图8-11所示。

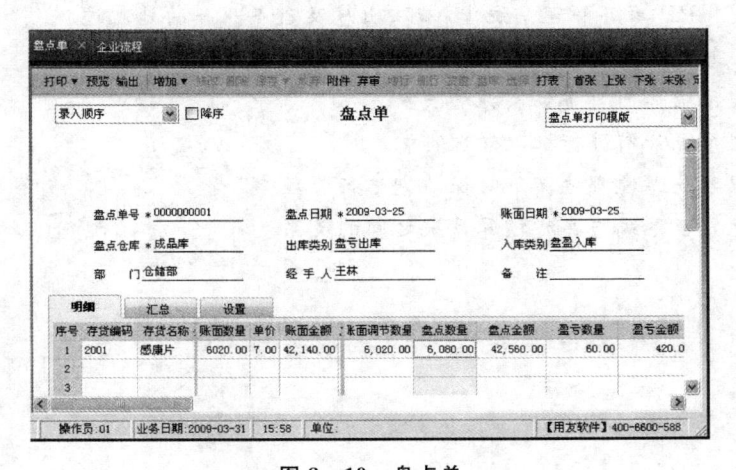

图8-10 盘点单

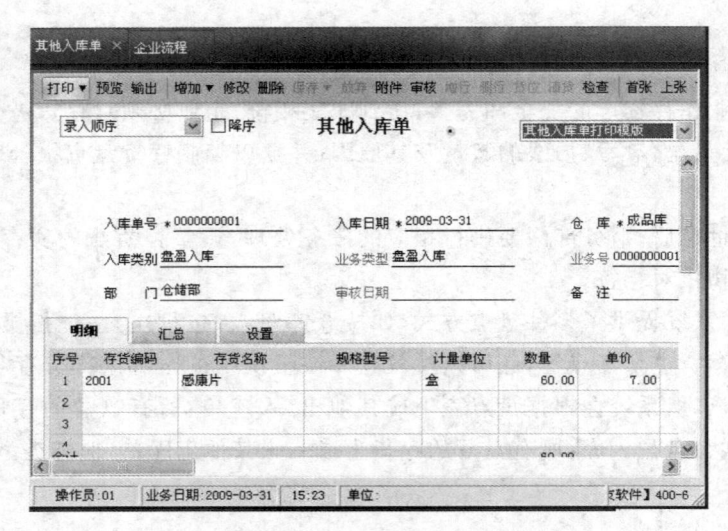

图 8—11　其他入库单

复习思考题

1. 什么是库存管理？库存管理的主要功能是什么？
2. 简述用友 ERP 库存管理系统中入库、出库及盘点业务的处理过程。
3. 简述库存管理系统与其他系统之间的关系。
4. 库存管理系统如何对货位实施管理？
5. 库存管理系统如何进行批次管理？
6. 库存管理系统通过哪些环节对保质期进行管理？
7. 简述库存管理系统与存货核算系统之间的关系。

第九章 销售管理

学习目的和要求

通过本章的学习,了解掌握销售管理系统的主要功能;掌握销售管理系统与应收款管理系统、总账系统的集成应用,并理解掌握系统间的紧密联系和数据传递关系;掌握普通销售业务、直运销售业务、分期收款业务、销售零售业务及销售退货等业务的处理流程、处理方法和处理步骤。

第一节 销售管理概述

销售是企业生产经营成果的实现过程,是企业经营活动的中心。销售部门在企业供应链中处于市场与企业接口的位置,主要职能是为客户提供产品及服务,从而实现企业的资金转化并获取利润,为企业提供生存与发展的动力。

在 ERP 系统中,销售业务流程是企业信息流的源头,是物流的最后一步,是销售收入的主要来源。企业从客户或购货单位获得订货需求,首先将信息传递给计划、采购、生产、仓储等部门,最后从仓库获得所需货物,销售给客户或购货单位,及时收回货款,办完财务手续,并进行销售业务统计分析,从而实现销售业务流程全过程的管理。在 ERP 系统中,销售管理子系统可以单独使用实施销售业务的管理;而更合理的方案是与 ERP 系统的其他子系统如计划、采购、生产、库存、应收款管理的联合运用,从而实现企业管理信息的集成共享,为企业提供更完整、更全面的物流、业务流和资金流的一体化管理。

面对当今制造型企业所处的环境,通过销售管理系统可以全面整合销售资源,加强销售业务管理,迅速对市场需求做出反应,全面满足客户的需求,从而赢得客户,在竞争中取胜。

一、销售管理系统的主要功能

(一)有效地管理客户

通过对客户进行分类管理,维护客户档案,制定针对客户的价格政策,建立长期稳定的销售渠道。

(二)预测产品销售

根据市场需求信息,进行产品销售预测。

(三) 编制销售计划

销售计划的编制依照客户订单、市场预测情况和企业生产情况，对一定时期内企业的销售品种、各品种的销售量与销售价格做出安排。企业也可以针对某个部门或某个业务员制订销售计划。

(四) 销售订单管理

根据客户的订单数量输入、修改、查询、审核销售订单，了解订单的执行或未执行情况。

(五) 销售物流管理

根据销售订单填制或参照生成销售发货单，并根据销售发货单自动生成销售出库单，在库存管理系统办理销售出库。

(六) 销售资金流管理

依据销售发货单开具销售发票，发票审核后即可确认收入，形成应收账款，在应收款管理系统可以查询和制单，并据此收款。

(七) 销售计划管理

以部门、业务员、存货及其组合为对象，考核销售的计划数与定额数的完成情况，并进行考核评估。

(八) 价格政策

系统能够提供历次售价、最新成本加成及按价格政策定价三种价格依据，同时，按价格政策定价时，支持商品促销价，可以按客户定价，也可以按存货定价。按存货定价时还支持按不同自由项定价。

(九) 信用管理

系统提供针对信用期限和信用额度的两种信用管理制度。同时，既可以针对客户进行信用管理，也可以针对部门和业务员进行信用额度、信用期限的管理。如果超过信用额度，可以逐级向上审批。

(十) 批次与追踪管理

对于出库跟踪入库属性的存货，在销售开单时，可以手工选择明细入库记录，并提供先进先出、后进先出两种自动跟踪的方法。

二、销售管理业务处理流程

销售管理子系统的最大特色是以独立于企业或企业集团物流的单据流 (信息流) 作为纽带，代替业务中无形的存货流转轨迹，将企业整个物流、业务流与资金流统一为一体化管理的有机整体。销售管理系统正是按销售业务流程中的销售单据划分业务管理阶段,设置不同的连接轨迹和业务流转方法,具体业务流程如图9-1所示。

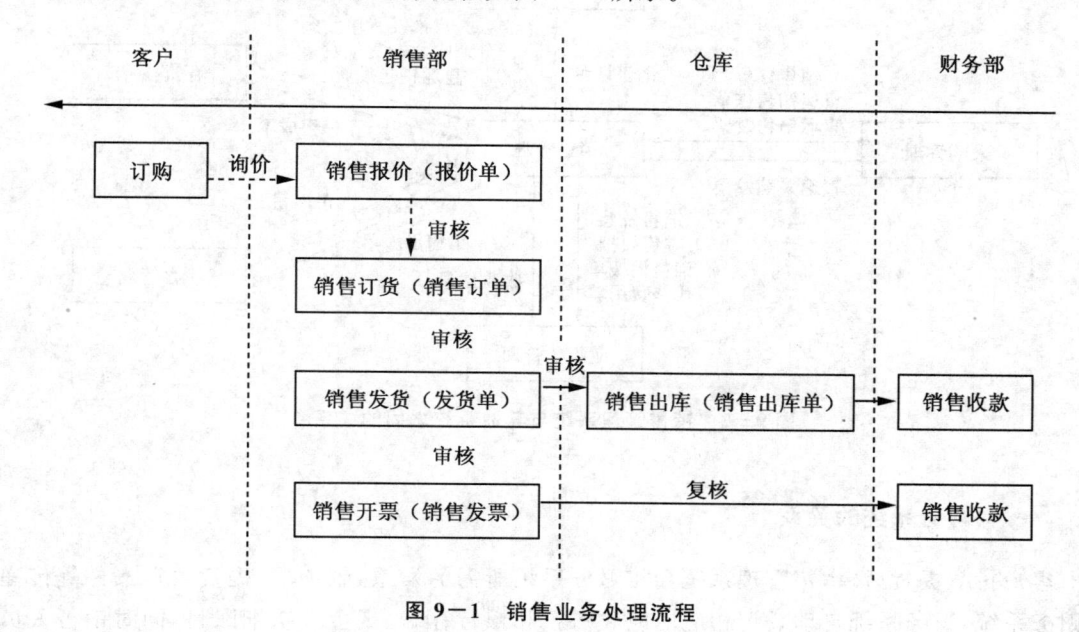

图9-1 销售业务处理流程

从图9-1可以看出,一笔销售业务的发生,同时涉及销售部、仓库、财务部等多个部门,系统间通过系列销售业务单据协调运作。具体业务处理过程描述如下:
(1)销售部门制订销售计划。
(2)企业向客户提供销售报价单。
(3)销售人员按照销售计划,与客户签订销售合同或协议。
(4)销售部门根据销售协议填制销售订单。
(5)销售部门参照销售订单填制销售发货单。
(6)仓库部门参照销售发货单填制销售出库单。
(7)销售部门根据销售发货单填制销售发票。
(8)将销售发票传到财务部门进行收款结算。

三、销售管理系统与其他系统之间的关系

从图9-2中可以看出,销售管理系统与库存管理、成本管理、应收款管理、生产管理系统之间有着密切的联系。企业通过销售业务的管理,向客户提供销售报价单,经商务谈判,由协商一致的报价单可关联生成销售订单。销售订单传递到计划管理系统,及时获取关于产品的规格型号、数量及交货期等信息,经计划管理系统计算生成采购申请单、生产任务单。产品完工入库后,开出发货通知单、销售出库单,从库存管理系统完成销售发货。财务人员根据发货单给客户开具销售发票并据此登记应收账,及时进行销售账款的催收。

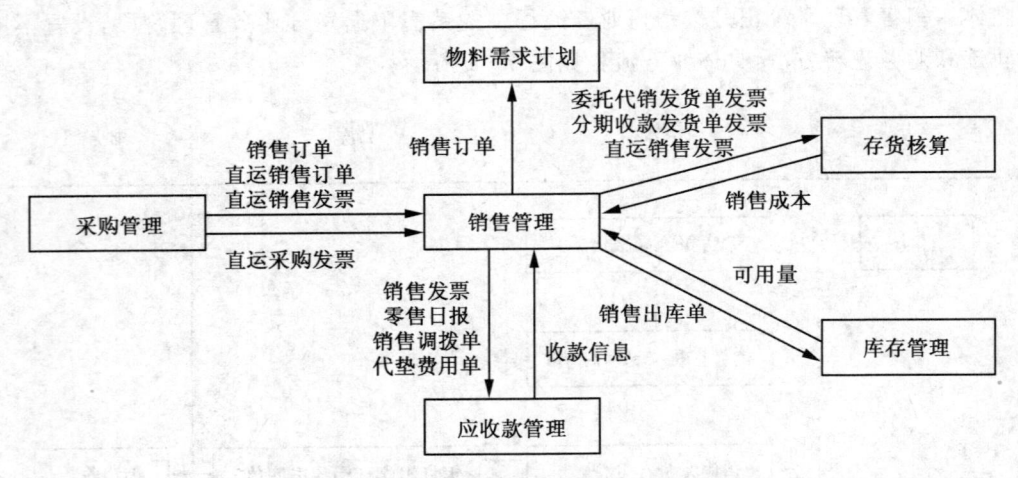

图 9－2　销售管理系统与其他系统之间的关系

（一）与财务系统的关系

客户付款提货后，销售管理系统会将财务系统所需的发票、收款单、提货数据文件等传递至财务系统，财务系统自动登记相应的应收账款和银行存款、现金等明细账目，同时销售人员应配合财务人员进行应收账款的及时催收，对长期拖欠款项的客户进行信用异常情况处理，并采取限制或暂停发货。同时销售管理系统会同财务系统对客户信用管理记录进行更新，通过对客户信用额度限制设定，系统在销售业务每次执行过程中都会对客户信用情况进行检查，对信用异常客户及时进行相应处理，从而减少销售死账、呆账情况的发生。

（二）与生产计划系统的关系

当客户订单建立后，客户所订购的产品会立即转换成销售需求，并据此生成物料需求计划，如果存货不能满足客户需求，生产计划系统会接着执行生产控制功能，以最快的速度生产出符合客户需求的产品。

（三）与成本控制管理系统的关系

成本控制管理系统既可以作为财务子系统存在，也可以作为独立系统存在。客户订单产生时，系统可将相关预期收益数据以及相关的成本数据传送到成本控制管理系统中，模拟销售订单完成过程以进行利润分析，提前预测该笔销售业务所带来的利润，并对成本费用数据进行控制，订单执行完成后可与实际执行结果对照以更好地对成本进行控制。

（四）与库存管理系统的关系

当销售订单文件建立或交货文件形成时，系统应进行相应标识和设定以对该批存货进行预先保留，其他销售订单将不能再使用该批存货。在交货过程中，企业销售人员应将客户的质量、数量、包装要求等以正式文件或单据的形式向库房工作人员申明，以挑选出符合客户要求的产品；交货程序执行完毕后，及时更新库存账目及其他相关数据，保证库存数据的一致性和账目与实物相符合。库存相关工作人员应与销售人员经常进行沟通，为企业销售人员提供真实的库存产品数据信息，协助其高效完成产品销售过程。

四、销售业务类型和业务应用模式

(一)销售业务类型

1. 普通销售

绝大多数企业所采取的业务类型，依据正常销售流程，不存在需要特殊处理的业务。企业采用该类型业务时一般先接订单，再根据订单做发货通知，库房根据发货通知办理实物出库；财务部门根据销售发货单确认应收款、销售收入并结转成本；同时，根据发货情况开具销售发票，销售发票作为计税依据，收入与成本严格同比。

2. 委托代销

这是将货物委托另一方销售，货物所有权并未转移，待对方将货物销售出去后再进行款项结算的业务。企业采用该类型业务时先接订单，再根据订单做发货通知，并根据订单及对方实际情况开具销售发票；库房根据发货通知办理实物出库；财务部门根据销售发票确认销售收入并结转成本；财务根据销售发票确认应收款；收入与成本严格同比。

3. 分期收款

分期收款是货物销售给客户后，按照约定的结算日，分期收回货款，收入与成本按照收款情况分期确认。生产大型设备的企业往往采用这种销售模式。

4. 零售

货物采用零售方式销售，再对汇总数据进行统一入账的销售模式，企业采用该模式一般直接发货开票，属于现款销售，发货与实物出库同时进行。

5. 销售调拨

销售调拨一般是处理集团企业内部有销售结算关系的销售部门或分公司之间的销售业务。

6. 直运业务

直运业务与普通销售业务、普通采购业务的最大区别在于：货物不经过本企业出、入库，直接由供应商发往客户。

(二)销售业务应用模式

1. 销售订单核心模式

必有订单业务模式的销售管理是标准、规范的销售管理模式，订单是整个销售业务的核心，所有销售后续业务都以订单为执行指令和考核对象，包括财务收款的依据，整个业务流程的执行都回写到销售订单，通过销售订单可以跟踪销售的整个业务流程。此种模式最为符合审计和规范业务，对于企业有效地进行内部销售控制非常有效。

2. 先发货、后开票模式

即先录入发货单，后开销售发票，如图9-3所示。该模式适合标准产品生产，有长期的合作伙伴，客户信用度较好，通过一定的信用额度与信用期限的管理与控制即可完成销售业务。

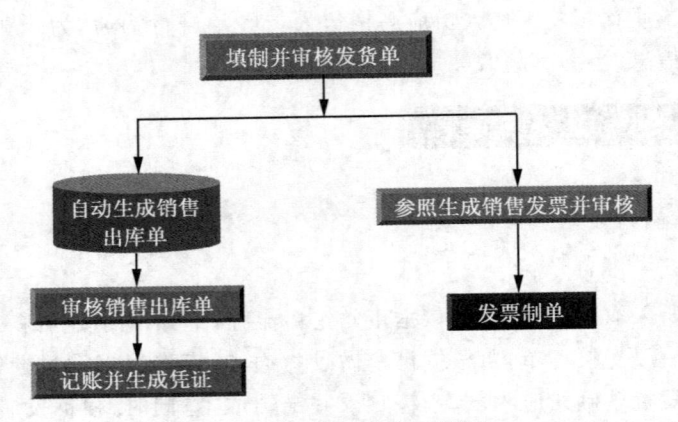

图 9—3　先发货、后开票模式

3. 开票直接发货模式

即先录入销售发票，系统自动生成发货单，如图 9—4 所示。该模式只适用于普通销售，一般适用于产品具有一定的竞争优势，买方多于卖方，客户一般拿着支票或现款到企业现场提货，企业的经营状况通常较好。

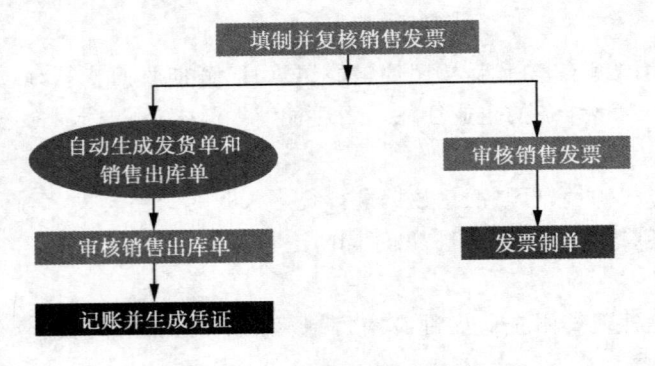

图 9—4　开票直接发货模式

第二节　普通销售业务

普通销售业务模式适用于大多数企业的日常销售业务，通常有先发货、后开票和开票直接发货两种业务模式，完成销售报价、订货、发货、出库、开票、收款结算、结转销售成本等一系列业务处理。用户可以根据企业的实际业务应用，结合软件系统对销售流程进行可选配置。

本节主要以一笔普通销售业务为例，讲述普通销售业务发生后，销售管理、库存管理、存货核算系统是如何进行加工处理的。

资料 9—1

2009 年 3 月 1 日，企业对外公开报价，经协议于 2009 年 3 月 4 日企业同沈阳仁爱医院签订销售订单丹参注射液 100 瓶，单价 10 元。2009 年 3 月 12 日，按照销售订单销售部门给沈阳仁爱医院开出发货单，并给对方开具销售专用发票，同时收到对方交来的转账支票（票号

5498),对方银行账号为 01-6545。另外,在销售过程中发生运费 100 元,替对方代垫广告费 200 元。库存管理部门依照发货单从成品库指定货位发货。财务部门存货核算岗位进行销售成本核算并生成凭证,应收款岗位进行销售结算的财务处理。

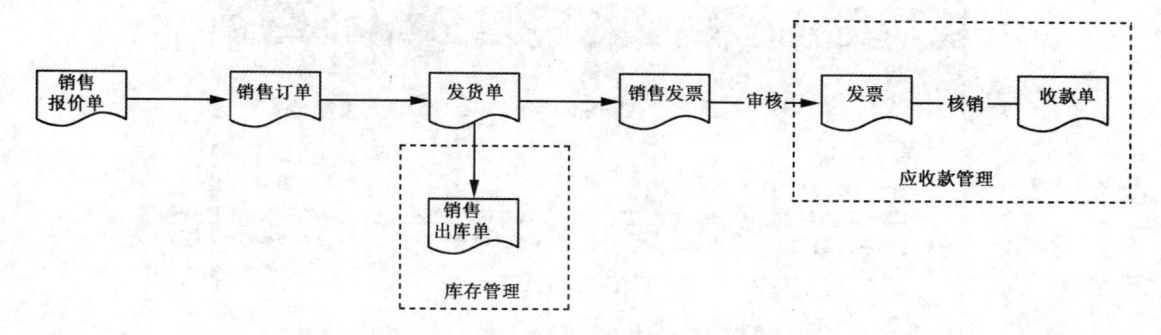

一、普通销售业务单据流程

普通销售业务单据流程如图 9-5 所示。

图 9-5 普通销售业务单据流程

需要注意的是:
(1)图 9-5 所示单据是可以进行修改、删除、审核、弃审、关闭和打开操作的。
(2)系统中单据是共享的,已审核的单据为有效单据,可被其他单据、其他系统参照使用。一旦下游单据生成,系统视该单据已执行,不能弃审。

二、销售报价

销售报价是企业向客户提供的货品、规格、价格、结算方式等信息,双方达成协议后,销售报价单转为有效力的销售合同或销售订单。企业可以针对不同客户、不同存货、不同批量提出不同的报价、扣率。企业报价的依据是产品的生产成本、企业利润期望值以及市场环境条件等。

销售报价管理主要帮助企业销售部门进行报价、对报价单跟踪及审核,以便对销售人员的报价过程进行管理,提供科学合理的产品报价机制,确保报价过程的连续性和审核产品报价,便于业务员主动跟催以提高成交率,加强与企业的客户联系,将有关的产品信息传递出去。

报价工作的主要内容包括报价单填制与维护、报价单审核、跟催、客户确认转销售订单等。报价单只能手工增加,它是整个销售业务的起点,已审核未关闭的报价单可以参照生成销售订单。

报价单是以文件形式体现的,报价单描述企业向客户提供的产品名称、规格、价格、产品配置、销售条件和产品服务承诺等信息。报价过程是与企业客户的协商过程,报价单一般要多次修改直到客户接受产品报价及其相关内容为止。

案例业务 9-1

依据资料 9-1 所述,2009 年 3 月 1 日填制并审核给沈阳仁爱医院的销售报价单,丹参注射液无税单价10元。

处理过程如下：

(1)执行菜单"销售管理"→"业务"→"销售报价"→"销售报价单"，进入销售报价单录入界面，如图9—6所示。

(2)录入业务信息，单击【保存】按钮，保存单据。

(3)单击【审核】按钮，出现审核签章。

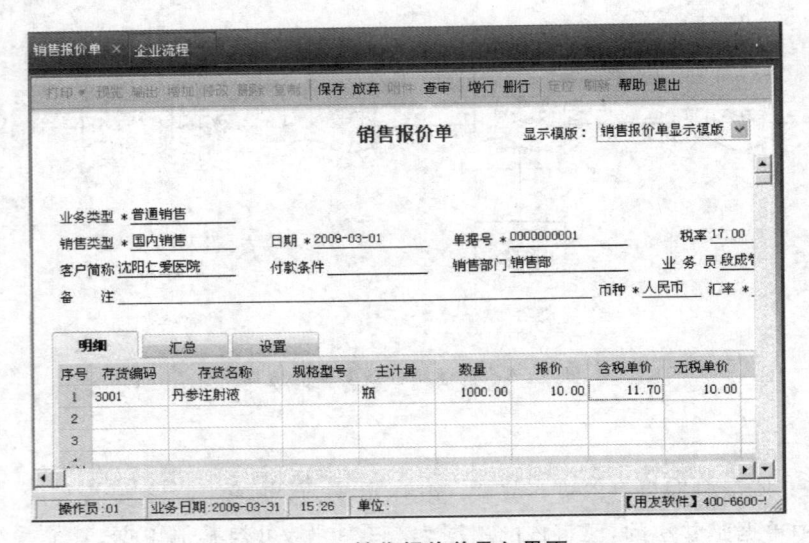

图9—6 销售报价单录入界面

【说明事项】

销售报价单经审核后才能被其他单据所参照。

三、销售订货

销售订货是指由购销双方确认的客户要货需求的过程，企业根据销售订单组织货源，并对订单的执行情况进行管理、控制和追踪。

销售订单是反映由购销双方确认的客户要货需求的单据，它可以是企业销售合同中关于货物的明细内容如价格、数量、日期等，也可以是一种订货的口头协议。销售订单没有关于合同中付款内容的描述，所以不能完全代替销售合同。

企业销售订单的确定是企业与客户交易活动的开始。有些经常客户或企业的分销商销售条件早已谈妥，不必经过报价程序而直接输入销售订单，业务员根据与客户达成的交易信息进行销售订单的维护与录入。销售订单录入后其标志状态为未确认，需进行销售订单审核与确认操作。

案例业务9—2

依据资料9—1所述，2009年3月4日，企业与沈阳仁爱医院签订销售合同，销售部门填制销售订单，销售丹参注射液100瓶，无税单价10元。

处理过程如下：

(1)单击菜单"销售管理"→"业务"→"销售订货"→"销售订单"，进入销售订单录入界面，如图9-7所示。

(2)单击【增加】按钮，填写相应的业务信息。

(3)单击【保存】按钮，若发货单正确，单击【审核】按钮，出现审核签章。

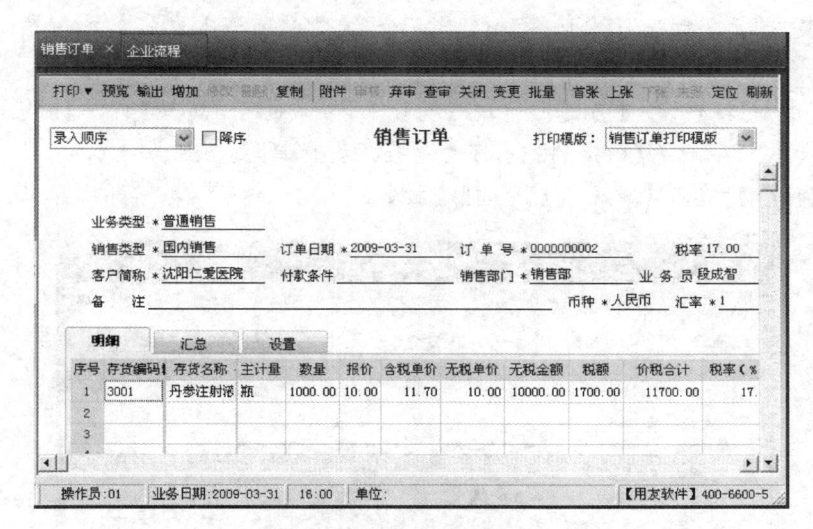

图9-7 销售订单录入界面

【说明事项】

销售订单也可以参照销售报价单生成。

四、销售发货

销售发货是企业执行与客户签订的销售合同或销售订单，将货物发往客户的行为，是销售业务的执行阶段。在销售订单确立后，ERP系统会及时查询库存管理系统和生产计划系统的相关数据，进行可用量检查和出货安排准备，以确定能够准时按照客户要求的交货日将产品运送至客户手中。

发货单是销售方作为给客户发货的凭据，是销售发货业务的执行载体。无论什么性质的企业，发货单都是销售管理的核心单据。发货单由销售部门根据销售订单填制或手工输入（如图9-8所示），客户通过发货单取得货物所有权。

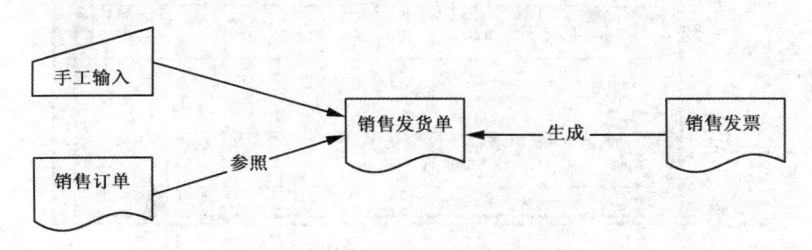

图9-8 销售发货单的生成方式

案例业务9-3

依据资料9-1所述,2009年3月12日,销售部门填制发货单,客户名称"沈阳仁爱医院",丹参注射液100瓶,无税单价10元,从成品库发货。

处理过程如下:

(1)执行菜单"销售管理"→"业务"→"发货"→"发货单",进入发货单录入界面,如图9-9所示。

(2)单击【增加】按钮,按业务题所示填写发货单信息,也可以单击【订单】按钮,在相应记录前单击,选中标志"Y",单击【确定】按钮,即自动生成发货单,如图9-10所示。

(3)单击【保存】按钮,审核无误后单击【审核】按钮。

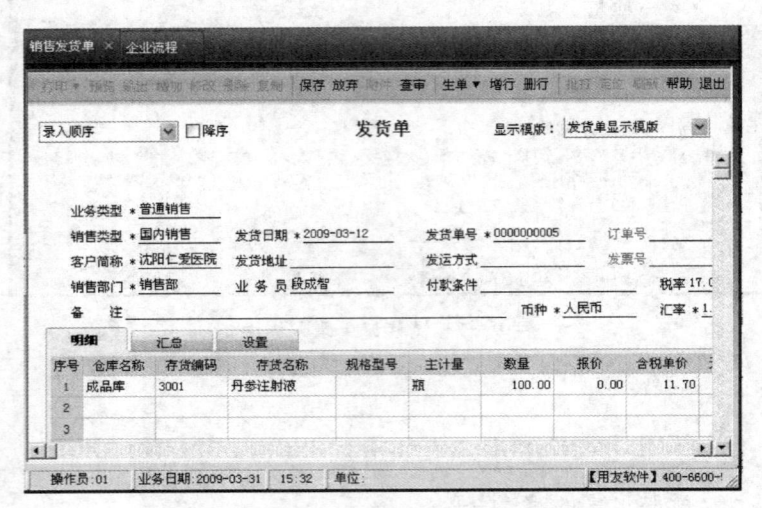

图9-9 发货单录入界面

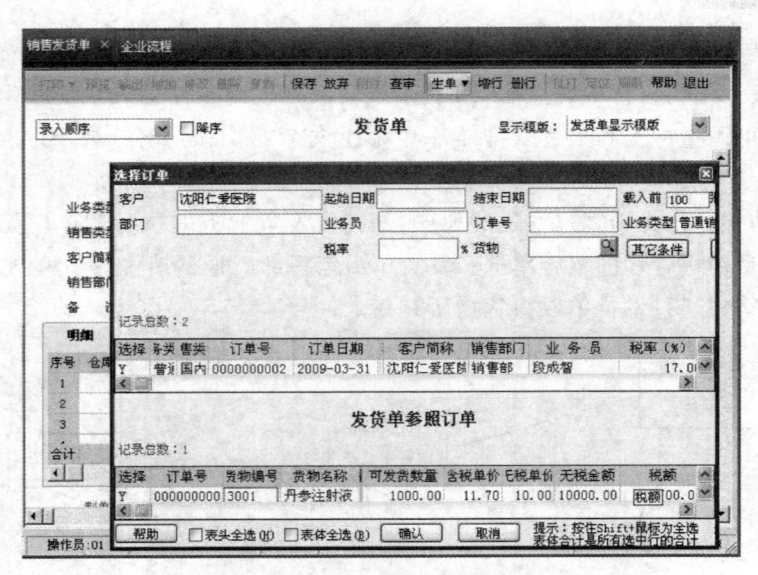

图9-10 发货单参照订单界面

【说明事项】

①对于先发货、后开票模式,先填发货单,经审核后可以参照生成销售发票。对于开票直接发货模式,要先填制销售发票,系统会自动生成发货单。

②如果在销售管理系统——销售选项中,选中"是否销售生成出库单"这一项,则填制发货单后,系统会自动生成销售出库单。

③如果存货涉及批次管理,可以手工指定批号,也可以自动指定批号,与销售管理业务选项设置有关。不过在发货单中指定的批次、生产日期等,在库存管理系统不可修改,最好由仓库管理部门指定以上内容,避免因发生错误而不能及时出库。

五、销售发票

销售开票是销售过程中企业给客户开具销售发票及其所附清单的过程,它是销售收入确认、销售成本计算、应交销售税金确认和应收账款确认的依据,是销售业务的重要环节。

销售发票是在销售开票过程中为用户开具的原始销售单据,包括增值税专用发票、普通发票及其所附清单。在销售结算的同时向客户收取货款的,还要对销售发票、销售调拨单、零售日报等单据进行现结处理。现结是在货款两讫的情况下,在销售结算的同时向客户收取货款。随同销售发票、销售调拨单、零售日报一起收到货款的,可以随时对其单据进行现结处理,现结操作必须在单据复核操作之前。一张销售单据可以全额现收,也可以部分现收。

没有收到货款的销售发票审核后由财务部门的应收款管理岗位核算应收账款,在应收款管理系统中审核、登记应收明细账并制单生成凭证。

(一)销售发票的填制、现结与复核

案例业务9—4

依据资料9—1所述,2009年3月12日,销售部门给沈阳仁爱医院开发票并复核,数量100瓶,无税单价10元。同时收到沈阳仁爱医院交来的转账支票5 498元,银行账号为01—6545。

处理过程如下:

(1)执行菜单"销售管理"→"业务"→"发票"→"销售专用发票",进入销售专用发票录入界面。

(2)单击【增加】按钮,再单击【发货】按钮,双击选中发货单记录,生成销售专用发票,如图9—11所示。

(3)单击【保存】按钮,这时工具栏上出现【现结】按钮,单击后填写相关信息,如图9—12所示。

(4)单击【确定】按钮,现结后的发票如图9—13所示,若发票正确,在工具栏中单击【复核】按钮。

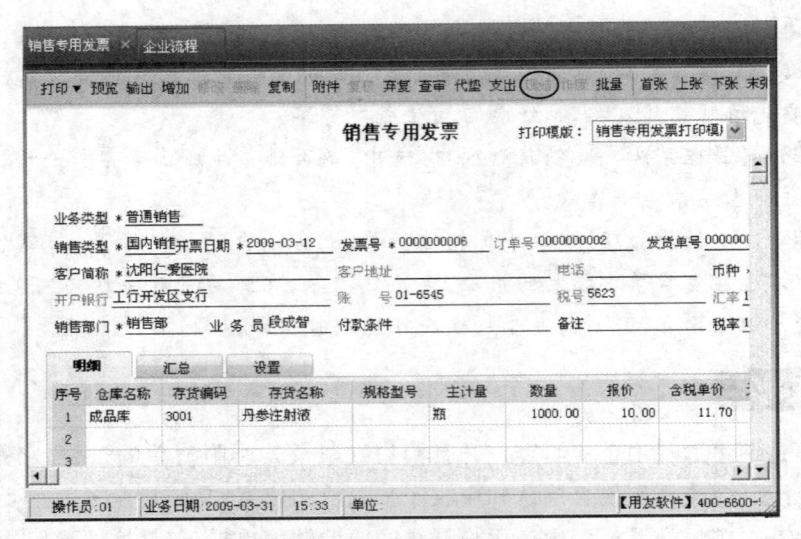

图 9—11　销售专用发票生成界面

图 9—12　销售现结信息填写界面

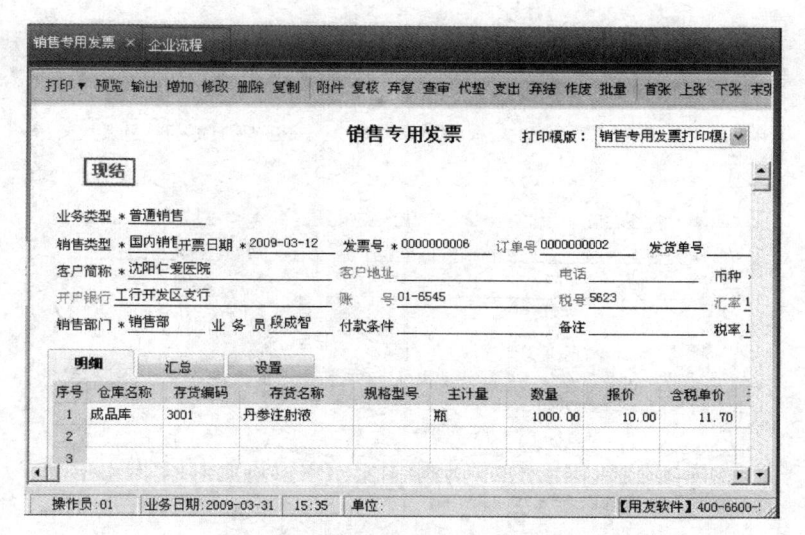

图 9-13　已现结的销售专用发票

【说明事项】

①现结/弃结的操作要在销售发票复核前进行。

②现结功能支持全额现收和部分现收,结算金额不得大于应收金额。

③现结的发票在应收款管理系统进行现结制单,但在应收款管理系统账表中并不反映现结的发票和现收款记录,而对于未现结的发票进行反映和记录。

(二)销售支出

销售支出是指在销售业务中,随货物销售所发生的为客户支付的运费、现金折扣、让利等费用,货物赠送也可按其成本价进行登记。销售支出处理的目的在于让企业掌握用于某客户费用支出的情况,以及承担这些费用的销售部门或业务员的情况,并作为对销售部门或业务员的销售费用和经营业绩的考核依据。

案例业务 9-5

依据资料 9-1 所述,2009 年 3 月 12 日,销售部门在销售中发生运费支出 100 元。

处理过程如下:

(1)在销售专用发票录入后单击【保存】按钮,这时工具栏上出现【支出】按钮,单击后填写信息,如图 9-14 所示。

(2)录入信息后,单击【保存】按钮。

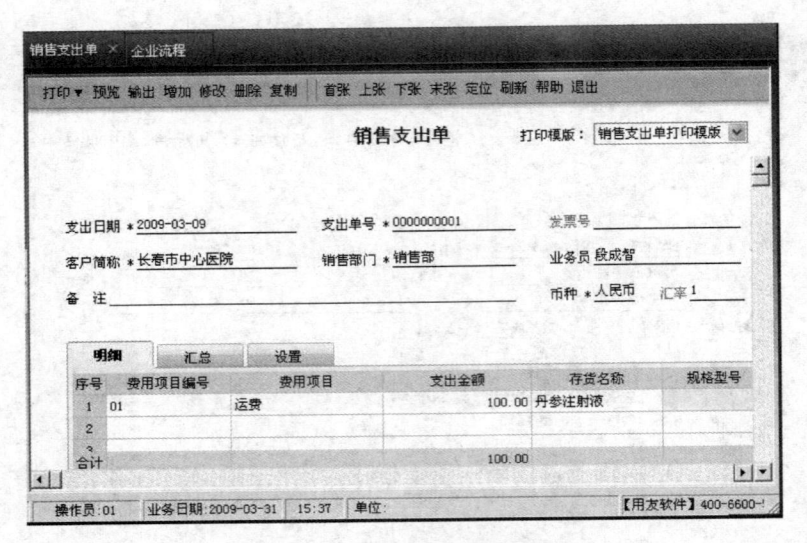

图9-14 销售支出单录入界面

【说明事项】

①销售支出单在销售管理系统仅作为销售费用的统计单据,没有相应的财务处理,与其他产品没有传递或关联关系。

②销售支出单也可以在"销售管理"→"业务"→"销售支出"菜单中直接录入。

(三)代垫费用

在销售业务中,代垫费用是指随货物销售所发生的、不通过发票处理而形成的暂时代垫且将来需向客户收取的费用项目,如运杂费、保险费等。代垫费用实际上形成了用户对客户的应收款。代垫费用审核后,在应收款管理系统自动生成其他应收单,代垫费用的收款核销由应收款管理系统处理。

案例业务9-6

依据资料9-1所述,销售部门在销售中替沈阳仁爱医院代垫广告费现金200元。

处理过程如下:

(1)销售专用发票录入后单击【保存】按钮,这时工具栏上出现【代垫】按钮,单击后填写信息,如图9-15所示。

(2)单击【保存】按钮,然后单击工具栏上的【审核】按钮,出现审核签章。

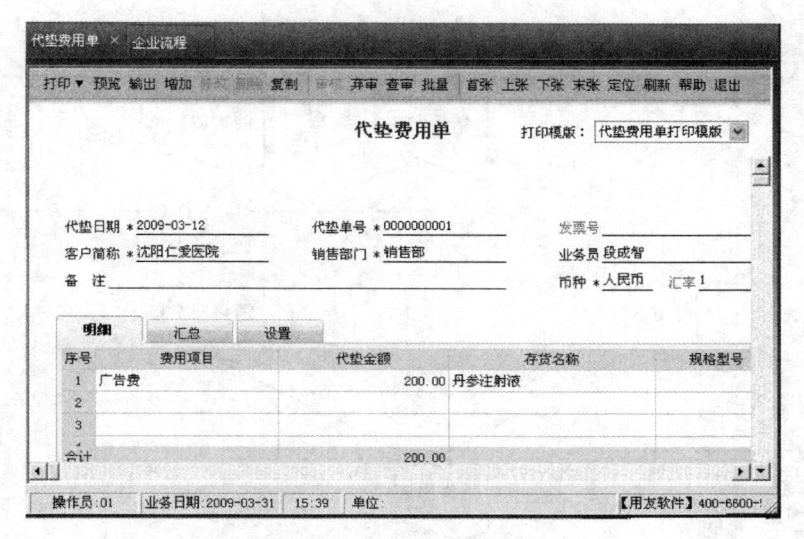

图 9—15 代垫费用单录入界面

【说明事项】

① 代垫费用单审核后在应收款管理系统自动生成其他应收单,代垫费用的收款核销由应收款管理系统进行。

② 代垫费用单也可以在"销售管理"→"业务"→"代垫费用"菜单中直接录入。

其处理流程如图 9—16 所示。

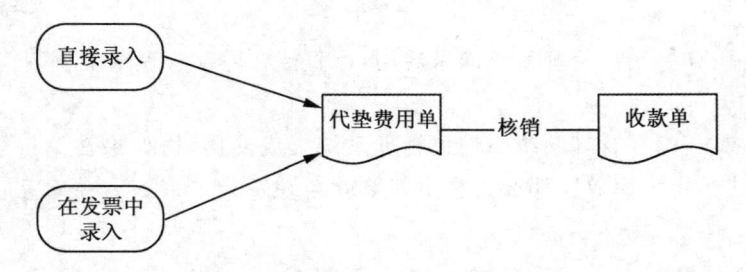

图 9—16 代垫费用单的处理流程

六、销售出库

销售出库单是销售出库业务的主要凭据。在库存管理系统主要用于存货出库数量的核算;如果存货核算系统销售成本的核算依据选择了销售出库单,那么在存货核算系统可以用于存货出库成本的核算。销售出库单按出、入库方向分为蓝字销售出库单和红字销售出库单。

销售出库是由库存管理部门依据销售部门开出的发货单进行发货处理的,并对销售出库单审核确认,如果涉及货位管理的存货,要在销售出库单上指定货位,以加强仓储管理。

(一)销售出库单的生成

销售出库单的生成如图 9—17 所示。

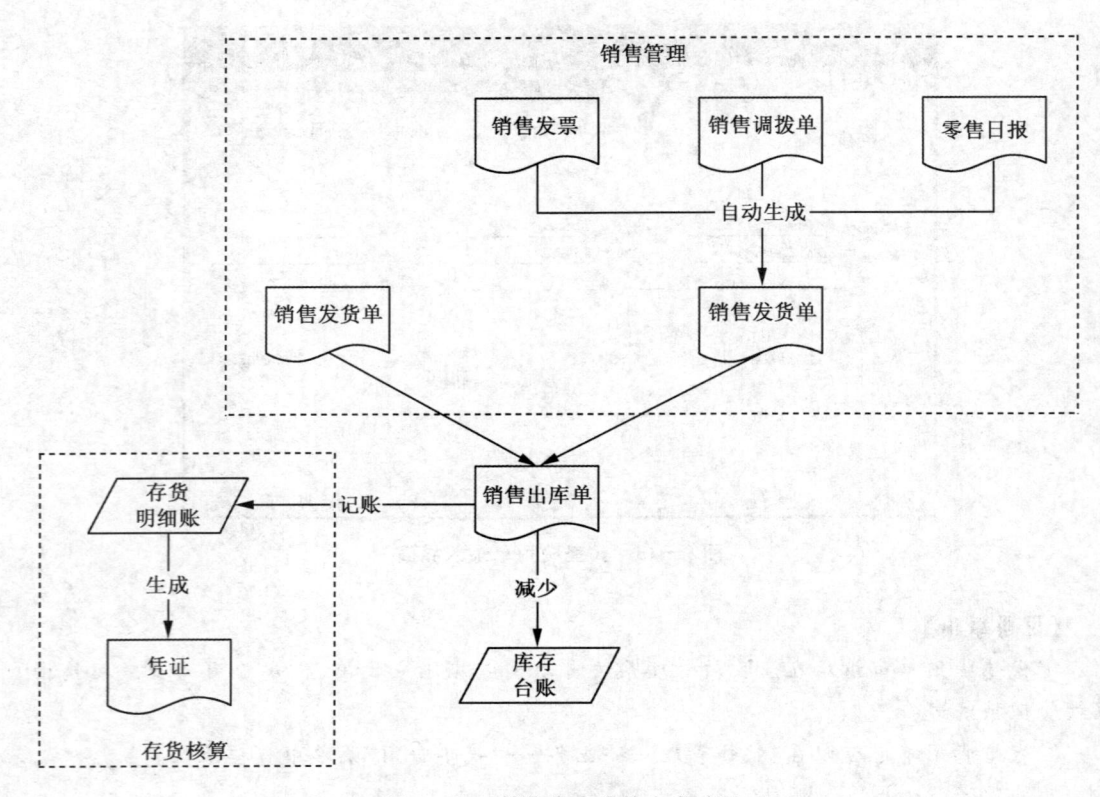

图 9—17 销售出库单的生成过程

(1)手工填制：如果销售管理系统尚未启用，可直接在库存管理系统填制销售出库单，否则不可手工填制。

(2)自动生成：当库存管理系统与销售管理系统集成使用时，如果在销售管理系统选项中选择了"库存生成销售出库单"，那么销售出库单就会在发货单审核后在库存管理系统自动生成。

(二)销售出库的货位管理与审核

案例业务 9—7

依据资料 9—1 所述，2009 年 3 月 14 日，库存部门依据发货单从丹参注射液货架出货给沈阳仁爱医院并审核销售出库单。

处理过程如下：

(1)执行菜单"库存管理"→"出库"→"销售出库单"，进入销售出库单界面，找到此业务的销售出库单。

(2)单击有货位管理的存货，工具栏中【货位】按钮变亮，单击后指定货位并保存，如图 9—18 所示，然后单击【货位】按钮，隐藏货位信息。

(3)单击工具栏中【审核】按钮，销售出库单出现审核签章。

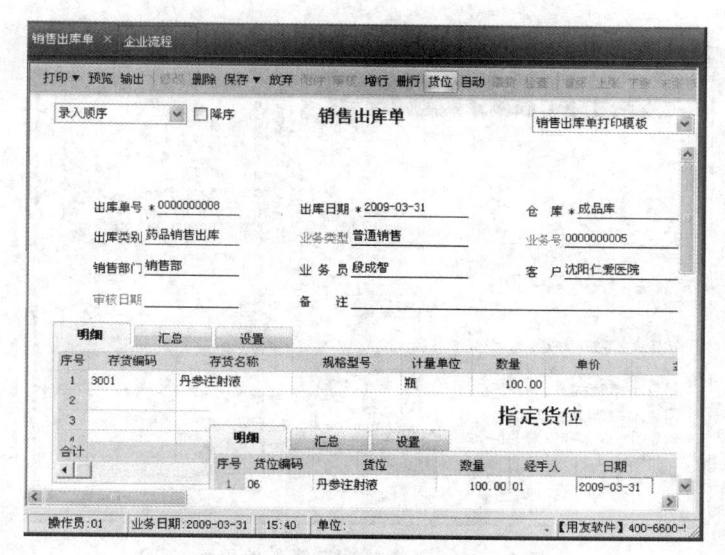

图9—18 销售出库单录入界面

七、销售业务的成本核算

销售业务发生后要在存货核算系统进行单据记账并进行出库成本的核算。采用先进先出法、移动平均法、个别计价法这几种计价方式的存货，在"单据记账"时进行出库成本的核算；采用全月平均法、计划价/售价法计价的存货，在"期末处理"时进行出库成本的核算。

销售出库单上的单价和金额，依据存货核算系统的选项设置，既可以在存货核算系统进行手工修改，也可以由系统自动计算销售出库成本。对于已记账并计算出出库成本的销售出库单，可以在存货核算系统生成相关的凭证传入总账系统。

案例业务9—8

依据资料9—1所述，财务部门在存货核算系统执行"正常单据记账"的操作，系统会自动计算出销售出库成本，回写到销售出库单上。

处理过程如下：

（1）执行菜单"存货核算"→"业务核算"→"正常单据记账"，进入正常单据记账条件界面，如图9—19所示。

（2）选择记账条件，单击【确认】按钮，进入正常单据记账界面，如图9—20所示。

（3）选择记账单据，单击【记账】按钮，单据自动记账，并计算出单价和金额。

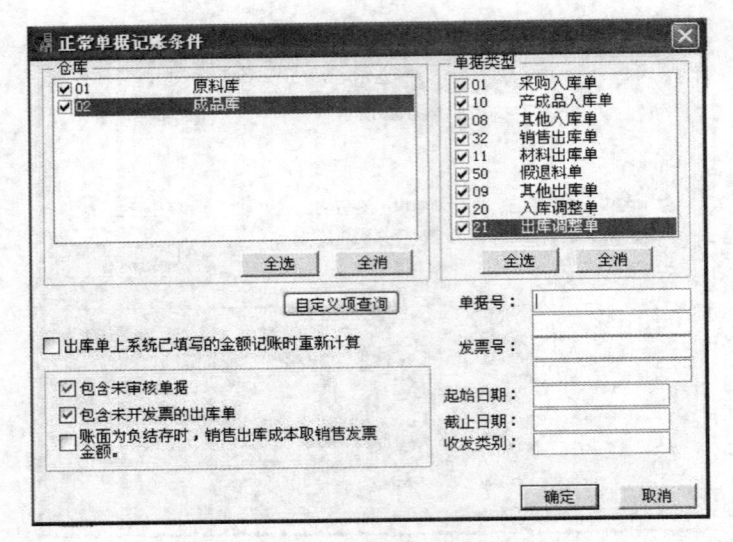

图 9—19　正常单据记账条件界面

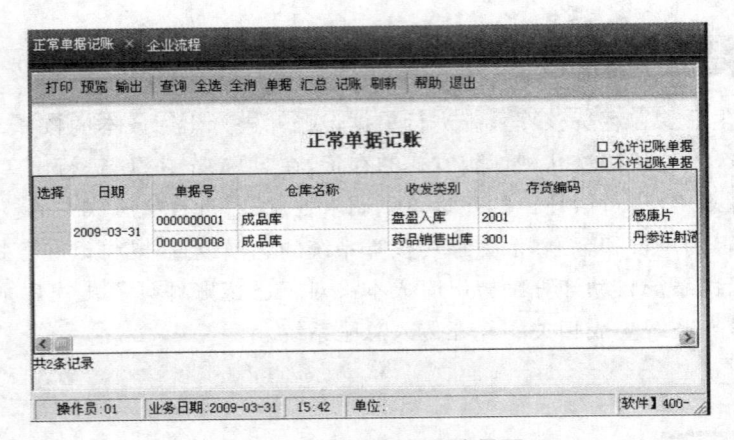

图 9—20　正常单据记账界面

八、生成销售凭证

销售业务的发生可以在存货核算系统实时生成凭证，从而将销售业务的发生情况实时反映到财务账上，体现了财务业务一体化的思想。

案例业务 9—9

依据资料 9—1 所述，财务部门利用存货核算系统自动生成了"结转销售成本"的凭证。

处理过程如下：

(1) 执行菜单"存货核算"→"财务核算"→"生成凭证"，在弹出窗口中单击【选择】按钮，如图 9—21 所示。

(2) 输入相应生成凭证的条件，单击【确定】按钮，出现选择单据窗口。

(3)选择要生成凭证的单据,单击【生成】按钮,即生成凭证列表,如图9-22所示。

(4)单击【确定】按钮,生成记账凭证,如图9-23所示。

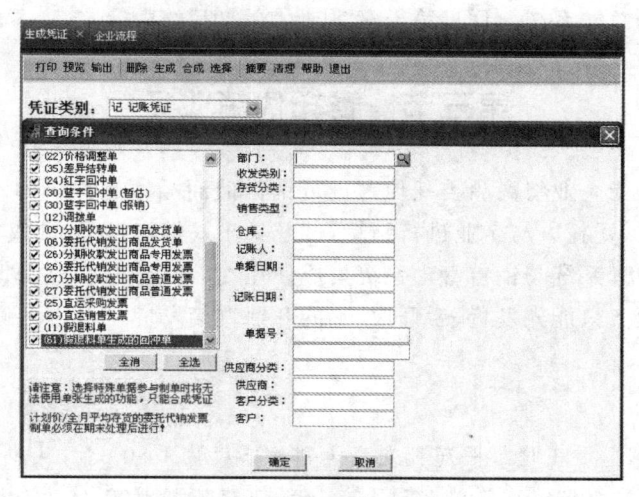

图9-21 查询条件界面

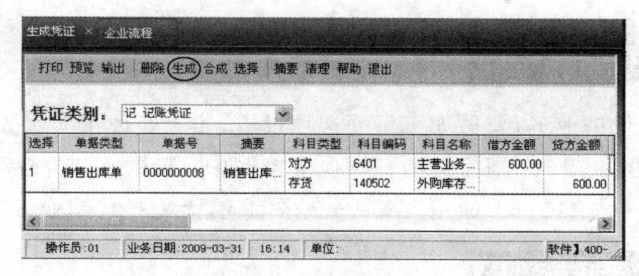

图9-22 凭证列表界面

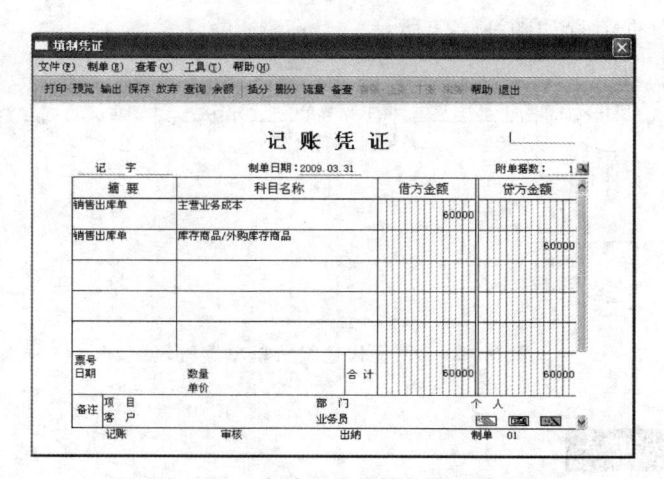

图9-23 自动生成的销售出库凭证

九、销售收款

销售业务一方面是出库结转成本的处理,另一方面就是收款的处理。除了现结业务以外,销售业务要及时进行应收账款的确认和收款处理。这些工作由财务部门通过应收款管理系统完成。经过销售部门复核的销售发票会自动传递给应收款管理系统，由应收款系统审核、收款、制单，最后传递给总账系统。详见第十章"应收款管理"的内容。

第三节 委托代销业务

委托代销业务是指企业将商品委托他人进行销售但商品所有权仍归本企业的销售方式。委托代销商品销售后，受托方与企业进行结算，并开具正式销售发票，形成销售收入，商品所有权转移。只有库存管理系统与销售管理系统集成使用时，才能在库存管理系统中应用委托代销业务。委托代销业务只能先发货、后开票，不能开票直接发货。委托代销业务的处理方法可通过以下案例说明。

资料 9—2

2009 年 3 月 14 日，委托哈市医药批发公司销售感康片 1 800 盒，从成品库发货。2009 年 3 月 18 日，对方交来委托代销结算单，药品全部销售，感康片销售无税单价 9 元，委托代销业务按"发出商品"核算。

一、委托代销业务相关选项

企业如果有委托代销业务，要做如下系列选项设置，才能处理相关业务：

首先，在销售管理系统——销售选项——业务控制中，选中"√是否有委托代销业务"；其次，在库存管理系统——选项——通用设置中，选中"√有无委托代销业务"。

二、委托代销业务单据流程

委托代销业务单据流程如图 9—24 所示。

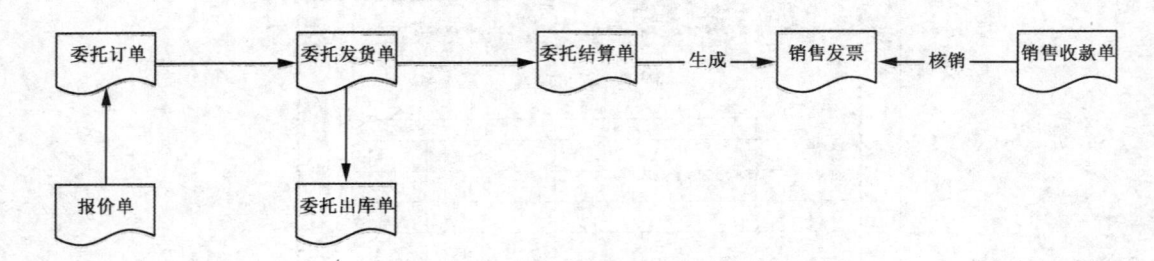

图 9—24 委托代销发货单单据流程

三、委托代销发货单

委托代销发货单是委托代销发货业务的执行载体。委托代销发货单由销售部门根据购销双方的委托代销协议产生，经审核后通知仓库发货，客户通过委托代销发货单取得货物的实物所有权。

案例业务 9—10

依据资料 9—2 所述,2009 年 3 月 14 日,委托哈市医药批发公司销售感康片 1 800 盒,从成品库发货,销售部门填制委托代销发货单并审核。

处理过程如下:

(1)执行菜单"销售管理"→"委托代销"→"委托代销发货单",进入委托代销发货单界面(如图 9—25 所示),填入相关业务信息后,单击【保存】按钮。

(2)检查无误后,单击【审核】按钮,出现审核签章。

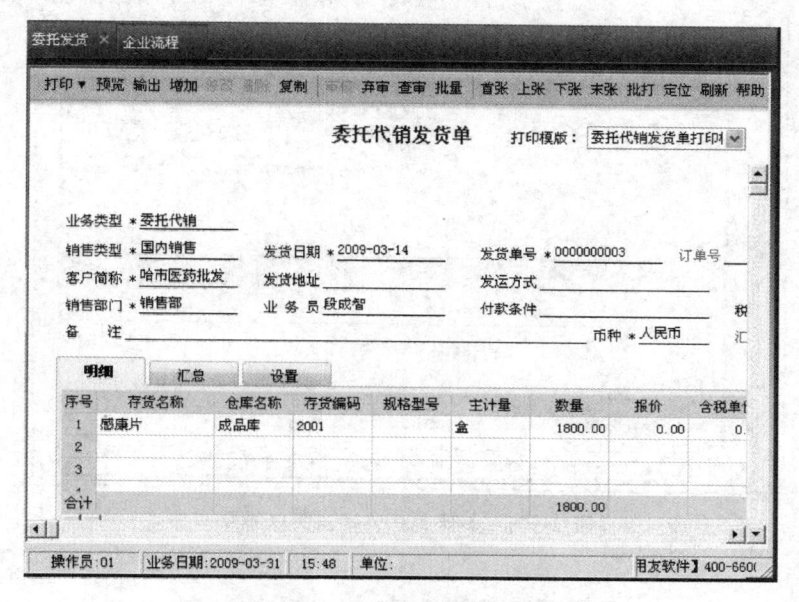

图 9—25 委托代销发货单界面

【说明事项】

委托代销发货单审核后,系统自动生成销售出库单。

四、委托代销结算单

委托代销结算单是记录委托给客户的代销货物结算信息的单据,可以作为双方确认结算的货物明细清单。

委托代销结算单参照已审核未全部结算的委托代销发货单填制而成。

委托代销结算单审核后自动生成销售发票;如果弃审委托代销结算单,自动生成的销售发票也会被删除。

案例业务 9—11

依据资料 9—2 所述,2009 年 3 月 18 日,收到哈市医药批发公司交来的销售清单,销售无税单价 9 元,销售部门填制委托代销结算单,并生成销售专用发票。

处理过程如下:

(1) 执行菜单"销售管理"→"委托代销"→"委托代销结算单",进入委托代销结算单界面。单击【增加】按钮,自动弹出"委托代销发货单",如图9—26所示。

(2) 输入"客户"和"业务类型",单击【显示】按钮,选择相应存货记录,单击【确定】按钮后,生成委托代销结算单。

(3) 单击【审核】按钮,自动弹出发票类型选择窗口(如图9—27所示),单击【确定】按钮后,系统自动生成销售专用发票。

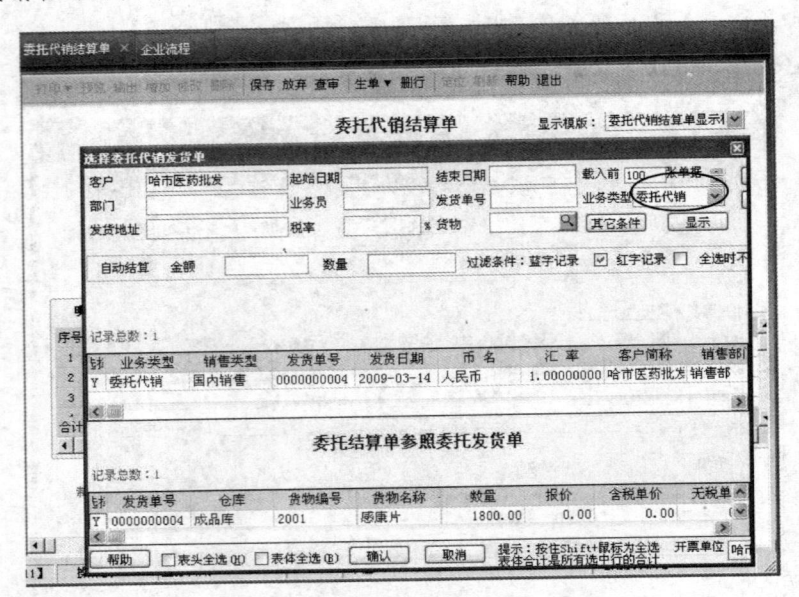

图9—26 参照委托代销发货单界面

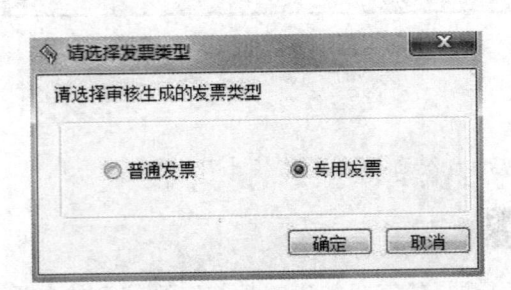

图9—27 选择生成发票类型

【说明事项】

① 参照委托代销结算单时,业务类型选择"委托代销"。

② 委托代销结算单审核时,系统自动生成销售发票,对自动生成的销售发票也要进行复核。

五、委托代销出库

委托代销出库的处理同普通销售业务处理。

六、委托代销业务成本核算

委托代销业务成本的处理有两种方式：一是视同普通销售，二是按发出商品核算。采用哪种方式，取决于存货核算系统的选项设置。若选择按"普通销售"核算，则在正常单据记账中进行成本核算；若选择按"发出商品"核算，则进行发出商品记账，进行成本核算。下面介绍按"发出商品"核算方式处理委托代销业务成本的方法。

案例业务 9－12

依据资料 9－2 所述，对委托代销业务按"发出商品"核算方式处理，在存货核算系统进行发出商品记账。

处理过程如下：

(1) 执行菜单"存货核算"→"业务核算"→"发出商品记账"，在弹出窗口中选择相应条件，如图 9－28 所示。

(2) 确认后显示"未记账发出商品一览表"，如图 9－29 所示。

(3) 选择记录，单击【记账】按钮，系统自动记到发出商品账上。

图 9－28　发出商品核算查询条件界面

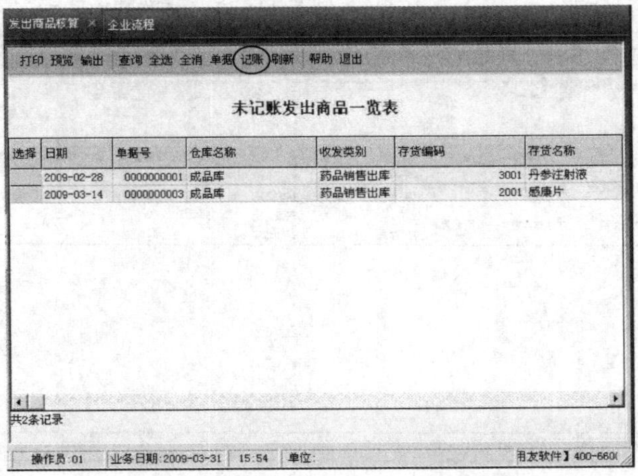

图 9－29　发出商品记账界面

【说明事项】

委托代销商品记账规则如下：

①委托代销商品发货单记账时，核算成本的方法即根据发货单中各存货或仓库、部门的计价方式，计算发货单的成本。计划价（售价）或全月平均计价方式的实际成本在期末处理时计算。发货单记账时，减少库存商品，增加委托代销商品。

②委托代销商品发票记账时，取发票对应的发货单的出库成本单价计算发票的销售成本。每次记账后要将发票结转的数量和成本记在明细账的发货单上。如果发货单是计划价或全月平均计价时，发票也可记账，但必须在发货单期末处理后有实际单价时，发票才回写金额。发票记账时，如果发票对应的发货单未记账，则发票不能记账。

七、委托代销业务制单

委托代销发货单制单时，借方科目取委托代销发出商品对应的科目，贷方取存货对应的科目。形成的会计分录如下：

借：委托代销商品　　　　　　　　　　　　　　　×××
　　贷：库存商品　　　　　　　　　　　　　　　　×××

委托代销发票制单时，借方科目取对方科目中收发类别对应的科目，贷方取委托代销发出商品对应的科目。形成的会计分录如下：

借：销售成本　　　　　　　　　　　　　　　　　×××
　　贷：委托代销商品　　　　　　　　　　　　　　×××

案例业务 9－13

依据资料 9－2 所述，在存货核算系统生成委托代销业务凭证。

处理过程如下：

(1) 执行菜单"存货核算"→"财务核算"→"生成凭证"，显示生成凭证界面。

(2) 先单击【选择】按钮，在"查询条件"窗口勾选条件，接下来在"选择单据"界面选择单据。

(3) 在"凭证列表"界面（如图 9－30 所示），单击【生成】按钮，系统自动生成凭证。

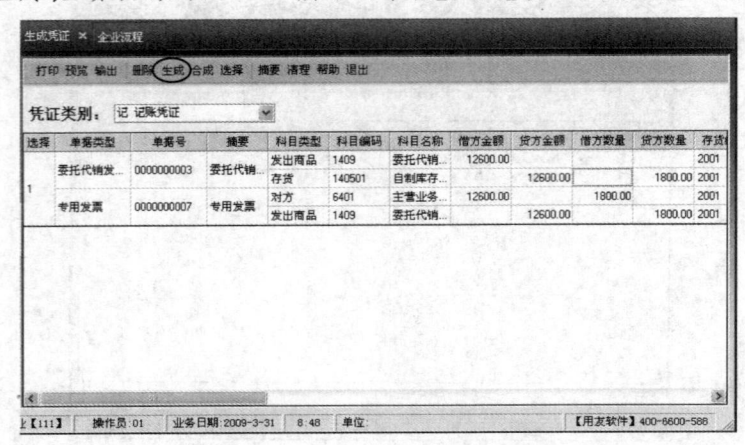

图 9－30　生成委托代销凭证列表

第四节 分期收款业务

分期收款发出商品业务类似于委托代销业务,货物提前发给客户,分期收回货款,收入与成本按照收款情况分期确认。

分期收款销售的特点是:一次发货,当时不确认收入,部分确认收入,按该次收入占总收入的比例结转成本、部分核销应收款。直至全部收款,全部确认收入,全部结转成本,方可全部核销该笔分期收款销售业务。

分期收款业务只能先发货、后开票,不能开票直接发货。分期收款发货单审核后转存货核算系统记账。审核未记账的发货单,结转下期。

资料 9—3

2009年3月13日,销售给沈阳仁爱医院利君沙300盒,从成品库发货。2009年3月18日,沈阳仁爱医院通过银行汇票(票号6820)交来第一批货款,利君沙颗粒100盒,无税单价10元,销售部给对方开具销售专用发票。财务部门进行销售成本核算。

一、分期收款发出商品

分期收款销售同普通销售业务一样,发货时要先填制发货单,只是业务类型要选择"分期收款",该发货单作为以后收款开票的参照依据。

案例业务 9—14

依据资料9—3所述,2009年3月13日,销售部门给沈阳仁爱医院开出利君沙300盒的发货单,货款分期收回。

处理过程如下:

(1)执行菜单"销售管理"→"业务"→"发货"→"发货单",进入发货单录入界面,如图9—31所示,其中业务类型选择"分期收款"。

(2)录入发货信息后,单击【保存】按钮,然后再单击【审核】按钮。

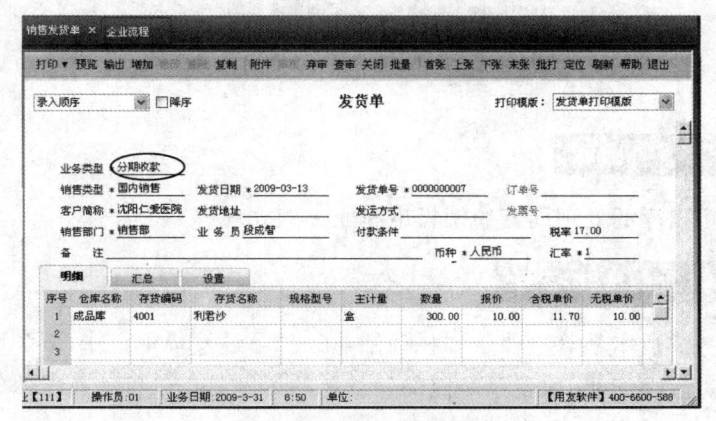

图9—31 发货单录入界面

二、分期收款开票业务

分期收款业务收到一批货款就确认一部分收入,开出一张销售发票。销售发票参照分期收款发货单生成,销售数量依据实际收款情况重新修改。

案例业务 9—15

依据资料 9—3 所述,2009 年 3 月 18 日,沈阳仁爱医院通过银行汇票交来第一批利君沙货款,数量 100 盒,单价 10 元。

处理过程如下:

(1)执行菜单"销售管理"→"业务"→"发票"→"销售专用发票",进入销售专用发票录入界面。

(2)单击【增加】按钮,再单击【发货】按钮,弹出选择发货单窗口,如图 9—32 所示,输入过滤条件,其中业务类型选择"分期收款",然后单击【显示】按钮。

(3)选择存货记录,单击【确认】按钮,生成销售专用发票,按业务数量修改为 100 盒,单价 10 元。

(4)单击【保存】按钮,若销售专用发票正确,单击【审核】按钮。

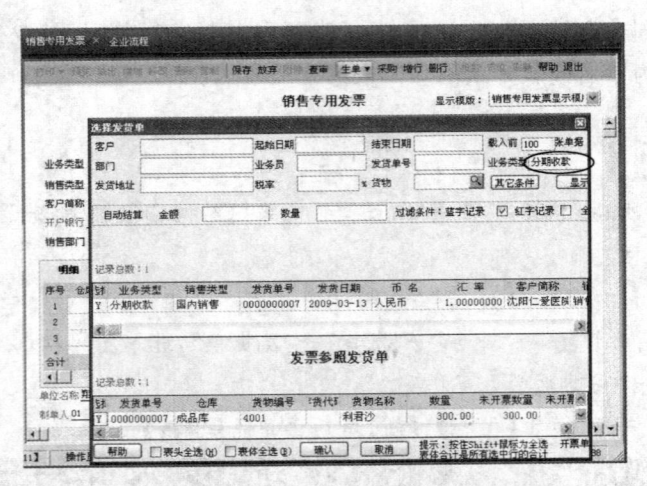

图 9—32 参照发货单生成销售专用发票

三、分期收款销售出库

分期收款销售出库的处理同普通销售出库业务的处理。

四、分期收款业务成本核算

分期收款业务的成本核算类似于委托代销业务。通过发货单记账,减少库存商品,增加分期收款商品。通过发票记账,取发票对应的发货单的出库成本单价计算发票的销售成本。

案例业务9-16

依据资料9-3所述,在存货核算系统先进行发出商品记账,再生成凭证。
处理过程如下:
(1)执行菜单"存货核算"→"业务核算"→"发出商品记账",执行过程如图9-33、图9-34所示。
(2)选择"存货核算"→"财务核算"→"生成凭证",生成的凭证列表如图9-35所示。

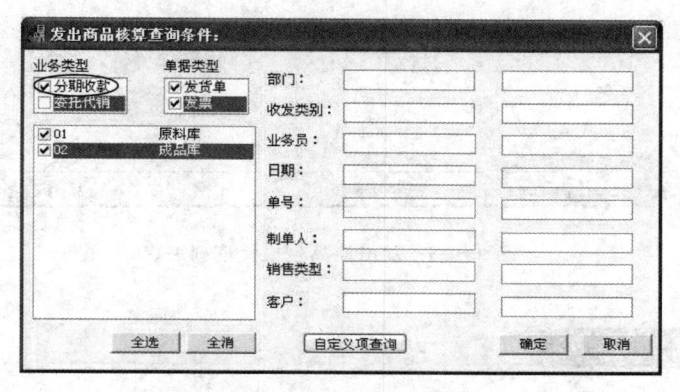

图9-33 选择发出业务类型

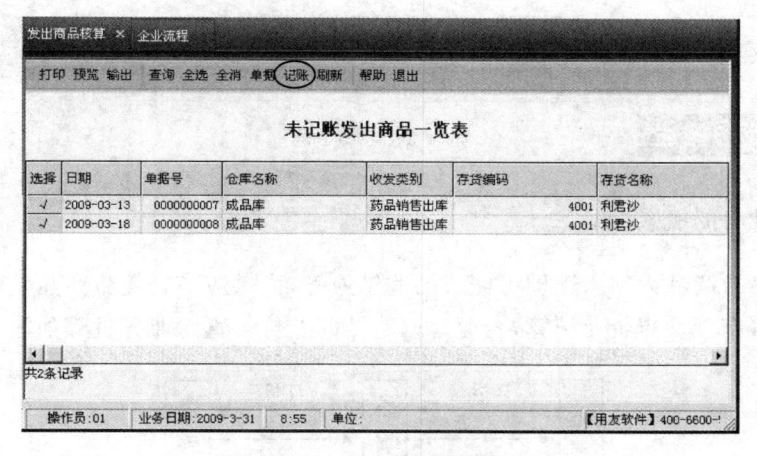

图9-34 发出商品记账界面

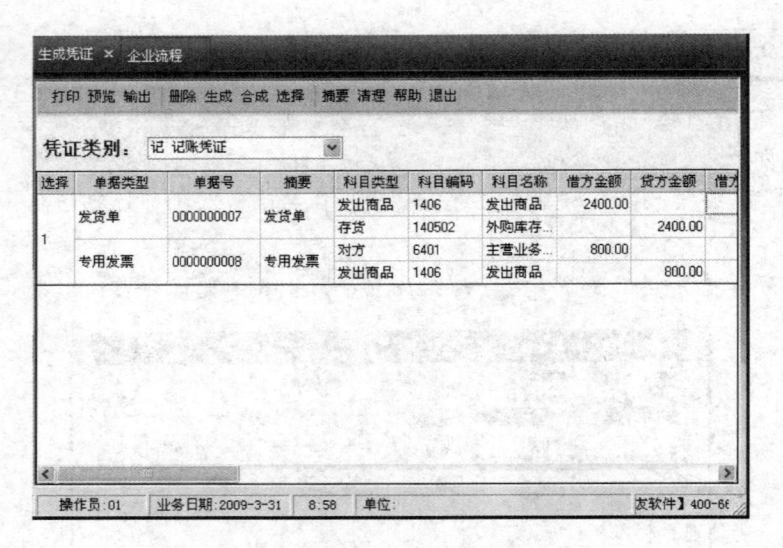

图9—35 发出商品生成凭证列表

五、分期收款业务制单

参照普通销售业务制单的内容。

第五节 直运销售业务

一、直运业务概述

(一)直运业务的概念

直运业务是指产品无须入库即可完成的购销业务,由供应商直接将商品发给企业的客户,结算时由购销双方分别与企业结算,企业赚取购销间差价。直运业务过程如图9—36所示。

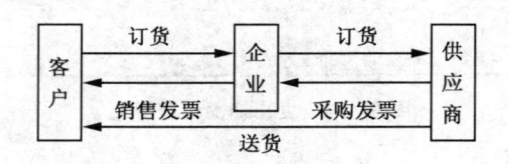

图9—36 直运业务示意图

直运业务包括直运销售业务和直运采购业务两部分,不涉及实物的出、入库,货物流向是直接从供应商到客户,财务结算通过直运销售发票和直运采购发票解决。

(二)直运业务在核算和管理上的特点

从核算上来说,直运业务不通过"库存商品"科目,进货成本直接根据商品销售成本计价。

从管理上来说,企业有必要了解某商品的利润及供应商和销售客户的收入、成本状况。直运业务适用于如大型电器、汽车、设备等产品的销售。

二、直运业务相关选项设置

企业若有直运业务,需在相关系统进行一系列参数设置,比如,首先设置有否直运业务,然后设置直运业务模式。销售管理系统的直运业务选项,直接影响采购管理系统直运业务选项的设置。具体设置如下:

销售管理系统——选项——业务控制:选择"有直运销售业务""直运销售必有订单"。

采购管理系统——选项——业务控制:选择"直运业务必有订单",同时系统显示销售系统相应选项,不可修改。

三、直运业务单据流程

直运业务有两种模式:有订单模式和非订单模式。非订单模式直运采购发票和直运销售发票可互相参照。有订单模式按图9—37所示流程处理:第一步,用户手工录入直运销售订单;第二步,直运采购订单必须参照直运销售订单生成;第三步,直运采购发票参照直运采购订单生成;第四步,直运销售发票参照直运销售订单生成。

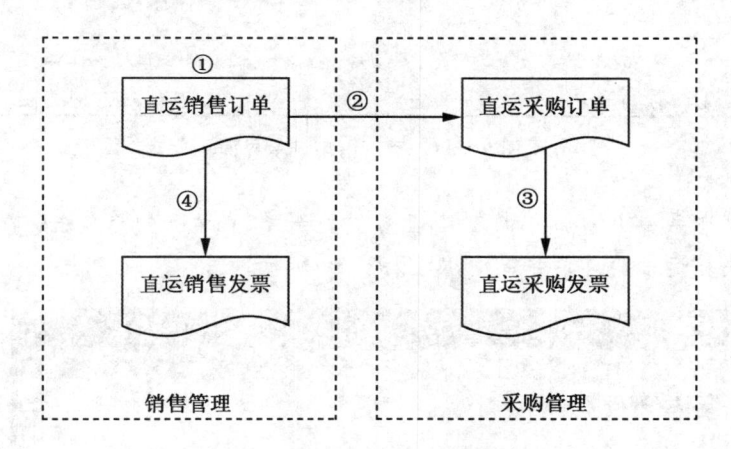

图9—37 直运业务单据流程

四、直运业务处理过程

直运业务的处理过程相当于一笔销售业务加上一笔采购业务的处理,只是不需要进行存货的出、入库处理,具体处理方法结合下面案例讲解。

资料9—4

2009年3月5日,哈市医药批发向公司订购咖啡因100克,签订销售订单,单价0.70元。
2009年3月9日,公司同吉林东方制药厂签订采购订单,咖啡因数量100克,单价0.45元。
2009年3月11日,吉林东方制药厂给哈市医药批发发货,并交来专用发票一张,货款未付。
2009年3月15日,销售业务完成,给哈市医药批发开具专用发票一张,货款未收。

案例业务 9-17

依据资料 9-4 所述，采用有订单模式，顺序填写直运销售订单、直运采购订单、采购专用发票和销售专用发票。

处理过程如下：

(1) 在销售管理系统中增加销售订单并审核，其中业务类型选择"直运销售"，如图 9-38 所示。

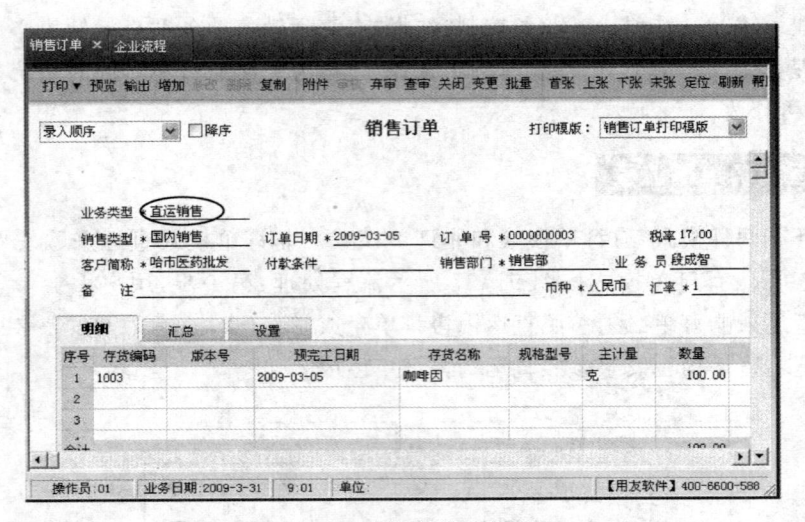

图 9-38 直运销售订单界面

(2) 在采购管理系统中增加采购订单，业务类型选择"直运采购"，单击【拷贝】按钮，拷贝直运销售订单，生成直运采购订单并审核，如图 9-39 所示。

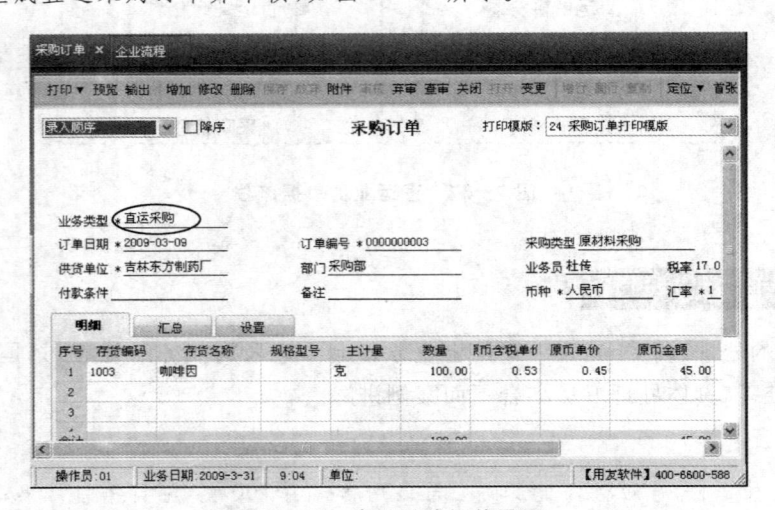

图 9-39 直运采购订单界面

(3) 在采购管理系统中增加采购发票，业务类型选择"直运采购"，单击【拷贝】按钮，拷贝直运采购订单，生成采购发票并审核，如图 9-40 所示。

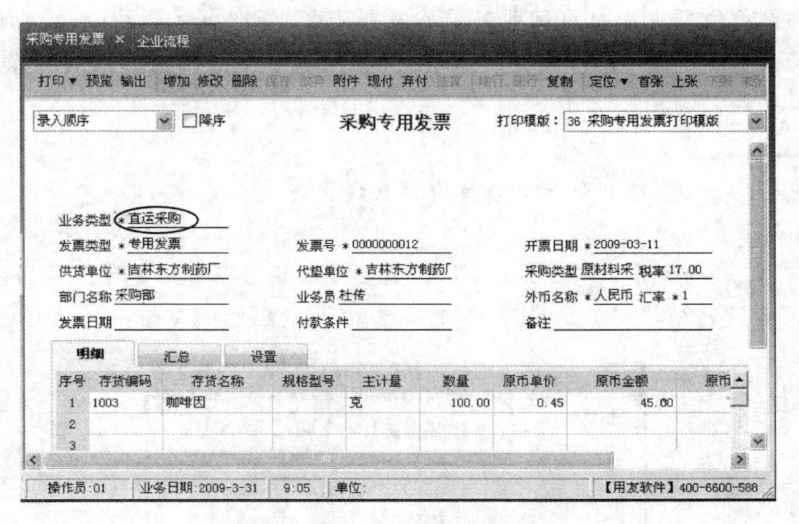

图 9—40 直运采购发票界面

(4) 在销售管理系统中增加销售专用发票,业务类型选择"直运销售",单击【订单】按钮,选择直运销售订单,生成销售专用发票,如图 9—41 所示。

(5) 在应收款系统审核销售专用发票。

(6) 在应付款系统审核采购专用发票。

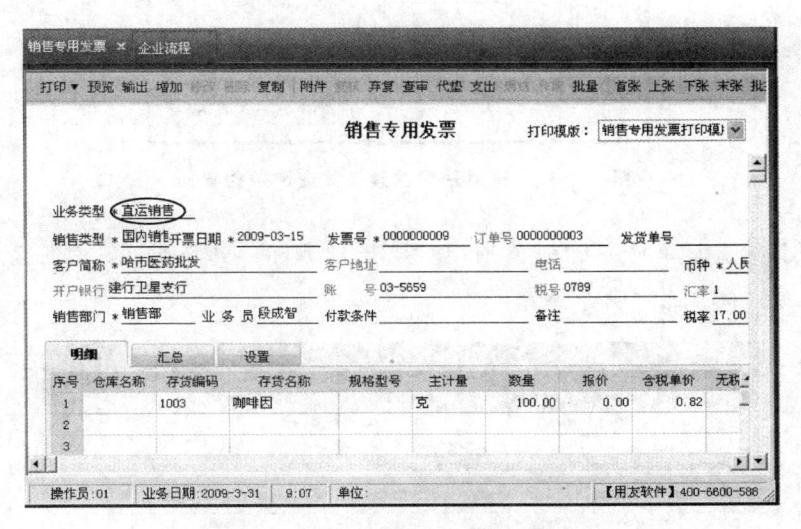

图 9—41 直运销售专用发票界面

【说明事项】

处理直运业务填写的所有订单和发票,业务类型一项都要选择"直运"类型。

五、直运业务成本核算

直运业务主要依据销售订单进行订单采购,从而赚取购销间的差价,虽不涉及具体的出入、库业务,但需要通过单据记账来结转成本,从而计算销售利润。直运业务记账的单据类型

216 ERP知识与供应链应用

有采购发票和销售发票。通过直运业务采购发票记账,增加直运商品;直运业务销售发票记账,则减少直运商品,并结转销售成本。具体成本核算过程结合下面的案例讲解。

案例业务 9－18

依据资料9－4所述,在存货核算系统进行直运销售业务记账。

处理过程如下:

(1)执行菜单"存货核算"→"业务核算"→"直运销售记账",显示查询条件界面(如图9－42所示),选择"采购发票"和"销售发票"两种单据类型,单击【确定】按钮。

图 9－42　直运采购发票核算查询条件界面

(2)在"未记账直运单据一览表"界面(如图9－43所示),选择要记账的直运单据,单击【记账】按钮,系统执行记账并计算成本。

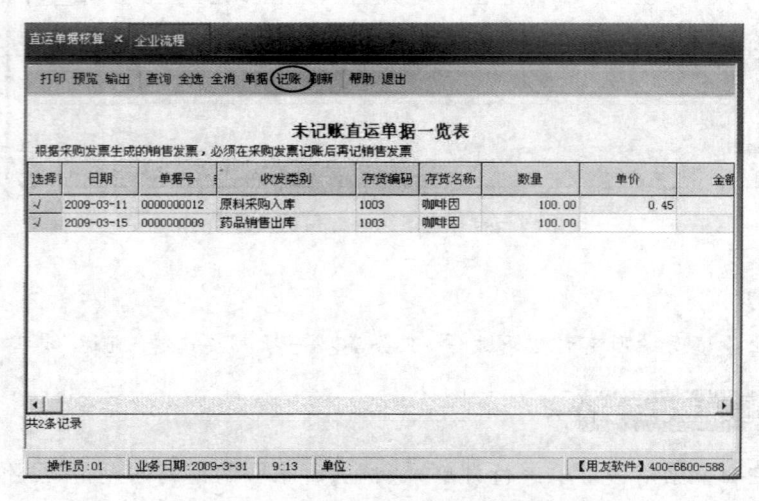

图 9－43　未记账直运单据一览表界面

六、直运业务制单处理

案例业务 9—19

依据资料 9—4 所述,在存货核算系统生成直运业务凭证。

处理过程如下:

(1)执行菜单"存货核算"→"财务核算"→"生成凭证",在弹出查询条件窗口中选择相应的条件。

(2)屏幕显示"未生成凭证单据一览表",如图 9—44 所示,选择要制单的记录,单击【确定】按钮,生成凭证列表,如图 9—45 所示。

(3)单击【生成】按钮,系统自动生成凭证。

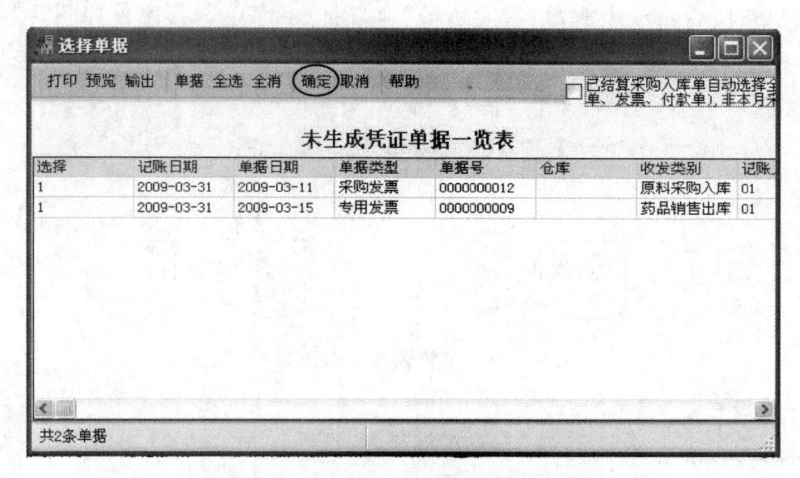

图 9—44 未生成凭证单据一览表界面

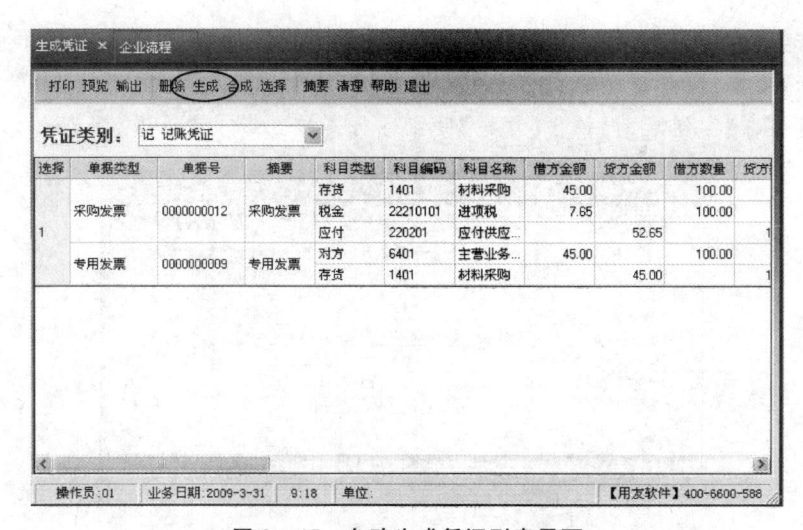

图 9—45 自动生成凭证列表界面

第六节 其他销售业务

一、销售调拨

销售调拨一般是处理集团企业内部有销售结算关系的销售部门或分公司之间的销售业务。销售调拨业务不涉及销售税金。销售调拨业务必须在当地税务机关许可的前提下方可使用，否则处理内部销售调拨业务也必须开具发票。

销售调拨业务与普通销售业务处理过程是一样的，销售调拨单的作用相当于销售发票，默认税率为0，只是最后生成凭证时没有税金科目。

销售调拨单不同于企业内部调拨单。

销售调拨单复核后自动生成"销售发货单"和"销售出库单"，其流程如图9—46所示。

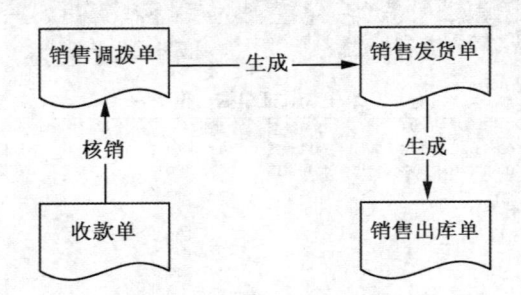

图9—46 销售调拨业务处理流程

案例业务9—20

2009年3月16日销售部向长春医药公司调拨感康片100盒，从成品库发货，单价10元。

处理过程如下：

(1)执行菜单"销售管理"→"业务"→"销售调拨"→"销售调拨单"，屏幕显示如图9—47所示，单击【增加】按钮，填写相关调拨信息。

(2)单击【保存】按钮后，再单击【复核】按钮进行复核。

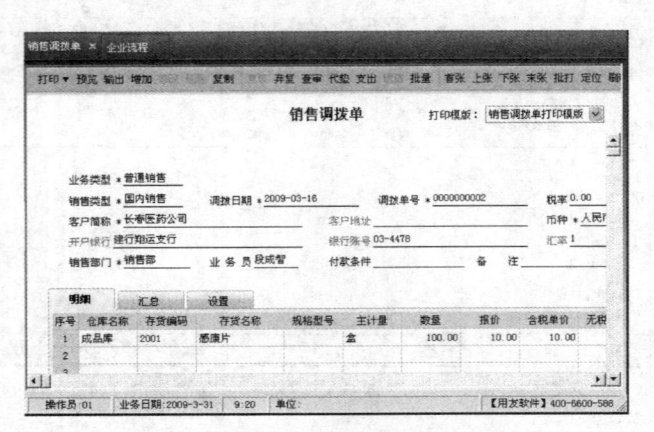

图9—47 销售调拨单界面

【说明事项】

销售调拨业务其他环节的处理同普通销售业务处理过程。

二、零售业务

零售业务是指商业企业用户将商品销售给零售客户的销售方式,通过零售日报的方式接收用户的零售业务原始数据。当企业发生零售业务时,应将相应的销售票据作为销售零售日报数据输入到系统中。零售日报不是原始的销售单据,是零售业务数据的日汇总,这种业务常用于商场、超市等零售企业。

零售业务与普通销售业务处理过程是一样的,零售日报单的作用相当于销售发票,正常计算税金。

零售日报复核时系统也自动生成"销售发货单"和"销售出库单",流程如图9-48所示。

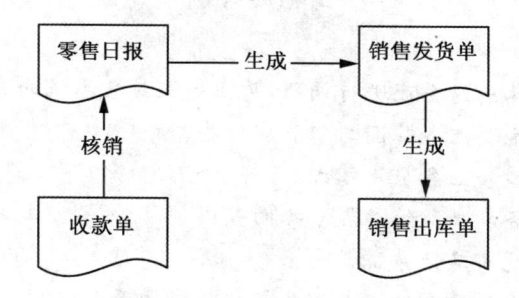

图9-48 零售业务处理流程

案例业务9-21

2009年3月27日,企业共销售丹参注射液50瓶,无税单价8元;利君沙50盒,无税单价11元,从成品库出货,现金已收到。

处理过程如下:

执行菜单"销售管理"→"业务"→"零售"→"零售日报单",如图9-49所示。单击【增加】按钮,填写相关信息,其中客户简称填"零散客户"。

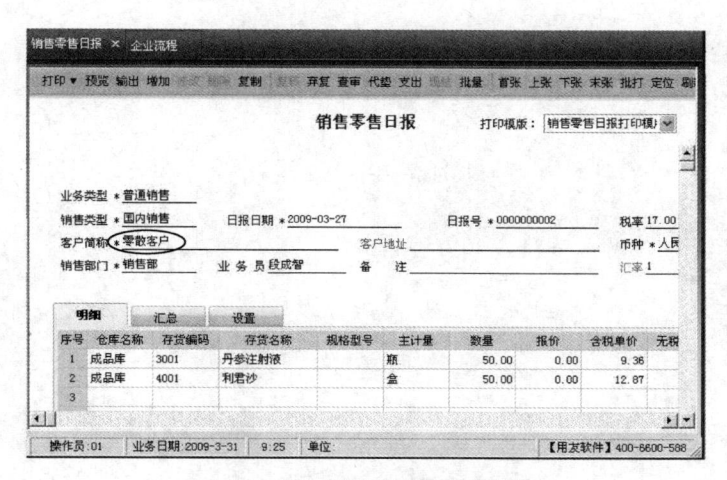

图9-49 销售零售日报界面

【说明事项】
零售业务其他环节的业务处理同普通销售业务处理过程。

第七节　销售统计分析

系统提供了企业销售情况的各种统计与分析,包括信用余额统计分析、销售收入统计分析、销售计划执行分析、销售费用支出统计、销售订货统计、发货统计分析、发票统计、销售成本统计分析、委托代销统计、订单执行情况统计分析等。系统可以多种方式提供统计分析结果,如报表、统计直方图、柱形图、折线图等;还可以按发票或收款进行货龄分析、货物流向分析、市场分析、销售结构分析、销售增长分析、销售利润分析等。

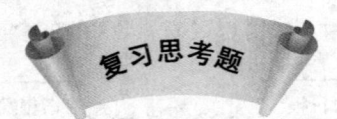

复习思考题

1. 通过对一个你所熟悉的企业进行调研,画出企业销售系统的业务流程图。
2. 企业销售管理的主要业务范围与职能有哪些?
3. 简述销售业务类型和业务应用模式。
4. 比较各种销售业务类型所填结算单据的异同。
5. 简述销售管理系统与其他系统的关系。
6. 企业应用销售管理系统会给企业销售带来哪些显著变化?

第十章　应收款管理

学习目的和要求

通过本章的学习，了解掌握应收款管理系统的主要功能和应收款管理的具体应用方案；掌握应收款管理系统与销售管理系统之间的数据传递关系；掌握应收单据、收款单据的审核与核销；掌握发票制单、现结制单、应收单制单、核销制单等制单过程和方法；了解应收款核算管理的意义和账表查询分析的内容。

第一节　应收款概述

应收款是指企业因销售商品、材料、物资或提供劳务等业务向客户收取的账款。财务部门和销售部门常常为了收款不及时或者收不回货款而发生争执。如何既保证销售，又不会因出现大量坏账而造成企业资金紧张，加强应收款的核算和客户往来账的管理，成为关系企业健康发展的关键问题。

通过应收款管理系统的应用，企业的管理者、财务主管、财务人员和销售人员能够及时掌握目前企业应收账款的真实情况，并通过严格的客户信用管理方法以及信用控制预警，实时地了解应收款的欠款和收回情况，及时催收企业的应收款。应收款管理系统通过发票、其他应收单、收款单等单据的录入，对企业的往来账款进行综合管理，及时、准确地提供客户的往来账款余额资料，提供各种分析报表。通过各种分析报表，帮助企业合理地进行资金的调配，提高资金的利用效率。应收款管理系统能方便、快速地生成客户对账单，缩短处理应收账的时间，改善客户的查询响应，提高客户的服务水平。

一、应收款管理系统的主要功能

(1) 提供系统参数的定义、单据类型设置、账龄区间的设置和坏账初始设置，为各种应收款业务的日常处理及统计分析做准备。

(2) 提供应收单据、收款单据的录入、处理、核销、转账、汇兑损益、制单等处理。

(3) 提供企业在应收款管理过程中所需的各类单据、详细核销信息、报警信息、凭证等内容的功能查询。

(4) 提供总账、余额表、明细账等多种账表查询功能。提供应收账款分析、收款账龄分析、欠款分析等丰富的统计分析功能。

(5) 为用户提供进行远程数据传递的功能，为用户提供对核销、转账等处理进行恢复的功能，以便进行修改。

二、应收款管理系统与其他系统之间的关系

企业应收款项主要在应收款管理系统核算,该系统与总账系统、销售管理系统、应付款管理系统、财务分析、UFO 报表、网上银行等系统都有接口,它们之间的关系如图 10-1 所示。

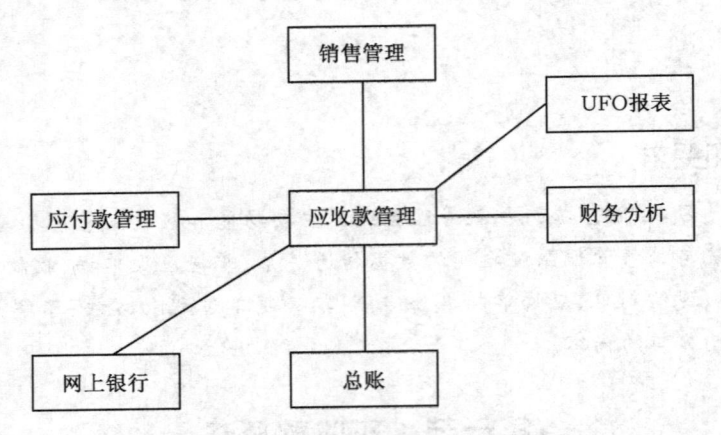

图 10-1 应收款系统与其他系统之间的关系

(一)与销售管理系统的关系

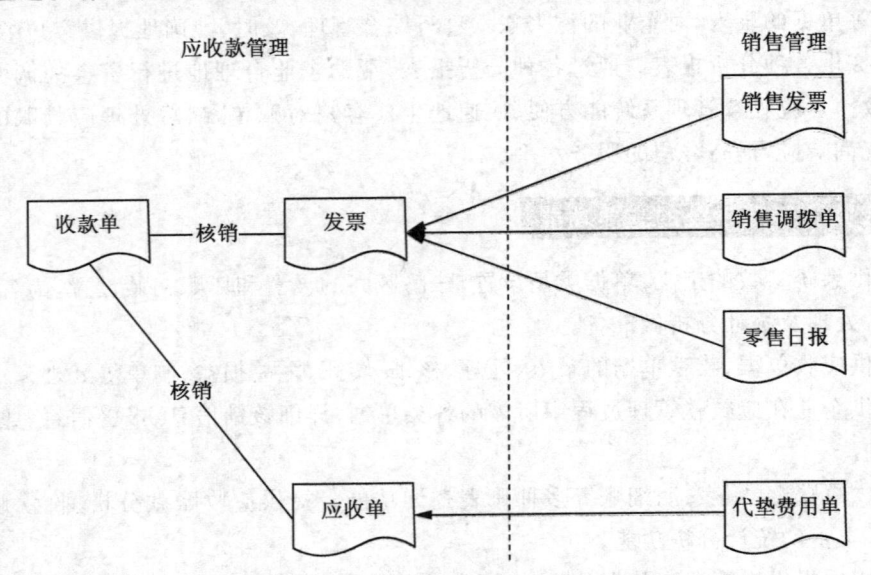

应收款管理系统与销售管理系统之间的关系最为密切。如图 10-2 所示,销售管理系统中填制的销售发票、销售调拨单、零售日报、代垫费用单等经复核后,要在应收款管理系统中审核并登记应收明细账,进行收款结算、核销、回写有关收款核销信息、制单生成凭证。已经现收的销售发票也要在应收系统进行记账和制单。应收款管理系统还可以查询出销售管理系统已经出库但还没有开票的实际应收款的信息和未复核的发票。

图 10-2 应收款管理系统与销售管理系统之间的关系

(二)与总账系统的关系

应收款管理系统生成的所有凭证都传递到总账系统进行审核、记账。应收款管理系统自动将结算方式为票据管理的付款单,登记到总账系统的支票登记簿中。

(三)与应付款管理系统的关系

应收款管理系统和应付款管理系统之间可以相互对冲,应收票据背书时可以对冲应付账款。

(四)与财务分析系统的关系

应收款管理系统向财务分析系统提供各种财务往来的分析数据。

(五)与 UFO 报表系统的关系

应收款管理系统向 UFO 报表系统提供各种应用函数和往来数据。

三、应收款管理应用方案

根据对客户往来款项核算和管理的程度不同,系统提供了详细核算和简单核算两种应用方案供用户选择。

(一)详细核算

如果销售业务以及应收款核算与管理业务比较复杂,或者需要了解每个客户每笔业务详细的应收情况、收款情况及余额情况并进行账龄分析,以加强客户及往来款项的管理,或者需要将应收款核算到产品一级,那么就可以选择详细核算方案。这样可以使企业能够依据每一客户的具体情况实施不同的收款策略。

(二)简单核算

如果企业的销售业务以及应收账款业务比较简单,或者现销业务很多,则可以选择简单核算方案。该方案着重于对客户的往来款项进行查询和分析。

具体选择哪一种方案,可在应收款管理系统通过"应收账款核算模型"这一选项进行设置。

第二节 应收款日常业务

应收款的日常处理功能是应收款管理系统的重要组成部分,是经常性的应收业务处理工作。日常业务主要完成企业日常的应收/收款业务录入、应收/收款业务核销、应收并账、汇兑损益以及坏账的处理,及时记录应收/收款业务的发生,为查询和分析往来业务提供完整、正确的资料,以加强对往来款项的监督管理,进而提高工作效率。

下面以前述销售业务的结算处理为例,讲述应收款管理系统的使用。这里将企业的销售管理系统与应收款管理系统联合使用,并采用详细核算方案。

一、应收单据处理

应收单据处理主要是指用户进行单据录入和单据管理的工作。通过单据录入、单据管理可记录各种应收业务单据的内容,查阅各种应收业务单据,完成应收业务管理的日常工作。

(一)应收单据录入

单据录入是应收款管理系统处理的起点,根据业务模型的不同,可以处理的单据类型也不相同。如果应收款管理系统与销售管理系统联合使用,则发票和代垫费用产生的应收单据由销售管理系统录入,在应收款管理系统只对这些单据进行审核、弃审、查询、核销、制单等处理。这种情况下应收款管理系统需要录入的单据仅限于应收单。

如果没有启用销售管理系统,则各类发票和应收单据均应在应收款管理系统录入。

(二)应收单据审核

应收款管理系统在此提供了手工审核和自动批审的功能。可以审核的单据是指全部已审核、未审核的应收单据,包括从销售管理系统传入的单据。假如做过后续处理如核销、制单、转账等的单据在此不能显示,对于这些单据的查询,可在"单据查询"功能中进行。如果审核的发票是已经做过现结处理的,那么系统在审核记账的同时,后台还将自动进行相应的核销处理,对于发票有剩余的部分,作应收账款处理。

案例业务 10-1

财务部门利用应收款管理系统审核本月销售部门录入的销售发票和应收单。

处理过程如下:

(1)执行菜单"应收款管理"→"日常处理"→"应收单据审核",显示单据过滤条件界面。输入单据过滤条件,单击【确认】按钮。

(2)在应收单据列表界面,先单击【全选】按钮,再单击【审核】按钮,进行批量审核。或者双击进入单据卡片界面进行单张审核,如图 10-3 所示。

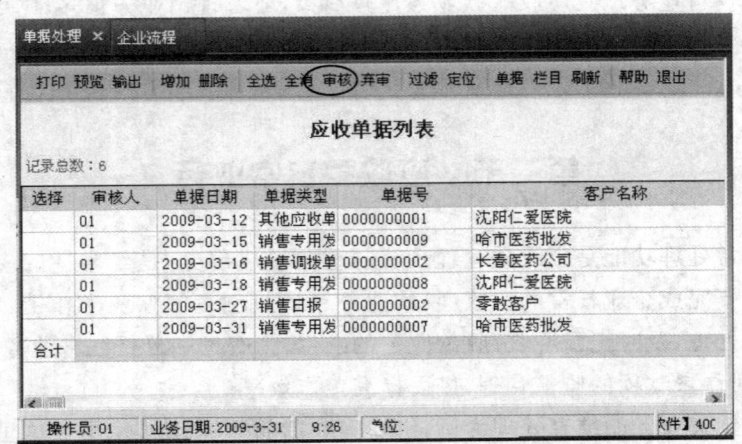

图 10-3 应收单据审核窗口

二、收款单据处理

收款单据处理是指对结算单据进行录入和审核的处理。结算单据主要包括收款单和付款单。其中,付款单是红字收款单,不同于应付款系统的付款单,主要用于销售退货时填写的退款单据。

(一)收款单据录入

收款单用来记录企业所收到的客户款项,款项性质包括应收款、预收款、其他费用等。其中,应收款和预收款性质的收款单将与发票、应收单、付款单进行核销勾对。

付款单用来记录发生销售退货时,企业开具的退付给客户的款项。付款单可与应收款和预收款性质的收款单、红字应收单、红字发票进行核销。

案例业务 10-2

2009年3月24日,财务部门收到哈市医药批发公司交来的货款现金81.90元。

2009年3月25日,财务部门收到长春医药公司交来的现金2 500元,其中归还前欠货款1 000元,余款转作预收款。

处理过程如下:

(1)执行菜单"应收款管理"→"日常处理"→"收款单据录入",显示收付款单录入界面,如图10-4所示,单击【增加】按钮,录入相关业务信息,单击【保存】按钮。

(2)保存后,单击【审核】按钮,进行收款单审核。

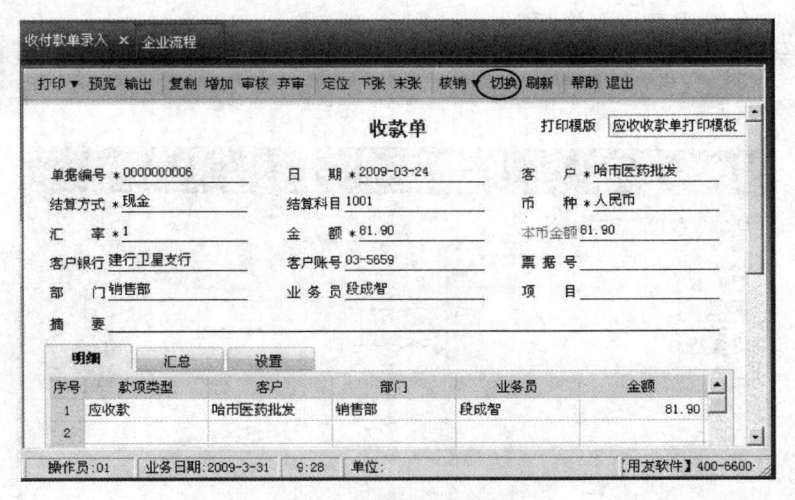

图10-4 收款单审核界面

【说明事项】

①菜单栏中【切换】按钮,可以在收款单和付款单(红字收款单)之间进行切换。

②款项类型:根据业务类型选择预收款、应收款、其他费用。

③对于同一张收款单,如果包含不同用途的款项,应在表体记录中分行显示。

④录入金额时应在表头中录入,表体金额会自动带入。

⑤在此界面还可以进行收款单核销和制单处理。如果不想处理,也可以在后面的"核销处理"和"制单处理"处进行。

(二)收款单据审核

主要是对结算单进行单张审核或者批量审核处理。在收款单据审核列表界面,用户在此可以进行收款单、付款单的增加、修改和删除等操作。

收款单据审核的操作过程同应收单据的审核。

三、核销处理

单据核销是指用收回的客户款项来核销该客户应收款的处理,目的是建立收款与应收款的核销记录,监督应收款及时核销,加强往来款项的管理。系统提供了两种核销方式,即手工核销和自动核销。

(一)手工核销

手工核销是指由用户手工确定收款单,核销与之对应的应收单的工作。通过本功能可以根据查询条件选择需要核销的单据,然后手工核销,以加强往来款项核销的灵活性。

案例业务 10-3

2009年3月30日,财务部门利用手工核销方式核销长春医药公司货款。

处理过程如下:

(1)执行菜单"应收款管理"→"日常处理"→"核销处理"→"手工核销",在核销条件窗口(如图10-5所示),输入供应商"长春医药公司",单击【确认】按钮。

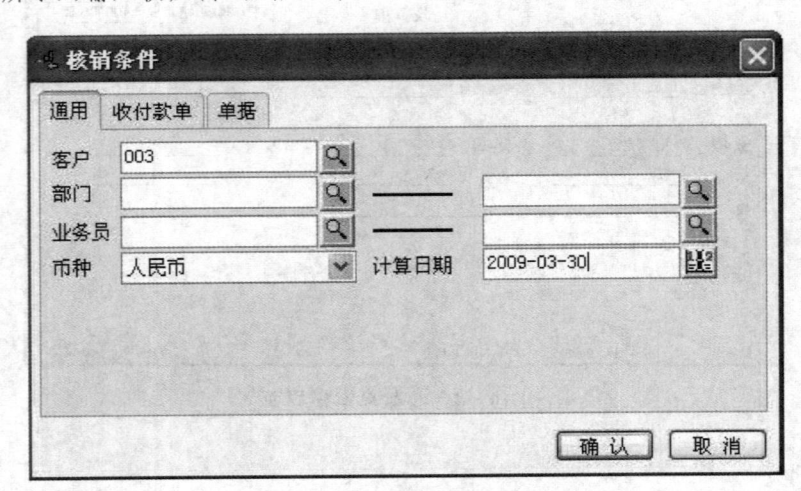

图10-5 手工核销条件录入界面

(2)在如图10-6所示的单据核销窗口上面表体"本次结算金额"栏中,手工输入1 000,在下面表体"本次结算"栏内也输入1 000,然后单击【保存】按钮,系统自动核销。

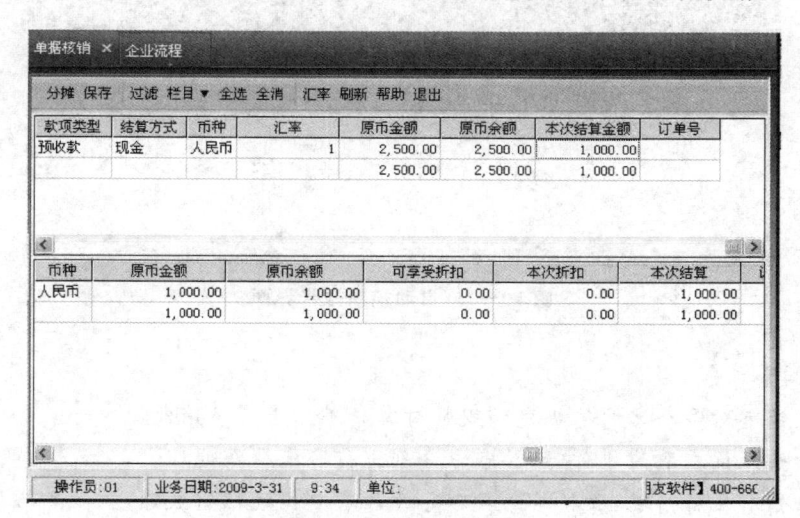

图 10-6 手工核销界面

【说明事项】

①图10-6中,上面列表显示该客户可以核销的结算单记录,下面列表显示该客户符合核销条件的对应单据。

②核销时可以修改本次结算金额,但是不能大于该记录的原币余额。

③用户手工输入本次结算金额,本次结算处理上下列表中的结算金额合计必须保持一致。用户也可手工输入本次结算金额后,点击【分摊】按钮,系统将当前结算单列表中的本次结算金额合计,自动分摊到被核销单据列表的本次结算栏中。核销顺序依据被核销单据的顺序排列。

④一次只能对一种结算单类型进行核销,即手工核销的情况下需要将收款单和付款单分开核销。

⑤若发票中同时存在红、蓝记录,则核销时先进行单据的内部对冲。

⑥注意核销日期,系统只核销计算日期之前的单据。

⑦核销款有余款的,系统自动转作预收账款。

(二)自动核销

自动核销是指先由用户确定收款单要核销的对应应收单,然后通过本功能根据查询条件选择需要核销的单据进行自动核销,从而提高往来款项核销的效率。

案例业务 10-4

财务部门自动核销本月所有的应收款。

处理过程如下:

(1)执行菜单"核销处理"→"自动核销",进入核销过滤条件界面,单击【确认】按钮。

(2)输入过滤条件,单击【确认】按钮,自动核销后,屏幕显示"自动核销报告",如图10-7所示。

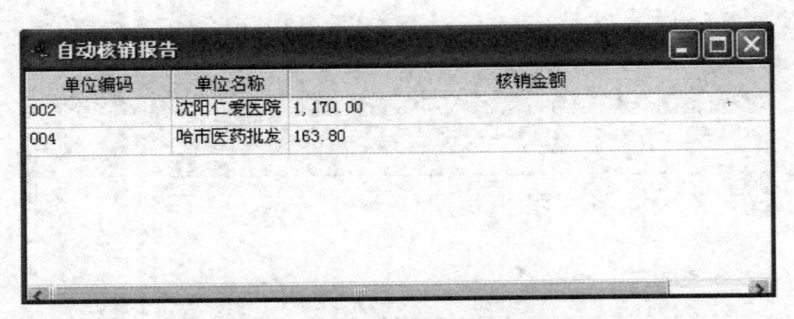

图 10-7 自动核销报告界面

【说明事项】

① 自动核销可对多个客户依据核销规则对客户单据进行核销处理。

② 自动核销允许在取消操作时，按客户分别进行取消核销处理。

③ 收款核销有几种情况：收款单的数额等于原有单据的核销数额，收款单与原有单据完全核销；收款单的数额部分核销之前的单据，部分形成预收款；收款单的数额小于原有单据的数额，单据仅得到部分核销；预收往来单位款项大于实际结算的货款，需退给往来单位货款。

四、转账处理

（一）应收冲应付

用某客户的应收账款，冲抵某供应商的应付款项。

（二）应收冲应收

指将一家客户的应收款转到另一家客户中。通过本功能将应收款业务在客户之间进行转入、转出，实现应收业务的调整，解决应收款业务在不同客户间入错户或合并户的问题。

（三）预收冲应收

处理客户的预收款和该客户应收欠款的转账核销业务。

（四）红票对冲

用某客户的红字发票与其蓝字发票进行冲抵。

五、制单业务

（一）制单处理

制单处理即生成凭证，并将凭证传递至总账记账。系统在各项业务处理过程中都提供实时制单的功能；除此之外，系统还提供一个统一制单的平台，可以在此快速、成批地生成凭证，并可依据规则进行合并制单等处理。

案例业务 10-5

对本月所有应收款相关业务进行制单处理。

处理过程如下：

(1)执行菜单"应收款管理"→"日常处理"→"制单处理"，显示制单查询界面，如图10-8所示，勾选制单业务，输入业务查询条件，单击【确定】按钮。

(2)在制单界面(如图10-9所示)，选择单据，单击【制单】按钮，生成凭证。

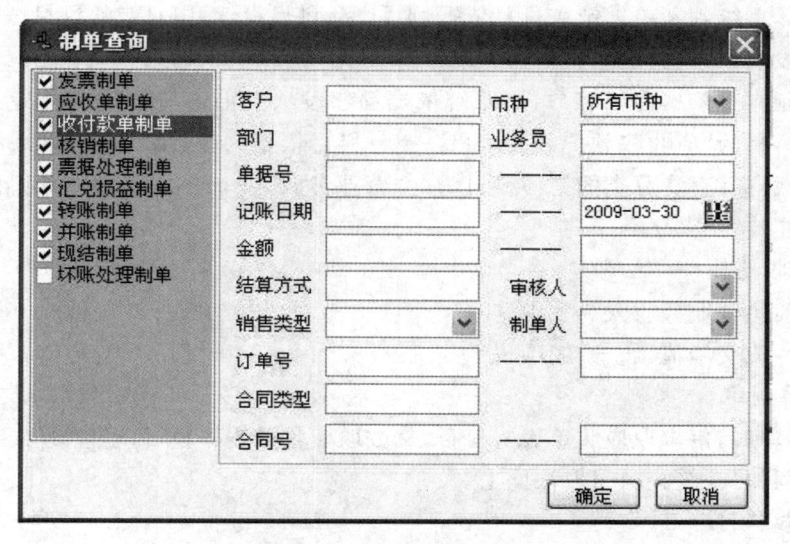

图 10-8 制单查询界面

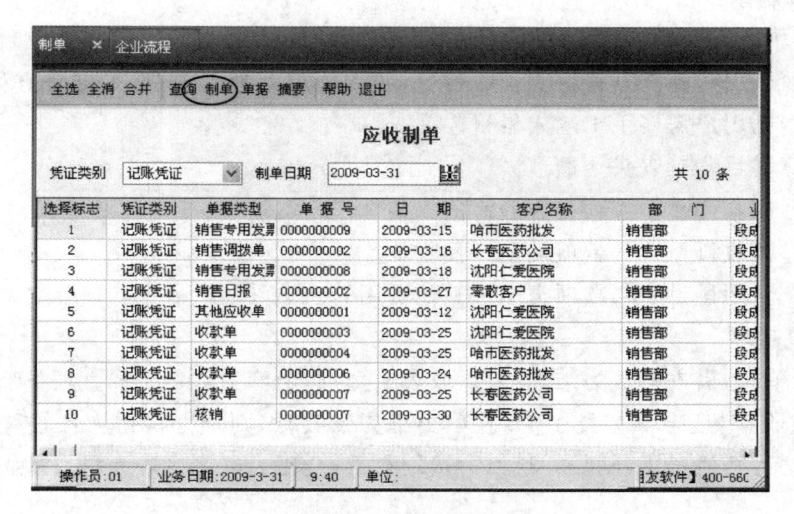

图 10-9 制单界面

【说明事项】

①在图10-8制单查询界面，坏账处理制单不能与其他制单业务同时选择。

②本系统的控制科目可在其他系统进行制单，在其他系统制单则会造成应收款管理系统

与总账系统对账不平。

③制单日期系统默认为当前业务日期。制单日期应大于等于所选单据的最大日期,但应小于当前业务日期。

(二)制单规则

1. 应收发票制单

销售发票制单时,系统先判断控制科目依据,根据控制科目依据取【控制科目设置】中对应的科目。然后,系统判断单据销售科目依据,取【产品科目设置】中对应的科目;若没有设置,则取【基本科目设置】中设置的应收科目和销售科目,若无,则手工输入。

例如,控制科目依据为按客户,则系统依据销售发票上的客户,取该客户在【控制科目设置】设置中的科目为"应收账款——A 客户";销售科目依据为按存货分类,则系统依据销售发票上的存货,找寻其存货分类的销售科目为"主营业务收入——中药",税金科目为"应交增值税——销项税"。

借:应收账款——A 客户　　　　　　　　　　　　　×××
　　贷:主营业务收入——中药　　　　　　　　　　　×××
　　　　应交增值税——销项税　　　　　　　　　　　×××

2. 应收单制单

应收单制单时,借方取应收单表头科目,贷方取应收单表体科目;若应收单上没有科目,则需要手工输入科目。受控科目取法同上。

借:应收科目　　　　　　　　　　　　　　　　　　×××
　　贷:对方科目　　　　　　　　　　　　　　　　　×××

3. 收款单制单

收款单制单时,借方科目为表头结算科目,如款项类型为应收款,则贷方科目为应收科目;如款项类型为预收款,则贷方科目为预收科目;如款项类型为其他费用,则贷方科目为费用科目。若无科目,则用户需要手工输入科目。

借:结算科目　　表头金额
　　贷:应收科目　　款项类型＝应收款
　　　　预收科目　　款项类型＝预收款
　　　　费用科目　　款项类型＝其他费用

4. 付款单制单

付款单制单时,借方科目为结算科目,取表头金额,金额为红字。如款项类型为应收款,则贷方科目为应收科目,金额为红字;如款项类型为预收款,则贷方科目为预收科目,金额为红字;如款项类型为其他费用,则贷方科目为费用科目,金额为红字。若无科目,则用户需要手工输入科目。

借:结算科目(红字)　　表头金额
　　贷:应收科目(红字)　　款项类型＝应收款
　　　　预收科目(红字)　　款项类型＝预收款
　　　　费用科目(红字)　　款项类型＝其他费用

5. 核销制单

结算单核销制单受系统初始选项的控制,若选项中选择核销不制单,则即使入账科目不一致也不制单。核销制单需要应收单及收款单已经制单,才可以进行核销制单。在核销双方入账科目不相同的情况下,才需要进行核销制单。

应用示例:若应收单入账科目为应收科目 1(核销金额＝130 元),结算单入账时对应受控科目有应收科目 1(核销金额＝30 元)、应收科目 2(核销金额＝80 元)、预收科目(核销金额＝20 元),则这两张单据核销时生成的凭证应该是:

借:应收科目　　　　　　　　　　　　　　　　　　　　　　　280
　预收科目　　　　　　　　　　　　　　　　　　　　　　　　20
　　贷:应收科目　　　　　　　　　　　　　　　　　　　　　1 100

6. 现结制单

对现结/部分现结的销售发票制单时,贷方取【产品科目设置】中对应的销售科目和应交增值税科目。借方取【结算方式科目】设置中的结算方式对应的科目。

部分现结	完全现结
借:应收账款　　银行存款　　贷:产品销售收入　　　　应交增值税——销项税	借:银行存款　　贷:产品销售收入　　　　应交增值税——销项税

7. 坏账处理制单

坏账发生制单	坏账计提制单
借:坏账准备　　贷:应收账款	借:管理费用　　贷:坏账准备

8. 坏账收回制单

借:结算科目
　　贷:应收账款
借:应收账款
　　贷:坏账准备

第三节　坏账处理

由于企业存在赊销,部分或全部账款无法收回或收回的可能性极小,这是不可避免的客观事实,所以企业要进行坏账处理。坏账处理系统提供了计提坏账准备的功能、坏账发生后的处理功能,以及坏账收回后的处理功能等。

企业如果有坏账处理业务,应当依据以往的经验、债务单位的实际情况制定计提坏账准备的政策,明确计提坏账准备的范围、提取方法、账龄的划分和提取比例。

通常企业应在期末分析各项应收款项的可收回性,并预计可能产生的坏账损失。对预计可能发生的坏账损失计提坏账准备。企业计提坏账准备的方法由企业自行确定。当坏账发生时,企业应确定哪些应收款为坏账,选定发生坏账的应收业务单据。当被确定的坏账又被收回时，企业可通过坏账收回功能进行处理。

通过坏账查询功能查询一定期间内发生的应收坏账业务处理情况及处理结果，加强对坏账的监督。

一、坏账准备设置

坏账初始设置是在进行坏账处理之前，首先在系统选项中选择坏账处理方式，然后在初始设置中设置坏账准备参数，以便系统根据用户的应收账款计提坏账准备。系统提供了三种坏账处理的方式，即应收余额百分比法、销售余额百分比法、账龄分析法。

案例业务 10-6

依据企业管理实际，采用应收余额百分比法计提坏账，提取比例为 0.5%，坏账科目为 1231 坏账准备，期初余额为 14.27 元，入账科目为 670101 坏账减值损失。

处理过程如下：

(1) 执行菜单"应收款管理"→"设置"→"选项"，显示账套参数设置界面，如图 10-10 所示。

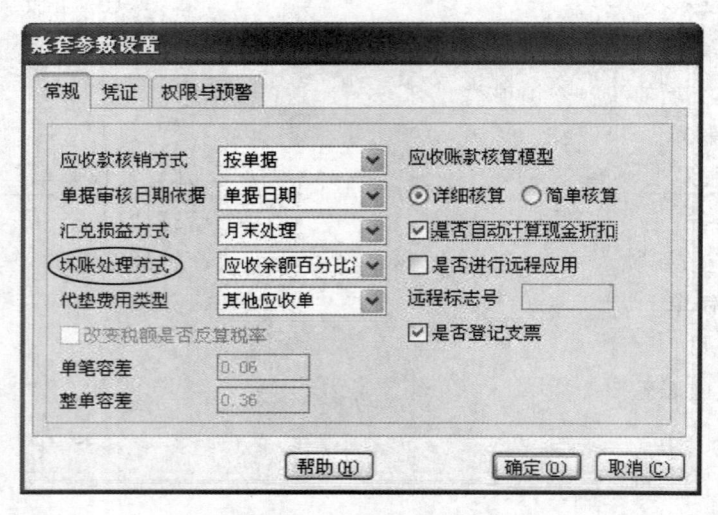

图 10-10 选择坏账处理方式

(2) 单击坏账处理方式下拉框，选择"应收余额百分比法"，单击【确定】按钮保存。

(3) 选择"应收款管理"→"设置"→"初始设置"→"坏账准备设置"，如图 10-11 所示，输入相关信息，单击【确定】按钮，初始设置完成。

图 10-11　坏账准备设置界面

【说明事项】
做过任何一种坏账处理(坏账计提、坏账发生、坏账收回)后,系统就不能再修改坏账准备数据了,只允许进行查询。

二、计提坏账准备

案例业务 10-7

计提本年度坏账准备(企业通常应在年末 12 月 31 日计提坏账)。
处理过程如下:
选择"应收款管理"→"日常处理"→"坏账准备"→"计提坏账准备",系统自动计提坏账并显示计提结果,如图 10-12 所示,单击【确认】按钮完成。

图 10-12　计提坏账准备界面

【说明事项】
①应收账款的余额默认值为本会计年度最后一天的所有未结算完的发票和应收单余额之和减去预收款数额。

②计提确认后,本年度将不能再次计提坏账准备,再次计提时系统会给予"已计提过坏账"的提示,如图10—13所示,并且不能再修改坏账参数。

图10—13 重复计提坏账提示

三、坏账发生

坏账发生是指系统提供给用户用来确定某些应收款为坏账的功能。通过本功能,用户即可选定发生坏账的应收业务单据,确定一定期间内应收款发生的坏账,便于及时用坏账准备进行冲销,避免出现应收款长期呆滞挂账的现象。

案例业务 10—8

2009年3月25日,确认替沈阳仁爱医院支付的200元代垫广告费因故不能收回,做坏账处理。

处理过程如下:
(1)执行菜单"应收款管理"→"日常处理"→"坏账处理"→"坏账收回",显示发生坏账损失窗口,如图10—14所示。
(2)填写本次发生坏账金额,单击【确认】按钮。
(3)系统提示"是否立即制单?",根据企业需要选择。

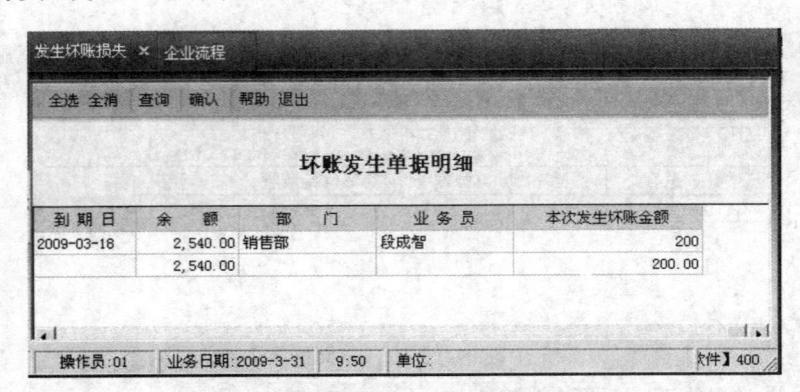

图10—14 录入坏账发生金额界面

四、坏账收回

坏账收回是指系统提供的对应收款已确定为坏账后又被收回的业务处理功能。通过本功能,可以对一定期间内发生的应收坏账收回业务进行处理,反映应收账款的真实情况,便于对应收款进行管理。

处理过程如下：

(1)当收回一笔坏账时，应首先在"收款单据录入"功能中录入一张收款单，该收款单的金额即为收回的坏账的金额。该收款单不需要审核。

(2)打开菜单"日常处理"→"坏账处理"→"坏账收回"，见图10-15。

(3)输入全部必需的信息后，按【确定】按钮，保存此次操作。

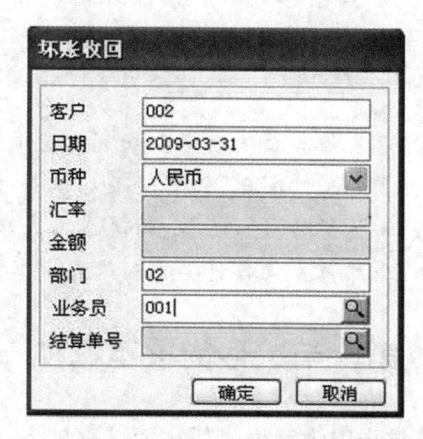

图10-15　填写坏账收回信息界面

五、坏账查询

坏账查询是指系统提供的坏账处理过程和处理结果的查询功能。通过坏账查询功能可以查询一定期间内发生的坏账业务处理情况及处理结果，从而加强对坏账的监督和管理。

处理过程如下：

(1)执行菜单"坏账处理"→"坏账查询"项。

(2)屏幕会显示坏账的发生和坏账的收回的综合信息。

(3)如果想了解详细的坏账信息，可以按【详细】按钮，以详细地查看每一笔坏账发生和收回的情况。

复习思考题

1. 简述应收款管理系统的主要功能。
2. 简述应收款管理系统与其他系统之间的关系。
3. 举例说明应收款管理系统与销售管理系统之间的关系。
4. 应收款管理系统的应用对于企业加强应收账款的管理有哪些益处？
5. 简述企业坏账处理的过程和操作。
6. 简述应收账款的"详细核算"和"简单核算"两种方案在功能上有何区别。

第十一章 存货核算

学习目的和要求

通过本章的学习，了解掌握存货核算系统的主要功能和存货核算在财务业务一体化实现过程中的作用；理解掌握存货核算与采购管理、销售管理和库存管理之间的关系；掌握正常单据记账和特殊单据记账的方法；掌握暂估成本录入、结算成本处理以及存货期末处理的方法；熟悉跌价准备的设置和计提方法；熟练查询各种单据和账表。

第一节 存货核算概述

存货是指企业在生产经营过程中为销售或耗用而储存的各种资产，包括商品、产成品、半成品、在产品以及各种材料、燃料、包装物、低值易耗品等。它是保证企业生产经营过程顺利进行的必要条件。为了保障生产经营过程连续不断地进行，企业要不断地购入、耗用或销售存货。存货是企业的一项重要的流动资产，其价值在企业流动资产中占有很大的比重，存货成本直接影响企业的利润水平。

存货核算是企业会计核算的一项重要内容，进行存货核算应正确计算存货购入成本，促使企业努力降低存货成本；反映和监督存货的收发、领退和保管情况；反映和监督存货资金的占用情况，促进企业提高资金的使用效果。ERP系统中的存货核算系统是供应链系统的核心，是连接财务链和供应链的枢纽，也是最能体现财务业务一体化的系统。它能大大提高存货出入库成本的计算效率和核算精度，及时归集成本，自动生成各类出、入库业务凭证，并且还提供功能强大的查询统计功能。

一、存货核算系统的主要功能

（一）核算存货出、入库成本

存货核算系统可以对多种出、入库业务进行成本核算，企业可以根据企业实际情况选择具体核算规则。

（二）处理暂估入库业务

存货核算系统提供了月初回冲、单到回冲、单到补差三种常用暂估处理方式，系统将根据用户选择的暂估处理方式自动进行暂估入库业务的处理。

（三）调整出、入库成本

在出、入库单据录入错误时，一般需要修改出、入库单据，但遇到只需调整金额而不需要调整数量的情况时，就可以通过存货核算系统提供的入库调整单和出库调整单进行出、入库成本的调整。

（四）处理存货跌价准备

当上市公司出现市价发生持续下跌，并且在可预见的未来无回升希望的情况时，或企业出现使用某项原材料生产的产品的成本大于产品的销售价格的情况时，以及企业出现因产品更新换代致使原有库存原材料已不适应新产品的需要，而该原材料的市场价格又低于其账面成本等情况时，系统可以根据"成本与可变现净值孰低法"的原则，自动计提存货跌价准备。

（五）提供完整的账表和强大的查询功能

存货核算系统不但提供了存货总账、存货明细账等基本账簿和入库汇总表、出库汇总表、收发存汇总表等多种统计汇总表，用户还可以根据需求对存货周转率、存货入库成本、库存资金占用等方面自行定义分析范围并进行分析，从而满足了企业多层次、多角度查询的需要。

二、存货核算系统的重要地位

存货核算与企业的采购业务、销售业务以及成本管理都有着直接的关系，它接收供应链各子系统传递过来的数据，进行记账处理，核算各种存货成本，并生成凭证传递到总账。存货核算系统与其他系统之间的数据关系如图11-1所示。

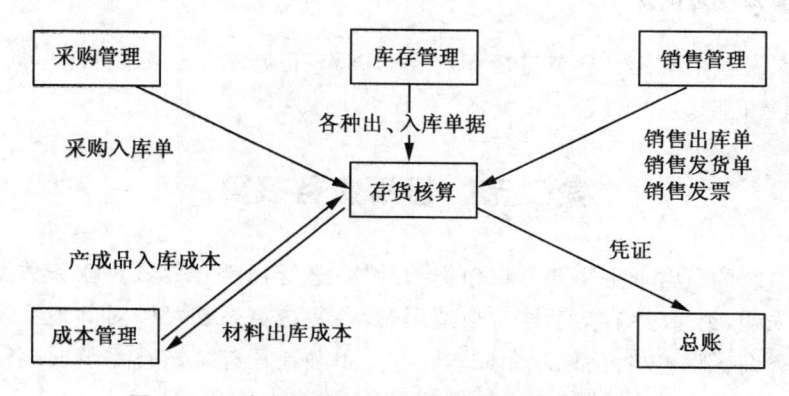

图11-1 存货核算系统与其他系统之间的数据关系

存货核算与其他系统之间的数据关系可概述如下：

(1)存货核算系统可对采购管理系统生成的采购入库单进行记账，对采购暂估入库单进行暂估报销处理。

(2)存货核算系统可对库存管理系统生成的出、入库单据进行记账核算。

(3)企业发生的正常销售业务的销售成本可以在存货核算系统根据所选的计价方法自动计算；企业发生分期收款业务和委托代销业务时，存货核算系统可以对销售管理系统生成发货单的发票进行记账并确认成本。

(4)在存货核算系统,进行了出、入库成本记账的单据可以生成一系列的物流凭证传入总账系统,从而实现财务业务的一体化。

(5)成本管理系统可以自动读取存货核算系统中的材料出库单的出库成本,并作为成本核算时的材料成本;成本管理系统完成计算后,存货核算系统可以从成本管理系统读取其计算的产成品成本,并且分配到未记账的产成品入库单中,作为产成品入库单的入库成本。

三、存货成本核算说明

(一)成本核算方式

存货核算系统对存货的核算提供了三种方式:按仓库核算、按部门核算、按存货核算。

(二)成本核算方法

存货核算系统对存货提供六种计价方式:先进先出法、后进先出法、移动平均法、个别计价法、全月平均法、计划价/售价法。

(三)成本核算的多种业务类型

存货核算系统对多种业务类型提供成本核算:普通采购业务、暂估入库业务、受托代销业务、普通销售业务、分期收款发出商品业务、委托代销发出商品业务、假退料业务、直运销售业务、其他业务。

(四)存货成本核算的环节

存货核算系统在以下几个环节进行存货成本核算:正常单据记账、特殊单据记账、发出商品记账、直运销售记账、期末处理。

第二节 日常业务核算

存货核算系统的日常业务主要是以单据为载体,进行日常存货核算业务数据的录入和成本核算。在与采购、销售、库存等系统集成使用时,存货核算系统可以对其他系统填制的各种业务单据进行查询、部分项目的修改和成本计算。单独使用存货核算系统时,各种出、入库单据的录入在本系统进行。

入库业务包括:企业外部采购物资形成的采购入库单、生产车间加工产品形成的产成品入库单,以及盘点、调拨单、调整单、组装、拆卸等业务形成的其他入库业务。

出库业务包括销售出库形成的销售出库单、车间领用材料形成的材料出库单,以及盘点、调整、调拨、组装、拆卸等业务形成的其他出库业务。

调整业务包括入库调整单、出库调整单、系统自动生成的调整单以及计划价/售价调整单。

存货核算系统的功能主要包括日常业务功能、业务核算功能和财务核算功能三方面,具体功能菜单如图11-2所示。

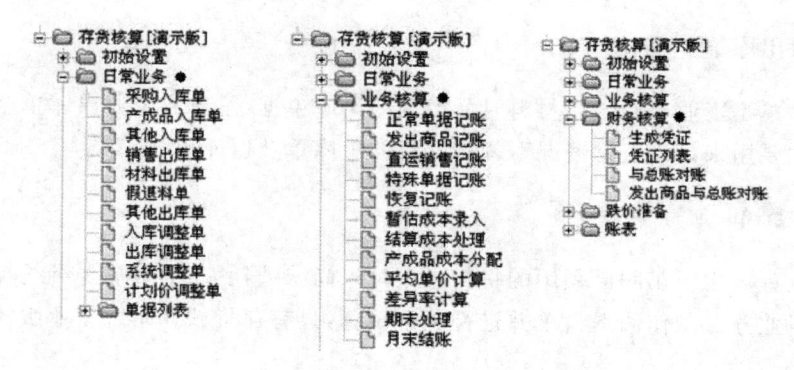

图 11-2　存货核算系统功能菜单

一、单据内容

存货核算系统涉及的单据主要有采购入库单、产成品入库单、其他入库单、销售出库单、材料出库单、假退料单、其他出库单、入库调整单、出库调整单、系统调整单等。

（一）采购入库单

对于工业企业，采购入库单一般指采购原材料验收入库时所填制的入库单据；对于商业企业，采购入库单一般指商品进货入库时填制的入库单。无论是工业企业还是商业企业，采购入库单是企业入库单据的主要单据。

对已结算确认有金额的采购入库单记账，确认入库成本；对没有入库金额的采购入库单进行暂估成本录入，确认成本后，系统对其进行结算成本处理。

（二）产成品入库单

产成品入库单是指工业企业生产的产成品、半成品入库时所填制的入库单据，是存货核算系统工业版中常用的原始单据之一。在该系统中，此功能用于输入正常产品入库及已入库的不合格产品红字退回的单据。

产成品入库单在填制时一般只填写数量，单价与金额既可以通过修改产成品入库单直接填入，也可以由成本分配功能自动计算填入。

（三）其他入库单

其他入库单是指除采购入库、产成品入库以外的其他入库形式所填制的入库单据，如盘盈入库、调拨入库等。在存货核算系统中，主要用于输入其他形式的正常入库及红字退出的单据。

（四）销售出库单

对于工业企业，销售出库单一般指产成品销售出库时所填制的出库单据；对于商业企业，一般指商品销售（包括受托代销商品）出库时所填制的出库单。无论是工业企业还是商业企业，销售出库单都是企业出库单据的主要部分，也是进行日常业务处理和记账的主要原始单据之一。

（五）材料出库单

材料出库单是工业企业领用材料时所填制的出库单据，是工业企业出库单据的主要部分，在本系统中主要用来录入正常情况下领用材料的出库单及退库单。

（六）假退料单

假退料业务可用于车间已领用的材料。在月末尚未消耗完、下月需要继续耗用的材料，则可办理假退料业务。制作假退料单并进行成本核算，只有存货核算系统工业版才有此功能。

（七）其他出库单

其他出库单是指除销售出库、材料出库以外的其他出库形式所填制的出库单据，如盘盈出库、调拨出库等。在存货核算系统主要用于输入其他形式的正常出库及红字退库的单据。

（八）入库调整单

出、入库单据记账后，发现单据金额错误，如果是录入错误，通常采用修改方式进行调整。但有时遇到由于暂估入库后发生零出库业务等原因所造成的出库成本不准确或库存数量为零而仍有库存金额的情况时，只能使用入库调整单或出库调整单进行调整。

入库调整单是对存货的入库成本进行调整的单据，它只调整存货的金额，不调整存货的数量；它用来调整当月的入库金额，并相应调整存货的结存金额；可针对单据进行调整，也可针对存货进行调整。

（九）出库调整单

出、入库单据记账后，发现单据金额错误，如果是录入错误，通常采用修改方式进行调整。但有时遇到由于暂估入库后发生零出库业务等原因所造成的出库成本不准确或库存数量为零而仍有库存金额的情况时，只能使用入库调整单或出库调整单进行调整。

出库调整单是对存货的出库成本进行调整的单据，它只调整存货的金额，不调整存货的数量；它用来调整当月的出库金额，并相应调整存货的结存金额；只能针对存货进行调整，不能针对单据进行调整。

二、单据记账

存货核算系统的主要任务是核算成本，在本系统中通过以下几个环节针对不同类型的出、入库业务进行成本核算：正常单据记账、发出商品记账、直运销售记账、特殊单据记账、恢复单据记账、暂估成本录入、结算成本处理、产成品成本分配、平均单价结算。

（一）正常单据记账

单据记账是存货核算系统日常业务中的重要工作之一。在存货核算系统中，对于已经在采购管理系统填制了采购入库单，在销售管理系统填制了销售发货单，或者在库存管理系统中填制了生产领用材料的出库单、完成生产加工过程的产成品入库单等出、入库存货的原始单据,先要进行单据记账,生成财务部门存货的账务资料,以便进行正确的总账业务处理。在采购管理系统、销售管理系统、库存管理系统与存货核算系统集成使用时,单据记账是将在采购管理系统、销售管理系统及库存管理系统中所填制的各种出、入库单据,分别记入相应的存货明细账、差异明细账及委托代销商品明细账等账簿。

采用先进先出、移动平均、全月平均、个别计价这四种计价方式的存货在单据记账时进行出库成本核算;采用全月平均、计划价/售价法计价的存货在期末处理时进行出库成本核算。

单据记账时,系统首先取单据上的成本,若单据上无成本,则取存货系统选项"入库单成本选择"中的选项成本。计划价/售价法核算的存货则取其计划价/售价记账。

处理过程如下:

(1)执行菜单"存货核算"→"业务核算"→"正常单据记账",屏幕显示正常单据记账条件界面,如图 11-3 所示。

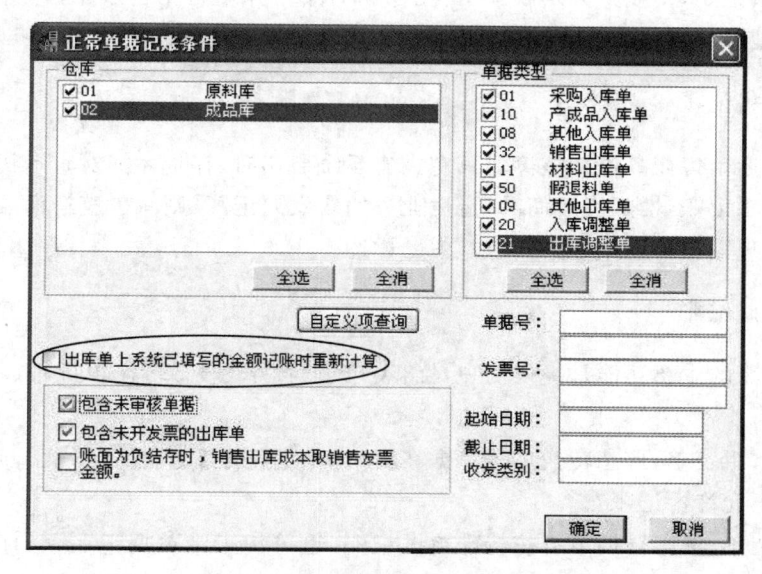

图 11-3 正常单据记账条件界面

(2)选择要记账的条件后,单击【确定】按钮,显示正常单据记账界面,如图 11-4 所示。

图 11-4 记账窗口

(3)选择要记账的单据,单击【记账】按钮,系统自动记账。如不符合记账条件,单据会留在窗口中。

【说明事项】

如果用户在记账的选项中选择"出库单上系统已填写的金额记账时重新计算",则单据记账时要将出库单上已有的出库单价、出库金额全部清空后再记账;否则,依据出库单上原有的出库单价、出库金额记账,不再由系统重新计算出库成本。

(二)发出商品记账

主要针对分期收款业务和委托代销发出商品业务进行成本计算和记账处理。对分期收款(委托代销商品)发货单记账,减少库存商品,增加分期收款(委托代销商品)。对分期收款(委托代销商品)发票记账,则减少分期收款(委托代销商品),并结转销售成本。具体记账规则在第九章"销售管理"中已详述。

(三)直运销售记账

本功能对直运销售业务进行核算。只有销售系统启用时,存货才能对直运销售进行核算。直运业务采购发票记账,增加直运商品;直运业务销售发票记账,则减少直运商品,并结转销售成本。具体记账规则在第九章"销售管理"中已详述。

(四)特殊单据记账

特殊单据记账的主要功能是提供用户对组装单、调拨单、形态转换单进行成本计算,记入存货明细账。

如果调拨单、组装单、形态转换单等单据在【特殊单据记账】功能处已记账,则由其生成的其他出、入库单不允许再记账。

调拨单、组装单、形态转换单可按特殊单据记账,也可按正常单据记账,全月平均、计划价(或售价)核算的存货,按特殊单据记账时,这三种单据生成的其他出、入库单按存货上月的平均单价或差异率计算成本。按正常单据记账时,这三种单据生成的其他出、入库单按存货当月的平均单价或差异率计算成本。

特殊单据记账时,记账条件界面如图11-5所示。

图 11－5　特殊单据记账条件界面

（五）恢复单据记账

恢复记账用于将用户已登记明细账的单据恢复到未记账状态。

处理过程如下：

（1）执行菜单"存货核算"→"业务核算"→"恢复单据记账"，屏幕显示"恢复单据记账条件"界面，如图 11－6 所示。

（2）选择恢复记账的仓库和单据类型，单击【确认】按钮。

（3）屏幕显示"取消单据记账"界面（如图 11－7 所示），选择相应的单据，单击【恢复】按钮。

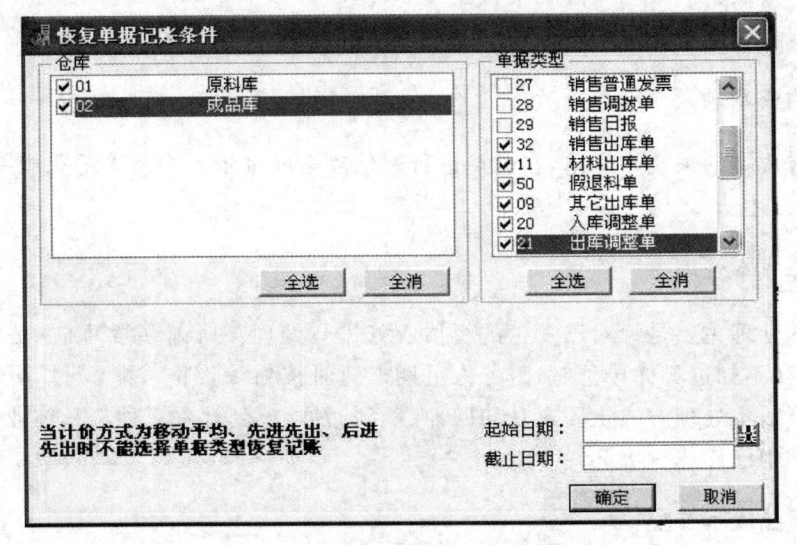

图 11－6　恢复单据记账条件界面

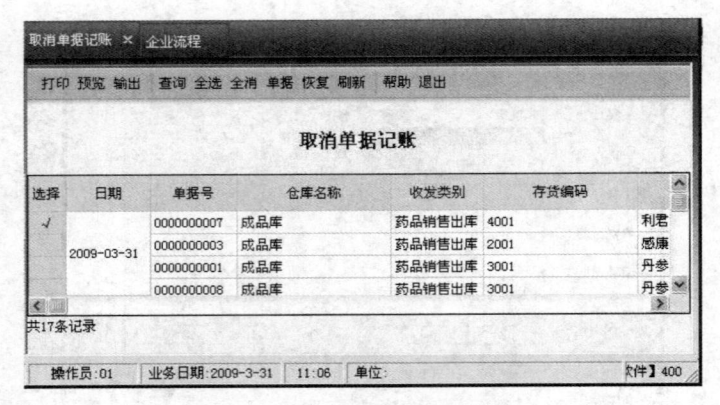

图11-7 取消单据记账窗口

【说明事项】

①对于采用全月平均法、计划价/售价法、个别计价法核算的存货,可选择一张单据进行恢复。

②对于采用移动平均法、先进先出法、后进先出法核算的存货,由于核算方式与记账单据的先后顺序有关,因此,不能单独恢复中间的某张单据,应按记账顺序从后向前恢复。因此,选择查询条件时,系统自动选择全部单据类型。

③当与采购系统集成使用时,有暂估回冲处理时,恢复后单据成为暂估状态,用户应重新进行暂估回冲处理。

④对于本月已生成凭证的单据,不能恢复记账,并且其之前的单据也不能恢复记账,如果要恢复记账,应先删除所生成的凭证。

⑤分期收款发出商品和委托代销发货单恢复记账时,发货单对应的发票必须全部恢复记账后,才能恢复发货单。

⑥直运采购发票和直运销售发票恢复记账时,要将已记账的对应直运发票的出库调整单一起删除。

(六)暂估成本录入

对于没有成本的采购入库单,在这里进行暂估成本成批录入。具体记账规则在第六章"采购管理"中已详述。

(七)结算成本处理

结算成本处理主要是针对已发生的暂估业务进行处理。所谓存货暂估,是外购入库的货物发票未到,在不知道具体单价时,财务人员期末暂时按估计价格入账,下月用红字予以冲回的业务。结算成本处理方式主要有月初回冲、单到回冲、单到补差三种。具体业务处理在第六章"采购管理"中已详述。

(八)产成品成本分配

产成品成本分配表用于对已入库未记明细账的产成品进行成本分配,其主要功能有:

(1)可随时对产成品入库单提供批量分配成本。
(2)可从成本核算系统取得成本,填入入库单,同时提供清除已分配的数据功能。
(3)产成品成本分配后可以恢复分配的数据。
产成品成本分配表的格式如图 11－8 所示。

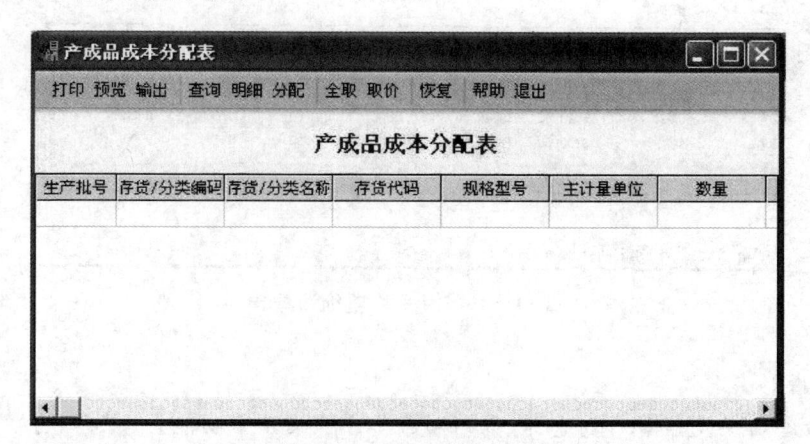

图 11－8　产成品成本分配表

(九)平均单价计算

本功能主要是计算本月未进行期末处理的全月平均单价和查询以前月份或本月已进行期末处理的全月平均单价。

处理过程如下:

(1)执行菜单"存货核算"→"业务核算"→"平均单价计算",屏幕显示平均单价计算界面,如图 11－9 所示。

图 11－9　平均单价计算界面

(2)选择月份和存货,单击【确定】按钮,系统自动计算平均单价,结果如图 11－10 所示。

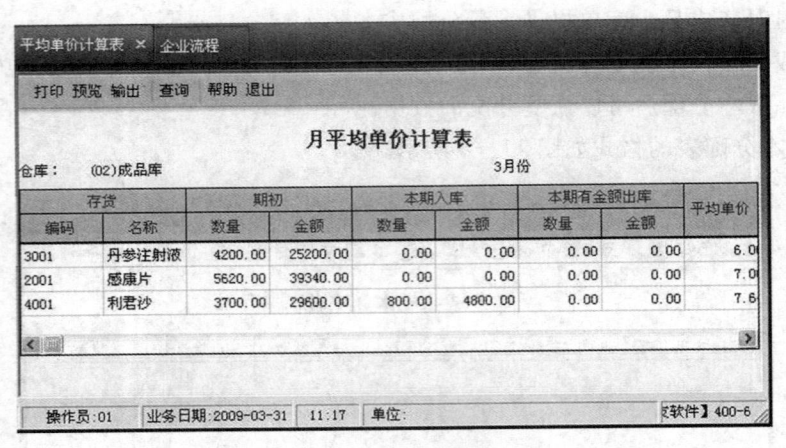

图 11-10 月平均单价计算表

【说明事项】

①只有按全月平均法计价的仓库、部门和存货才能使用本功能。

②只有进行期末处理时所计算的平均单价,才能用于计算出库成本。平时查询功能只是便于用户随时了解本月平均单价的情况。

第三节 财务核算

存货核算系统在进行出、入库核算后,就要生成记账凭证。关于凭证的生成、修改、查询操作在此完成。存货核算系统生成的记账凭证会自动传递到总账系统,实现财务和业务的一体化操作。

一、生成凭证

生成凭证功能用于对本会计月已记账单据的凭证生成,并可对已生成的所有凭证进行查询显示,所生成的凭证可在总账系统中显示并审核登记科目账。凭证生成过程已在前面章节讲解,此处不再赘述。存货核算系统主要针对出、入库业务生成凭证,表 11-1 给出了供应链经常性业务凭证以供参考。

表 11-1　　　　　　　　　供应链经常性业务凭证概览

业务内容	生成依据	摘要	记账凭证
采购业务	采购入库单	结转入库成本	借:存货等科目 　贷:材料采购
普通销售业务	销售出库单	结转销售成本	借:主营业务成本 　贷:库存商品
委托代销业务	委托代销发货单	发出委托代销商品	借:委托代销商品 　贷:库存商品
	委托代销专用发票	结转销售成本	借:主营业务成本 　贷:委托代销商品

续表

业务内容	生成依据	摘要	记账凭证
分期收款业务	分期收款发货单	发出商品	借：发出商品 　贷：库存商品
	分期收款专用发票	结转销售成本	借：主营业务成本 　贷：发出商品
零售业务	销售日报	结转销售成本	借：主营业务成本 　贷：库存商品
销售调拨业务	销售出库单	结转销售成本	借：主营业务成本 　贷：库存商品
直运业务	直运销售发票	结转销售成本	借：主营业务成本 　贷：材料采购
材料领用出库	材料出库单	原材料出库	借：生产成本 　贷：原材料
产成品入库	产成品入库单	产成品入库	借：库存商品 　贷：生产成本
盘点	其他入库单	盘盈	借：存货科目 　贷：待处理财产损溢
	其他出库单	盘亏	借：待处理财产损溢 　贷：存货科目
调拨	其他入库单/ 其他出库单	存货调拨	借：库存商品 　贷：库存商品

二、凭证列表

用于查询本会计年度存货核算系统的凭证。有几点需要注意：总账中已审核的凭证不能删除；系统只能对总账中的有效凭证和有错凭证进行删除；在凭证列表中删除凭证，只是将总账系统中的凭证做作废处理。

三、与总账对账

与总账对账是指存货核算系统与总账系统核对存货科目的期初结存金额（数量）、本期借贷方发生额（数量）和期末结存金额（数量）。系统可以进行数量核对、金额核对和数量金额全部核对，只需点击界面上的功能按钮，刷新后即可显示核对结果。在总账系统没有进行"数量核算"的情况下，只按金额核对即可。

选择"存货核算"→"财务核算"→"与总账对账"，显示"与总账对账表"结果窗口，如图11－11所示。

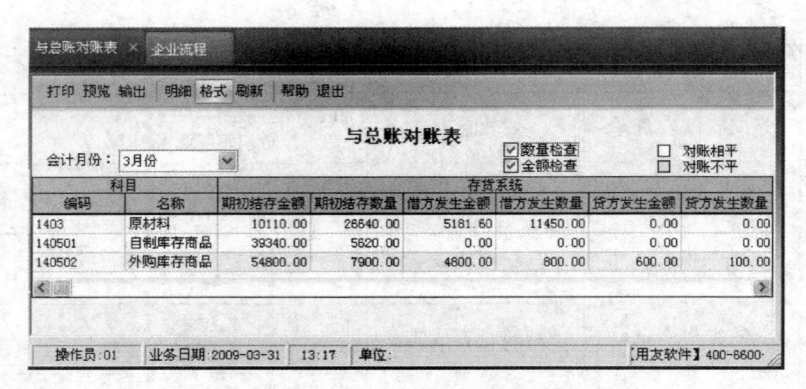

图 11-11　存货与总账对账表

【说明事项】

①单击【格式】按钮,可以定义显示内容。

②单击【明细】按钮,可以列出每一科目的明细记录。

四、发出商品科目与总账对账

主要用于存货核算系统的发出商品科目与总账系统发出商品科目的对账。

复习思考题

1. 存货核算系统主要有哪些功能?
2. 阐述存货核算系统在企业整体供应链业务流程中所占据的位置。
3. 简述存货核算系统有哪些出、入库单据。
4. 分析存货核算系统如何自动计算存货出、入库成本。
5. 简述存货核算系统与总账系统之间的关系。
6. 简述存货核算系统对暂估业务的处理规则和方法。

第十二章　供应链系统期末业务处理

学习目的和要求

通过本章的学习,了解掌握供应链各子系统的期末业务处理;掌握供应链系统月末结账的顺序、规则和结账过程;进一步掌握年度结转的流程和年度结转前的准备工作。

第一节　月末结账

月末处理标志着一个会计期间的结束。通过月末结账,一个会计期间所发生的全部经济业务都已经登记入账,处理完毕。据此可以结算账目、编制财务报告、核算财务状况和资金变动情况以及企业供应链管理所需要的各种相关数据报表等。

在 ERP 系统中,月末业务处理是系统自动完成的,企业完成当月所有工作后,系统将相关各个系统的单据封存,各种数据记入有关账表,开始下一个月份的业务处理,本月业务将不能再处理。顺利、快捷地完成月末结账工作对于企业信息系统的应用非常重要。

一、月末结账流程

供应链系统是由多个部分、多个模块共同组成的。原始业务单据由整个系统共享,但单据在各个系统间的传递是有一定顺序的,各个模块之间又有控制关系,所以结账时要按照一定的流程和顺序来进行(如图 12-1 所示)。具体流程和规则如下:

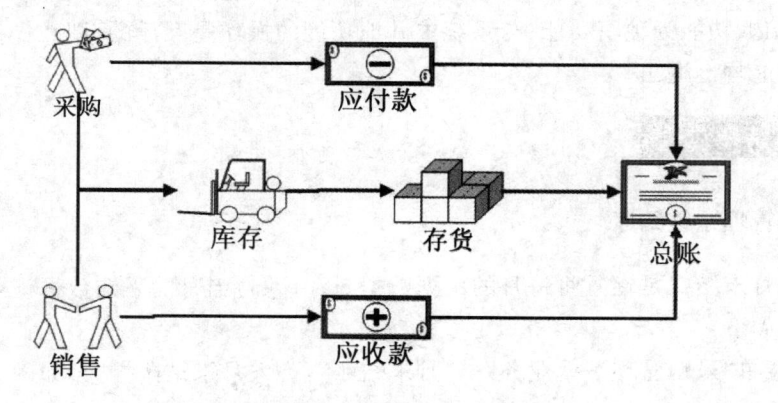

图 12-1　结账顺序流程

(1)在财务业务一体化实现过程中,财务是对业务的一种核算和反映,一定是先有业务发生,后有财务核算,所以结账时一定是先结业务系统,后结财务系统。对于有密切关系的采购管理系统和应付款管理系统而言,要先结采购管理系统,后结应付款管理系统；对于联系紧密的销售管理系统和应收款系统而言,要先结销售管理系统,后结应收款管理系统；对于库存管理系统和存货核算系统而言,要先结库存管理系统,后结存货核算系统。

(2)在采购管理、销售管理、库存管理三个业务系统中,由于采购业务和销售业务都要在库存管理系统中进行出、入库处理,所以要先结采购管理系统和销售管理系统,后结库存管理系统。采购管理和销售管理这两个系统间没有数据传递关系,结账时不分先后顺序。

(3)在应收款、应付款、存货核算、总账这四个财务系统中,不管是哪个系统生成的凭证,最终都要传到总账系统进行审核、记账,参与期末的结转,所以总账应该是最后一个结账的系统。由于应收款、应付款、存货核算这三个系统之间没有数据传递关系,结账时不分先后顺序。

(4)取消结账和结账顺序正好相反,所以要按逆向流程进行,通知相关系统的操作员先行取消结账。

二、月末结账要求

账套期末结账时系统会进行一系列的检查,只有满足下列几项要求时,系统才给予结账处理：

(1)结账前用户应检查本会计月工作是否已全部完成,只有在当前会计月所有工作全部完成的前提下,才能进行月末结账,否则会遗漏某些业务。

(2)月末结账之前一定要进行数据备份,否则数据一旦发生错误,将造成无法挽回的后果。

(3)期初没有记账,将不允许月末结账。

(4)结账应该逐月进行,不允许跳月结账。取消月末结账,只能从最后一个月逐月向前取消。

(5)上月未结账,本月不能结账,但不影响日常业务的处理,本月单据可以正常操作。

(6)月末结账后,已结账月份的单据不可再进行修改、删除操作。

(7)月末结账功能为独享功能,与系统中其他功能的操作是互斥的,即在操作该功能之前,应确定其他功能均已退出。

三、月末结账过程

(一)采购管理系统结账

采购管理月末结账是逐月将每月的单据数据封存,并将当月的采购数据记入有关账表中。处理过程如下：

(1)执行菜单"采购管理"→"业务"→"月末结账",进入月末结账界面,如图12-2所示。

(2)单击结账月份所对应行"选择标记"栏,系统显示"选中"标志。

(3)单击【结账】按钮,系统自动进行月末结账。

图 12-2　采购月末结账

(二)销售管理系统结账

销售管理月末结账是逐月将每月的单据数据封存,并将当月的销售数据记入有关账表中。处理过程如下:

(1)执行菜单"销售管理"→"业务"→"销售月末结账",进入月末结账界面。
(2)单击结账月份行中的"是否结账"单元格,系统显示"选中"标志。
(3)单击【月末结账】按钮,系统自动进行月末结账,结果如图 12-3 所示。

图 12-3　销售月末结账

(三)库存管理系统结账

库存管理月末结账是将每月的出、入库单据逐月封存,并将当月的出、入库数据记入有关账表中。

处理过程如下:

(1)执行菜单"库存管理"→"业务处理"→"月末结账",进入月末结账界面,如图 12—4 所示。

(2)单击【结账】按钮,系统自动对蓝条月份进行月末结账。

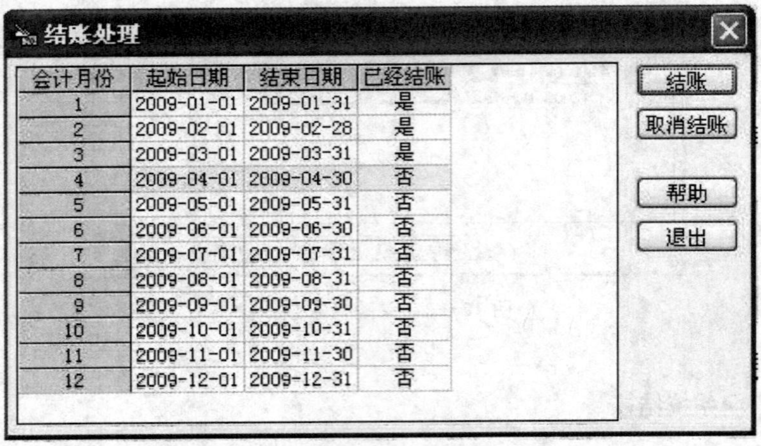

会计月份	起始日期	结束日期	已经结账
1	2009-01-01	2009-01-31	是
2	2009-02-01	2009-02-28	是
3	2009-03-01	2009-03-31	是
4	2009-04-01	2009-04-30	否
5	2009-05-01	2009-05-31	否
6	2009-06-01	2009-06-30	否
7	2009-07-01	2009-07-31	否
8	2009-08-01	2009-08-31	否
9	2009-09-01	2009-09-30	否
10	2009-10-01	2009-10-31	否
11	2009-11-01	2009-11-30	否
12	2009-12-01	2009-12-31	否

图 12—4　库存月末结账

【说明事项】

①如果认为目前的现存量与单据不一致,可通过库存管理系统【整理现存量】功能将现存量调整正确。

②库存管理系统结账后可以与供应链其他系统进行对账,主要是与存货账和货位账进行对账。只有在存货系统对账月份没有压单的情况下,库存账才有可能与存货账核对一致。

(四)存货核算系统结账

存货核算系统因涉及不同的成本计算方法,其中,全月平均法和计划价法只有到期末存货不再变动时才能计算出来,所以在结账前要先进行期末处理,然后才能执行月末结账。

1. 期末处理

在存货核算系统中,如果存货成本按全月平均法或计划价/售价法核算,当月业务全部完成后,用户一定要进行期末处理。通过执行期末处理,对按全月平均法核算的存货计算其全月平均单价和当月出库成本;对按计划价/售价法核算的存货计算其存货的差异率/差价率和当月出库成本;对已经完成日常业务的仓库、部门、存货做处理标志。

处理过程如下:

(1)执行菜单"存货核算"→"业务核算"→"期末处理",单击【选择存货】按钮,显示"选择存货"界面,如图 12—5 所示。

(2)选择要处理的存货,单击【确定】按钮,系统显示要处理的月份和存货列表,如图 12—6 所示。

图 12-5 选择存货界面

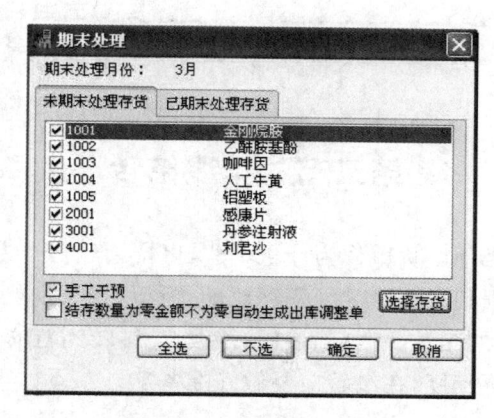

图 12-6 期末处理界面

(3)单击【确定】按钮,系统提示"是否进行期末处理?",经确定后,系统自动计算所选存货的出库成本,生成"存货成本计算表",如图 12-7 所示。

图 12-7 存货成本计算表

【说明事项】
① 存货核算系统允许取消期末处理。
② 本月日常会计业务全部完成后,再做期末处理。

③存货核算系统已经结账,期末处理功能不可以恢复。

④期末成本计算每月只能执行一次,一旦执行过后,则当月的出、入库单将不能在本会计期间录入。

2. 月末结账

选择"存货核算"→"业务核算"→"月末结账",单击【确定】按钮,系统自动结账,如图12-8所示。

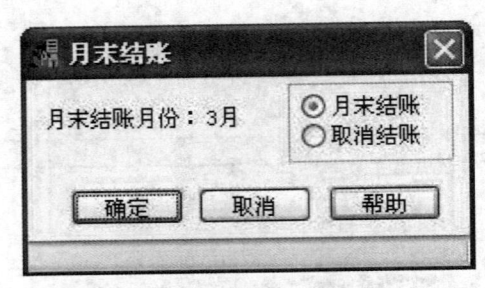

图12-8 月末结账

第二节 年度结转

作为会计主体的企业必须以货币作为计量单位,以持续经营作为目标,通过会计分期来考核利润。软件系统中的数据都是按"年度"来存放的,所以,当一个会计年度结束时,需要建立一个新的年度账,并将上年的相关数据(如余额、档案等)结转到新的年度账中去。为了使上年度数据安全可靠地结转到下年度,在结转前要做好准备工作。

一、年度结转流程

年度结转通常依据如图12-9所示的流程进行。

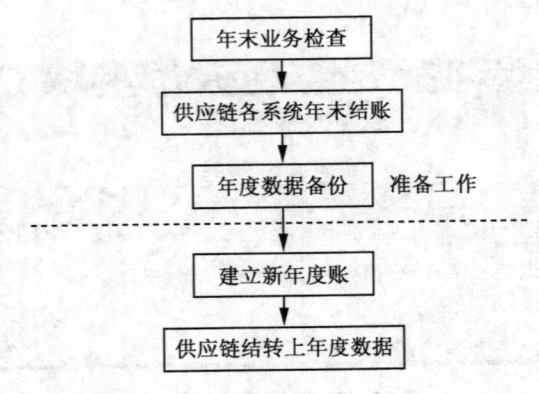

图12-9 年度结转流程

二、年度结转的准备工作

(一)年末业务检查

1. 采购业务检查

(1)入库单录入是否正确、完整。

(2)收到的采购发票是否录入系统,并且是否和与之对应的采购入库单完成采购结算。

2. 销售业务检查

(1)开具的发货单、退货单是否已经审核。

(2)当月要开销售发票的是否分别参照发货单、退货单生成蓝、红字发票并已审核。

(3)委托代销发货单、退货单是否审核,参照生成的委托代销结算单、退回单及委托代销调整单是否审核。

(4)蓝、红字销售调拨单、零售日报、代垫费用单是否已经审核。

3. 库存业务检查

采购入库单、产成品入库单、其他入库单、材料出库单、销售出库单、其他出库单是否全部审核。

4. 存货业务检查

(1)所有单据是否全部记账。

(2)是否完成当月的调整业务。

(3)当月暂估处理是否完毕。

(4)相关业务是否已经完成凭证的生成。

(二)年末结账

供应链年末结账与月末结账的顺序、方法完全相同,参照上述"月末结账"处理。

(三)数据备份

为了确保年度数据安全地结转至下年,以及避免在结账过程中出现异常中断导致数据丢失,在进行年度数据结转之前必须进行数据备份。

三、结转年度数据

(一)建立新年度账

以账套主管的身份注册系统管理,执行菜单"年度账"→"建立",打开"建立年度账"对话框,确认系统建账套的提示,系统自动完成新账套的建立。

(二)结转上年度数据

以账套主管身份登录新年度,执行"结转上年数据"菜单下的工资管理结转、人力资源结转、固定资产结转、供应链结转、总账系统结转等功能,系统经检查后进行数据结转,并给出结转报告。

复习思考题

1. 简述供应链系统月末结账顺序。
2. 供应链系统月末结账有何要求？
3. 存货核算系统为什么要进行期末处理？其主要作用是什么？
4. 简述企业应用 ERP 软件进行年度结转前的准备工作。
5. 试述供应链系统年度结转流程。

第十三章　速达 5000 管理软件简介

学习目的和要求

通过对速达 5000 管理软件的初始设置、财务系统、业务系统和日常维护等内容的学习,了解速达 5000 管理软件的主要模块构成和主要业务流程,掌握速达 5000 管理软件的操作,加深对业务管理和财务管理的理解和认识。

第一节　速达 5000 概述

一、速达 5000 简介

速达 5000 系列是融汇数十万用户的使用经验与建议而开发建立的。创新的管理与务实的功能代表了当今国内中型企业 ERP 的最新方向。它实现了对企业的经营和管理行为全方位过程控制,以简便实用的方式迅速解决中型企业 ERP 管理使用难题,帮助企业建立高效的进销存与生产管理系统。

(一)软件特色

1. 业务流程更加合理化、系统化

将业务流程按照部门管理职能进行划分,突破了单部门信息化处理的模式,着眼于将整个企业集团范围内的业务流程控制更加合理化、系统化。

2. 部门管理更具严密性、有序性

企业内部各个部门的管理职能更加清晰完整,各部门之间通过严格的审核制度,形成紧密而连续的业务流,使企业的资金流、物流、信息流得到有效的管理和监控。

3. 业务管理模式更加灵活、多样化

系统提供了可配置的业务流程模式和表单定制模式,使企业可以根据实际情况配置业务管理流程,定制单据样式。

4. 统计分析功能更加丰富、实用化

系统将经营分析、财务分析、图形分析有机结合,为管理人员的决策提供了详尽的、全面的、准确的数据资料。

5. 预警功能更加智能化

系统可以结合采购计划、客户订单和当前库存、商品最高库存、最低库存等数据,给出真实的库存预警报表。

6. 融入国际先进的 ERP 管理思想

速达 5000 系列软件针对国内中型企业,将 ERP 的精髓与企业管理科学有机结合,系统创新的管理与务实的功能代表了当今国内中型企业 ERP 的最新方向,办公管理趋于协同化、自动化。

7. 系统集成公告栏、即时通信、远程通信等工具

该集成可以实现企业内部信息互联互通和工作流转的自动化,加强了企业内部的沟通联系,缩短了业务运转周期。

8. 强大的业务处理模块

速达 5000 系列软件集进货、销售、仓库、现金银行、生产、应收应付、固定资产、工资系统、POS 销售、出纳管理、账务等诸多管理功能于一身,实现了一体化的链接,大量的工作均可以由系统自动来完成,使操作过程相对简化。

(二)速达 5000 功能模块

1. 业务系统

采购系统包括采购计划、采购订单、采购开单、估价入库、采购费用分摊五大功能模块。它具备多种方便灵活的采购订单制定方式,用户可根据销售订单、采购、生产计划生成采购订单,实现以销定购、以产订购。强大的价格核算体系,可将原始单价、原始含税单价、现价、货品金额、税额等进行多种变量组合。采购开单可根据采购订单自动生成或手工制作,并支持多种信用票据采购。对未收到发票但已采购的货品,可做暂估入库处理;对已估价入库的货品,可分批冲回。

销售系统包括销售计划、销售订单、销售开单、委托代销、发出商品等功能模块。它主要用来处理与企业的销售活动相关的业务,可以处理诸如赊销、现销、分期收款销售、委托销售等类型的销售业务。

仓库系统包括出入库单、领料单、调拨单、调价单、组装单、拆卸单、盘点单、报损单、其他收货单、其他发货单等功能模块。它主要用来处理采购入库、销售出库以及其他存货出、入库等业务,协助仓库保管员正确及时地记载存货进、出、存动态的主要系统,也是企业物资存储环节的重要系统。

POS 系统包括 POS 销售单、POS 日结单、POS 出、入库功能模块。它将店面销售业务与整个管理系统无缝链接。这样,店面销售情况可随时传递汇总到后台,帮助企业准确计算各种商品销售量、销售额和利润等数据。

2. 资金系统

应收应付包括应收款单、应付款单、往来账核销三大功能模块。应收应付对企业采购、销售业务产生的往来款进行处理和核销,处理各种费用开支、其他收支业务,随时了解资金运转情况。

现金银行包括费用开支、其他收入、银行存取款,对现金日常收付、银行转账业务提供便利。应收应付对企业采购、销售业务产生的往来款进行处理和核销,处理各种费用开支、其他收支业务,随时了解资金运转情况。

3. 账务系统

账务系统包括凭证录入、凭证查询、凭证审核、凭证登账、期末调汇、期末结账等功能模块。它通过全仿真的会计凭证、账簿、报表来帮助财务人员快捷地对企业经营业务进行会计处理，提供集团式财务管理方案，集团可以准确了解各个子公司的财务情况。

出纳系统包括日记账录入、支票管理、银行对账单录入、出纳会计对账、出纳银行对账、出纳结账、支票管理等功能模块。它密切管理企业资金流量、流向的动态变化，对企业资金保管、使用监督及核算提供功能齐全的业务处理。

固定资产包括资产增加、资产减少、资产变动、工作量录入、计提折旧等功能模块。固定资产实现固定资产模拟卡片管理，对固定资产变动历史进行跟踪管理，每月自动计提折旧，提高企业人员的工作效率。

工资系统是企业根据企业实际工资计算需要，按月或分次进行计件工资、计提三费、支付工资以及分配费用等。计件工资用于记录员工具体计件工种和计件工序的数量以及计件工资金额；工资录入用于录入员工工资项目的具体数据，通过导入功能来快速导入固定资产项目数据和计件工资数据，并自动计算出计算项目的数据。工资费用分配可以按部门、员工类别、工资项目类别计算分配金额，并可根据指定的日期和凭证字生成凭证。

4. 分支机构

分支机构包括配送单、请配单、DRP 运算等功能模块。各分支之间的信息保持相对独立，分支只能查看或编辑自己相关的业务数据，真正实现了企业信息资源共享，同时又保证了企业信息的安全。通过 online 客户端，分支机构能够实现与总部应用几乎一样的管理功能，广泛适用于连锁分销、加盟店、配送分销、分店等类型企业。

5. 报表中心

系统提供丰富、直观的各种图形分析，解决统计报表使用枯燥的烦恼。大量地统计分析报表，可以系统地分析企业在不同生产经营周期内，各种经营活动的项目对比，并提供多种分析手法，帮助企业从不同角度了解企业生产经营状况。

6. 客户管理

以客户为线索，通过系统过滤，全面查看客户所有相关信息，更可以查看与每一个客户在业务上相关联的进销存单据和财务信息，实现与业务的完美结合，还可以进行服务反馈分析，按货品、客户划分，对一定时期内的服务反馈分别进行统计。

7. 网络商务

包括注册会员、商铺管理、我的商铺、信息发布、在线办公、在线业务、即时买卖、网上商城、二手积压、商业资讯地、商业导航、商务中心、在线软件、企业商刊等功能模块。网络商务实现企业进行商务信息发布、收集、记录、传递等，为集团提供网上营销业务平台。

二、安装的硬件和软件要求

速达 5000 管理软件的最低配置要求如下：CPU Premium 133MHz 以上；内存 16MB 以上；磁盘空间 230MB 以上；网络为 LAN/WLAN/Internet；操作系统为 Windows 2000/XP/2003/Vista。

三、安装速达 5000

在安装速达 5000 管理软件之前,应安装 sql server 数据库。

(一)安装速达 5000 服务器程序

处理过程如下:

(1)打开计算机,启动操作系统,执行"开始"→"程序"→"资源管理器"命令,打开"资源管理器"窗口。

(2)将速达 5000 管理软件系统安装盘放入光盘驱动器,在资源管理器左窗口中选择光盘驱动器,找到服务器的 Setup 图标并双击,在安装向导中安装速达 5000 服务器程序,安装后重新启动机器。

(二)安装速达 5000 客户端程序

安装方法同速达 5000 服务器程序。

(三)登录系统

处理过程如下:

(1)执行"开始"→"程序"→"速达软件"→"速达 5000 Pro Online 商业版客户端程序"→"速达 5000 Pro Online 版客户端程序",打开"登录信息"对话框(如图 13-1 所示)。

(2)输入速达 5000 Pro Online 服务器名称,单击【详细】按钮,可以输入服务器(计算机名)端口。

(3)单击【确定】按钮,打开"选择账套"窗口(如图 13-2 所示)。

(4)选择要打开的账套,单击【确定】按钮,打开"选择用户"对话框,选择用户并输入其口令,然后单击【确定】按钮,打开"速达 5000 Pro Online 客户端"窗口(如图 13-3 所示)。

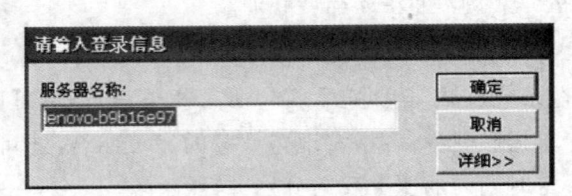

图 13-1 速达 5000 Pro Online 版客户端窗口

图 13-2　选择账套窗口

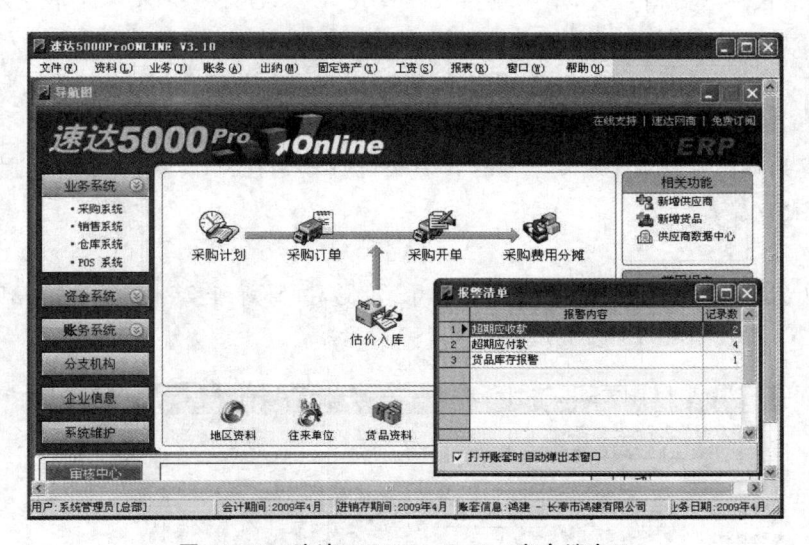

图 13-3　速达 5000 Pro Online 客户端窗口

四、速达软件导航图

速达软件除了普通的下拉菜单外，还提供了快捷的导航图功能，界面活泼，图文并茂，业务流程清晰，方便操作。在后续软件的讲解中，每项功能的调用基本上可通过这两种方式进行。下面仅以菜单的形式进行介绍。

第二节 速达软件账套及操作员管理

一、账套管理

(一)创建账套

在"选择账套"窗口中单击【新增】按钮,或者在"速达 5000 Pro Online 客户端"窗口中单击"文件"菜单中的"新增账套",打开"新建账套向导"功能,按照要求录入必要的账套信息。

案例业务 13—1

长春鸿建股份有限公司为商品流通企业,机构代码为 22000375566;开户银行为建设银行绿园分行,账号为 22076888;一般纳税人,税率为 17%,税号为 220009990043211;进销存系统与账务系统结合使用,账套代号为鸿建公司;该企业使用分仓核算,使用货位管理,允许零库存出库,制单和审核可以是同一人,采购业务流程模式为"采购订货→采购开单→入库单"模式,销售业务流程模式为"销售订货→销售开单→出库单",往来核算采用辅助核算方式,以参考价进行价格跟踪;使用新会计制度科目,凭证制单人与审核人不能为同一人,采用账结法结转损益,会计科目编码结构为四级 10 位,2~4 级科目编码长度均为 2 位;记账本位币为人民币,出纳与会计核算期间保持一致,支票与出纳日记账进行核销;企业账套的启用期间为 2009 年 4 月,会计期间为自然月份。

处理过程如下:

(1)使用上述方法之一打开"新建账套向导"功能,按照所给案例资料选择、配置账套信息,主要配置如图 13—4 至图 13—8 所示。

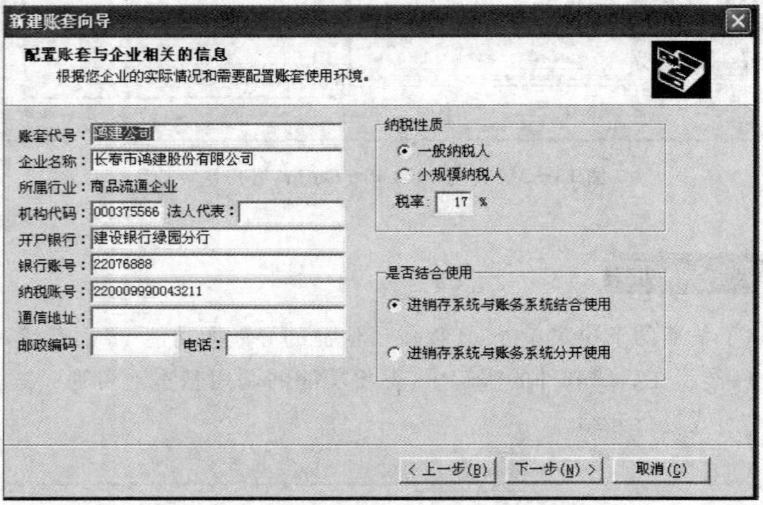

图 13—4 配置企业相关信息

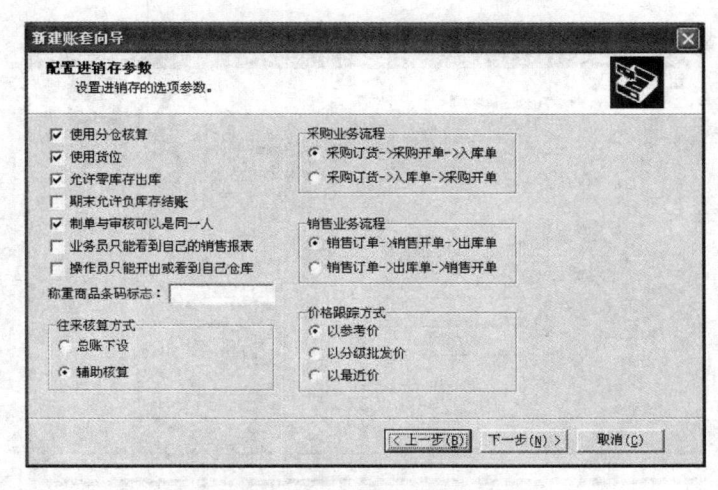

图 13-5　配置进销存参数

图 13-6　配置财务参数

图 13-7　配置出纳选项

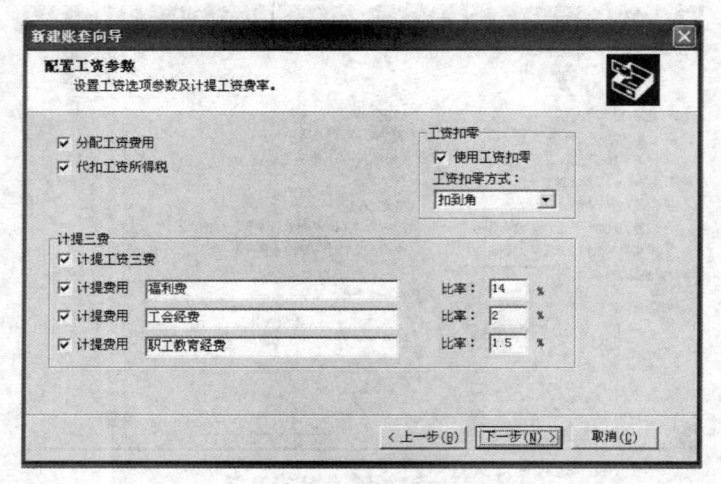

图 13-8　配置工资参数

(2)单击【创建账套】按钮,系统即开始创建一个新的账套。账套创建成功后,会自动打开初始化窗口,并以系统管理员的身份登录,以便进行基础信息设置。

【说明事项】

①进销存系统与账务系统是否结合:如果选择"进销存系统与账务系统结合使用",所有进销存业务在单据保存后即自动产生凭证,存货类及相关会计科目限制产生下级明细科目,有关数量金额账等资料的查询需在进销存报表中进行;如果选择"进销存系统与账务系统分开使用",进销存业务单据不能自动产生凭证,所有会计科目都能产生下级明细科目。

②往来核算方式:系统提供了两种往来核算方式,即在总账下核算和辅助核算。采用在总账下核算时,往来科目将在总账科目下设置对应的明细科目;采用辅助核算时,往来科目通过辅助项目核算。

③出纳与会计是否同步:系统默认为选择,要求两者的核算期间必须保持一致;不选此项,则两者的核算期间可以一致,也可以不一致。

④支票与出纳日记账进行核销:选此项时,在登记出纳日记账时,如果涉及支票支付业务,系统自动将该笔业务所关联的支票信息记入支票账簿中。

(二)设置账套选项

处理过程如下:

(1)在"速达 5000 Pro Online 客户端"窗口中,单击"文件"菜单中的"账套选项",或者单击"系统维护"导航图中的"账套选项"图标,打开"账套选项"对话框。

(2)根据需要设置相关内容(如图 13-9 所示)。

(三)账套维护

账套维护功能主要包括:备份、恢复、修复、引入、压缩、其他维护(删除账套、账套回收站)等。网络版用户的账套维护在服务器上操作,进行账套维护前,要先暂停服务器。

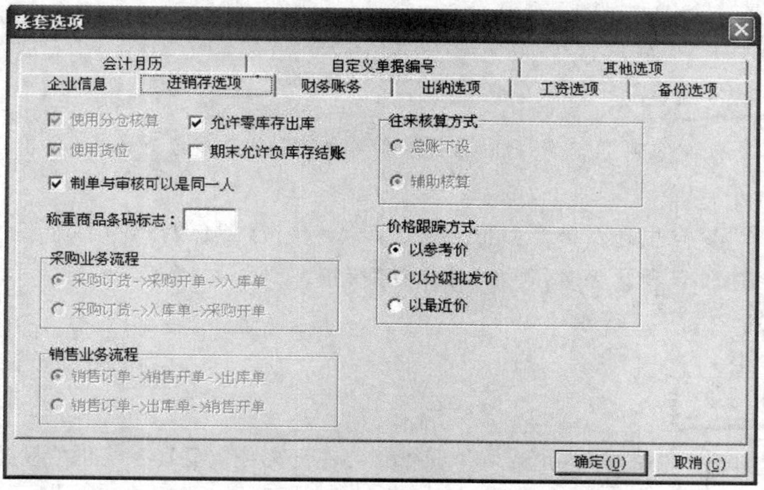

图 13-9 设置账套选项

处理过程如下：

执行"开始"→"程序"→"速达软件"→"速达 5000 Pro Online 商业版服务器"→"速达 5000 Pro Online 商业版服务器程序"。

服务器启动时，在计算机屏幕底部右端的任务栏可以看到一个绿色的小图标，用鼠标右键单击此图标，打开快捷菜单，选择"显示窗口"打开服务器窗口。在确认客户端已停止操作后，在服务器程序中，先单击【停止】按钮将服务器暂停，接着再单击"系统"菜单中的"账套维护"，打开"账套维护"对话框（如图 13-10 所示）。

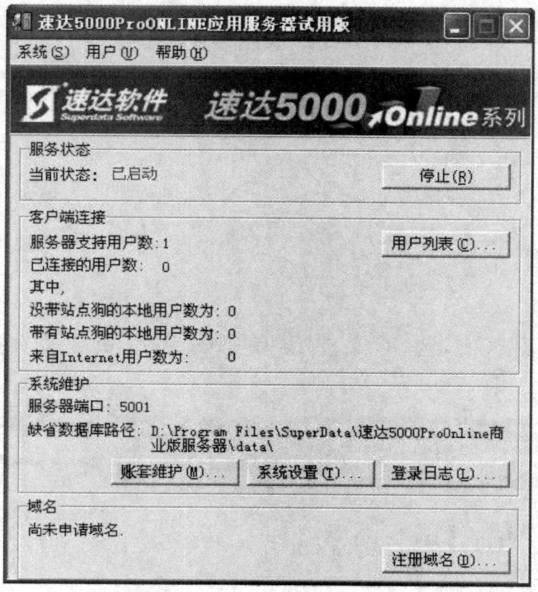

图 13-10 服务器窗口

1. 数据备份

案例业务 13-2

将 Sample 账套备份到 D 盘的 Backup 文件夹中，备份文件名为 Sample090430。

处理过程如下：

在"账套维护"窗口中选择需要备份的账套，然后单击【备份】按钮，打开备份窗口，选择保存该备份文件目的位置和文件名，再单击【保存】按钮。

2. 数据恢复

案例业务 13-3

将 D 盘 Backup 文件夹中名为 Sample090430 的备份文件恢复到系统中的默认数据目录中。

处理过程如下：

在"账套维护"对话框中，单击【恢复】按钮，打开"数据恢复"窗口（如图 13-11 所示），输入备份文件信息，单击【恢复】按钮。

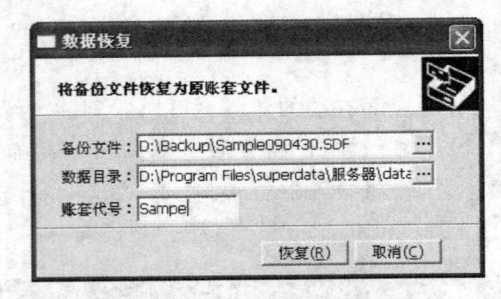

图 13-11　数据恢复界面

二、操作员管理

（一）增加组

处理过程如下：

（1）在"系统初始化"窗口中，选择"文件"菜单中的"操作员定义及授权"命令，打开"操作员管理"窗口（如图 13-12 所示）。

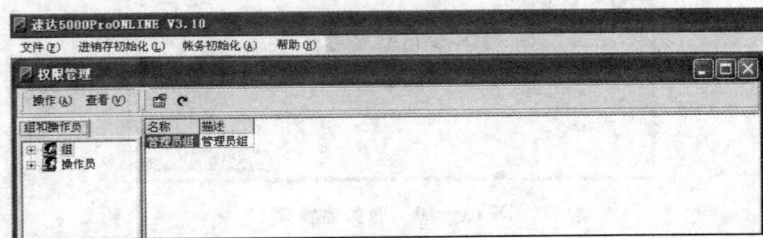

图 13-12　增加组窗口

(2)在"操作员管理"窗口,选择"操作"菜单中的"新建组"命令,打开"新建组"对话框,输入组名称及其描述内容,单击【创建】按钮保存设置。

(二)增加操作员

案例业务 13-4

增加操作员。编码:001;名称:李想;描述:财务;密码:001。

处理过程如下:

在"系统初始化"窗口中,选择"文件"菜单中的"操作员定义及授权"命令,打开"操作员管理"窗口,定义操作员相关信息,单击【创建】按钮确认(如图 13-13 所示)。

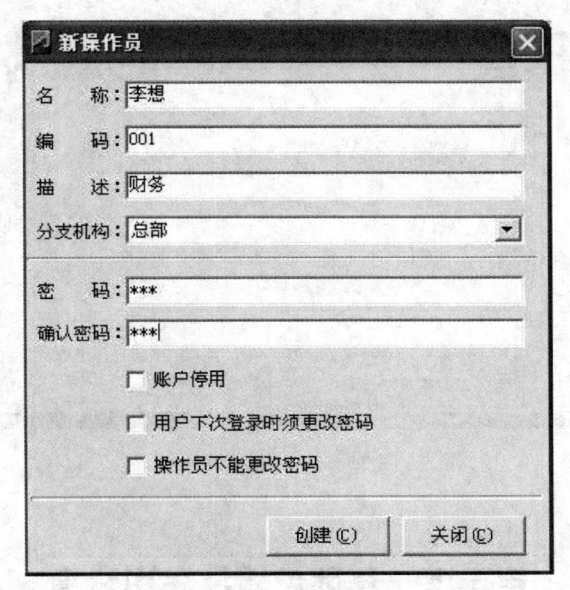

图 13-13 增加操作员

(三)修改操作员密码

处理过程如下:

在"操作员管理"窗口中的"组和操作员"树中选择需要修改密码的操作员后,单击右键,打开快捷菜单,单击快捷菜单中的"设置密码"命令,打开"设置密码"对话框,修改密码,单击【确定】按钮保存。

(四)授权管理

处理过程如下:

(1)在"操作员管理"窗口中的"组和操作员"树中选择需要授权的组或操作员后,在中间的模块树中单击"所有模块",展开模块树,选择进行权限设置的模块,则在右侧的权限设置列表中显示该模块所对应的所有权限。

(2)单击【授权】按钮,则右侧权限列表中的模块名一栏会立刻显示所选模块对应的权限;单击【全选】按钮,选择模块拥有的所有功能;单击权限列表下方相应权限复选框,则该权限即被全部选择;单击权限列表中某项权限的单元格,则选中该权限,再单击【确定】按钮,退出窗口。

案例业务 13-5

增加操作员舒畅的账务、出纳、固定资产、人事工资的所有权限。

处理过程如下:

在"操作员管理"窗口中的"组和操作员"树中选择"舒畅",在中间的模块树中选择权限模块,单击【授权】按钮,选择相应权限(如图 13-14 所示),再单击【保存】按钮。

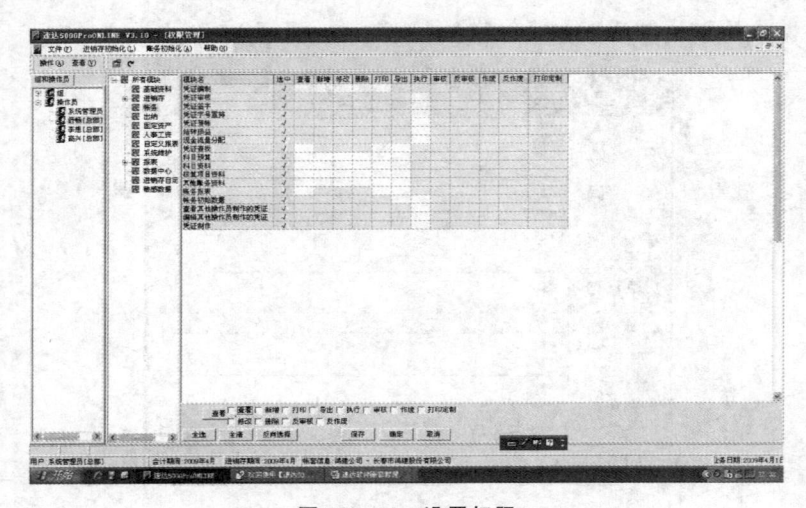

图 13-14 设置权限

第三节 基础设置及启用账套

速达 5000 Pro Online 基础设置包括进销存基础资料设置及其初始化和财务基础资料设置及其初始化。进行初始化设置时,如果账套中进销存与账务系统是关联的,可以先录入进销存的初始数据,或者先录入账务初始化数据。但是,两者无法同时进行,因为在进销存初始化时,当录入往来单位资料时,系统会自动在账务系统的会计科目(如"应收账款""应付账款"等)中保存新增对应的明细科目,同时操作会使编码产生内部错误。如果账套中进销存与账务系统没有关联,则可以同时录入各自的初始数据,且互不影响。另外,在录入固定资产初始数据时,录入的固定资产初始金额会自动汇总后转入账务系统对应会计科目("固定资产""累计折旧")的初始金额中,因此,也不能够同时录入账务的初始数据,同时操作可能对这两个模块造成未知的错误。

一、基础资料设置

(一)财务基础资料

财务基础资料的内容共有 13 项,财务初始数据包括固定资产初始数据、出纳初始数据和账务初始数据,可以在速达 5000 Pro Online 初始化窗口的"账务初始化"菜单中进行相关设置。

1. 币种设置

案例业务 13—6

增加外币美元。简称:US$;对本位币汇率:8.2。

处理过程如下:

在"系统初始化"窗口中,单击"账务初始化"菜单中的"币种",打开"币种"窗口,单击【编辑】按钮,选择"新增"命令,输入外币信息,单击【保存退出】按钮。

2. 增加会计科目

案例业务 13—7

增加管理费用(差旅费):编码为 550201,部门辅助核算。

处理过程如下:

在"系统初始化"窗口中,单击"账务初始化"菜单中的"会计科目",根据资料定义会计科目(如图 13—15 所示),单击【保存退出】按钮。

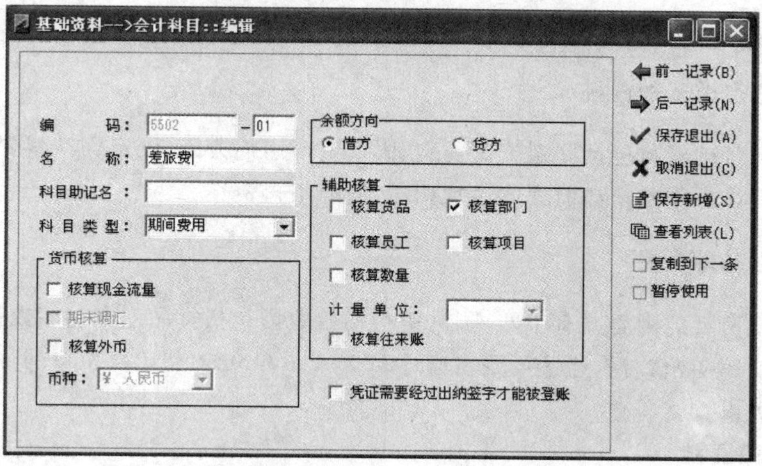

图 13—15 增加科目

3. 设置银行

案例业务 13-8

设置开户行为建设银行绿园分行，账号为 22076888。

处理过程如下：

在"系统初始化"窗口中，单击"账务初始化"菜单中的"银行"，录入资料中的银行信息，单击【保存退出】按钮，保存当前的资料。

4. 设置出纳账户

系统中所有现金账户和银行存款账户的资料，都必须在现金银行资料中事先定义，发生相关业务时才可以直接引用。

处理过程如下：

在"系统初始化"窗口中，单击"账务初始化"菜单中的"出纳账户"，打开"银行"对话框，单击【编辑】按钮，选择"增加"命令，录入出纳账户信息（如图 13-16 所示）。

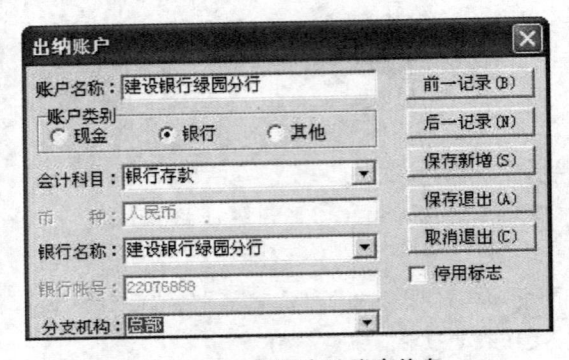

图 13-16 设置出纳账户信息

（二）固定资产类基础资料

固定资产类基础资料包括固定资产类别、固定资产增加方式、固定资产减少方式和固定资产使用状况。具体操作基本与前面的设置相同，此处不再赘述。

（三）进销存基础资料

进销存基础资料的内容共有十八项，进销存初始数据包括货品库存初始数据、估价入库初始数据和委托代销初始数据，这些可以在速达 5000 Pro Online 初始化窗口的"进销存初始化"菜单中进行相关设置。

1. 设置部门资料

案例业务 13-9

增加部门资料。编码：01；名称：政工办。

处理过程如下：

在"系统初始化"窗口中,单击"进销存初始化"菜单中"部门员工"→"部门资料"命令,打开"部门资料"窗口,单击【编辑】按钮,选择"新增"命令,录入资料中的部门信息。

2. 员工类型

案例业务 13-10

增加员工类型"管理人员",编码为 01。

处理过程如下:

(1)在"系统初始化"窗口中,单击"进销存初始化"菜单中的"部门员工"→"员工类型"命令,打开"员工类型资料"窗口。

(2)单击【编辑】按钮,选择"新增"命令,输入员工类型信息(如图13-17所示)。

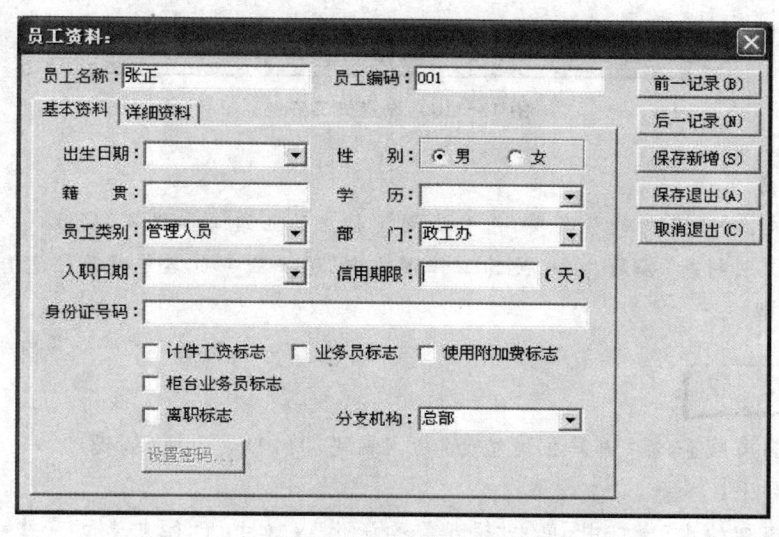

图 13-17 设置员工类型

3. 员工资料

案例业务 13-11

增加员工资料。姓名:张正;员工编码:001;员工类别:管理人员;部门:政工办。

处理过程如下:

(1)在"系统初始化"窗口中,单击"进销存初始化"菜单中的"部门员工"→"员工资料"命令,打开"员工资料"窗口,如图13-17所示。

(2)单击【编辑】按钮,选择"新增"命令,根据所给资料录入员工资料(如图13-18所示)。

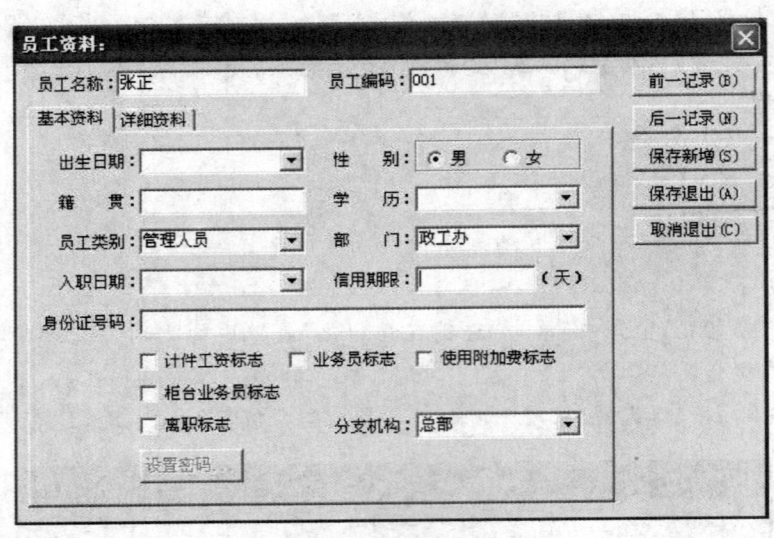

图 13-18 设置员工资料

【说明事项】

业务员标志：对于公司的业务员，系统设置了相应的业绩考核报表，因此，在这里需要对员工进行业务员识别判断；否则，在相关的工作模块中，选择业务员名单时无法进行操作。

4. 单位类型

案例业务 13-12

设置鸿建公司账套的往来单位类型为客户（编码：01）和供应商（编码：02）。

处理过程如下：

（1）在"系统初始化"窗口中，单击"进销存初始化"菜单中的"往来单位"→"往来单位类型"命令，打开"往来单位类型"窗口。

（2）单击【编辑】按钮，选择"增加同级"命令，打开"往来单位类型"对话框，录入往来单位类型的资料（如图 13-19 所示）。

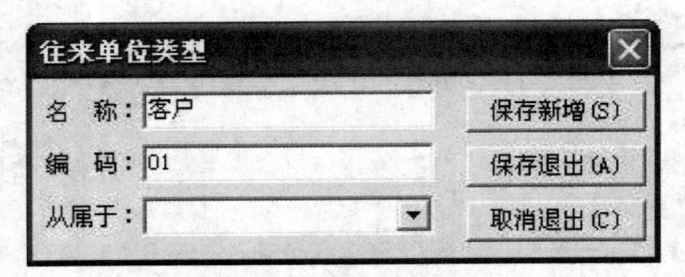

图 13-19 设置单位类型

5. 地区资料

案例业务 13—13

设置鸿建公司账套的地区资料。名称:本地;编号:01;地区代码:BD。

处理过程如下:

在"系统初始化"窗口中,单击"进销存初始化"菜单中的"往来单位"→"地区"命令,打开"地区"窗口。单击【编辑】按钮,选择"增加同级"命令,输入地区资料。

6. 自定义项

系统中提供了四种类型的自定义功能,即运输方式、合同类别、项目类别、项目状态,以定义自己常用的项目名称。

处理过程如下:

(1)在"系统初始化"窗口中,单击"进销存初始化"菜单中的"自定义"命令,打开"自定义选项"窗口,单击"更换选项类别"下拉列表框,选择自定义选项类型。

(2)单击【编辑】按钮,选择"新增"命令,输入自定义项目内容(如图 13—20 所示)。

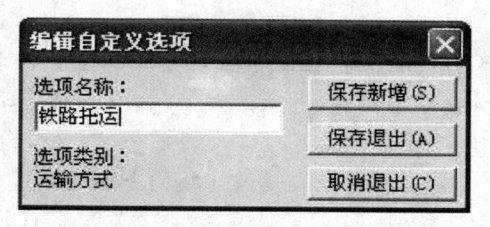

图 13—20 设置运输方式

7. 往来单位资料

案例业务 13—14

增加鸿建公司账套的客户资料。单位简称:泰和商贸;单位编码:kh—01;所在地区:本地;单位全称:长春市泰和商贸有限公司;跟踪部门:销售一科;业务员:陈浩;往来类型:本地客户;运输方式:其他;往来余额:应收款 150 000 元;开户行:建设银行;银行账号:5559999999;默认发票类型:增值税发票;默认收付款方式:托收承付。

处理过程如下:

(1)在"系统初始化"窗口中,单击"进销存初始化"菜单中的"往来单位"命令,打开"往来单位"窗口。

(2)单击【编辑】按钮,选择"新增"命令,输入业务描述中的信息(如图 13—21 所示)。

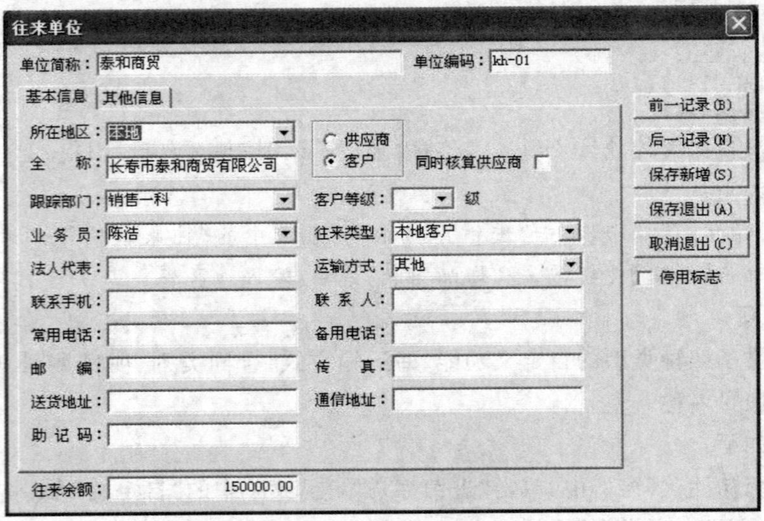

图 13—21　设置往来单位

【说明事项】

①同时核算客户/同时核算供应商：往来单位在设置其主身份之后，再选择该往来单位的另一个身份以便于实现特殊的业务处理，但应收款单、应付款单、往来核销只可以按照客户、供应商的主身份进行业务处理。

②初始化数据的录入：如果所保存新增的往来单位资料在账套开账前已发生往来业务，并且账目还未结清，则需在"往来余额"栏中录入应收/预收或者应付/预付金额；往来单位的默认属性如果为客户，则期初应收款余额在借方并以正数表示，余额在贷方则以负数表示；往来单位的默认属性如果为供应商，则期初应付款余额在贷方并以正数表示，余额在借方则以负数表示。

8. 仓库资料

案例业务 13—15

增加仓库资料。仓库名称：一仓库；仓库编码：01。

处理过程如下：

在"系统初始化"窗口中，单击"进销存初始化"菜单中的"仓库"→"仓库资料"命令，录入仓库资料（如图 13—22 所示）。

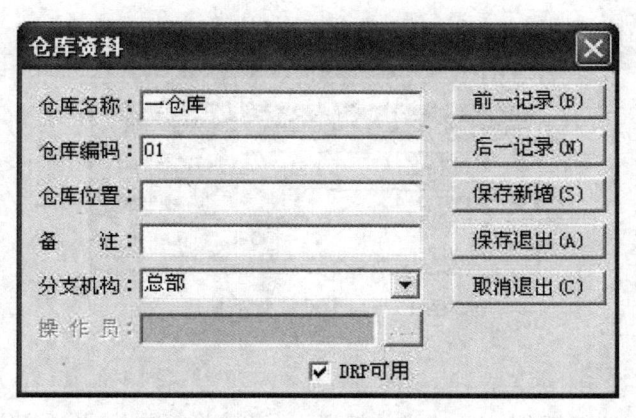

图 13—22　设置仓库档案

【说明事项】

如果账套选项中"操作员只能开出或看到自己的仓库"设置为"是",则需要选择可以使用该仓库的操作员。

9. 仓库货位

案例业务 13—16

增加一仓库的货位资料。货位名称:饮料区;编码:01。

处理过程如下:

(1)在"系统初始化"窗口中,单击"进销存初始化"菜单中的"仓库"→"仓库货位"命令,打开"仓库货位"窗口。

(2)在列表中选择"一仓库",单击【编辑】按钮,选择"增加下级"命令,输入货位信息(如图 13—23所示)。

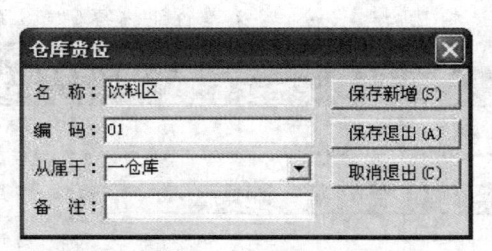

图 13—23　设置仓库货位

10. 货品类别

案例业务 13—17

增加货品类别资料。名称:食品;编码:01。

处理过程如下:

(1)在"系统初始化"窗口中,单击"进销存初始化"菜单中的"货品"命令,打开"货品类别"

(2)单击【编辑】按钮,选择"增加同级"命令,输入货品信息(如图 13—24 所示)。

图 13—24　设置货品信息

11. 存货类型

在进销存系统与账务系统结合使用的情况下,可以将不同货品进行分类,定义其会计核算方法,以便以后对业务进行会计处理。在制作采购凭证时,其借方科目引用本资料中的"存货核算科目";制作销售收入凭证时,其贷方科目引用本资料中的"收入核算科目";期末结转销售成本时,其借方科目引用"销售成本"科目。

12. 单位组

系统将货品的计量单位分成业务单位和辅助单位,货品可以采用一个或多个计量单位来计量,各单位之间必须以其中的"基本单位"设置固定的比率,"辅助单位"仅为一个,它与"基本单位"可以有比例关系,也可以没有比例关系。

案例业务 13—18

增加单位组 A 类饮料。计量单位:箱和瓶。其中,箱为基本单位,1 箱＝24 瓶。

处理过程如下:

(1)在"系统初始化"窗口中,单击"进销存初始化"菜单中的"货品"→"单位组"命令,打开"单位组"窗口。

(2)单击【编辑】按钮,选择"新增"命令,定义单位组内容(如图 13—25 所示)。

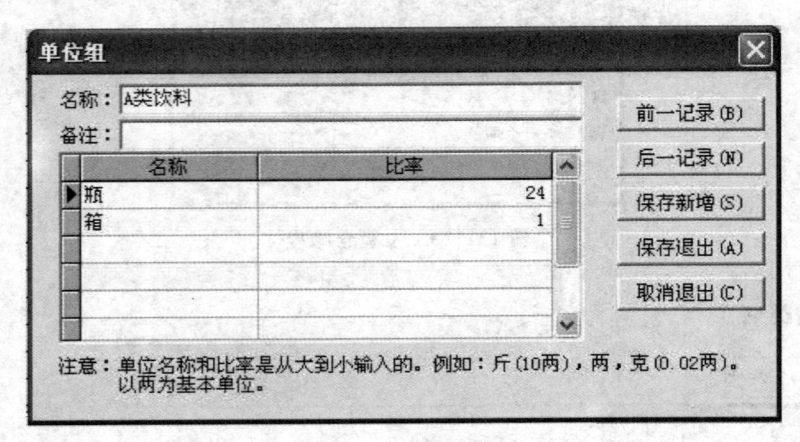

图 13—25　设置计量单位

13. 货品资料

案例业务 13—19

录入"百事可乐1"的货品资料。编码:00001;存货类型:库存商品核算;成本核算:全月一次加权平均法;货品类别:饮料;简称:小胶百事;规格:600ml;批号管理;计量单位组:A类饮料;参考进价:45元/箱;参考售价:50元/箱;默认仓库:一仓库的饮料货位;库存上限4 000箱,库存下限2 000箱。

处理过程如下:

(1)在"系统初始化"窗口中,单击"进销存初始化"菜单中的"货品"→"货品资料"命令,打开"货品资料"窗口。

(2)在"货品资料"窗口中,单击【编辑】按钮,选择"新增"命令,打开"货品资料编辑"对话框,根据资料依次打开基本信息、单位信息、存货信息等选项卡,定义货品各项内容(如图13—26所示)。

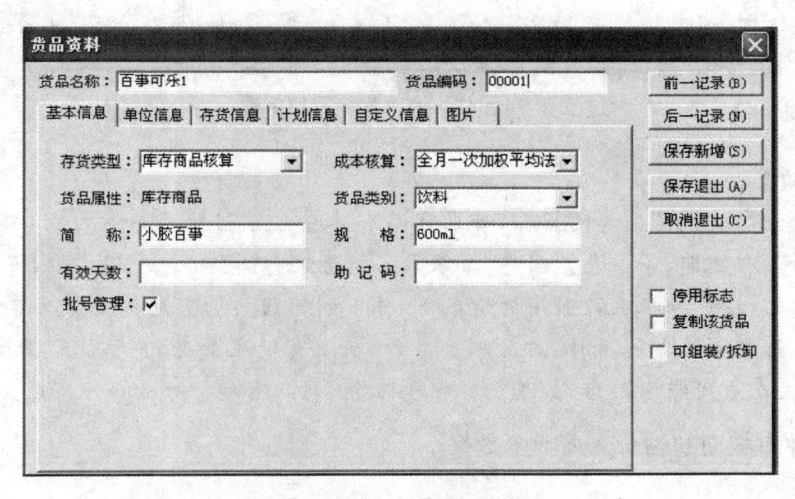

图13—26 设置货品资料

二、输入初始数据

(一)进销存初始数据

1. 货品库存初始数据

案例业务 13—20

录入一仓库饮料区货位的"百事可乐1"的期初余额。编码:00001;存货类型:库存商品核算;成本核算:全月一次加权平均法;单价/箱:45;批号为20090318的期初数量:3 000箱;生产日期:2009年3月18日;保质期1年。

处理过程如下:

(1)在"系统初始化"窗口中,单击"进销存初始化"菜单中的"货品库存初始化",打开"初始化货品库存"窗口。

(2)单击【编辑】按钮,选择"新增"命令,根据资料输入货品期初余额(如图13-27所示)。

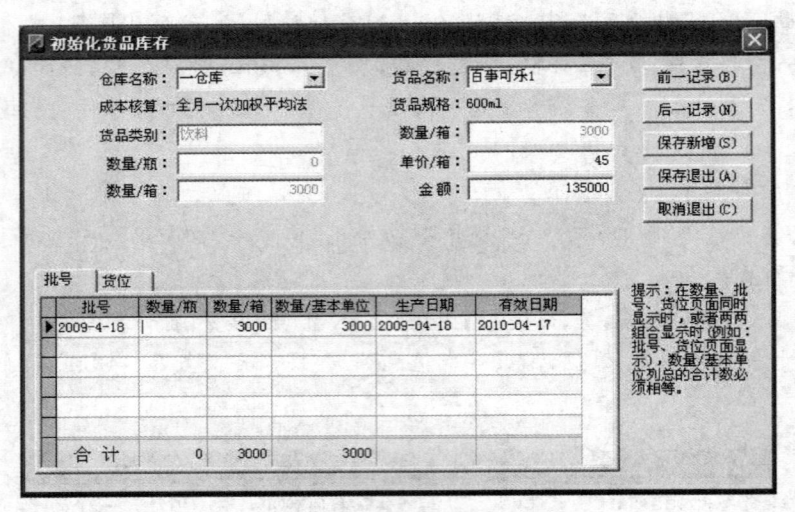

图13-27 输入货品期初余额

【说明事项】

①按照"个别计价法"核算的货品,如果货品有库存数量则批号不能为空,要录入其"批次号""生产日期""有效期"等信息。同样,如果录入批号,则库存数量必须大于0;某种商品期初如果有几个批次,在一种批次被引用的情况下,并不影响别的批次期初数量及单价的修改。

②进销存与账务结合使用时,启用账套之后,在没有发生业务的情况下,期初数量和加权价都可以修改;在启用账套之后,如果已经发生业务,则只有期初数量可以修改。

2. 录入并审核期初估价入库业务数据

案例业务 13-21

录入期初估价入库业务资料:从可口可乐公司购入小胶可口500箱,暂估价45元/箱。

处理过程如下:

(1)在"系统初始化"窗口中,单击"进销存初始化"菜单中的"估价入库初始化",打开"估价入库初始化"窗口框。

(2)单击【操作】按钮,选择"新增"命令,按照资料输入期初余额(如图13-28所示)。

(3)单击【审核】按钮,审核数据。

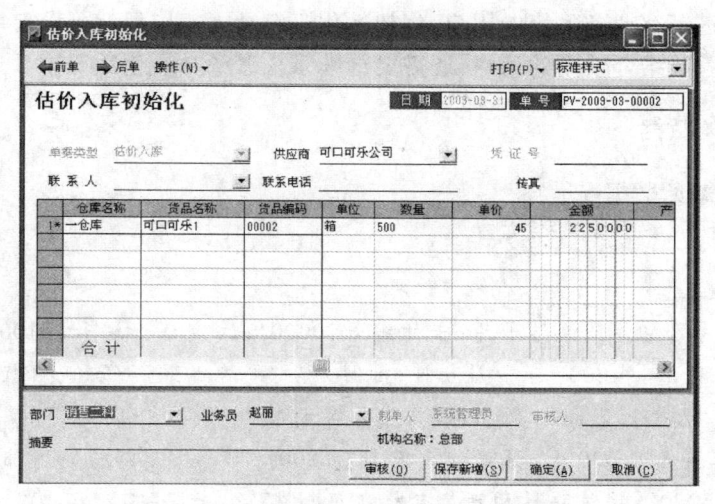

图 13—28　估价入库业务数据的录入及审核

【说明事项】

当进销存与账务结合使用时,在保存估价入库的初始资料后,系统会将其金额自动添加到账务系统的"应付账款——估价入库"会计科目下。

3. 录入并审核期初委托代销业务数据

案例业务 13—22

录入期初委托代销业务资料:委托泰和商贸公司销售小胶百事600箱,单价45元/箱。
处理过程如下:

(1)在"系统初始化"窗口中,单击"进销存初始化"菜单中的"委托代销初始化",打开"委托代销初始化"对话框。

(2)单击【操作】按钮,选择"新增"命令,输入期初委托代销单数据(如图13—29所示),单击【保存退出】按钮。

(3)单击【审核】按钮,审核数据。

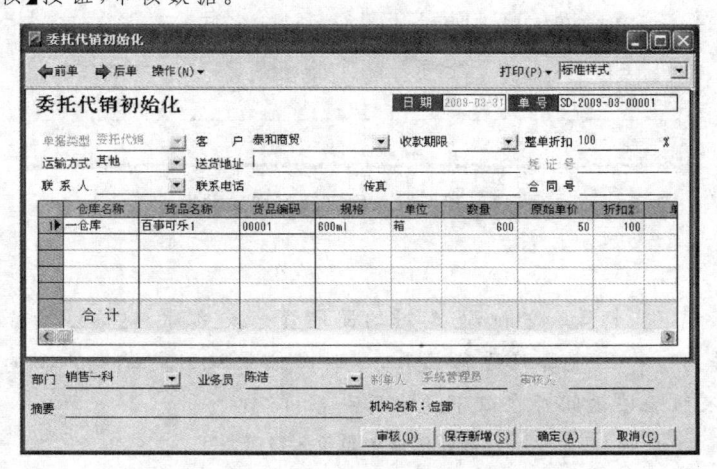

图 13—29　委托代销业务数据的录入及审核

280　ERP 知识与供应链应用

对于只使用进销存业务系统的用户,将初始化资料录入完毕后就可以启用账套;如果是进销存系统与账务系统结合使用的用户,还需要继续录入账务初始化数据。

(二)财务初始数据

1. 固定资产初始数据

案例业务 13—23

录入办公楼的固定资产原始卡片;卡片编号:00001;固定资产编号:01000001;增加方式:在建工程投入;入账日期:2007 年 7 月 6 日;折旧方法:平均年限法;原值:2 400 000 元;预计使用月份:600 个月;已提折旧:800 000 元,其中本年计提折旧 12 000 元;附属设备:KF3009 型中央空调 2 台,单价 140 000 元,开始使用日期为 2007 年 7 月 30 日;使用部门为政工部负担 50%,折旧科目 550202,销售一科和销售二科各负担 25%,折旧科目 550102。

处理过程如下:

(1)在"系统初始化"窗口中,单击"账务初始化"菜单中的"固定资产初始数据",打开"固定资产初始化"对话框。

(2)单击【新增】按钮,根据资料依次打开基本信息、折旧信息等选项卡录入固定资产原始卡片信息(如图 13—30 所示)。

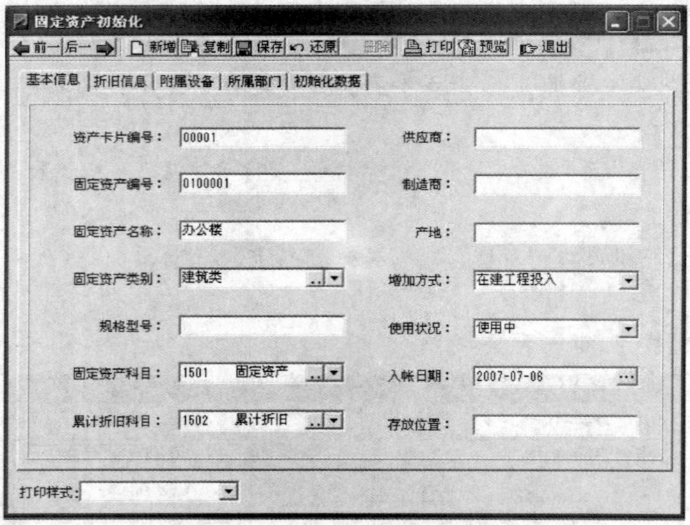

图 13—30　录入固定资产初始数据

【说明事项】

①固定资产的单价、数量和单位:当新增的固定资产其名称、规格等指标完全相同而数量有多个时,可以作为一个固定资产进行核算,这时必须录入固定资产的数量、单价和单位;其中,单价、数量和入账原值之间存在以下的换算关系:

$$入账原值=单价\times数量$$

②原始原值,即固定资产最初的价值。在初始化状态下原始原值可以修改,并允许与入账

原值不同,启用账套后在新增固定资产时原始原值不可以修改,并等于入账原值,后期固定资产价值发生变动时,原始原值保持不变。

③入账原值:反映固定资产的账面余额,入账原值随固定资产价值的变动而改变,系统会自动更新固定资产的单价。

2. 出纳账户初始数据的录入及其启用

在登记出纳日记账之前,需要为所设置的每个出纳账簿录入出纳系统启用月份的各项期初数据。如果在创建账套时选择出纳与会计同步,出纳账簿数据初始录入必须与账务初始数据及固定资产初始数据同步录入;如果在创建账套时选择出纳与会计不同步,其初始化期间可以不与账务初始化期间一致。

案例业务 13—24

录入并启用鸿建公司出纳账户,建设银行绿园分行年初余额为 750 000 元,本年累计借方发生额为 2 900 000 元,本年累计贷方发生额为 1 800 000 元;现金年初余额为 896 元,本年累计借方发生额为 7 966 元,本年累计贷方发生额为 8 236 元。

处理过程如下:

(1)在"系统初始化"窗口中,单击"账务初始化"菜单中的"出纳账户初始数据",打开"出纳账户初始化"对话框。

(2)根据资料录入出纳账户初始余额(如图 13—31 所示)。

(3)选择需要启用的出纳账户,单击【账户操作】按钮,选择"启用单一账户"或"启用全部账户"。

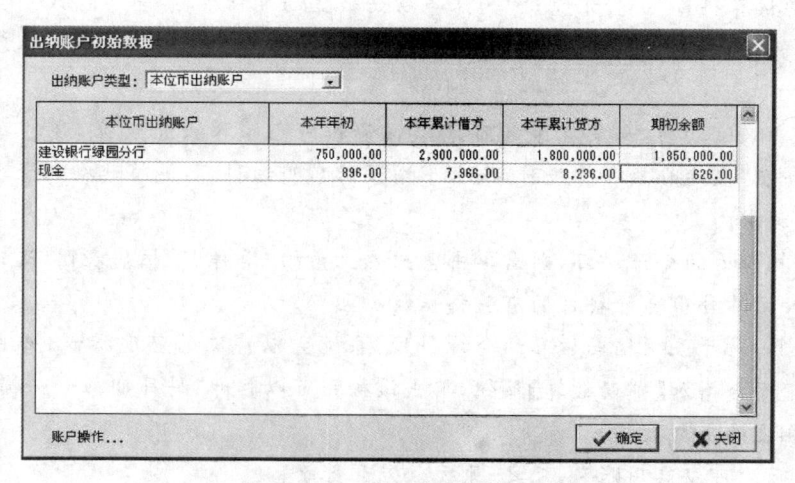

图 13—31 录入账户初始数据

3. 账务初始数据

案例业务 13—25

输入 1001"现金"账户的期初余额 626 元,本年累计借方发生额 7 966 元,本年累计贷方发生额 8 236 元。

处理过程如下：

(1)在“系统初始化”窗口中，单击“账务初始化”菜单中的“账务初始数据”，打开“科目期初”窗口，输入现金科目的期初余额(如图 13－32 所示)。

(2)单击窗口下方【试算平衡】按钮，进行试算平衡。

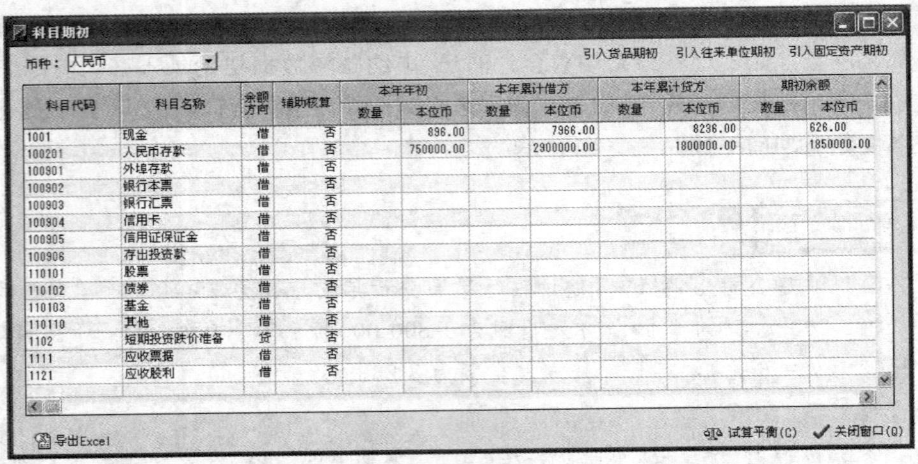

科目代码	科目名称	余额方向	辅助核算	本年年初		本年累计借方		本年累计贷方		期初余额	
				数量	本位币	数量	本位币	数量	本位币	数量	本位币
1001	现金	借	否		896.00		7966.00		8236.00		626.00
100201	人民币存款	借	否		750000.00		2900000.00		1800000.00		1850000.00
100901	外埠存款	借	否								
100902	银行本票	借	否								
100903	银行汇票	借	否								
100904	信用卡	借	否								
100905	信用证保证金	借	否								
100906	存出投资款	借	否								
110101	股票	借	否								
110102	债券	借	否								
110103	基金	借	否								
110110	其他	借	否								
1102	短期投资跌价准备	贷	否								
1111	应收票据	借	否								
1121	应收股利	借	否								

图 13－32　录入基本账户的初始数据

【说明事项】

①引入货品期初：在账务与进销存结合使用的情况下，系统可以按每个货品“存货类型”中所选择的“存货核算科目”进行汇总，作为账务初始数据的期初余额(不可修改)；如果科目有辅助核算货品和数量时，系统还可以将每个货品的名称、规格、数量记录下来，并体现在辅助核算数量金额账中。

②引入往来单位期初：如果在录入往来单位资料时已录入初始数据，这时可以单击此按钮，系统会自动在“应收账款”或“应付账款”下增设同名明细科目，并将其初始金额自动转入该科目的期初余额中。

③若有核算外币的会计科目，则需单击窗口左上角的“币种”下拉列表框，选择相应的外币币种，然后录入核算外币会计科目的有关初始数据即可。

④辅助核算：对于采用辅助核算的会计科目，系统会以特殊的颜色标识，并且在选择这些科目时，列表下面会增加【辅助核算】按钮，单击该按钮可以打开“科目期初——辅助核算”编辑对话框，录入相应的期初数据。

⑤试算平衡才可以启用账套；反之，则无法启用账套。

三、启用账套

处理过程如下：

在“系统初始化”窗口中，单击“文件”菜单中的“启用账套”，单击【启用】按钮。

第四节　财务系统

一、账务系统

（一）设置凭证类别

案例业务 13-26

设置收款凭证的受限科目为 1001 现金和 1002 银行存款。

处理过程如下：

在"速达 5000 Pro Online 客户端"窗口中，单击"资料"菜单中的"财务"→"凭证字"，打开"基础资料→凭证字"窗口，选择"收款"凭证，单击【编辑】按钮的"修改"命令，根据资料录入限制条件。

（二）凭证录入

案例业务 13-27

2009 年 4 月 1 日，从建设银行绿园分行提取现金 1 000 元，现金支票号为 XJ45990。

处理过程如下：

(1) 在"速达 5000 Pro Online 客户端"窗口中，单击"账务"菜单中的"凭证录入"，打开"凭证录入"窗口。

(2) 单击【新增】按钮，录入记账凭证（如图 13-33 所示）。

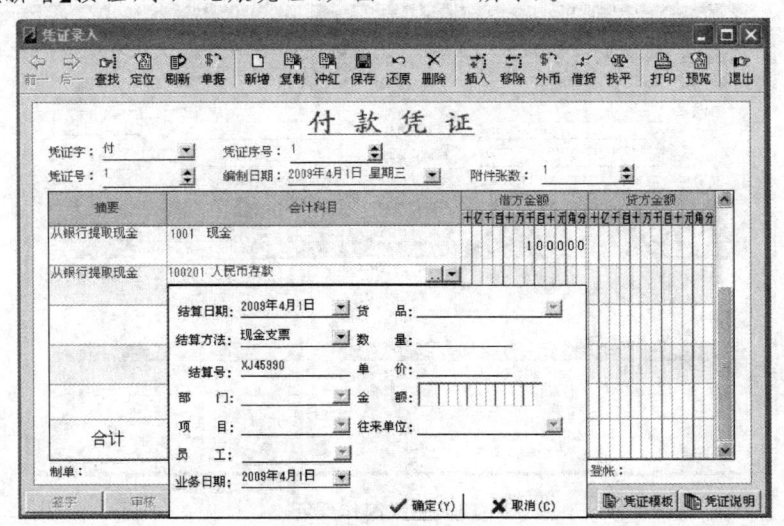

图 13-33　填制凭证

【说明事项】

①现金流量分配：如果会计凭证中的某个会计科目需要核算现金流量，则单击此按钮，打开"现金流量金额分配"窗口进行分配。

②删除：可以删除当前编辑的会计凭证，只有未审核登账的会计凭证才可以删除。删除凭证或进行反结账操作造成的凭证号缺号，可以通过"账务"菜单中的"凭证编号序号重排"功能来完成。

③借贷：将光标移到需要转换借贷方向的金额位置，然后单击此按钮，则录入的金额自动在借方或贷方之间调换。

④找平：如果只录入了会计分录某个方向的金额，而另一方未录入或只是部分录入，系统会自动将借贷方差额填入并使借贷方金额保持相等。

（三）制作凭证

系统内的主要业务都通过单据来执行，每月月末企业都应该将本期发生的采购、销售、应收、应付、报损、期末成本等业务按照货品的核算方式，把各种单据上的货品成本金额进行汇总，通过"凭证制作"来对其进行会计处理，并生成相应的成本结转会计凭证。

案例业务 13—28

根据销售开单制作凭证。

处理过程如下：

（1）在"速达 5000 Pro Online 客户端"窗口中单击"账务"菜单中的"凭证制作"，选择制作凭证的单据类型，打开"单据凭证制作"窗口，输入过滤条件，单击【查询】按钮。

（2）单击相应单据的"选定"栏或【全选】按钮，再单击【制作凭证】按钮，生成会计凭证（如图 13—34 所示）。

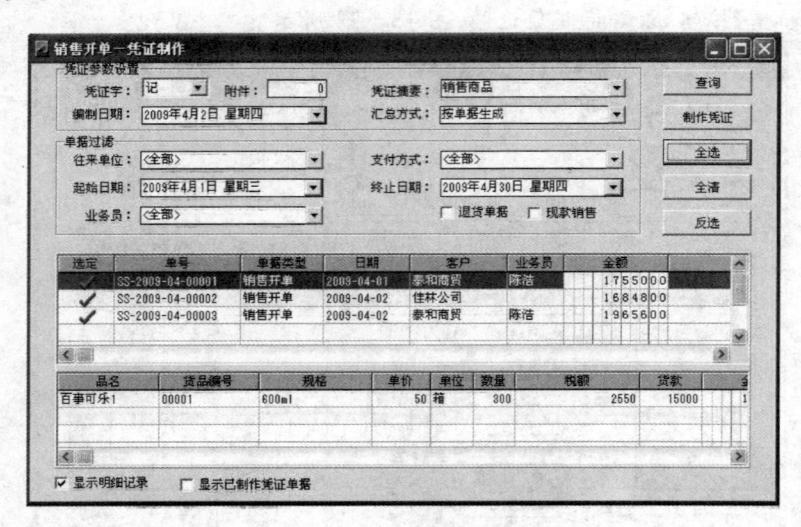

图 13—34　制作凭证

(四)出纳签字

处理过程如下:

(1)在"速达5000 Pro Online客户端"窗口中,单击"账务"菜单中的"凭证出纳签字",打开"出纳签字"窗口。

(2)选择出纳签字的会计期间和需要进行出纳签字的记账凭证,单击对应的"签字"栏(如图13-35所示)。

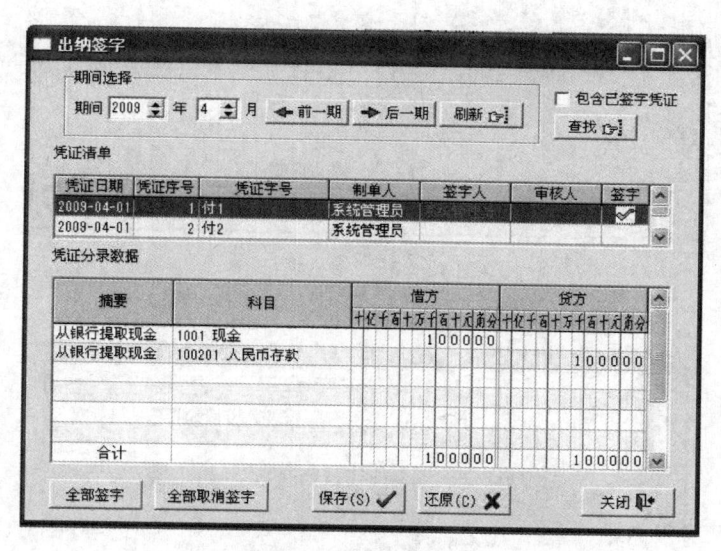

图13-35 出纳签字

(五)凭证审核

系统默认的审核方式为"制单与审核不可以是同一人",考虑到中小企业人员结构有限、业务简化,系统还可以按照"制单与审核可以是同一人"的方式审核会计凭证(详见本书账套选项的内容)。

处理过程如下:

(1)在"速达5000 Pro Online客户端"窗口中,单击"账务"菜单中的"凭证审核",打开"凭证审核"窗口。

(2)选择凭证审核的会计期间和需要进行凭证审核的记账凭证,再单击对应的"审核"栏(如图13-36所示)。

(六)凭证查找

处理过程如下:

在"速达5000 Pro Online客户端"窗口中,单击"账务"菜单中的"凭证查找",打开"凭证查找"窗口,设置查找条件,单击【确定】按钮(如图13-37所示)。

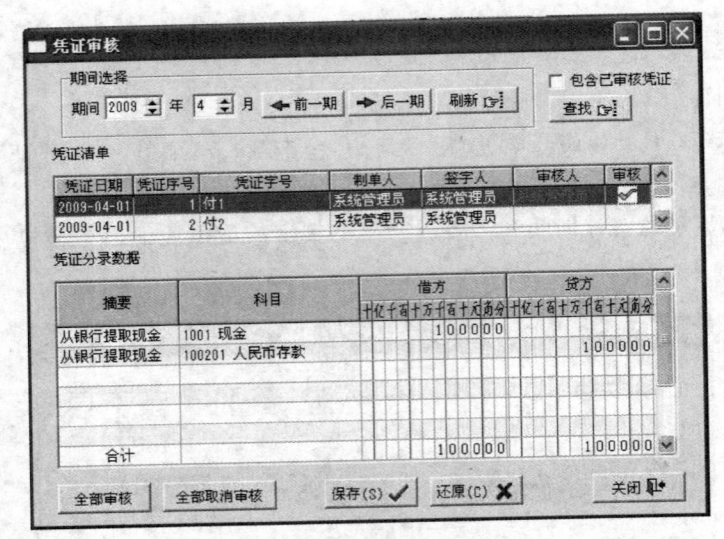

图 13-36 审核凭证

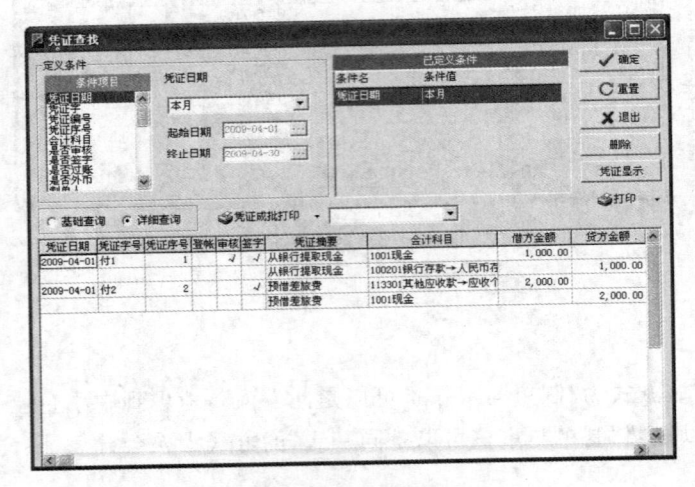

图 13-37 查找凭证

（七）凭证登账

处理过程如下：

在"速达 5000 Pro Online 客户端"窗口中，单击"账务"菜单中的"凭证登账"，打开"凭证登账"对话框，确定登账条件（如图 13-38 所示），单击【登账】按钮。

（八）期末调汇

处理过程如下：

在"速达 5000 Pro Online 客户端"窗口中，单击"账务"菜单中的"期末调汇"，打开"期末调汇"对话框，输入汇率调整相关内容，再单击【执行】按钮，系统自动生成一张调汇凭证并登记有关账簿。

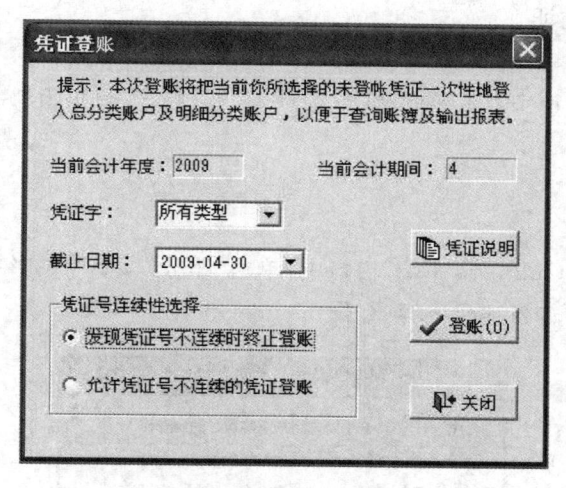

图 13－38　登账

（九）自动转账

1. 定义自动转账凭证

案例业务 13－29

定义 2009 年 4 月至 10 月按利率 0.2％计提短期借款利息的自动转账凭证。

处理过程如下：

（1）在"速达 5000 Pro Online 客户端"窗口中，单击"账务"菜单中的"自动转账"，打开"自动转账"窗口。

（2）在"自动转账"对话框中单击【增加】按钮，打开"自动转账凭证"对话框，定义相应内容（如图 13－39 所示）。

图 13－39　定义自定义转账凭证

2. 生成自动转账凭证

处理过程如下：

在"自动转账"对话框中，单击需要生成凭证的"使用"栏，再单击【凭证】按钮。

(十)结转本期损益

处理过程如下：

在"速达 5000 Pro Online 客户端"窗口中，单击"账务"菜单中的"结转损益"，打开"结转损益"对话框，确定损益结转各项目内容(如图 13－40 所示)。

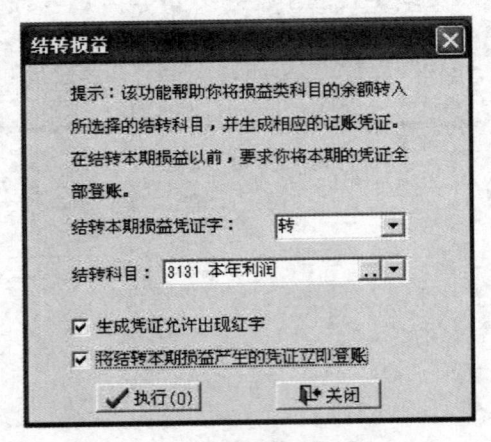

图 13－40　结转损益窗口

【说明事项】

对于损益类科目，系统提供两种结转方式：

①损益科目结转金额始终以正数表示，此时不论损益科目在会计科目中定义的方向如何，均按照实际发生的方向结转，如果一个损益科目既有借方金额又有贷方金额，则分别结转。例如，"财务费用"科目本月有贷方发生额，结转时从"财务费用"科目的借方转出，转入"本年利润"科目的贷方。

②损益科目结转与会计科目中定义的余额方向相反，此时必须根据会计科目中定义的余额方向来结转。条件同上例，结转时，生成单向会计凭证，即两个贷方，分别为"本年利润"科目(蓝字)，以及"财务费用"科目(红字)。

(十一)会计账簿查询

处理过程如下：

在"速达 5000 Pro Online 客户端"窗口中，在"报表"菜单的"会计账簿"中单击要查询的账簿类型或者单击"报表"菜单中的"报表中心"，打开"报表中心"窗口，双击要查询的账簿类型，打开"过滤报表"对话框，输入过滤条件，单击【确定】按钮。

二、出纳管理系统

(一)支票管理

1. 支票的购置

处理过程如下:

在"速达 5000 Pro Online 客户端"窗口中,单击"出纳"菜单中的"购买支票",打开"支票购买"对话框,单击【购买支票】按钮,打开"支票购买"窗口,输入支票购买信息。

2. 支票的领用

处理过程如下:

在"速达 5000 Pro Online 客户端"窗口中,单击"出纳"菜单中的"支票使用登记",打开"支票使用"对话框,单击【支票使用】按钮,打开"支票使用"对话框,选择领用的支票,单击【支票使用】按钮,选择"领用",打开"支票领用"对话框,输入支票领用信息。

3. 支票的核销

处理过程如下:

在"支票使用"对话框中,选择要核销的支票,单击【支票使用】按钮,选择"核销"。

(二)出纳日记账

日记账中的记录来源包括直接从总账引入凭证记录和逐笔手工新增日记账两种,这两种方式可以根据需要选择,一般情况下不能混合使用,否则会使对账产生问题。下面以银行日记账为例,介绍日记账的操作方法。

1. 手工新增日记账

处理过程如下:

在"速达 5000 Pro Online 客户端"窗口中,单击"出纳"菜单中的"出纳日记账",打开"出纳日记账"窗口,录入日记账各项目内容(如图 13－41 所示)。

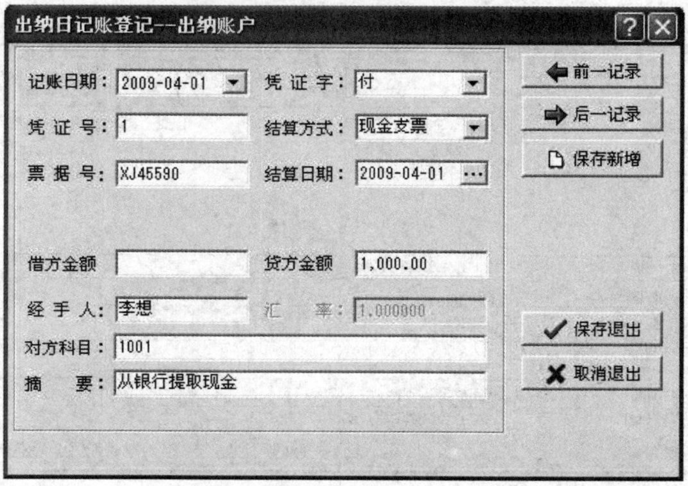

图 13－41　手工增加日记账记录

2. 引入记录

处理过程如下：

在"出纳日记账"对话框中，单击【引入】按钮，打开"范围选择"对话框，输入过滤条件（如图 13－42 所示）。

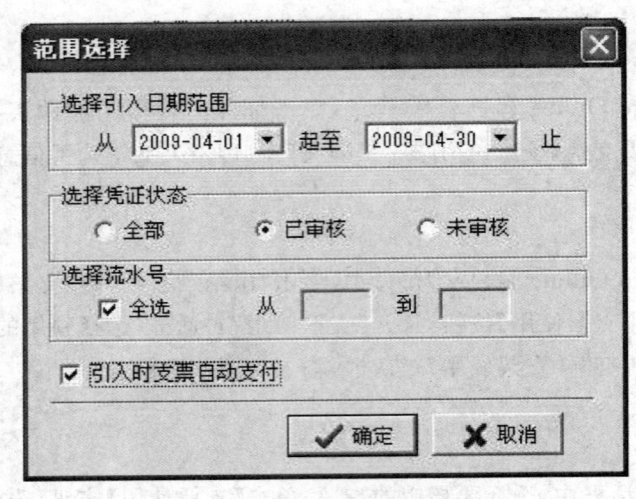

图 13－42　引入日记账记录

3. 出纳与会计对账

处理过程如下：

(1) 在"速达 5000 Pro Online 客户端"窗口中，单击"出纳"菜单中的"出纳会计对账"，打开"出纳会计对账"窗口。

(2) 在会计记账科目下拉列表框中选择需要对账的出纳账户和对账日期范围，单击【自动对账】按钮，进行系统自动对账。

(3) 分别单击会计科目账和出纳账户中需要勾对记录的"勾对"栏（如图 13－43 所示），再单击【确定勾对】按钮，进行手工对账。

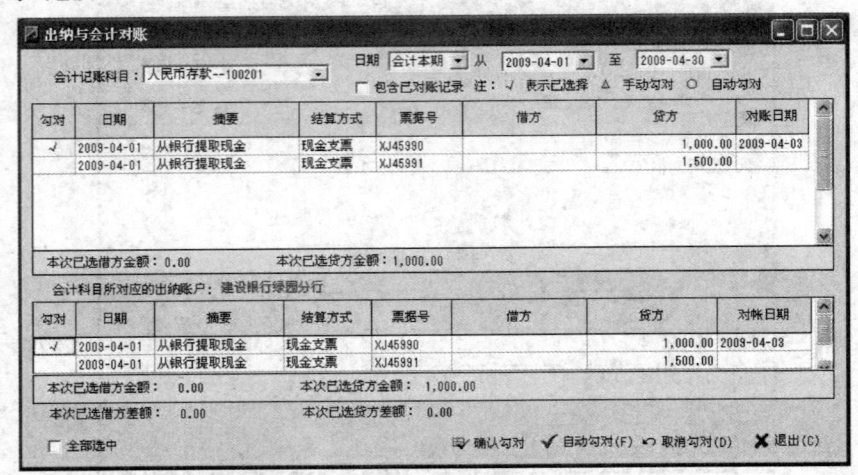

图 13－43　手工对账

【说明事项】

系统将根据所选择的双方记录中出纳方的借(贷)方发生额合计是否等于会计方借(贷)方发生额合计进行判断,如果相等则所选择的记录视为已勾对,其标志变为"▽"符号;如果不相等则所选择的记录没有被勾对,但它们仍然处于被选择的状态。

(三) 银行对账

1. 银行对账期初录入

处理过程如下:

(1)在"速达5000 Pro Online 客户端"窗口中,单击"出纳"菜单中的"启用银行对账",打开"银行对账"窗口。

(2)选择一个银行账号和启用日期;输入银行调整前余额;单击【企业未达账项】按钮,打开"企业未达项数据录入"窗口,单击【增加】按钮,输入录入每笔企业未达项的数据(如图13-44所示),逐级返回"银行对账"窗口。

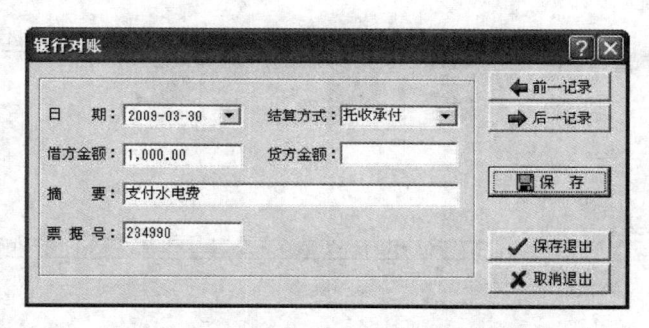

图13-44 录入企业未达账项的期初数据

(3)单击【银行未达账项】按钮,打开"银行未达项数据录入"窗口,录入每笔银行未达项的数据(如图13-45所示),逐级返回"银行对账"窗口。

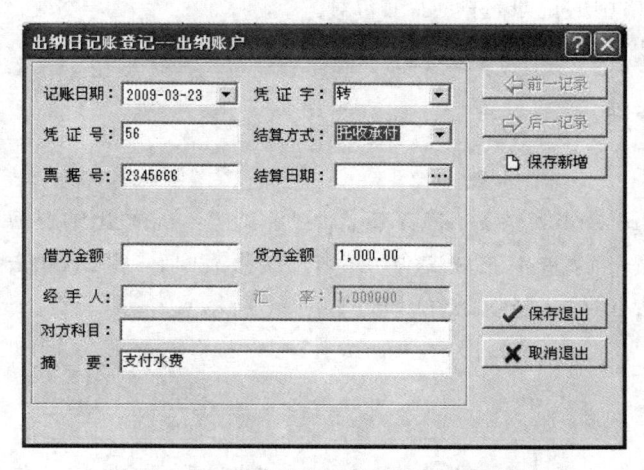

图13-45 录入银行未达账项的期初数据

(4)单击【启用】按钮。

2. 录入银行对账单

处理过程如下：

在"速达 5000 Pro Online 客户端"窗口中，单击"出纳"菜单中的"银行对账单"，打开"银行对账"对话框，选择银行账户，录入每笔银行对账单。

3. 银行对账

处理过程如下：

(1)在"速达 5000 Pro Online 客户端"窗口中，单击"出纳"菜单中的"银行对账"，打开"银行对账"窗口。

(2)在银行资料下拉列表框中选择一个银行账号；在日期中选择银行对账的日期范围（如图 13—46 所示），单击【自动勾对】按钮，打开"自动勾对"对话框，输入对账截止日期，选择对账条件，单击【确定】按钮，进行自动对账。

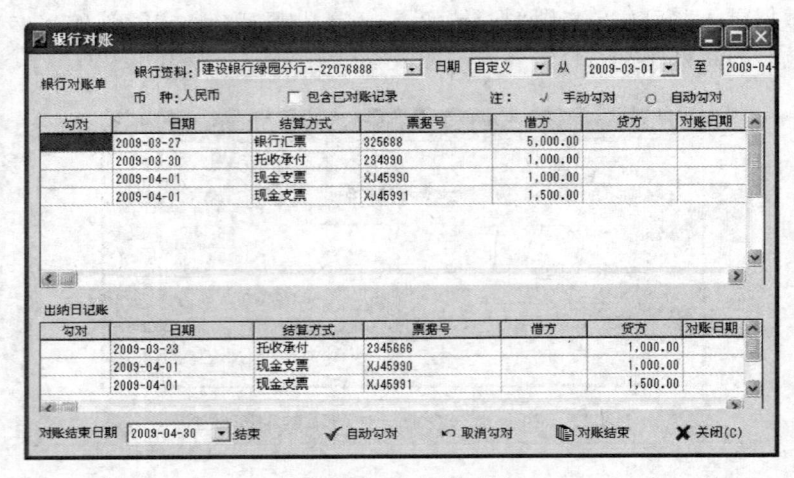

图 13—46　银行对账

(3)单击上下窗格中的记录，进行手工勾对。

(4)单击【对账结束】按钮，系统自动生成银行存款余额调节表。

（四）出纳账表查询

处理过程如下：

在"速达 5000 Pro Online 客户端"窗口中，在"报表"菜单的"出纳账簿"中单击要查询的账簿类型，或者单击"报表"菜单中的"报表中心"，打开"报表中心"窗口，双击要查询的账簿类型，打开"过滤条件"对话框，输入过滤条件（如图 13—47 所示）。

（五）出纳结账

处理过程如下：

在"速达 5000 Pro Online 客户端"窗口中，单击"出纳"菜单中的"出纳结账"，打开"出纳结账"对话框，单击【出纳结账】按钮。

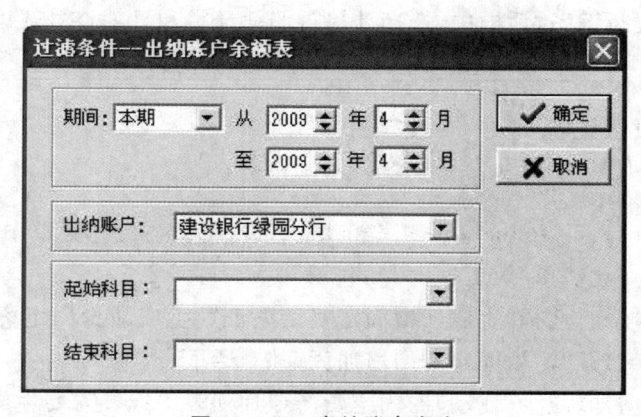

图 13－47　出纳账表查询

三、固定资产系统

（一）固定资产增减变化及其变动管理

固定资产增减变化及其变动可以通过以下功能实现："固定资产"菜单下的"固定资产增加""固定资产减少""固定资产变动"；"固定资产"导航图中的"资产增加""资产减少""资产变动"；"文件"菜单下"固定资产清单"中的"新增""减少""删除"按钮和"固定资产"菜单下"固定资产变化清单"中的"编辑"→"新增固定资产""新增固定资产减少单""新增固定资产变动单"。打开"固定资产减少"对话框后，输入固定资产增减变动信息。

（二）计提折旧

处理过程如下：

(1)在"速达 5000 Pro Online 客户端"窗口中，单击"固定资产"菜单中的"固定资产计提折旧"，打开"期间固定资产计提折旧数据"对话框（如图 13－48 所示），单击【计提折旧】按钮。

图 13－48　计提折旧

(2)在"生成计提折旧"对话框中,选择计提折旧凭证字和日期,单击【确定】按钮,生成记账凭证。

(三)生成固定资产凭证

处理过程如下:

(1)在"速达 5000 Pro Online 客户端"窗口中,单击"固定资产"菜单中的"固定资产变动清单",打开"固定资产变化清单"对话框。

(2)单击【凭证】按钮,选择"生成新增固定资产凭证""生成减少固定资产凭证"或者"生成变动固定资产凭证",打开"产生固定资产增加凭证"对话框。

(3)在当前期间增加(减少、变动)的固定资产卡片列表中选择需要生成凭证的固定资产卡片,单击【→】按钮,则此固定资产卡片将移到右栏中(如图 13-49 所示),单击【生成凭证】按钮,系统会生成一张不完整的会计凭证,可以马上调阅该记账凭证,将其编辑完整。

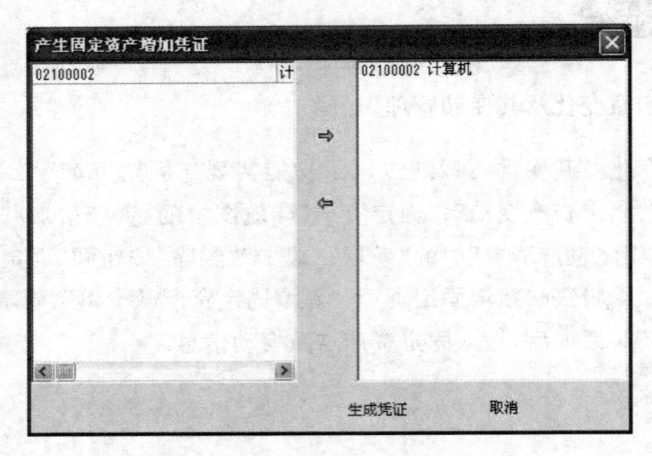

图 13-49 生成固定资产凭证

(四)固定资产账表查询

处理过程如下:

在"速达 5000 Pro Online 客户端"窗口中,在"报表"菜单的"固定资产"中单击要查询的账簿类型,或者单击"报表"菜单中的"报表中心",打开"报表中心"窗口,双击要查询的账簿类型,打开"过滤报表"对话框,输入过滤条件(如图 13-50 所示)。

第十三章　速达 5000 管理软件简介

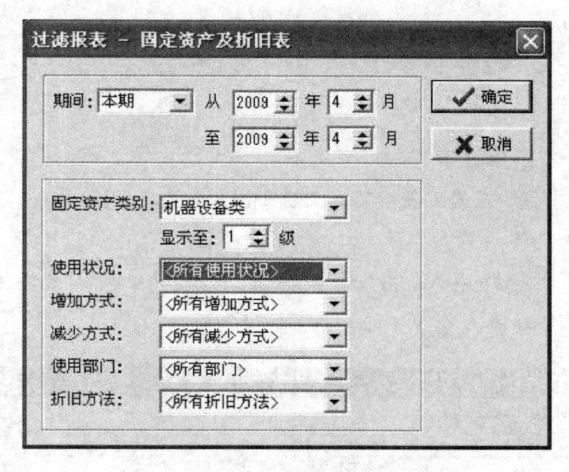

图 13-50　固定资产账表查询

四、工资管理系统

(一)设置工资基础资料

1. 设置工资项目

● 定义工资项目

案例业务 13-30

设置鸿建公司的工资项目：基本工资（基础数据）、岗位津贴（基础数据）、奖金（基础数据）、请假扣款、养老保险（计算项目）。

处理过程如下：

(1)在"速达 5000 Pro Online 客户端"窗口中，单击"资料"菜单中的"工资"→"工资项目"命令，打开"工资项目定义"对话框。

(2)单击"工资项目"选项卡，打开"工资项目编辑"对话框。

(3)输入增加的工资项目内容（如图 13-51 所示），单击【保存新增】按钮。

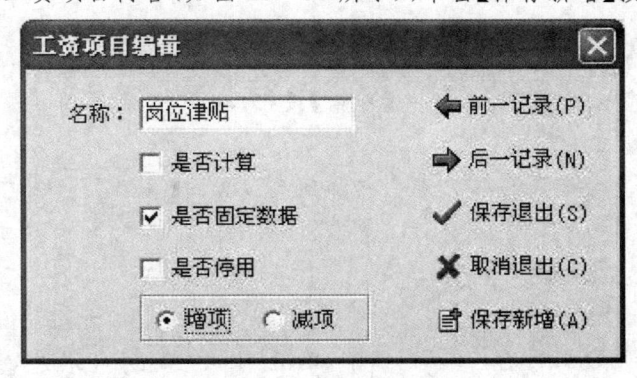

图 13-51　定义工资项目

- 定义工资计算公式

案例业务 13-31

定义工资项目应发工资的计算公式：

应发工资＝基本工资＋岗位工资＋奖金

处理过程如下：

在"工资项目定义"对话框中，单击"计算公式"选项卡，在公式项目列表中单击"应发合计"，在"公式定义"文本框中输入公式（如图13－52所示）。

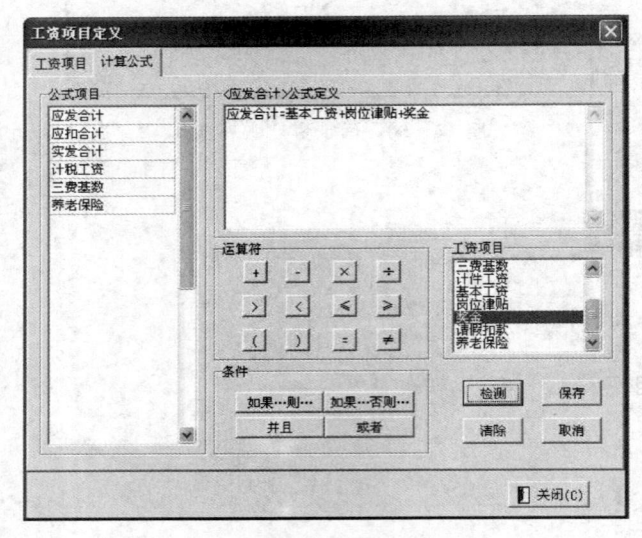

图13－52 定义工资项目

2. 工资项目类别

案例业务 13-32

定义工资项目类别名称及计算公式：

常规工资＝应发合计

处理过程如下：

(1) 在"速达5000 Pro Online 客户端"窗口中，单击"资料"菜单中的"工资"→"工资项目分类"命令，打开"工资项目类别"窗口，单击【新增】按钮，打开"工资项目类别定义"对话框，在名称文本框中输入"常规工资"。

(2) 返回"工资项目类别"对话框，单击相加项目设置的【编辑】按钮，打开"项目选择"对话框，在"待选工资项目"中选择"应发合计"，单击【→】按钮（如图13－53所示）。

3. 个人所得税参数设置

处理过程如下：

在"速达5000 Pro Online 客户端"窗口中，单击"工资"菜单中的"所得税税率表"，打开"个人所得税"对话框，在基数文本框中输入个人所得税的计提基数（如图13－54所示）。

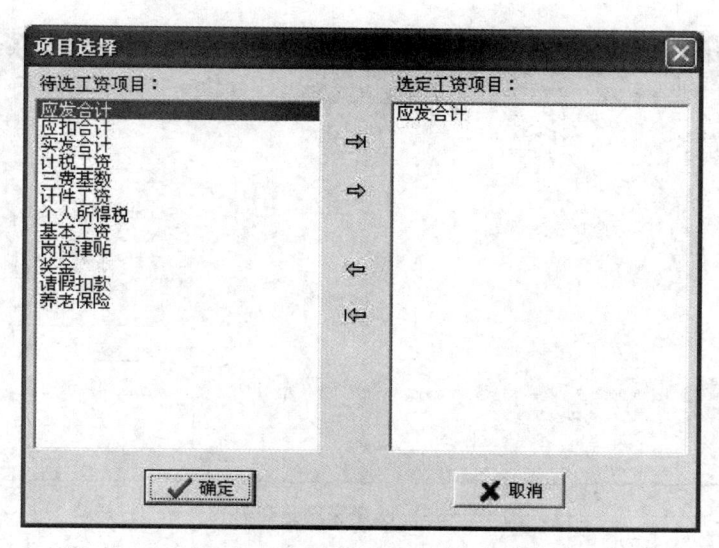

图 13—53　定义工资项目类别

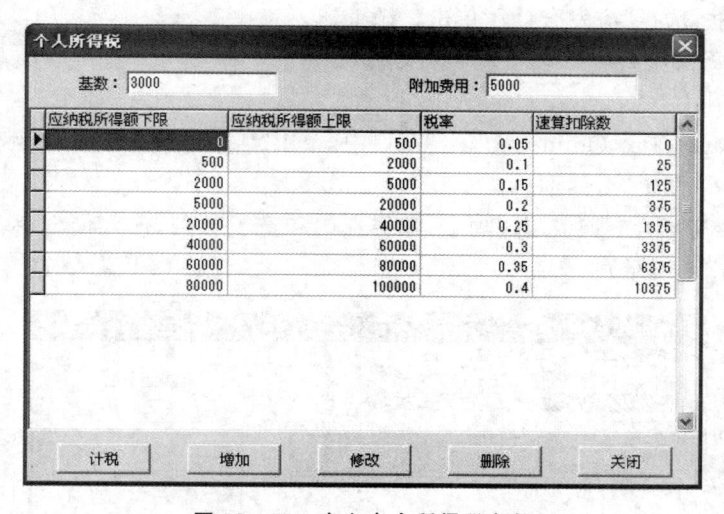

图 13—54　定义个人所得税参数

4. 设置费用分配科目

处理过程如下：

在"速达 5000 Pro Online 客户端"窗口中，单击"工资"菜单中的"费用分配科目设置"，打开"费用分配科目设置"对话框，选择部门名称、员工类别和工资项目类别，输入工资费用分配的借方科目和贷方科目（如图 13—55 所示）。

5. 设置工资支付科目

处理过程如下：

（1）在"速达 5000 Pro Online 客户端"窗口中，单击"工资"菜单中的"工资支付科目设置"，打开"工资支付科目设置"对话框，单击【新增】按钮，打开"工资支付科目设置定义"对话框，输入会计科目编码，单击科目借/贷方单选按钮，单击【保存新增】按钮，定义工资支付的其他科目。

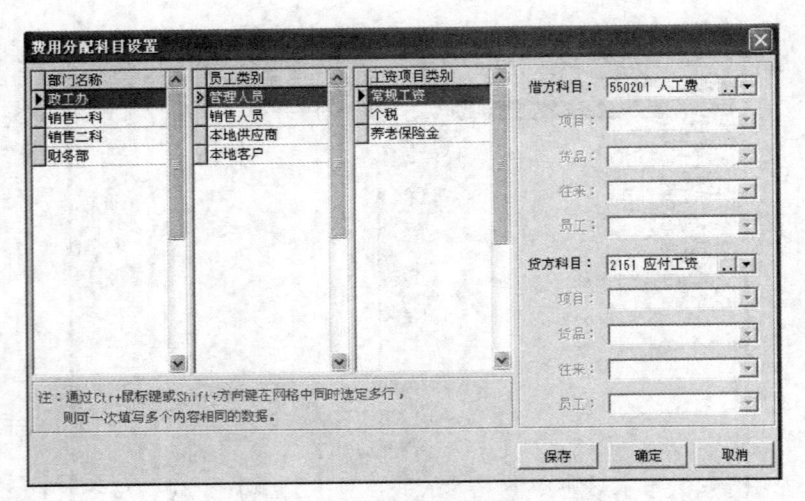

图 13-55　设置费用分配科目

（2）在"工资支付科目设置"对话框中选择一个科目，单击相加/相减项目的编辑按钮，打开"项目选择"对话框，选择"应发合计"，单击【→】按钮。

6. 设置计提三费科目

处理过程如下：

（1）在"速达 5000 Pro Online 客户端"窗口中，单击"工资"菜单中的"三费分配科目设置"，打开"三费分配科目设置"对话框。

（2）单击需要设置的工资费用选项卡，选择部门和员工类别，输入借方科目编码和贷方科目编码（如图 13-56 所示）。

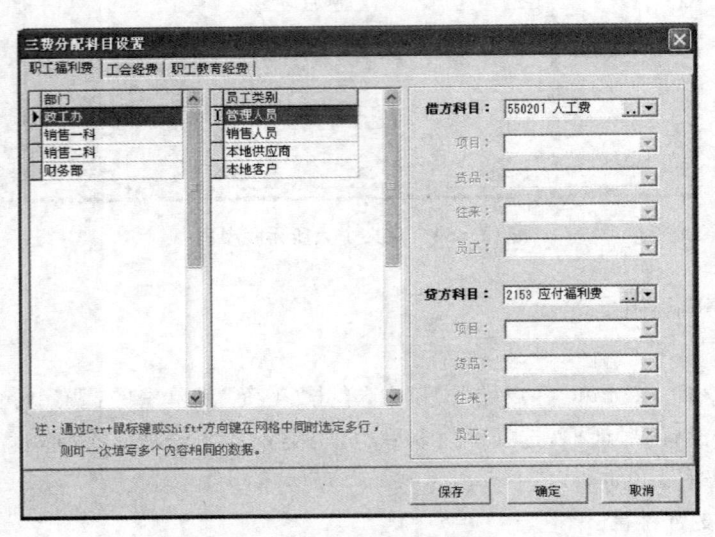

图 13-56　设置计提费用

(二)工资数据录入

处理过程如下：

(1)在"速达 5000 Pro Online 客户端"窗口中，单击"工资"菜单中的"工资数据录入"，打开"工资录入"窗口。

(2)输入当期每名员工各工资项目的数据(如图 13-57 所示)。

(3)单击【计算】按钮，计算工资。

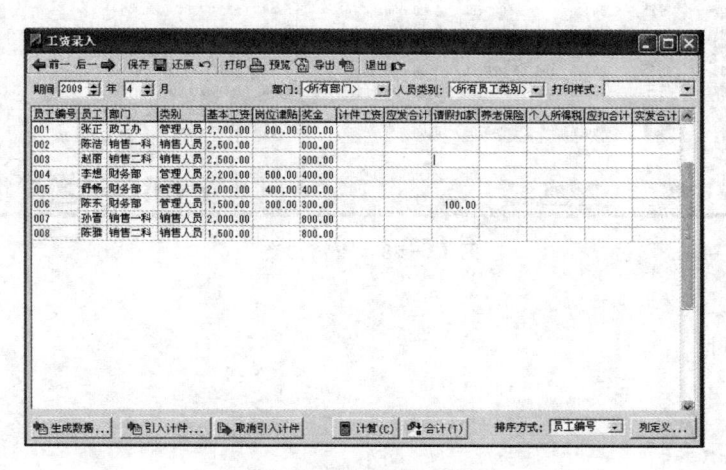

图 13-57　录入工资

【说明事项】

①生成数据：可以打开"拷贝方式"对话框，选择"拷贝上一期间的工资数据"，则系统复制上一期的工资数据；选择"拷贝固定工资的工资数据"选项，则引入固定工资项目数据。

②引入计件工资：可以打开"引入计件工资"对话框，确定引入计件工资数据的起止日期后引入计件工资数据。

③列定义：不被选中的工资项目，将无法在"工资录入"窗口的列表中显示。

(三)银行代发数据录入

处理过程如下：

在"速达 5000 Pro Online 客户端"窗口中，单击"工资"菜单中的"银行代发数据"，打开"银行代发"对话框，选择银行代发数据项目。

【说明事项】

"实发工资"为必选项，员工编号、当前日期、工资账号这三项在导出项列表中不显示，是系统默认导出的项目。

(四)工资审核

处理过程如下：

(1)在"速达 5000 Pro Online 客户端"窗口中，单击"工资"菜单中的"工资审核"，打开"工资审核"窗口。

(2)单击某条记录的"是否审核"栏,逐个审核员工工资;单击【审核】按钮,则审核所有工资数据(如图13-58所示)。

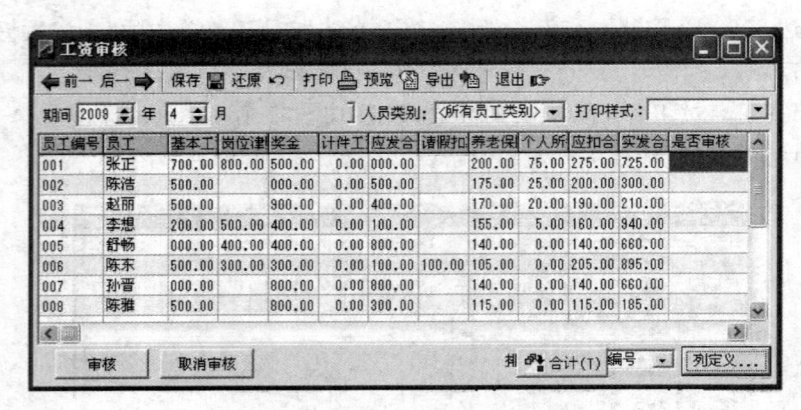

图 13-58 审核工资

(五)工资支付

1. 工资支付

处理过程如下:

在"速达5000 Pro Online客户端"窗口中,单击"工资"菜单中的"工资支付",打开"工资支付"窗口,单击某条记录的"是否支付"栏,则逐个支付员工工资;单击【全部支付】按钮,则对所有工资数据标记支付(如图13-59所示)。

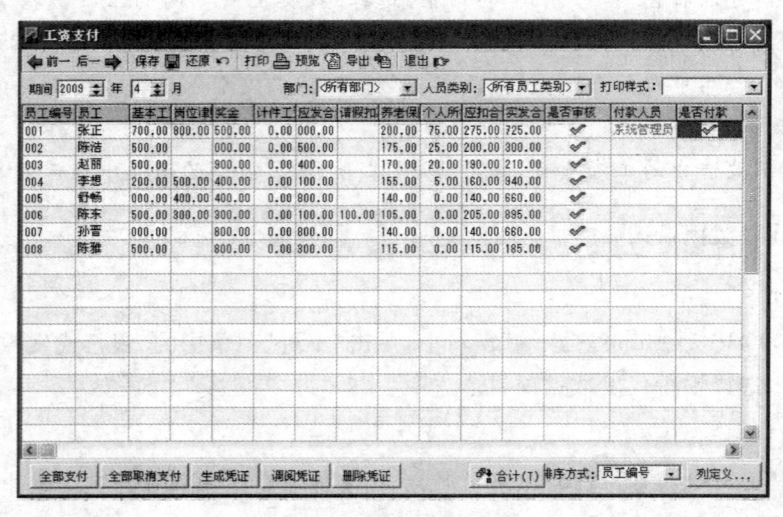

图 13-59 工资支付

2. 生成凭证

处理过程如下:

在"工资支付"窗口中,单击【生成凭证】按钮,打开"生成工资支付凭证"对话框,选择工资支付凭证字和日期,生成一张记账凭证。

(六)工资分摊

处理过程如下：

(1)在"速达5000 Pro Online客户端"窗口中,单击"工资"菜单中的"工资费用分配",打开"工资费用分配"窗口(如图13－60所示)。

图13－60　工资分摊

(2)选择工资分配的会计期间,单击【费用分配】按钮,打开"工资费用分配凭证信息"对话框,选择凭证字和会计期间,生成一张凭证。

(七)计提三费

处理过程如下：

在"速达5000 Pro Online客户端"窗口中,单击"工资"菜单中的"工资计提三费",打开"计提三费分配"窗口,选择计提的会计期间,单击【计提三费】按钮,打开"计提三费凭证信息"对话框,选择凭证字和会计期间,生成一张凭证。

(八)工资账表查询

处理过程如下：

在"速达5000 Pro Online客户端"窗口中,单击"报表"菜单的"人事工资"中要查询的账簿类型,或者单击"报表"菜单中的"报表中心",打开"报表中心"窗口,双击要查询的账簿类型,打开"过滤报表"对话框,输入过滤条件。

五、报表生成

速达5000财务软件系统的报表分为业务报表和财务报表两大类,报表的查询和生产通过"报表"菜单中各功能实现。财务报表的查询前面已经介绍,此处不再赘述。

(一)业务报表的查询和生成

处理过程如下：

在"速达 5000 Pro Online 客户端"窗口中,单击"报表"菜单中的"报表中心",打开"报表控制台"对话框,选择报表类型和报表项目,单击【显示】按钮。

(二)自定义报表

1. 定义新表

案例业务 13—33

定义货币资金如表 13—1 所示。

表 13—1　　　　　　　　　　　　　货币资金表

____年____月____日

项　目	行　次	期初数	期末数
现金	1		
银行存款	3		
其他货币资金	5		
合　计	10		

处理过程如下:

(1)在"速达 5000 Pro Online 客户端"窗口中,单击"报表"菜单中的"自定义报表",打开"自定义报表选择"窗口(如图 13—61 所示),单击【增加报表】按钮,打开报表编辑窗口。

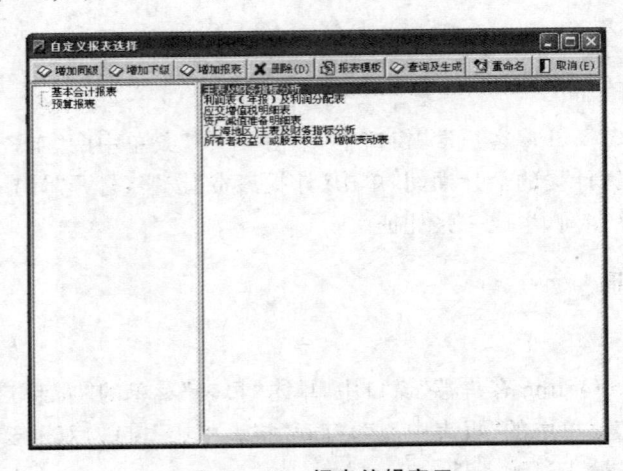

图 13—61　报表编辑窗口

(2)定义报表格式,使用右键快捷菜单合并单元格,"格式"菜单中的"单元格""行"和"列"定义单元格属性以及行高和列宽,使用"边框样式"工具按钮设置边框,在相应单元格内输入报表项目内容(如图 13—62 所示)。

(3)定义报表公式,选择库存现金期初数单元格,单击"报表"菜单的"公式向导",打开"公式向导"对话框,选择"取科目期间数据",单击下一步,选择数据参数,单击【填入公式】按钮(如图 13—63 所示)。

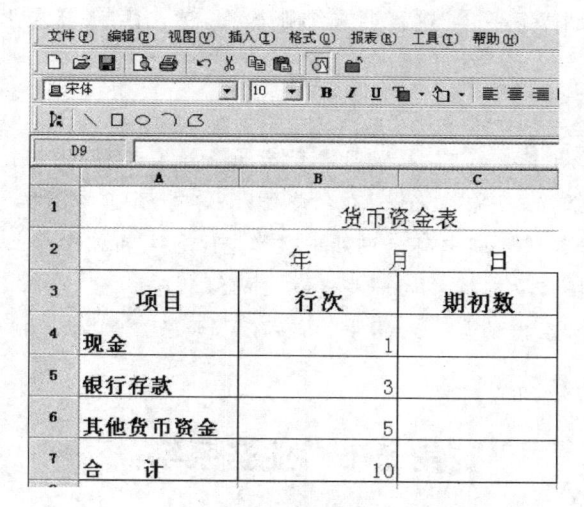

图 13-62　定义报表格式

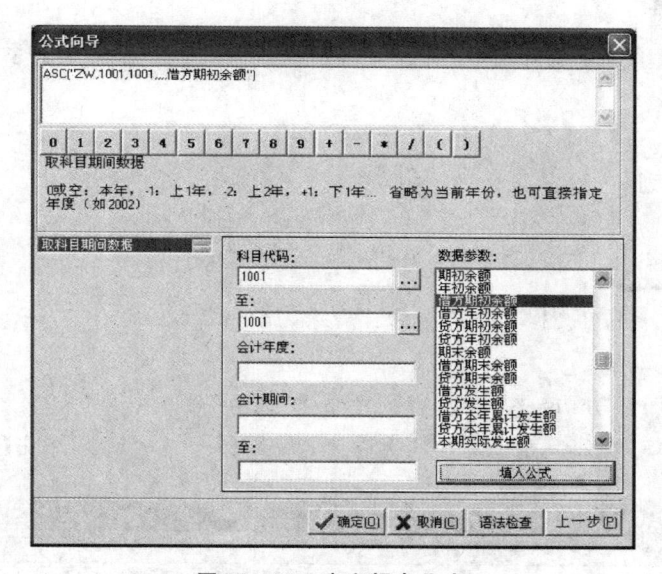

图 13-63　定义报表公式

(4)定义其他公式后单击"文件"菜单的"保存",输入报表名称后关闭退出。

2. 生成自定义报表

处理过程如下:

在"自定义报表选择"窗口中选择要生成的报表,单击【查询及生成】按钮,打开报表窗口,单击"报表"菜单中的"生成报表",打开选择"生成报表"对话框,选择会计期间,单击【确定】按钮。

六、期末结账

处理过程如下:

在"速达 5000 Pro Online 客户端"窗口中单击"账务"菜单中的"期末结账",打开"期末结账与反结账"对话框,单击"下一步"进行期末结账检测,单击【结账】按钮,系统提示备份数据,单击【是】按钮。

【说明事项】

①期末结账主要检测事项如下:本期固定资产业务没有计提折旧时系统不允许结账;本期固定资产业务生成的凭证为不完整凭证,不允许结账;本期有工资数据,没有进行费用分配和三费计提时,不能结账;本期凭证中有未过账的凭证,不予结账。只有当所有的检测均通过,才可以执行结账处理;否则需要继续处理那些未通过的检测项。

②进行期末结账时,在出纳与会计同步的前提下,如果检测到出纳未进行结账处理时,将一并进行出纳结账。

第五节 业务系统

一、采购系统

这里以"采购订单→采购开单→入库单"流程模式为例介绍采购管理系统的使用。

(一)采购计划

1. 录入采购计划

案例业务 13—34

输入 2009 年 4 月份 1.2L 可口可乐的计划采购数量 1 000 箱。

处理过程如下:

在"速达 5000 Pro Online 客户端"窗口中单击"业务"菜单中的"采购业务"→"采购计划",打开"采购计划"窗口,输入采购计划的相关信息(如图 13—64 所示),单击【确定】按钮。

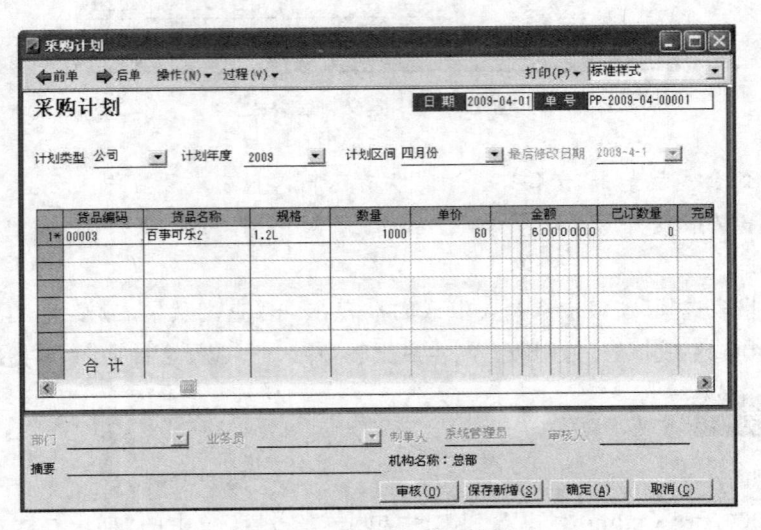

图 13—64 录入采购计划

2. 审核

处理过程如下：

在"采购计划"窗口中，单击【前单】或【后单】按钮，查找到需要审核的采购计划，单击【审核】按钮，系统提示"是否生成采购订单"，此时如果选择"是"，则可以直接生成订单；若选择"否"，则不生成。

【说明事项】

①如果本计划期间的某个计划发生采购业务或估价入库业务，在相应单据审核后，系统自动回填采购计划中的"已采购数量"。

②同一货品在同一期间针对同一部门（同一业务员）下达的计划单中不可重复。

（二）采购订单

1. 录入采购订单

案例业务 13-35

根据 4 月份的采购计划，生成向百事可乐公司采购 500 箱 1.2L 百事可乐的采购订单。

处理过程如下：

(1) 在"速达 5000 Pro Online 客户端"窗口中单击"业务"菜单中的"采购业务"→"采购订单"，打开"采购订单"窗口，输入填制日期，选择供应商、结算方式等内容（如图 13-65 所示）。

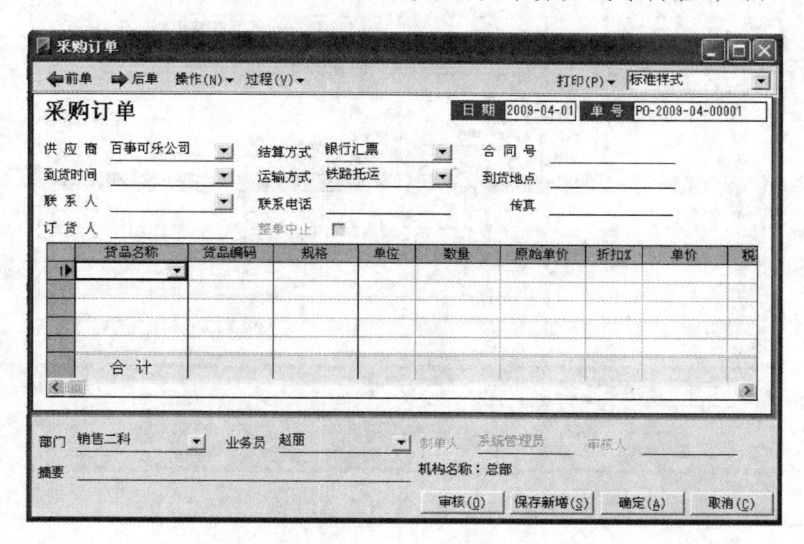

图 13-65 录入采购订单

(2) 单击【操作】按钮，选择"选择单据"命令，打开"请选择单据"对话框，单击要选择的采购计划的"选择"栏，使之变为"√"，单击【确定】按钮，在数量栏输入 500，单击【确定】按钮，退出。

【说明事项】

①被采购开单或估价入库单引用后，系统要将单据中的数量回填到订单中的"已收货数量"。

②单据审核后，可直接单击【操作】按钮，选择"生成采购收货单"，直接生成一张采购发票。

2. 审核

处理过程如下：

在"采购订单"窗口中，单击【前单】或【后单】按钮，查找到需要审核的采购订单，单击【审核】按钮。

（三）采购开单

1. 录入采购开单

案例业务 13—36

收到百事可乐公司购入 500 箱 1.2L 百事可乐的增值税专用发票，单价 60 元，票号为 34569990，并以转账支票支付部分货款 20 000 元，票号为 45992。

处理过程如下：

(1)在"速达 5000 Pro Online 客户端"窗口中单击"业务"菜单中的"采购业务"→"采购开单"，打开"采购开单"窗口。

(2)输入填制日期，选择单据类型、供应商和发票类型，输入发票号（如图 13—66 所示）。

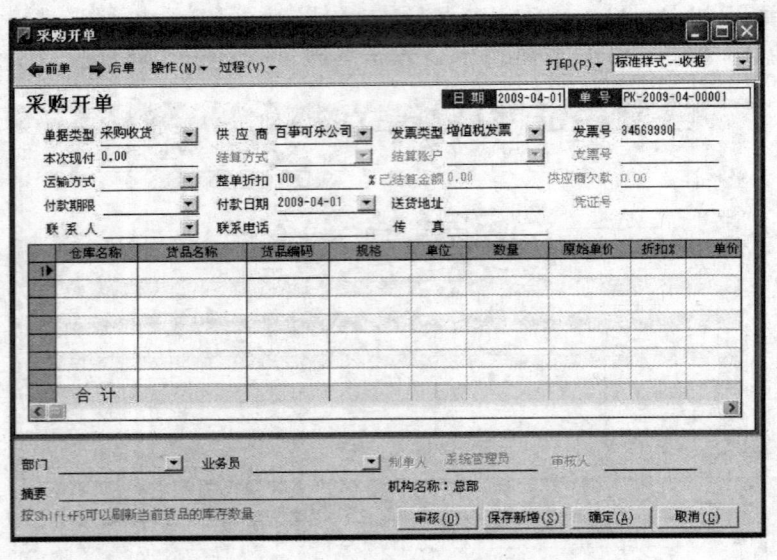

图 13—66 录入发票信息

(3)单击【操作】按钮，选择"选择单据"命令，打开"请选择单据"对话框，单击要选择的采购订单的"选择"栏，使之变为"√"，单击【确定】按钮，输入付款金额和支票号，选择结算方式、结算号等内容。

【说明事项】

①单据类型选择"估价冲回"，表明收到估价入库货品的发票等单证，办理估价入库货品的冲回手续。

②采购开单可以引用尚未冲回的蓝字估价入库单,引用后允许修改数量、单价,但修改后的数量必须小于等于估价入库单中的在估数量,同时系统生成一张估价入库冲回单,并将数量回填到估价入库单中"已冲回数量"栏,引用估价入库单生成的采购开单,不能被出、入库单再次引用。

③经审核的采购开单,可以在"凭证制作"模块中直接列出,一张或多张采购开单可以生成一张凭证,一张采购开单不可分批生成会计凭证。

④如果没有付款,则单据审核后,付款时单击【操作】按钮,选择"生成付款单",生成一张付款单;如果以后发生退货业务,则在"采购开单"窗口中单击【操作】按钮,选择"生成退货单",生成一张采购退货单。

2. 审核

处理过程如下:

在"采购开单"窗口中,单击【前单】或【后单】按钮,查找到需要审核的采购开单,单击【审核】按钮。

(四)估价入库

1. 录入估价入库单

> **案例业务 13—37**

收到向可口可乐公司购入的 500 箱 1.2L 可口可乐,估价 60 元/箱。

处理过程如下:

在"速达 5000 Pro Online 客户端"窗口中单击"业务"菜单中的"采购业务"→"估价入库",打开"估价入库"窗口,输入估价入库单的相关数据(如图 13—67 所示)。

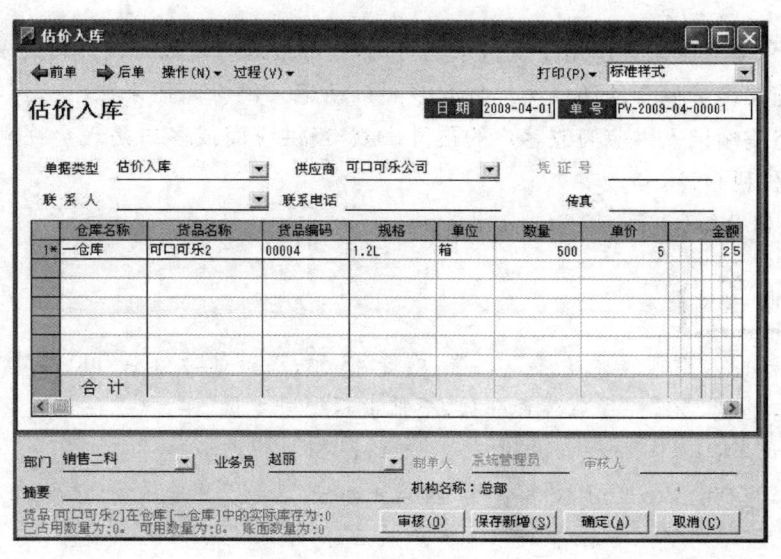

图 13—67 录入估价入库单

【说明事项】

● 估价入库处理

①单据类型应选择"估价入库",即进行估价入库处理。

②经审核的估价入库单,在"凭证制作"模块中列出来供选择,一张或多张估价入库单可生成一张凭证,一张估价入库单不可分次生成会计凭证。

③单据审核后,单击【操作】按钮,选择"生成采购单",可以生成一张采购单;单击【操作】按钮,选择"生成入仓单",可以生成一张入仓单;单击【操作】按钮,选择"生成估价冲回",可以生成一张红字估价入库单。

● 估价入库货品的冲回

①单据类型选择"估价冲回",表示收到估价入库货品的发票等单证,填写红字估价入库单,办理估价入库货品的冲回手续。

②此单可由已审核的蓝字估价入库单生成,也可在估价入库单被采购开单引用后自动生成,不可手工录入。

③单据经审核后,可在"凭证制作"模块列示出来供选择生成会计凭证。

④当估价入库单中的数量与冲回数量相等时,系统在单据上标记"已冲回"字样,此单不再为采购开单和红字估价入库单引用,不可以反冲回操作;只有在红字估价入库单做删除或修改时,此单的状态才随着改变。

2. 审核

处理过程如下:

在"估价入库单"窗口中,单击【前单】或【后单】按钮,查找到需要审核的估价入库单或估价入库回冲单,单击【审核】按钮。

(五)采购费用分摊

采购费用分摊单首先可以用于支付采购费用,实际处理时可以一次性付清费用,也可以进行赊账,系统能够将价税合计和本次付款的差额自动记入供应商往来账中。当本次付款大于价税合计时,将差额记入供应商或客户的预付账款;当供应商或客户是现金往来单位时,本次付款必须等于价税合计。

1. 采购费用分摊

案例业务 13—38

向永利公司购入康师傅冰绿茶 500 箱,单价 48 元;康师傅冰红茶 500 箱,单价 48 元。发生运费 300 元,税率 7%,按货品数量分摊,全部款项尚未支付。

处理过程如下:

(1)在"速达 5000 Pro Online 客户端"窗口中单击"业务"菜单中的"采购业务"→"采购费用分摊单",打开"采购费用分摊单"窗口,选择供应商,输入运费和税率。

(2)单击【操作】按钮,选择"选择单据"命令,打开"请选择采购开单"对话框,单击要选择的采购订单的"选择"栏,使之变为"√",单击【确定】按钮(如图 13—68 所示)。

(3)单击【操作】按钮,选择"按货品数量分摊",系统自动进行采购费用分摊。

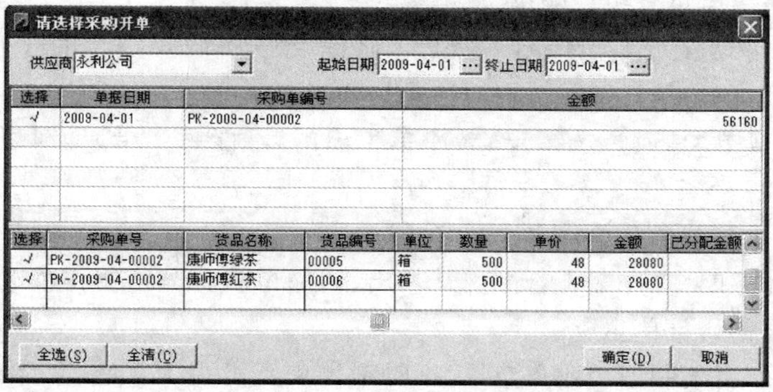

图 13—68 采购分摊选单

【说明事项】

在"全月一次加权平均法"下引用采购开单时,同一张采购费用分摊单可引用多张采购开单,一张采购开单可被多次引用,并且可以增加或删除明细,也可以从货品基础资料选入,分摊后月末计算发出货品成本时,采购费用分摊单处理与采购开单处理相同。采用"个别计价法"时暂不支持采购费用分摊。在"先进先出法"下引用采购开单可以代入货品或由货品基础资料选入货品,可按数量或金额计算本次分摊的采购费用,引用采购开单时将分摊的采购费用回填至引用的采购开单,成本计算时由当前库存平均承担摊入的费用。

2. 采购费用分摊审核

处理过程如下:

在"采购费用分摊单"窗口中,单击【前单】或【后单】按钮,查找到需要审核的采购费用分摊单,单击【审核】按钮。

二、销售系统

(一)销售系统业务流程

销售业务流程包括"销售订单→销售开单→出库单"流程模式和"销售订单→出库单→销售开单"流程模式。

1. "销售订单→销售开单→入库单"流程模式

(1)企业结合当前生产及市场销售情况,对销售部门制订年度、季度或月度的销售计划单,再据此或手工生成销售订单。

(2)销售业务发生时,可根据销售订单生成销售单。

(3)当企业发生委托销售业务时,可手工编制委托销售单进行处理,也可以由销售订单生成。当销售类型为"委托结算"时,销售单只能引用委托销售单生成。

(4)销售单审核后,可以生成应收款单。

(5)发货时,根据蓝字销售单生成出、入库单,发生退货业务时,填制红字销售单,然后据此生成出、入库单;也可以根据蓝字委托销售单生成出、入库单,发生退货业务时,填制红字委托销售单,然后据此生成出、入库单。

2. "销售订单→出库单→销售开单"流程模式

选择此流程模式时,在出、入库单的窗口上,将提供"选择订单"和"执行过程"功能键,用来跟踪销售订单及销售单的执行情况。

销售单(红单、蓝单)是通过选择出、入库单生成的,不能手工录入,销售单不跟踪退货过程。

(1)同"销售订单→销售开单→出库单"的第一步。

(2)发生销售业务时,首先由仓管部门开具出、入库单将货品进行出库处理,出、入库单可手工编制,也可根据销售订单生成。

(3)货品出库后,再编制销售业务单据,这时销售单不可手工编制,只能通过选择出、入库单生成,红字销售单也只能引用出、入库单生成。

(4)当企业发生委托销售业务时,可编制委托销售单进行处理,该单据不可手工编制,只能引用出、入库单生成,手工编制的红字委托销售单只能引用蓝字委托销售单,此单一经审核,系统将自动生成一张出、入库单。业务结束后,可由委托销售单生成相应的销售单,销售单保存后,系统同时自动生成一张与销售单相同的红字委托销售单。

(5)销售单审核后,据此生成应收款单。

(6)发生退货业务时,只能手工编制出、入库单,再据此生成红字销售单或红字委托销售单。

(二)销售计划

1. 录入销售计划

处理过程如下:

在"速达5000 Pro Online 客户端"窗口中单击"业务"菜单中的"销售业务"→"销售计划",打开"销售计划"窗口,输入销售计划的相关信息。

【说明事项】

①同一货品在同一期间、同一类型针对同一部门、同一业务员下达的计划单中不可重复。

②当计划类型为"公司"时,"部门、业务员"为灰色不可用状态;当计划类型为"部门"时,"部门"选项必须填写,"业务员"选项不可用;当计划类型为"业务员"时,"业务员"选项必须填写,"部门"选项可由录入的业务员资料代入,可以修改,或者不填。

2. 审核

在"销售计划"窗口中,单击【前单】或【后单】按钮,查找到需要审核的销售计划,单击【审核】按钮。

(三)销售订单

1. 录入销售订单

案例业务 13-39

录入向泰和商贸销售 400 箱 600ml 百事可乐的销售订单。

处理过程如下：

在"速达 5000 Pro Online 客户端"窗口中单击"业务"菜单中的"销售业务"→"销售订单"，打开"销售订单"窗口，输入销售订单的相关内容（如图 13—69 所示）。

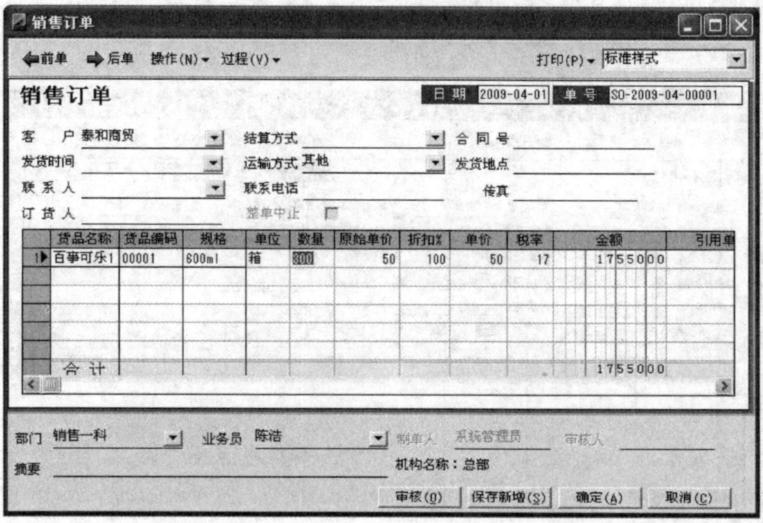

图 13—69　录入销售订单

【说明事项】

①单据审核后，可直接单击"操作"中的相应命令，生成一张销售开单单据或者采购订单。

②如果确认单据"整单中止"，此单不再为下级单据引用，单据中的货品不参加有关在订数量的计算。如果单据明细中某个货品确认"中止"，在下级单据引用此单时，该货品不再为下级单据引用，同时也不参加有关在订数量的计算。中止执行的订单不可以进行反审核、作废、删除等单据操作。

2. 审核

处理过程如下：

在"销售订单"窗口中，单击【前单】或【后单】按钮，查找到需要审核的销售订单，单击【审核】按钮。

（四）销售开单

销售开单是企业确认销售实现的依据，可以实现现款销售、赊销、委托代销及销售退货业务，在实际业务处理中可以将其视同销售发票来处理，该单据将跟踪整个销售业务过程。

1. 录入销售开单

案例业务 13—40

填制向泰和商贸销售 400 箱 600ml 百事可乐的增值税专用发票，单价 72 元，票号为 7899900，款项尚未收回。

处理过程如下：

(1)在"速达 5000 Pro Online 客户端"窗口中单击"业务"菜单中的"销售业务"→"销售开单",打开"销售开单"窗口,输入填制日期,选择单据类型、客户和发票类型,输入发票号等表头信息(如图 13—70 所示)。

(2)单击【操作】按钮,选择"选择单据"命令,打开"请选择单据"对话框,单击要选择的销售订单的"选择"栏,使之变为"√",单击【确定】按钮。

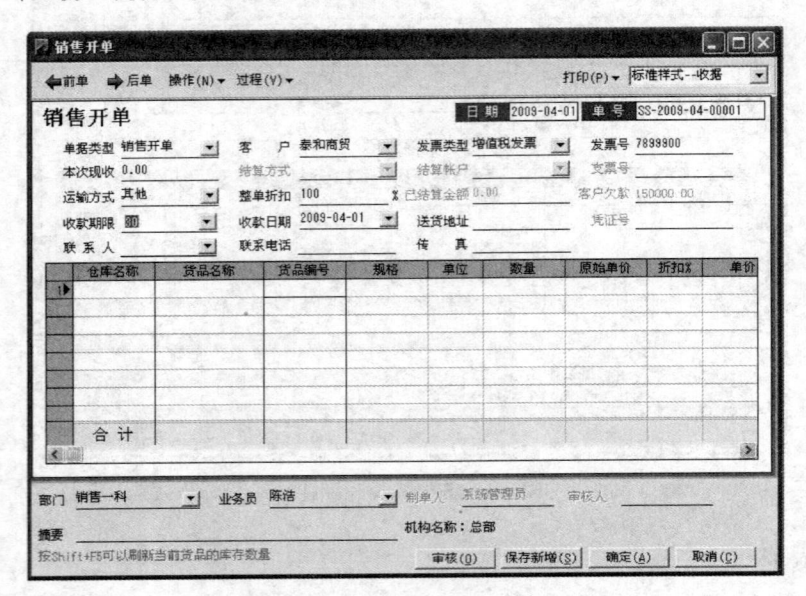

图 13—70　录入销售开单信息

【说明事项】

①当选择第一种销售流程模式时,在编制销售开单时,可以由销售订单生成;当选择第二种销售流程模式时,在编制销售开单时,可以选择销售订单或出、入库单生成。

②销售类型为"委托结算"时,单据不可手工录入,只能由委托销售生成,可以删除明细,或修改数量、单价,但销售开单的数量不能大于委托销售单中的"退货数量"。

③经审核的销售开单,在"凭证编制"模块中列示出来,一张或多张销售开单可生成一张凭证;但是一张销售开单不可分次生成会计凭证。

④单据审核后,单击【操作】按钮,选择"生成销售收款",可以生成一张应收款单;单击【操作】按钮,选择"生成出库单",可以生成一张出库单;单击【操作】按钮,选择"生成退货单",可以生成一张红字销售开单。

2. 审核

处理过程如下:

在"销售开单"窗口中,单击【前单】或【后单】按钮,查找到需要审核的销售开单,单击【审核】按钮,然后单击【确定】按钮。

（五）委托代销

1. 录入委托代销单

案例业务 13—41

收到委托泰和商贸销售 200 箱 600ml 百事可乐的增值税专用发票，单价 50 元，票号为 7899900，款项尚未收回。

处理过程如下：

(1)在"速达 5000 Pro Online 客户端"窗口中单击"业务"菜单中的"销售业务"→"委托代销"，打开"委托代销"窗口，输入填制日期，选择单据类型、客户和发票类型，输入发票号等表头信息（如图 13—71 所示）。

(2)单击【操作】按钮，选择"选择单据"命令，打开"请选择单据"对话框，单击要选择的销售订单的"选择"栏，使之变为"√"，单击【确定】按钮。

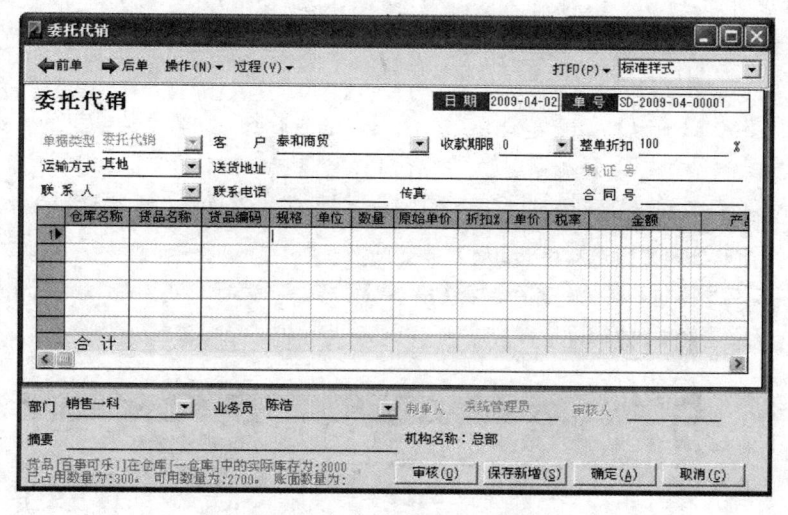

图 13—71 录入委托代销单

【说明事项】

● 蓝字委托代销单

①委托代销单可以手工编制，也可以由销售订单、出、入库单生成。

②单据审核后，单击【操作】按钮，选择"生成销售开单"，可以生成一张销售类型为"委托结算"的销售单；单击【操作】按钮，选择"生成出库单"，可以生成一张出库单；单击【操作】按钮，选择"生成委托销售退货单"，可以生成一张红字委托销售单。

③月末结账时，一次性生成一张委托销售商品成本结转凭证。

● 红字委托代销

①只能由蓝字委托销售单生成。

②单据经审核后，在"凭证编制"模块中列示出来，一张或多张退货单可生成一张凭证，一张退货单不可分次生成会计凭证。

2. 审核

处理过程如下：

在"委托代销"窗口中，单击【前单】或【后单】按钮，查找到需要审核的委托代销单，单击【审核】按钮。

三、仓库系统

（一）出入库单

1. 录入出入库单

案例业务 13—42

收到向可口可乐公司采购的 500 箱 1.2L 百事可乐，入一仓库饮料区货位，其中 300 箱的生产日期为 2009 年 3 月 28 日，批号为 20090328，200 箱的生产日期为 2009 年 3 月 30 日，批号为 20090330，录入入库单。

处理过程如下：

（1）在"速达 5000 Pro Online 客户端"窗口中单击"业务"菜单中的"库存业务"→"出入库单"，打开"出入库单"窗口，输入填制日期，选择开单类型和入库仓库。

（2）单击【操作】按钮，选择"选择单据"命令，打开"请选择单据"对话框，单击要选择的销售订单的"选择"栏，使之变为"√"，单击【确定】按钮。

（3）选择货品的"货位"栏，单击【参照】按钮，打开"货位录入"对话框，输入货位信息（如图 13—72 所示），单击【确定】按钮，然后依次录入相关信息。

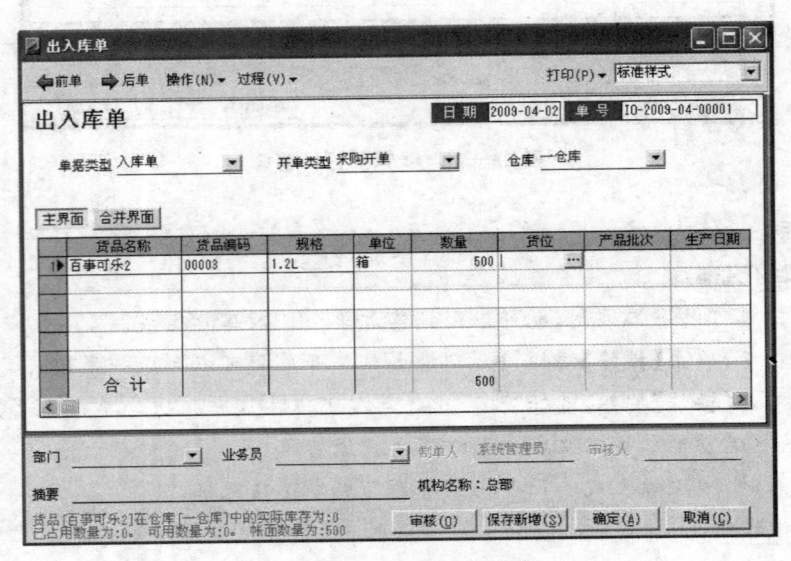

图 13—72 录入出入库单

【说明事项】

①单据类型:单据类型分为入库单和出库单两种。

②开单类型:开单类型对应于系统中与出入库相关的业务单据,选择相应的开单类型,然后再引用单据,则系统只显示已审核过的该类单据供选择。

③如果账套中的业务流程选择第一种模式,则出入库单只能通过引用单据来生成;如果采用第二种业务流程模式,则可以手工编制。

2. 审核

处理过程如下:

在"出入库单"窗口中,单击【前单】或【后单】按钮,查找到需要审核的出入库单,单击【审核】按钮。

(二)领料单

1. 录入领料单

案例业务 13—43

生产车间从二仓库领用白砂糖 500 千克用于生产饮料,输入领料单。

处理过程如下:

在"速达 5000 Pro Online 客户端"窗口中单击"业务"菜单中的"库存业务"→"领料单",打开"领料单"窗口,输入领料单的相关信息(如图 13—73 所示)。

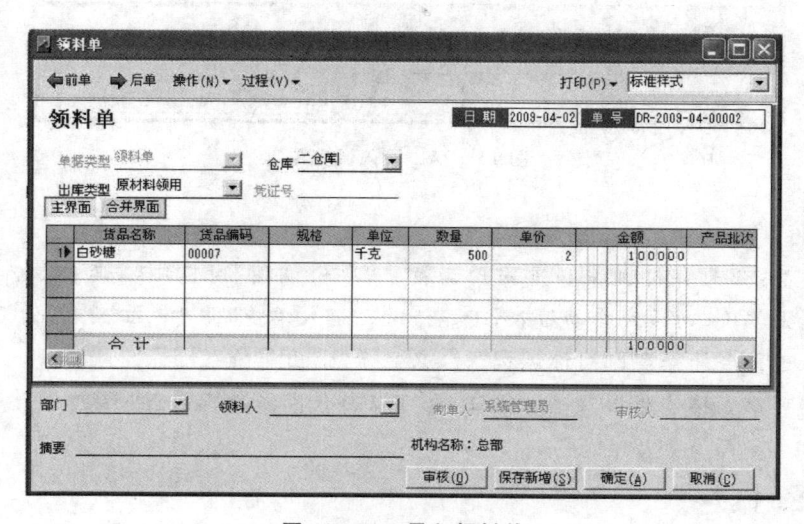

图 13—73 录入领料单

2. 审核

处理过程如下:

在"领料单"窗口中,单击【前单】或【后单】按钮,查找到需要审核的领料单,单击【审核】按钮。

(三)调拨单

1. 录入调拨单

案例业务 13-44

从一仓库向二仓库调拨康师傅冰绿茶 100 箱,输入调拨单。

处理过程如下:

在"速达 5000 Pro Online 客户端"窗口中单击"业务"菜单中的"库存业务"→"调拨单",打开"调拨单"窗口,输入调拨单的相关信息(如图 13-74 所示)。

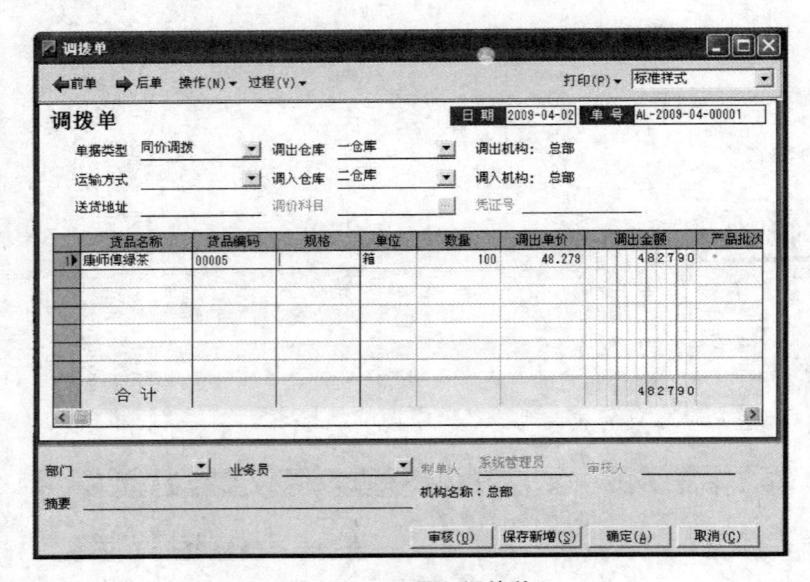

图 13-74 录入调拨单

【说明事项】

①单据类型:分为异价调拨和是同价调拨。"异价调拨"时,显示"调出单价"和"调入单价",其中,"调出单价"由系统自动填入,不能修改,"调入单价"需要手工录入,需要选择调价会计科目对差价进行会计处理;"同价调拨"时,只显示"调出单价"。

②调拨单可以直接作为出入库的凭证,也可以由仓库据此填制出入库单。

2. 审核

处理过程如下:

在"调拨单"窗口中,单击【前单】或【后单】按钮,查找到需要审核的调拨单,单击【审核】按钮。

（四）盘点单

1. 录入盘点单

案例业务 13－45

一仓库盘亏 1 箱 600ml 百事可乐，输入盘点单。

处理过程如下：

在"速达 5000 Pro Online 客户端"窗口中单击"业务"菜单中的"库存业务"→"盘点单"，打开"盘点单"窗口，输入盘点单的相关信息（如图 13－75 所示）。

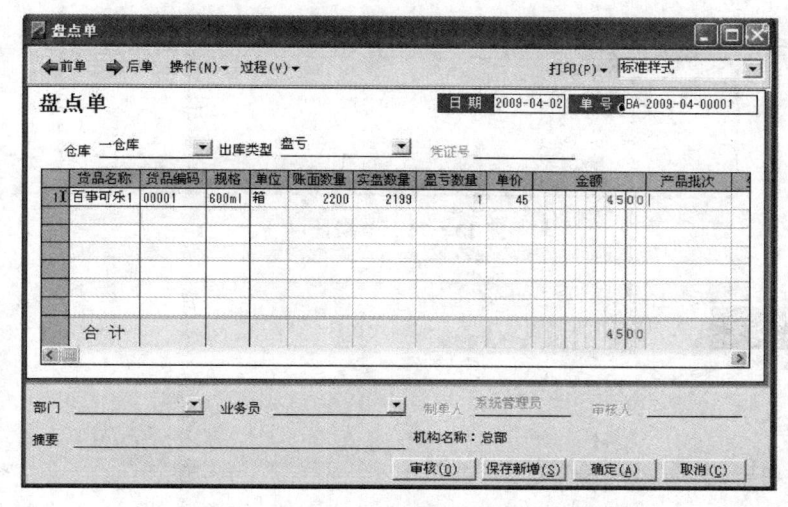

图 13－75　录入盘点单

2. 审核

处理过程如下：

在"盘点单"窗口中，单击【前单】或【后单】按钮，查找到需要审核的盘点单，单击【审核】按钮。

四、审核中心

进销存业务单据的审核，可以逐笔审核，也可以批量审核。在日常操作中，既可以如前所述进行逐笔审核，也可以通过审核中心对特定条件下的业务进行批量审核，这样可以大大提高工作效率。

案例业务 13－46

批量审核委托代销单。

处理过程如下：

（1）在"速达 5000 Pro Online 客户端"窗口中单击"业务"菜单中的"审核中心"，打开"审核中心"窗口，输入过滤条件，单击【过滤】按钮。

(2)单击列表自动显示符合条件的单据,选择需要进行审核操作的单据记录,并在"选择"栏打钩或单击【全选】按钮(如图 13-76 所示),单击【审核】按钮。

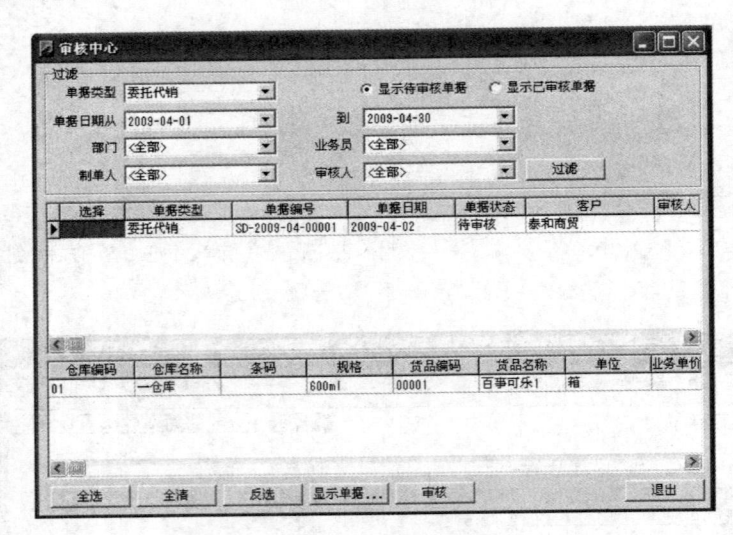

图 13-76 单据批审

五、月末处理

(一)计算成本

处理过程如下:

在"速达 5000 Pro Online 客户端"窗口中单击"业务"菜单中的"计算成本",单击【是】按钮。

(二)进销存期末结账

处理过程如下:

(1)在"速达 5000 Pro Online 客户端"窗口中单击"业务"菜单中的"月末处理"→"进销存期末结账",打开"进销存期末结账"对话框,单击【确定】按钮,打开"自动检查期末库存成本发生异常的货品"对话框(如图 13-77 所示)。

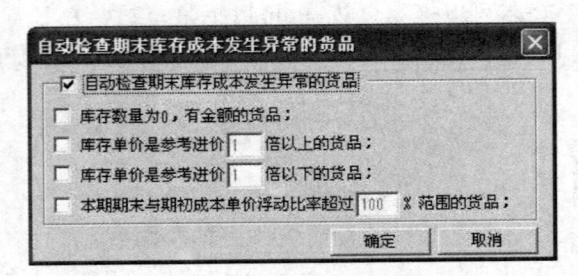

图 13-77 月末处理

（2）选择检查项目，单击【确定】按钮。

复习思考题

1. 结合资料查询和实际调研，阐述速达软件的应用定位和应用情况。
2. 举例说明速达软件财务业务一体化思想的具体实现过程。
3. 简述速达软件系统的主要功能。
4. 简述审核中心的功能和作用。
5. 绘制销售业务处理流程图。

第十四章　管家婆软件简介

学习目的和要求

通过对管家婆软件的初始设置、进货管理、销售管理、库存管理和日常维护等内容的学习，了解管家婆软件的主要模块构成和主要业务环节，掌握管家婆软件"进销存"业务模式，加深对采购业务、销售业务和库存管理的认识。

第一节　管家婆软件概述

管家婆软件是任我行软件发展有限责任公司开发的一款管理软件，专门针对中小企业进销存、财务管理一体化业务。该软件充分考虑了中国国情下的中小企业规模小、管理不健全等特点，方便实用的"傻瓜式"操作恰到好处地解决了中小企业财务管理中的许多现实问题。

管家婆软件包括辉煌系列、财贸系列、工贸系列、服装管理系列、电子商务系列、医药管理系列等多种版本。

一、管家婆软件介绍

管家婆辉煌2008++是集商品进、销、存和财务管理一体化的管理软件，即将物流与钱流、业务数据与财务数据自动集成，实现商品库存、往来账项、资金流动、费用收支及利润的联结，可以清晰地了解每一件商品、每一份资金、每一笔欠款、每一笔盈亏的来龙去脉。它超越了财物的门槛，用通俗易懂的思路代替了会计专业概念，操作简明、流畅。即使不懂会计，也能在短期内学会使用，是面向中小企业全面管理软件的典范。

(一) 产品特点

(1) 丰富的版本支持，多样化组网方案。管家婆辉煌2008++提供丰富的版本，包括：单机版、网络版、门店版、汇总版、查询版和试用版。用户可以根据自己的实际情况选择单机版还是网络版，选择是否远程联网或增加门店版。网络版的安装使用与单机版同样简单。门店版作为销售专柜或网点使用，数据传回后台，单机版本身也可以作为门店版使用。

(2) 简易低廉的远程访问技术。管家婆辉煌2008++通过自身的IP精灵技术，提供简易低廉的远程访问技术，实现以拨号或其他非固定IP上网方式来访问用户服务器的功能。

(3) 强大的进销存功能。管家婆辉煌2008++能处理各种销售模式的业务，包括销售订货、零售批发、一般销售、委托代销、受托代销等，并采用按单结算方式，能了解与往来单位的每一笔交易的收付款情况；提供库存商品上下限报警、超期应收款报警、商品有效期报警，提高了企业的预警能力,使企业更能适应变化;具备四种成本核算方法,即加权平均法、先进先出法、后进先出法、手工指定法,能满足企业根据商品特性而对资产、利润、纳税的不同管理需求选择不同的成本算法;还提供了支持多个售价的物价管理,满足企业根据不同客户指定不同售价的需求;同时还有客户价格折扣跟踪功能,可了解与该往来单位的最近一次进价和售价,从而解决企业经营活动中针对不同客户、不同商品使用不同价格折扣的需要;等等。

(4)"傻瓜"会计,轻松、简单、实用。一个企业的管理包括对人、财、物的管理,要将这些集中管理好,并非易事。管家婆辉煌2008++删繁就简,深入浅出,能对固定资产、日常收支、现金银行等进行管理,并能与物流账紧密结合,达到企业全面管账。

(5)打印输出随心所欲。管家婆辉煌2008++提供自定义打印单据、报表功能,用户可以根据企业商品及原有的表格样式自己设定打印列数、行数及表格格式,并且,管家婆辉煌2008++支持套打和图片打印。全新的条码打印技术,使用户可以通过普通激光打印机轻松实现条码打印。

(6)三层结构,数据更安全。管家婆辉煌2008++系统架构采用国际先进的三层架构,将整个系统划分为客户端、中间业务层、数据层三个部分。客户端,即用户操作界面,用户的所有录入查询都在这一层完成;中间业务层,起到数据交换的作用,客户端和数据库通过中间业务层进行数据交换;数据层,即数据库,用来存放系统的所有数据资料。

(二)应用对象(见表14—1)

表14—1　　　　　　　　　　管家婆软件的应用对象

适用行业	百货、服装、鞋帽、汽配、家电、机电、化妆品、建材、化工、医药、图书
适用用户	私营企业、家族企业、夫妻店、批发店、流通型中小企业
操作人员	企业老板、经理、会计、业务员、其他授权人员

(三)版本划分(见表14—2)

表14—2　　　　　　　　　　管家婆软件版本

单机版	适用于单机用户,只有一台电脑、多个用户
网络版	适用于局域网或远程互联网管理应用。允许多人在不同办公室、不同终端同时录账、过账、查账。库管、会计、采购、销售人员权限分明,即时处理业务,总经理即时查询业务单据、分析经营历程,并自动生成资产负债表、损益表
门店版	专门针对商业零售门市管理。总公司和门店之间通过软盘、电子邮件、网络等方式交换数据。该版本不能单独使用,必须依托单机版或网络版才能使用
查询版	主要用于查询系统内数据,不能处理业务
试用版	具有正式版的所有功能,可以免费使用。但是试用版数据容量有限制,最多只能录入600张业务单据

二、管家婆软件环境配置

在初次使用或者重新安装软件时,必须对服务器进行正确配置后才能正常使用。双击桌面右下角的服务器图标,如图14-1所示。选择"设置"菜单下的"设置数据库连接参数"命令,弹出数据库连接参数设置界面,如图14-2所示。

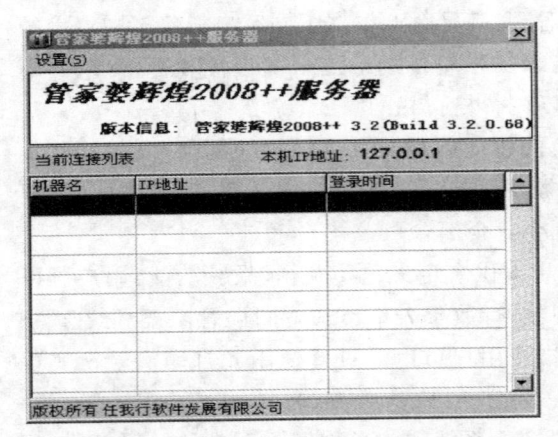

图14-1 管家婆软件服务器程序

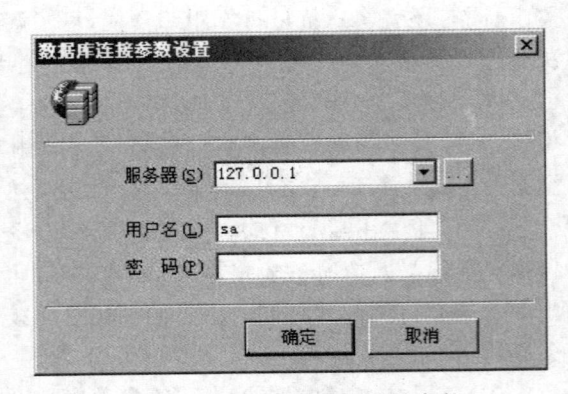

图14-2 设置数据库连接参数

在服务器名称输入框中输入服务器所在的计算机名字或者IP地址,然后输入数据库管理员的密码,单击【确定】按钮即可。

三、管家婆软件界面

软件安装完毕后,经过一系列的初始化设置就可以开始正常使用。软件界面结构如图14-3所示。

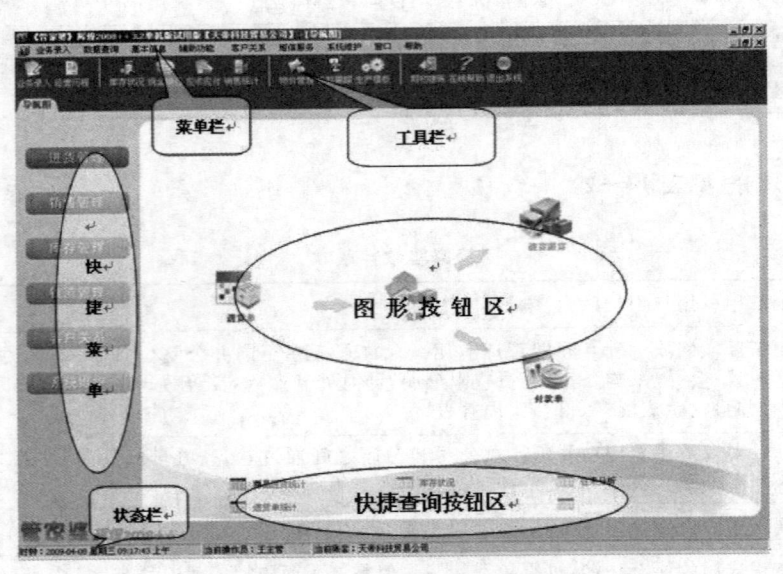

图14-3 管家婆软件主界面

第二节 系统初始化

管家婆辉煌2008++软件安装完毕后,需要进行系统初始化的设置才能进行正常业务核算。系统初始化包括创建和删除账套、系统管理、操作员管理、基本信息录入、期初数据录入和账套启用等。

一、账套管理

(一)创建账套

案例业务 14-1

天帝科技贸易公司主要经营电脑软硬件产品及办公设备、耗材等。2009年4月1日,开始使用管家婆辉煌2008++软件。要求创建一个账套。账套名称为"天帝科技贸易公司",数据库名称为"TDKJ"。

处理过程如下:

(1)双击桌面"管家婆辉煌2008++"程序图标,进入"登录向导"界面,需要输入服务器名称或IP地址,然后单击【下一步】按钮,如图14-4所示。

(2)单击【创建】按钮,弹出"创建账套"对话框,分别输入账套名称和数据库名称,单击【确定】按钮,如图14-5所示。

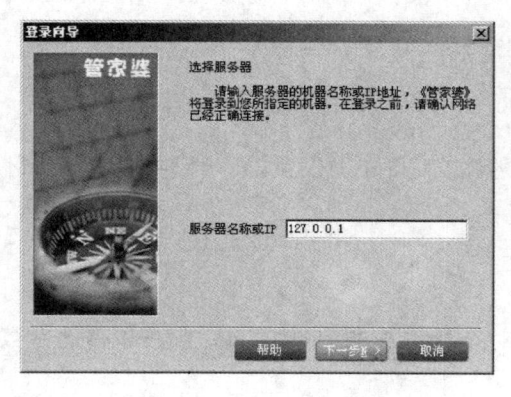

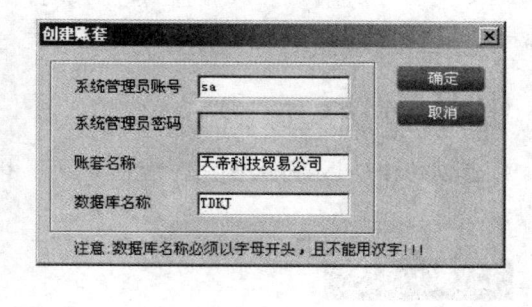

图14-4 登录向导　　　　　　图14-5 创建系统账套

【注意事项】

①系统管理员的账号和密码必须与SQL Server数据库和管家婆服务器的用户名和密码一致。

②数据库名称不能使用汉字,并且第一个字母也不能使用数字。

(二) 删除账套

处理过程如下：

(1) 进入"登录向导"界面，选中账套列表中欲删除的账套，单击【删除】按钮，弹出"删除账套"对话框，输入系统管理员的账号和密码，单击【确定】按钮，如图14-6所示。

(2) 系统提示"删除账套成功"，单击【确定】按钮即可。

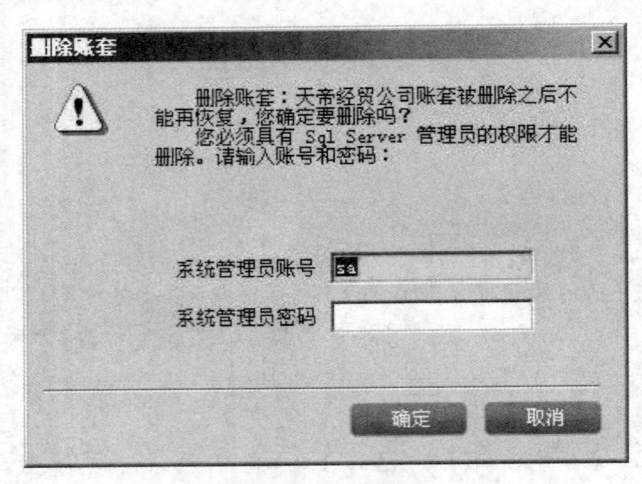

图 14-6 删除账套

【注意事项】

删除账套后，并没有真正删除对应的数据库。在 SQL Server 中的数据库依然存在，因此不能再创建同名的账套。

(三) 登录账套

账套创建成功后，每次使用时应选择要适用的账套，并分别设置操作日期和操作员，才可以登录账套。

二、用户配置

管家婆辉煌2008++中的系统管理主要是对企业本身的信息、录账、查账和其他参数进行配置，包括用户注册、系统配置和录单配置。

(一) 用户注册

用户注册是用来登记企业本身的一些信息，包括单位名称、地址、电话、传真、税务登记号、开户银行与账号、法人代表、邮政编码。这些信息在有关单据打印时可以调用，起到宣传或业务交流的作用。

处理过程如下：

(1) 选择"系统维护"→"系统管理"→"用户配置"命令，或选择左侧图形菜单栏"系统维护"→"用户配置"，打开"用户配置"窗口，如图14-7所示。

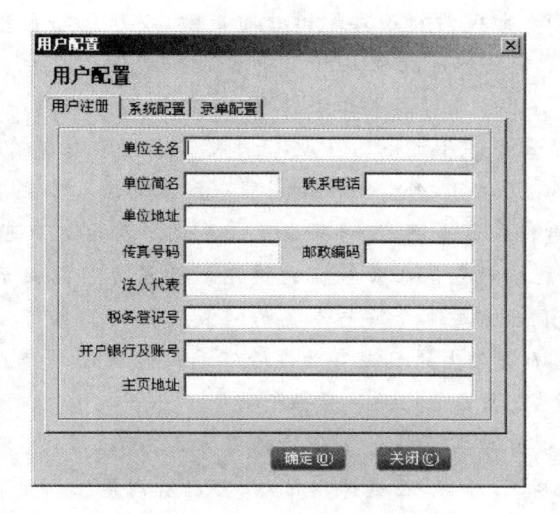

图 14－7　用户注册

（2）在"用户注册"选项卡中输入本单位的信息即可。

（二）系统配置

处理过程如下：

在打开的"用户配置"窗口中单击"系统配置"选项卡，如图 14－8 所示。

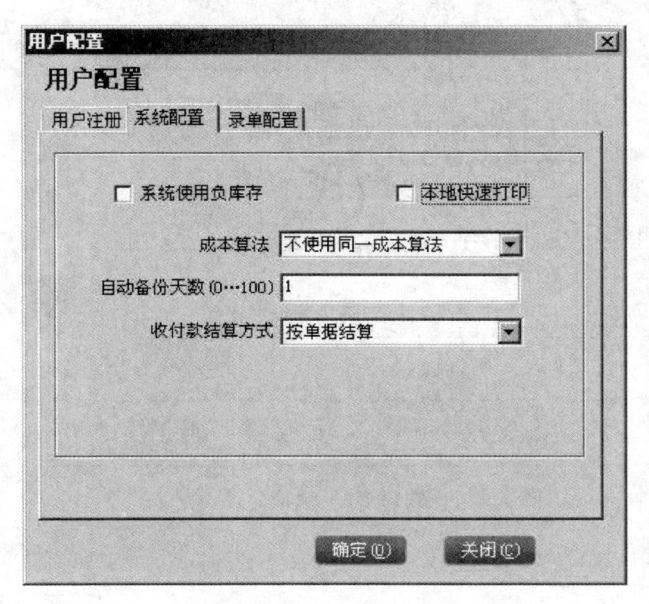

图 14－8　系统配置

【说明事项】

　　<u>系统使用负库存</u>：选中此项，商品的成本算法为加权平均法时，可以进行负库存业务，即商品账面库存没有数量时，仍然可以出库。

本地快速打印：选中此项，打印时将不再弹出打印提示，以默认的打印设置后台打印。如果要以 EXCEL 导出数据，则需要取消此项。

成本算法：管家婆软件提供了 5 种成本算法选项，分别是不使用同一成本算法、加权平均法、先进先出法、后进先出法和手工指定法。在没有录入库存商品基本信息前，可以为所有的库存商品指定同一种成本算法，也可以选择"不使用同一成本算法"，以便在录入商品库存信息时不同的商品可以选择不同的成本算法，但该项设置在系统启用后就不可以修改。

自动备份天数：指定系统自动备份账套数据的周期。设置为"1"，表示系统每天自动备份账套数据 1 次；设置为"0"，表示系统不允许自动备份。最大备份周期可设置为"100"，表示每 100 天备份一次。系统自动备份产生的数据存放在管家婆辉煌 2008＋＋服务器安装目录下的 backup 文件夹里，文件名是"数据库名＋系统登录日期"，例如，"tdmy20090401"。

收付款结算方式：该选项直接影响收付款单的结算方式，可选择"按单据结算"和"按金额结算"。按单据结算时，进入收付款单，在选择单位后，可以看到单据的结算情况并能按每张单据的金额进行结算分配。按金额结算时，则无法看到单据明细。

（三）录单配置

在打开的"用户配置"窗口中单击"录单配置"选项卡，如图 14－9 所示。

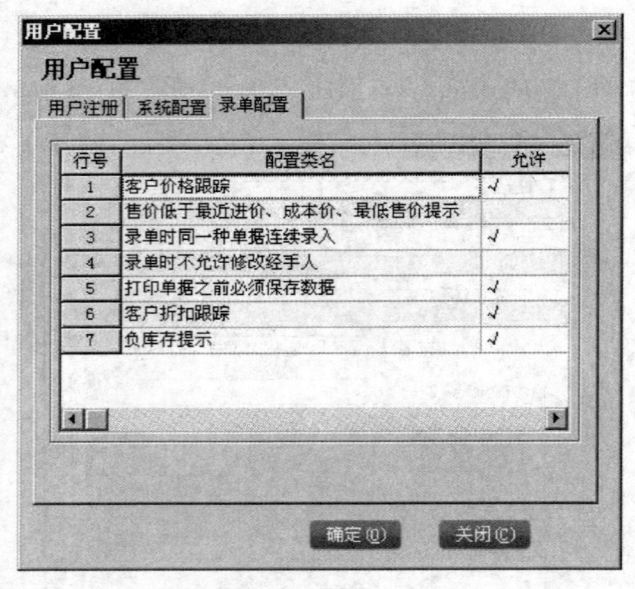

图 14－9　录单配置

【说明事项】

客户价格跟踪：选中此项，系统将跟踪往来单位每一种商品的最近一次折前售价和折前进价，用户可进入"辅助功能"→"物价管理"查询和修改某往来单位对应商品的最近售价和进价。但打开这个功能后，在录单时系统将搜索查询上次的商品价格，因此会影响系统的运行速度。

录单时不允许修改经手人：选中此项后，单据的经手人信息不能修改。如果操作员是管理员，则本设置无效。

售价低于最近进价、成本价、最低售价时提示：当销售折后单价低于最近折后进价或低于库存成本或低于"物价管理"中设置的最低售价时，系统给予提示，帮助用户及时检查、防止错误。

录账时同一种单据连续录入：录单时，有时需同时录入几张相同的单据，如果这种情况较多，可选中此项。这样就可以连续录入同一类型的业务单据，完成一笔业务过账时不会退出单据录入界面，而是继续录入下一笔业务。

打印单据之前必须保存数据：防止操作员打印单据后将单据废弃，造成虚假数据信息。将该项设置为允许，则在打印前对数据进行保存。

客户折扣跟踪：设为允许后，系统将跟踪往来单位每一种商品的最近一次折扣率，折扣可在"辅助供"→"价格折扣跟踪"中查询和修改。

负库存提示：设置为允许后，商品出库时，如果库存数量为负或将出现负数，则进行提示。此配置只适用于加权平均算法商品。

三、用户及权限设置

管家婆辉煌2008++支持多个操作员对软件进行操作，通过"用户及权限设置"功能添加操作员，并分配给各操作员相应的使用权限，从而有效地避免了操作员越权操作、篡改单据，减少了管理员人为操作失误。为了保证企业账务数据的安全，还可以在口令权限里设置进入账套的口令。

"用户及权限设置"功能只有系统管理员才可使用，并授予其他操作员不同的操作权限。权限设置有四大类：单据使用权限、录账权限、查账权限、其他权限。

案例业务 14—2

添加操作员并分配权限。2009年4月1日，管理员添加如下人员（见表14—3）为操作员，并分别设置权限。

表 14—3　　　　　　　　　　操作员权限及口令

名　称	口　令	所属部门	操作权限
王主管	001	管理部	全部单据、报表、其他权限
张财务	002	财务部	财务类单据、报表权限
李采购	003	采购部	进货类单据、报表权限
赵销售	004	销售部	销售类单据、报表权限
周库存	005	后勤部	库存类单据、报表权限

处理过程如下：

(1)进入"系统维护"→"系统管理"→"用户及权限设置"，或直接从左侧图形菜单"系统维护"→"口令权限"中进入，打开"用户及权限设置"窗口，如图14—10所示。

(2)单击【添加】按钮，在弹出的"职员选择"界面中选择相应的操作人员，单击【选中】按钮，如图14—11所示。

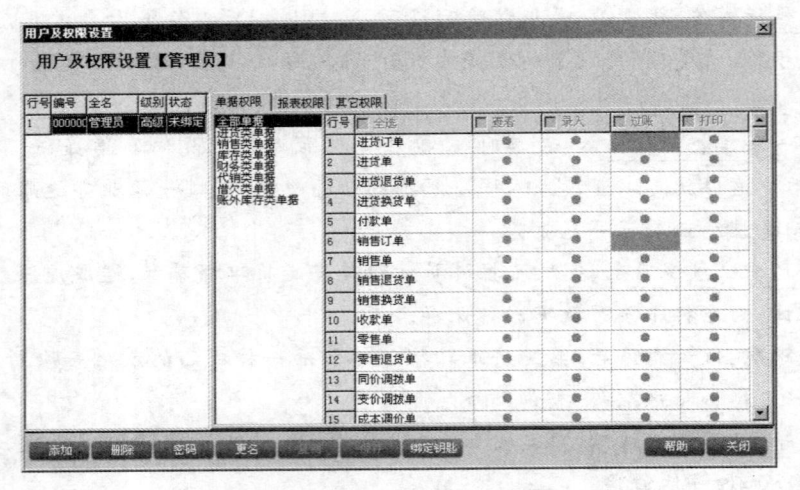

图 14-10　用户及权限设置

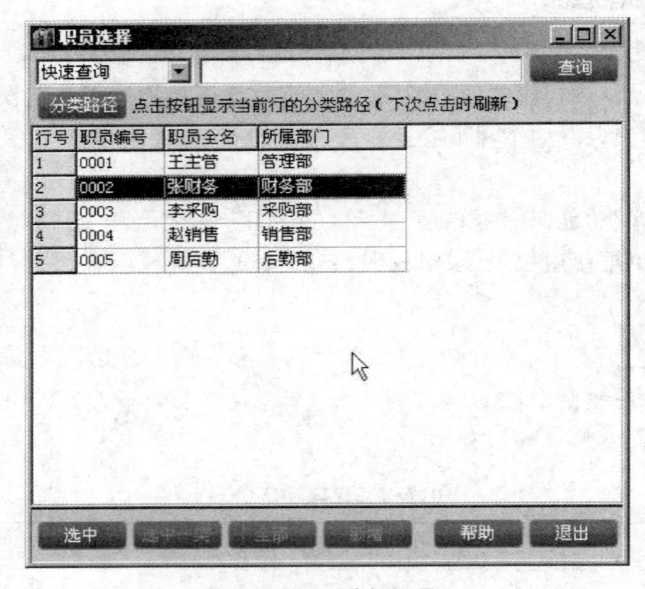

图 14-11　选择职员

(3) 系统将选中的操作员自动添加到操作员列表中。然后根据该操作员权限内容，分别设置单据权限、报表权限和其他权限。设置完毕后，单击【保存】按钮，如图 14-12 所示。

(4) 选择某操作员，单击【密码】按钮，可以设置该操作员的登录密码，设置完毕后，单击【确定】按钮，如图 14-13 所示。

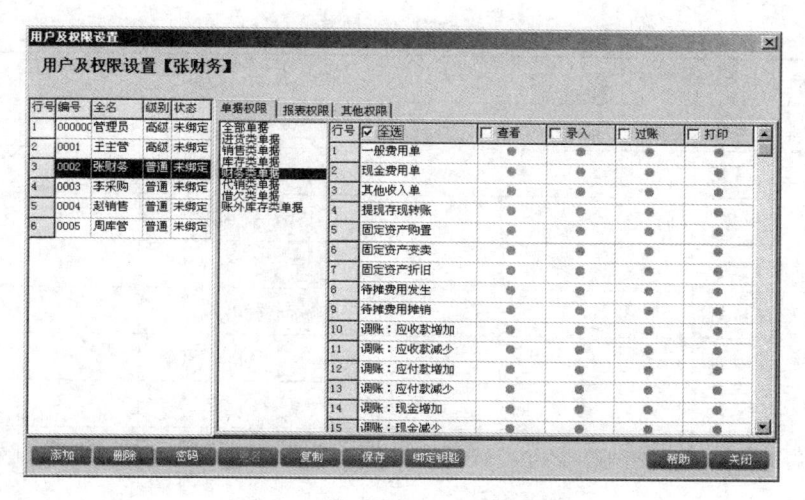

图 14－12　设置用户及权限

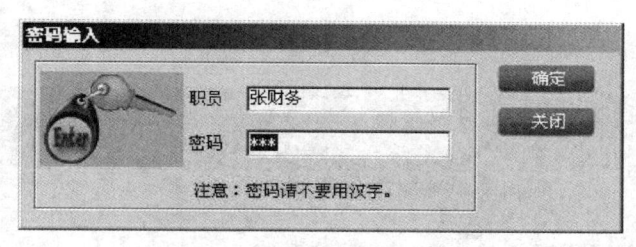

图 14－13　设置操作员密码

【说明事项】

增加操作员时，最好先完成"基础信息"中的"部门信息"和"职员信息"的录入，以便选择使用。

操作员进入系统后，可以使用"系统维护"→"修改密码"修改自己的密码。

四、录入基本信息

为了在处理日常业务时不必重复录入一些相同的信息，在开始日常业务核算之前，系统要求将一些常用的基础信息全部录入，即建立相关信息档案，这样以后在处理业务时就可以直接调用，方便操作，提高业务处理的速度。这些常用的基本信息包括商品信息、单位信息、职员信息、仓库信息、部门信息、地区信息、会计科目、固定资产、银行账户、期初建账等。这里仅以商品信息和单位信息为例进行简要的介绍。

（一）商品信息

案例业务 14－3

天帝科技贸易公司库存商品信息如表 14－4 所示。

表 14—4 　　　　　　　　　　库存商品明细表

商品编号	商品名称	单位	辅助单位	单位关系	预设售价1,2,3	零售价	成本算法
01	瑞星企业版	套	件	10	3 800,4 000,4 200	5 000	加权平均
02	瑞星普通版	套	件	10	150,155,160	200	加权平均
03	古墓丽影	套	件	10	36,38,40	50	加权平均
04	月影传说	套	件	10	36,38,40	50	加权平均
05	惠普打印机	台			2 300,2 700,3 100	4 000	加权平均
06	佳能复印机	台			5 000,5 400,5 800	6 500	加权平均
07	A4打印纸	包	件	10	20,22,24	30	加权平均
08	惠普墨盒	套	件	10	230,250,270	300	加权平均

处理过程如下：

(1) 选择"基本信息"→"商品信息"菜单项，打开"商品信息"界面。单击左下角【空白新增】按钮，如图 14—14 所示。

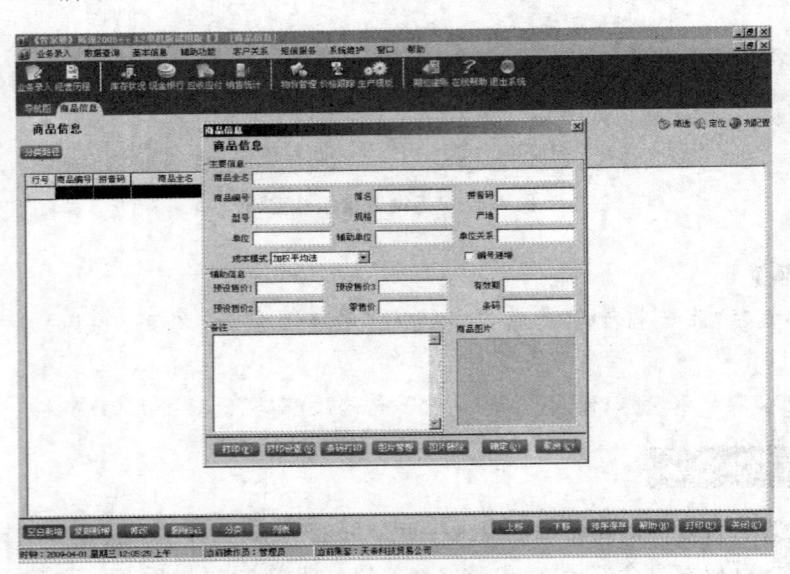

图 14—14　新增商品信息

(2) 输入第一条商品信息，单击【确定】按钮。

(3) 重复以上步骤，依次输入其余商品信息。

【说明事项】

商品编号：为了录入快捷和便于查询，用户可为商品定义编号，编号可以是数字，也可以是拼音。

单位、辅助单位：分别指商品的零售、批发计量单位。

单位关系：是指基本单位和辅助单位间的换算比例。例如，某商品基本单位是套，辅助单位是件，单位关系是10，则 10套＝1件。

预设售价：设置商品的销售价格，主要是用于录入销售单时自动跳出售价。

零售价：输入商品的预计零售价格，主要用于零售单。

成本算法：系统提供四种成本核算方法，即加权平均法、先进先出法、后进先出法和手工指定法，选用哪种成本算法可根据企业自身特性。从长远角度看，企业的存货最终都将转化为销售成本，因此，不管采用这四种成本核算方法中的哪一种，最终的结果都将是一致的。

有效期：主要是用于采用非加权平均法的商品，在输入时必须输入有效期，即生产日期到失效期之间的天数。

条码：管家婆软件支持扫描枪输入，只需在基本信息中输入该商品的条码信息，录单时在条码处使用扫描枪即可跳出该商品。

（二）单位信息

"单位信息"用来输入与本企业有业务关系的单位，如客户、供应商和其他往来单位。在添加单位信息前，要先确定是否需要按地区对销售情况进行统计。如需要，必须先建立"地区信息"的内容，然后在"单位信息"中选择对方单位所属的地区，这样便于日后查询不同地区的销售情况；如不需要，则可以直接输入往来单位信息。

案例业务 14—4

天帝科技贸易公司往来单位信息如表 14—5 所示。

表 14—5　　　　　　　　　　　　　　往来单位信息

编　号	单位名称	地　区
01	新园公司	朝阳区
02	西新公司	南关区
03	长江路科技城	宽城区
04	和平大世界	南关区
05	赵红军	二道区
06	软件供应商	
07	硬件供应商	

处理过程如下：

（1）选择"基本信息"→"单位信息"菜单，打开"单位信息"界面。单击左下角【空白新增】按钮，如图 14—15 所示。

（2）在"单位信息"窗口中，输入往来单位的相关信息，单击【确定】按钮，保存信息。

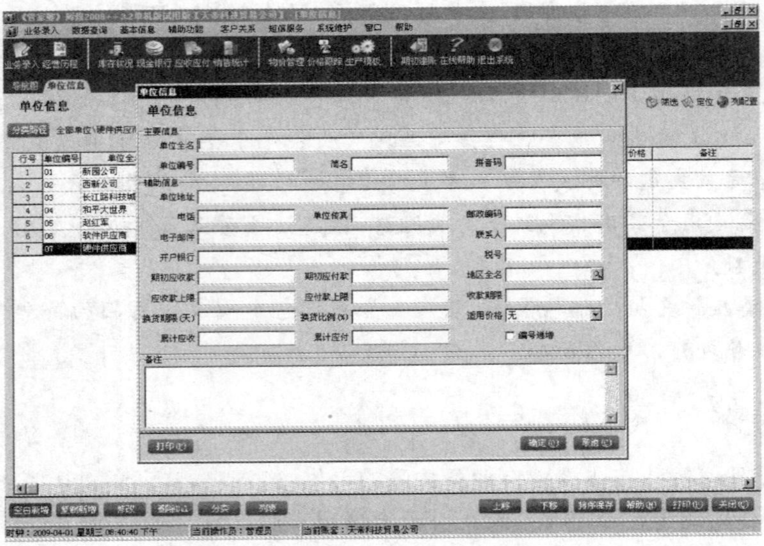

图 14-15 新增单位信息

【说明事项】

换货期限：是指与该单位进行的供销业务，在多少天内允许换货。

换货比例：是指在换货期限内，与该单位发生的供销业务额，允许退货的最大比例。

例如，某单位换货期限为10天，换货比例为10%，这10天里总销售为1 000元，如果此期间没有进行任何换货业务，则此次允许退货的最高金额为100元(1 000×10%)。如果此前已经换货50元，则此次最高允许换货就应该变成50元(100-50)，对于进货换货，则以进货单和进货退货单为金额计算。对于销售换货，则以销售单和销售退货单为计算依据。

期初应收应付：可以录入单位应收或应付的期初余额，在此录入后，在"期初建账"→"应收应付"中就不用再录入。

收款期限：在收款期限栏输入相应的天数，就与这个往来单位相关的销售单收款期限自动地连接，方便了用户的操作，便于用户对不同的往来单位根据合作关系设置不同的收款期限，辅助控制欠款坏账问题。该设置与销售单中的"收款日期"匹配使用。

适用价格：是指该单位针对所有的商品，适用预设售价1、2、3或零售价。一旦设置成功，并且用户配置中配置了使用"单位价格体系"，则默认情况下该单位在销售时就会自动取商品对应的价格。

应收应付款上限：是指往来单位信用额度。设置此额度后，开销售单时就会有一些提示。此上限也可以在"数据查询"→"往来分析"中输入。0表示不受限制。比如，如上食品公司应收款上限为100元，现在销售给客户800元商品，则在过账时会进行提示。

五、期初建账

通过期初建账功能将企业在使用软件前的结存数据输入到系统中，保证数据的连续性。期初数据的录入主要包括库存商品、应收应付、现金银行存款、固定资产和其他账务数据。所有数据的录入方法都类似，在此以"库存商品"和"应收应付"为例介绍期初数据的录入方法。

（一）期初库存商品

案例业务 14-5

天帝科技贸易公司期初库存商品信息如表 14-6 所示。

表 14-6　　　　　　　　　　　期初库存商品信息

仓　　库	商品名称	期初数量	成本单价	库存金额
1#仓库	瑞星企业版	50	3 000	150 000
1#仓库	瑞星普通版	50	100	5 000
1#仓库	古墓丽影	70	30	2 100
1#仓库	月影传说	70	30	2 100
2#仓库	惠普打印机	10	2 000	20 000
2#仓库	佳能复印机	10	4 500	45 000
2#仓库	A4打印纸	500	18	9 000
2#仓库	惠普墨盒	20	200	4 000

处理过程如下：

(1)选择"基本信息"→"期初建账"→"期初库存商品"菜单，打开"期初库存商品"界面，如图 14-16 所示。

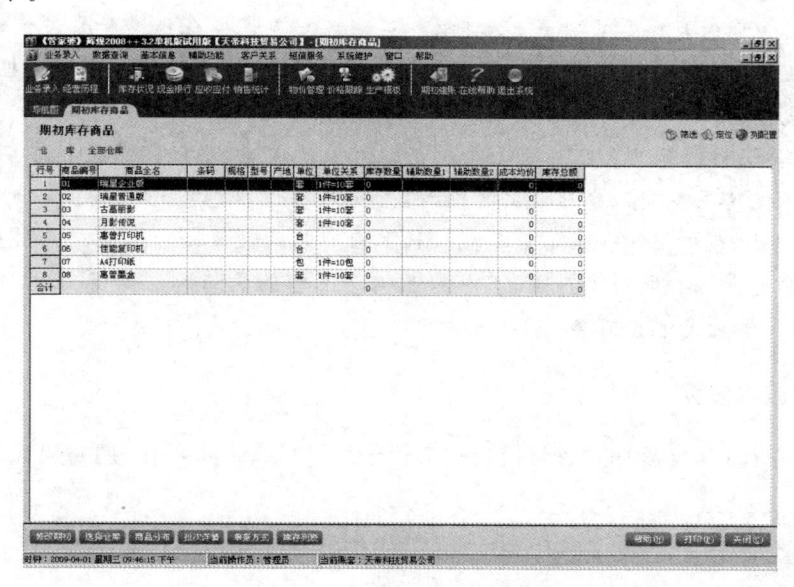

图 14-16　查询期初库存商品

(2)库存商品的期初建账是需要分仓库的，单击左下角的【选择仓库】按钮，在弹出的"仓库选择"窗口中，双击要选择的仓库即可，如图 14-17 所示。

(3)双击选择商品名称,在弹出的"期初库存商品录入"对话框中分别输入期初数、成本单价和库存金额,单击【确定】按钮,如图14—18所示。

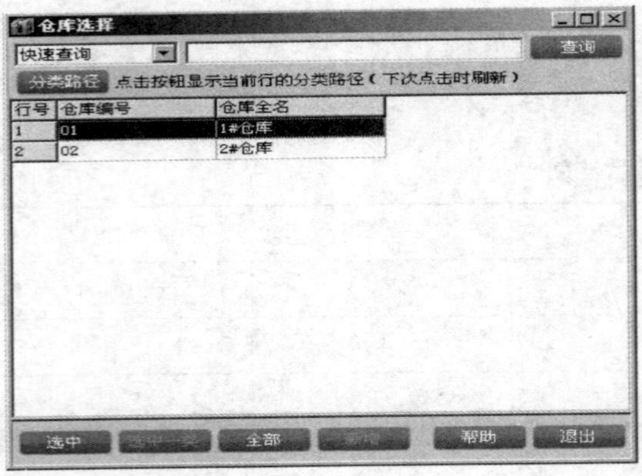

图14—17　选择仓库

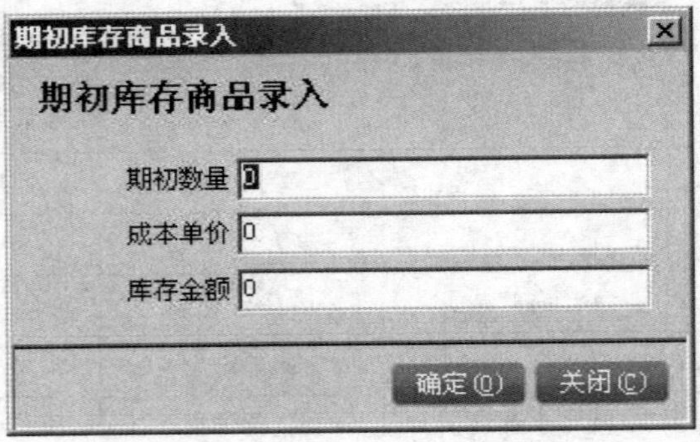

图14—18　录入期初库存商品数量

【说明事项】

批次详情:查看某一仓库中某一非加权平均算法商品的批次情况。

单据方式:以单据方式录入期初值,可便于大量处理,尤其是不易忘掉要处理的商品。

【注意事项】

借进、受托代销业务期初库存数据的录入:企业存在借进和受托代销业务时,在期初结存的库存商品数量中包含借进的商品和受托代销收到的商品,应该在"期初库存商品"和"期初借进(受托)商品"中同时反映。也就是说,期初库存商品里应该包含借进和受托代销的商品。

例如,企业期初,仓库盘点有某商品20件,成本单价为50元,其中,属于企业自有的有10件,为某厂家代销的有10件。那么,在录入期初数据时,在"期初库存商品"和"期初借进(受托)商品"中都要记录这笔业务。

借出、委托代销业务期初库存数据的录入:企业存在借出和委托代销业务时,在期初结存的库存商品数量中不包含借出商品或委托代销发出商品的数量,应该在"期初借出商品"和"期初委托商品"中反映,在"期初库存商品"中不再包含这些数量。也就是说,期初库存商品里不应该包含借出和委托代销的商品。

(二)期初应收应付

期初往来单位应收应付的数据可以在"单位信息"里录入,也可在"期初建账"里录入。

案例业务14—6

天帝科技贸易公司期初往来单位应收应付信息如表14—7所示。

表 14—7　　　　　　　　　　　期初往来单位应收应付信息

往来单位	方　　向	金　　额
新园公司	应收	5 000
软件供应商	应付	780

处理过程如下：

(1)选择"基本信息"→"期初建账"→"期初应收应付"菜单,打开"期初应收应付"界面,如图 14—19 所示。

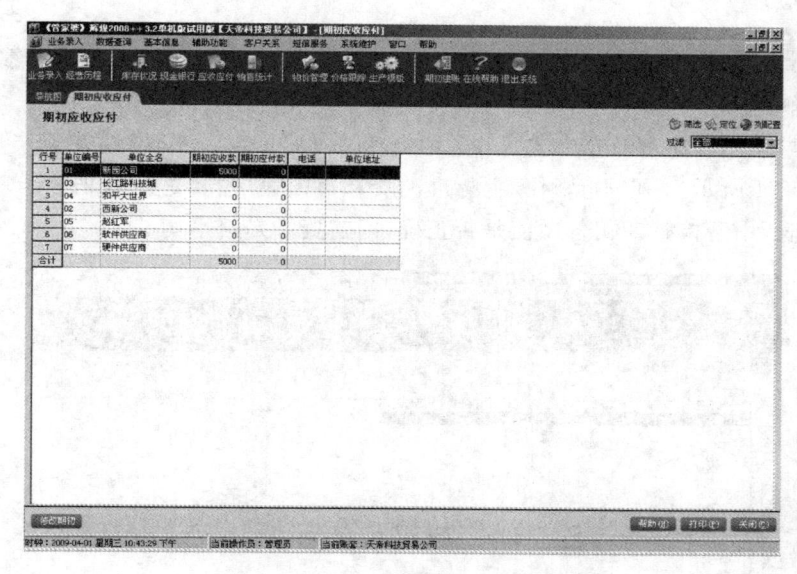

图 14—19　查询期初应收应付余额

(2)双击某单位,在弹出的"请录入期初应收款或应付款"对话框中输入应收或应付金额,单击【确定】按钮,如图 14—20 所示。

图 14—20　录入期初往来金额

【注意事项】

对于同一往来单位,如果同时存在应收款和应付款,只能输入应收款和应付款的差额,不能同时输入应收款和应付款。

六、启用账套

启用账套的操作标志着账套初始化的完成,可以开始处理日常业务。启用账套包括期初数据检查和开账两部分。

(一)数据检查

开账后"期初建账"中的数据将不允许修改和删除,因此,在开账前必须仔细核对期初数据,保证其正确性。

在"期初建账"中当所有数据录入完毕,系统会自动汇总生成一张"期初资产负债表(平衡表)"(如图14-21所示)。它不是财务上标准的资产负债表,主要是针对非会计人员也能看懂的"傻瓜式"报表,用于检查期初各项值是否正确、期初资产是否平衡。

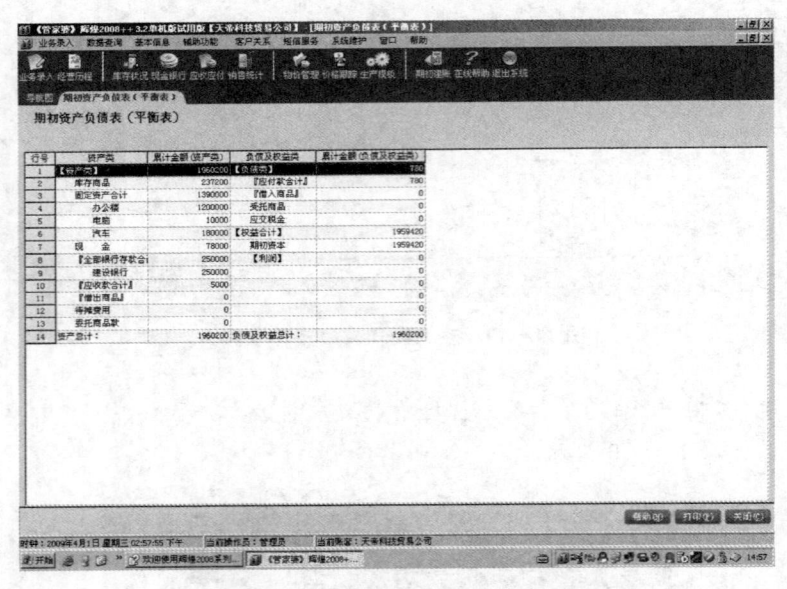

图14-21 期初资产负债表(平衡表)

(二)开账

确定期初数据正确无误后,就可以开账。

处理过程如下:

(1)选择"基本信息"→"期初建账..开账"菜单项,打开"期初建账..开账"对话框,如图14-22所示。

(2)单击【开账】按钮,弹出"提示"对话框,单击【确定】按钮,如图14-23所示。

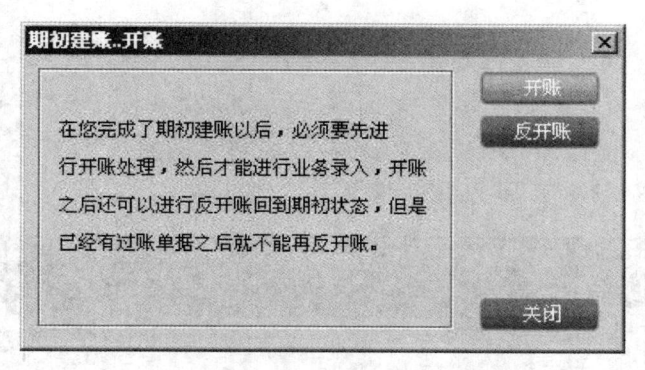

图 14-22　系统开账功能

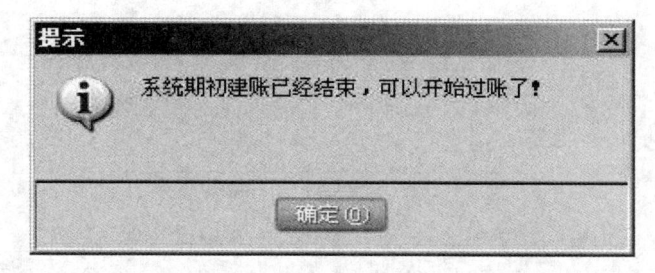

图 14-23　开账完毕提示

【注意事项】

开账之后不允许再修改期初，若已开账，在还没有录入单据的情况下可以通过反开账来修改期初。

第三节　进货管理

经营活动离不开进货，进货管理是企业物流管理的首要环节，也是管家婆辉煌系列软件的核心内容之一。进货管理主要包括订货、进货、退货、付款业务和相关报表的查询等。

一、进货管理

（一）进货单

进货单主要用于处理采购商品入库业务。如果在采购前签订了进货订单，那么进货单可以直接调用相关的进货订单，将其中有关的数据引入进货单，这样就避免了重复录入。也可以在进货单中处理进货、付款和抹零业务。在管家婆辉煌系列中，通过进货单一方面将商品采购入库，另一方面可以进行支付，实现了物流和钱流的同步处理。

案例业务 14-7

2009 年 4 月 7 日，天帝科技贸易公司收到已签订单商品惠普墨盒，货到后以现金支付货款 4 000 元。

处理过程如下：

(1)选择"业务录入"→"单据选择"菜单项，在弹出的"单据选择"界面中双击选择"进货单"，或者直接选择"业务录入"→"进货单"菜单项，或者选择屏幕中的"进货管理"→"进货单"图形按钮，打开"进货单"界面，如图14-24所示。

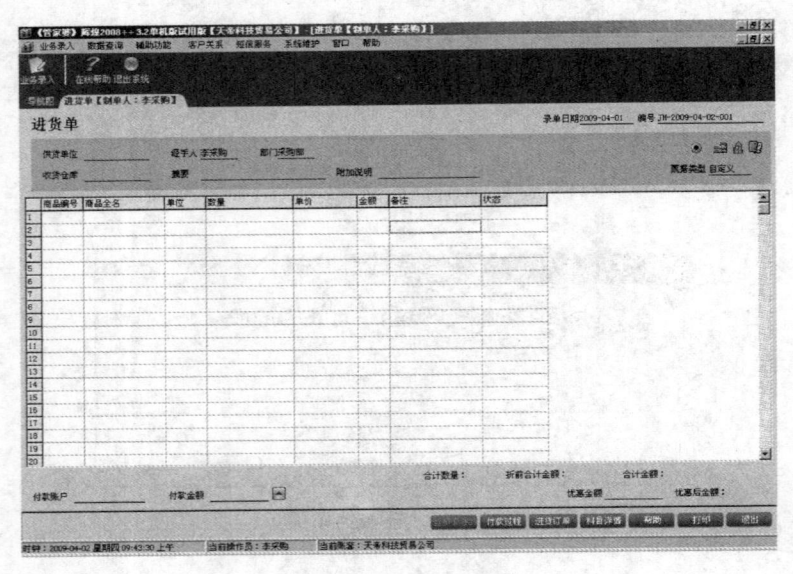

图14-24 新增进货单

(2)单击右下角的【进货订单】按钮，在弹出的"订单选择"对话框中，选择需要的订单，单击【选择】按钮，如图14-25所示。

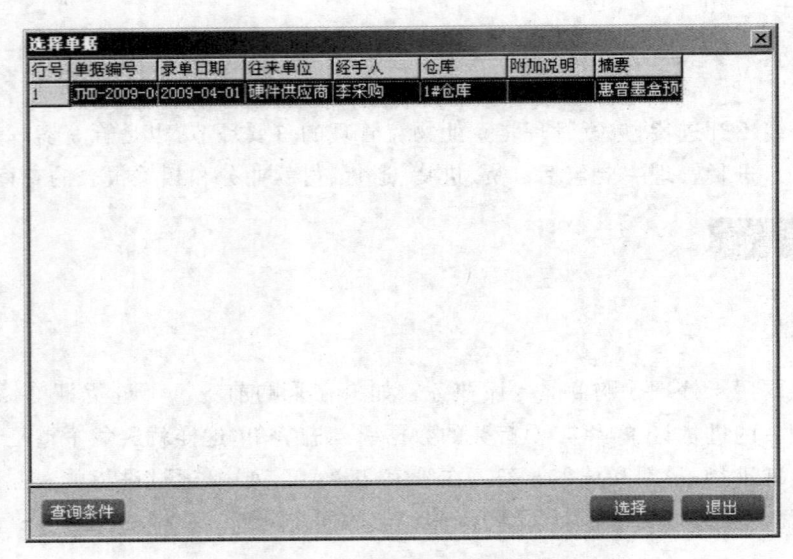

图14-25 参照选择订单单据

(3)系统自动将选中的订单信息反映到进货单中，如图14-26所示。

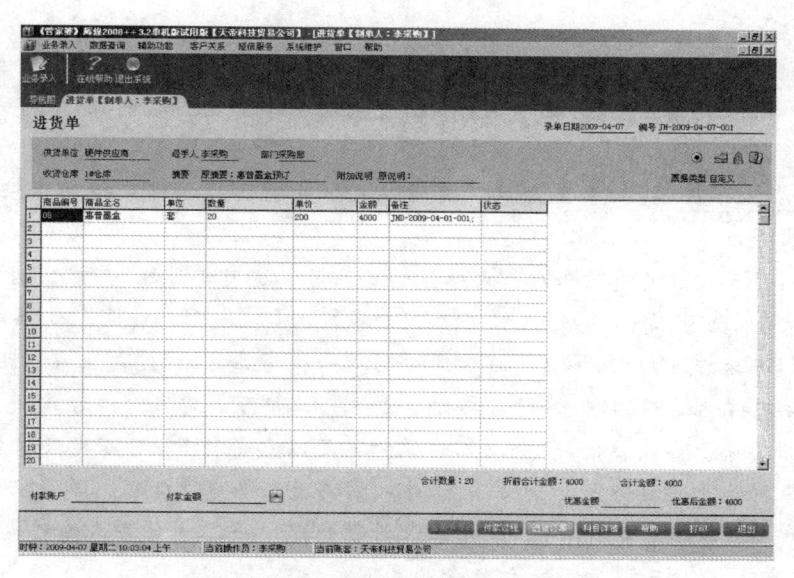

图14-26 参照订单生成进货单信息

（4）单击左下角"付款账户"栏目参照按钮，在弹出的"会计科目选择"对话框中，选择"现金"项，如图14-27所示。

（5）输入付款金额和优惠金额（即抹零金额），单击【退出】按钮，弹出"过账提示"对话框，如果确认单据无误，单击【保存数据】按钮，如图14-28所示。

图14-27 选择付款科目

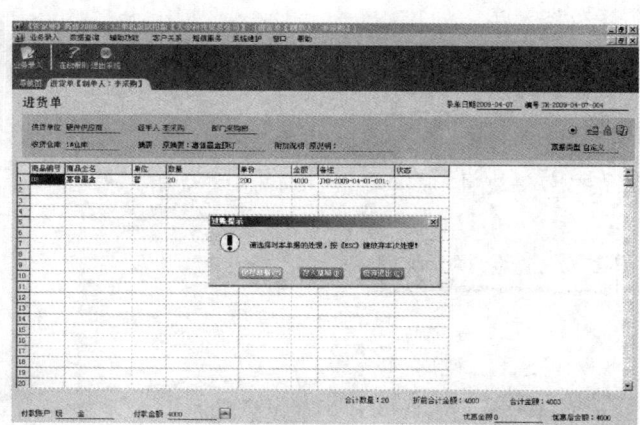

图14-28 保存进货单数据信息

【说明事项】

允许同时调入多张订单，进货单执行数量将写入订单执行数量中。

票据类型：管家婆辉煌版为进货单配置了税票格式、收据格式、自定义格式三种票据类型。单据格式配置，可以在"辅助功能"→"单据格式配置"中进行定义。

付款账户：管家婆辉煌版中的进货单，若选择了付款账户并录入了金额，则表示货款两清，无须再录付款单；若没有录入金额，系统则自动登记在对此供货单位的应付账款中，可参考下面的"付款过程"。

  付款过程：在按单结算处理情况下，一笔进货业务可能是分几次付款完成的，用户可以在调出某张进货单时，直接点击【付款过程】按钮，查看此张单据的付款明细，也可以进一步查询某张付款单。

  超过应付款上限提示：如果企业对供货商的应付款项已经超过应付款上限，那么在过账时，系统会弹出提示。

  科目详情：显示该进货单过账后都影响了哪些科目。进货单过账，可能影响的会计科目包括库存商品、优惠、现金银行、应收应付、应交税金等。

  赠品处理：在进货过程中，供货商可能同时附送一些商品作为赠品，在录入获赠商品后，按F4键或点鼠标右键选择赠品，将该行信息标记为"赠品"即可。赠品价格为0。

  多账户支付：在进货过程中，若企业账面现金不足以支付货款，则可能采取先支付一部分现金，再通过银行账户支付另一部分的办法，这就需要进行多账户处理。单击【付款金额】右边按钮，从而弹出多账户支付窗口，可以选择录入付款内容。一旦支付方式超过两种，则单据界面上的付款账户就不允许直接选择，付款金额也不允许直接录入。

【注意事项】

  如果不能确定单据的正确性或者单据需要相关人员审核后才能过账，那么在退出"进货单"窗口时可以选择"存入草稿"，单据被保存为草稿。可以通过"业务录入"→"业务草稿"菜单查看、修改和过账。

  单据过账后，单据的商品名称、数量、单价等不能再修改，同时库存数量、账务数据和报表都将发生变化。

（二）进货后库存状况查询

  进货单过账后，库存商品的数量根据进货情况自动发生变化。在"库存状况"中可以查询商品的库存数量、成本均价、库存总额及相关明细账簿。

案例业务 14—8

  2009年4月10日，天帝科技贸易公司主管人员要了解进货后库存状况及明细账。

  处理过程如下：

  (1)单击屏幕下方的【库存状况】快捷查询或者图形化按钮【仓库】，打开"库存状况表"窗口，如图14—29所示。

  (2)双击某项商品或单击下方的【明细账本】按钮，并设置查询起止时间，可以查询该单品某个时间范围内进货明细账簿，如图14—30所示。

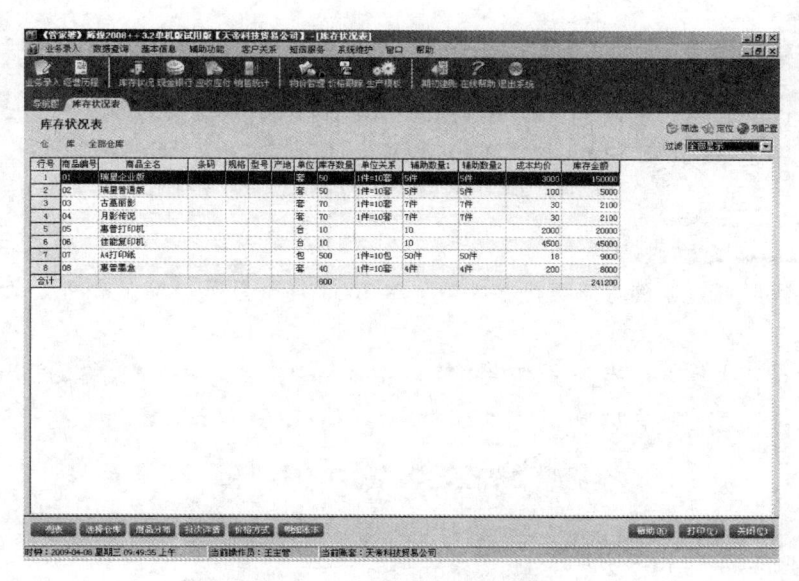

图 14—29　查询库存状况信息

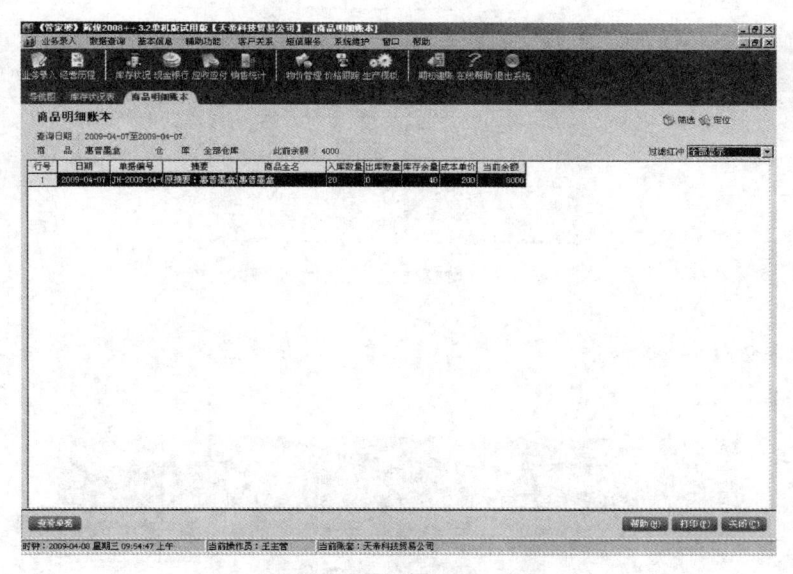

图 14—30　查询商品进货明细账簿

【说明事项】

列表：将商品展开显示，并且可以将商品批次进行分开。拆分批次后，对于非加权平均的商品，有多少批次，就展开成多少行信息，一行一个批次。

商品分布：查询当前商品在各个仓库的分布情况。可以直接选择其他商品进行分布查看。并且，金额之类受成本权限控制。

批次详情：查询当前商品在某仓库的批次详情。只能对非加权平均的具体商品批次进行查询。

价格方式：按不同的价格方式查看库存详情。

（三）进货单统计

进货单统计的功能是统计某个时间段内所有进货单（不含进货退货单）的进货情况，包括单品的进货数量、进货金额、税额、含税单价、价税合计等。

案例业务 14—9

天帝科技贸易公司主管人员要了解1#仓库2009年4月进货库存情况。

处理过程如下：

(1) 选择"数据查询"→"进货查询"→"单据查询"→"进货单统计"菜单，或者选择"进货管理"→"进货单统计"图形按钮，弹出"条件选择"对话框，如图14—31所示。

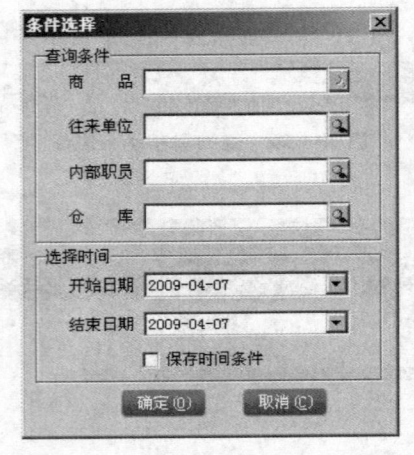

图14—31 设置进货单统计查询条件

(2) 在"条件选择"对话框中仓库选择为"1#仓库"，并设置好统计起止时间，单击【确定】按钮，打开"进货单统计"窗口，如图14—32所示。

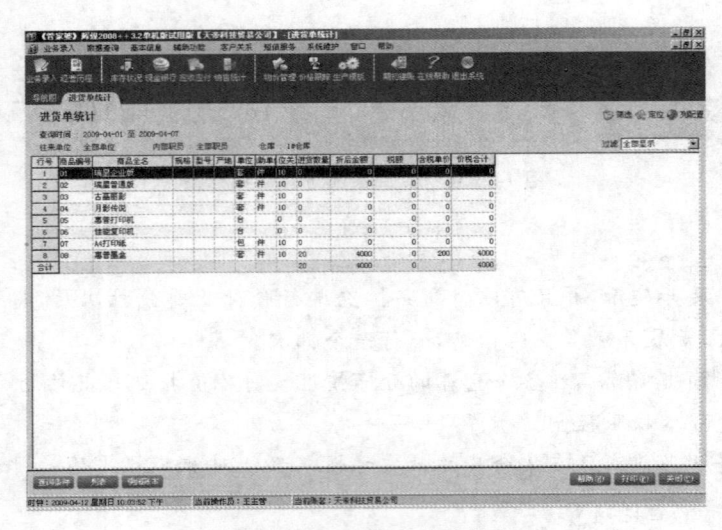

图14—32 进货单统计信息

（3）系统显示出所有符合查询条件的各类商品进货情况，直接双击某项商品记录，或者单击左下角的【列表】按钮，在弹出的"列表"对话框中选择"全部列表"，打开"进货单统计列表"窗口，显示进货单详细信息，如图14—33所示。

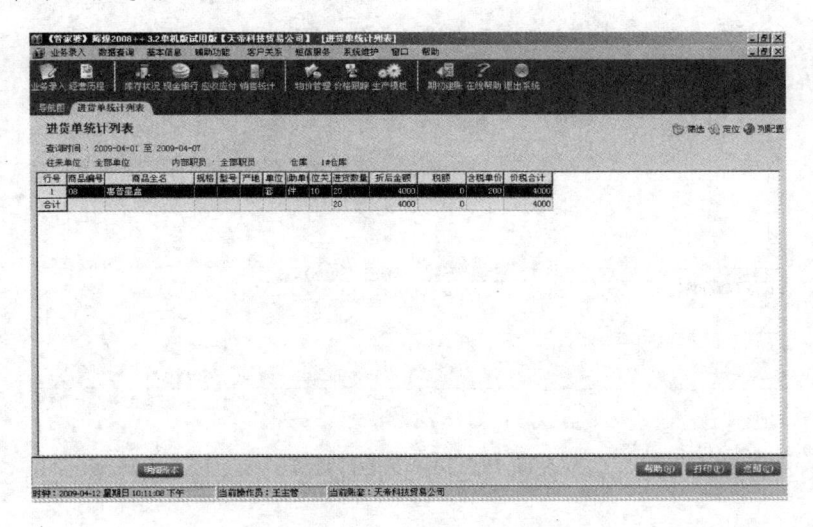

图14—33　进货单统计列表

二、付款业务

企业在进货付款时可以直接在进货单上付款，也可使用付款单付款。企业可以采用按单结算，也可以采用按金额结算。按单结算，则选择相关单位后，系统会寻找出所有未结算的单据并显示出来，并且，用户所支付的金额最好分配到每一笔业务中；按金额结算，则不需要寻找相关单据，只需要对累积应付款进行处理。

案例业务14—10

2009年4月13日，天帝科技贸易公司财务人员以银行转账方式向软件供应商支付采购杀毒软件产品货款2 000元。

处理过程如下：

（1）选择"业务录入"→"付款单"菜单，或者选择"进货管理"→"付款单"图形按钮，或者选择"钱流管理"→"付款单"图形按钮，打开"付款单"窗口，如图14—34所示。

（2）设置收款单位为"软件供应商"，系统自动列出企业与该往来单位相关的未结算完的业务单据。输入摘要信息，在"账户名称"表格中双击选择付款账户为"建设银行"，并输入付款金额2 000元，如图14—35所示。

（3）单击【自动分配】按钮，系统自动从第一行单据开始进行结算，并自动在结算金额栏中填入结算金额。如有剩余，继续结算第二行单据，依次类推，如图14—36所示。

（4）单击【退出】按钮，保存此单据。

ERP 知识与供应链应用

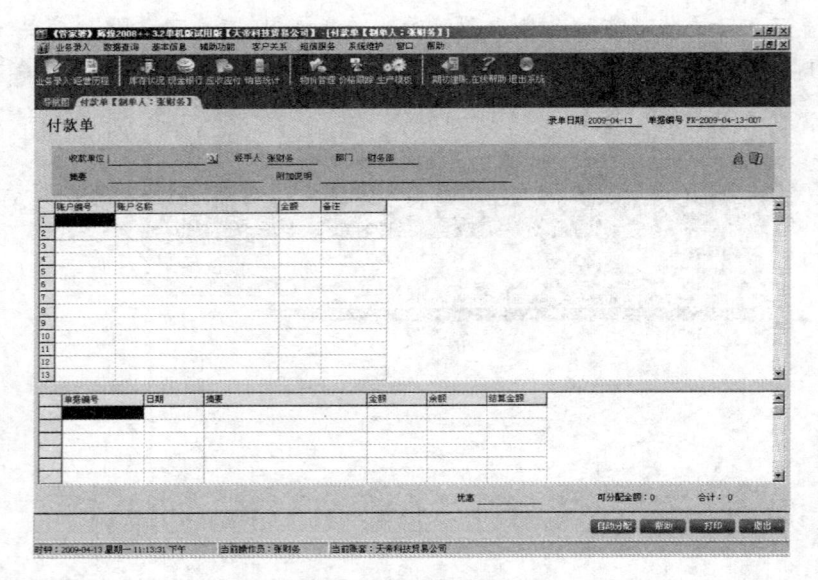

图 14-34 新增付款单

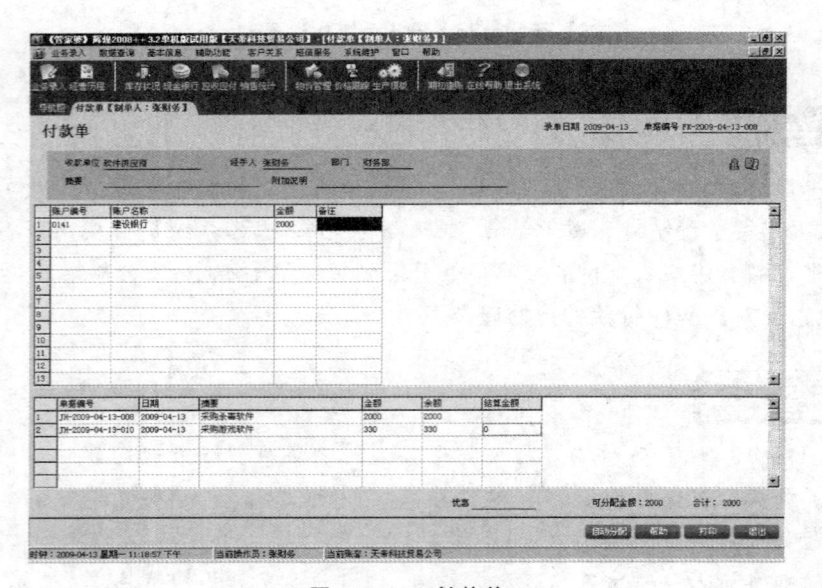

图 14-35 付款单

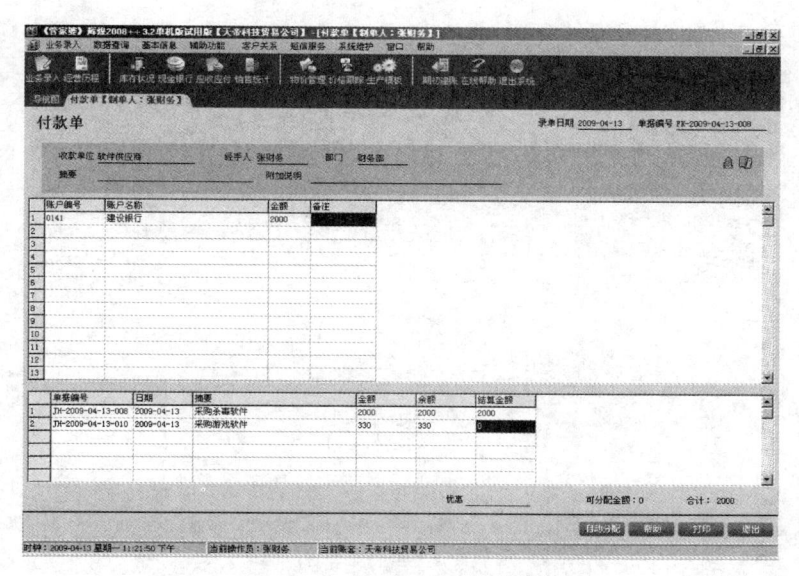

图14-36 录入付款单

第四节 销售管理

销售管理是企业业务管理中的核心环节,也是企业实现利润的重要环节。销售管理效果的好坏,直接影响企业利润,关系到企业的发展。管家婆软件辉煌系列能对销售业务进行全面的管理:提供销售订货、销售出库、销售退货、收款业务的处理功能;提供对销售成本、利润、往来款项及相关报表的查询功能;提供对零售单和零售退货单的管理功能;提供钱箱、客显屏、电子秤等各种POS组建接口等功能。

一、销售管理

(一)销售单

销售单主要用于处理商品销售出库业务。如果在出库前签订了销售订单,那么销售单可以直接调用相关的销售订单,将其中有关数据引入到销售单,这样避免了重复录入。也可以在销售单中处理发货、收款和抹零业务。

案例业务 14-11

2009年4月15日,天帝科技贸易公司发出已签订单商品惠普打印机5台,同时收到销售款13 500元。

处理过程如下:

(1)选择"业务录入"菜单项,在弹出的"单据选择"界面中双击选择"销售单",或者直接选择"业务录入"→"销售单"菜单项,或者选择屏幕中的"销售管理"→"销售单"图形按钮,打开

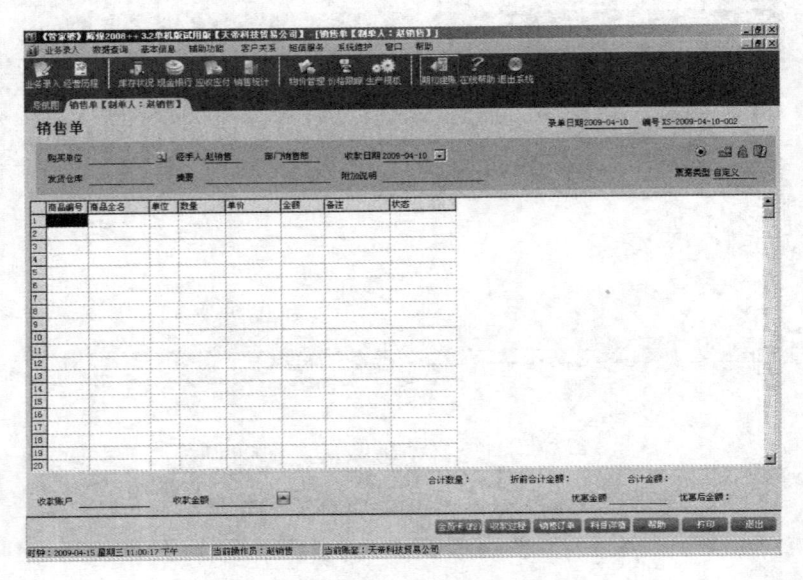

"销售单"界面,如图14—37所示。

图14—37 录入销售单

(2)单击右下角的【销售订单】按钮,在弹出的"订单选择"对话框中,选择需要的订单,单击【选择】按钮,如图14—38所示。

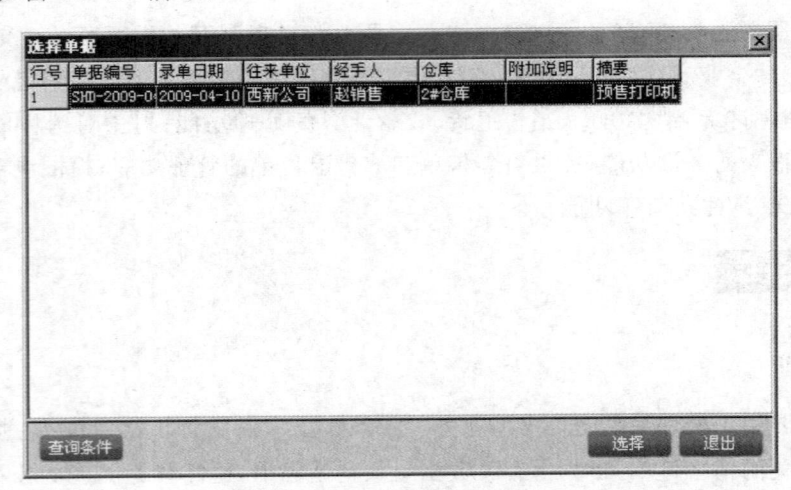

图14—38 参照选择销售订单

(3)系统自动将选中的订单信息反映到销售单中,如图14—39所示。

(4)单击左下角【收款账户】栏目参照按钮,在弹出的"会计科目选择"对话框中,选择"现金"项,如图14—40所示。

(5)输入收款金额和优惠金额(即抹零金额),单击【退出】按钮,弹出"过账提示"对话框,如果确认单据无误,单击【保存数据】按钮,如图14—41所示。

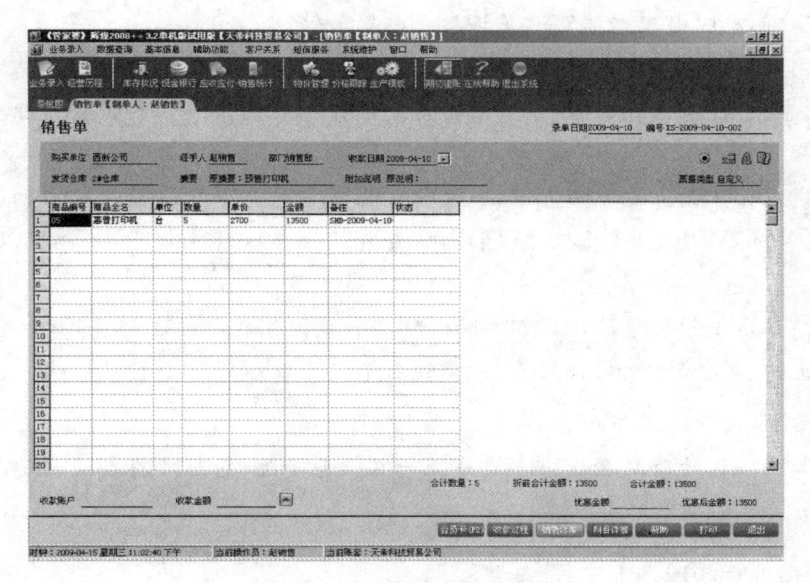

图 14-39　参照生成销售单

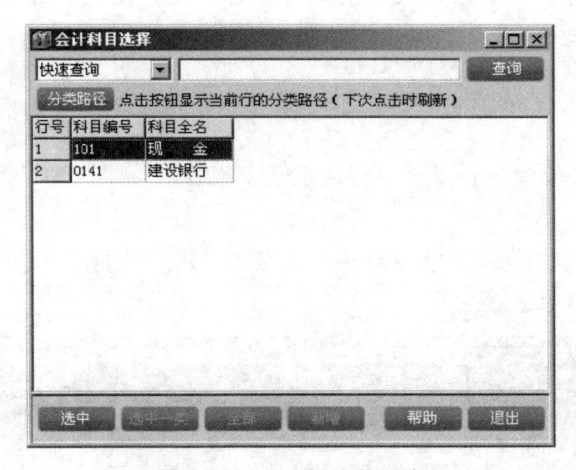

图 14-40　选择收款账户

图 14-41　保存销售单据

【说明事项】

允许同时调入多张订单,销售单执行数量将写入订单执行数量中。

票据类型:管家婆辉煌版为销售单配置了税票格式、收据格式、自定义格式三种票据类型。

单据格式配置，可以在"辅助功能"→"单据格式配置"中定义。

收款账户：管家婆辉煌版中的销售单，若选择了收款账户并录入了金额，则表示货款两清，无须再录收款单；若没有录入金额，系统则自动登记在对此客户单位的应收账款中，可参考下面的"收款过程"。

收款过程：在按单结算处理情况下，一笔销售业务可能是分几次收款完成的，用户可以在调出某张销售单时，直接点击【收款过程】按钮，查看此张单据的收款明细，也可以进一步查询某张收款单。

科目详情：显示该销售单过账后都影响了哪些科目。销售单过账，可能影响的会计科目包括库存商品、优惠、现金银行、应收应付、应交税金等。

【注意事项】

单据过账后，单据的商品名称、数量、单价等不能再修改，同时库存数量、账务数据和报表都将发生变化。

（二）销售后库存状况查询

销售单过账后，库存商品的数量根据销售情况自动发生变化。在"库存状况"中可以查询商品的库存数量、成本均价、库存总额及相关明细账簿。

案例业务 14—12

2009年4月15日，天帝科技贸易公司主管人员要了解销售后库存状况及明细账。

处理过程如下：

(1) 单击屏幕下方的【库存状况】快捷查询或者图形化按钮【仓库】，打开"库存状况表"窗口，如图14—42所示。

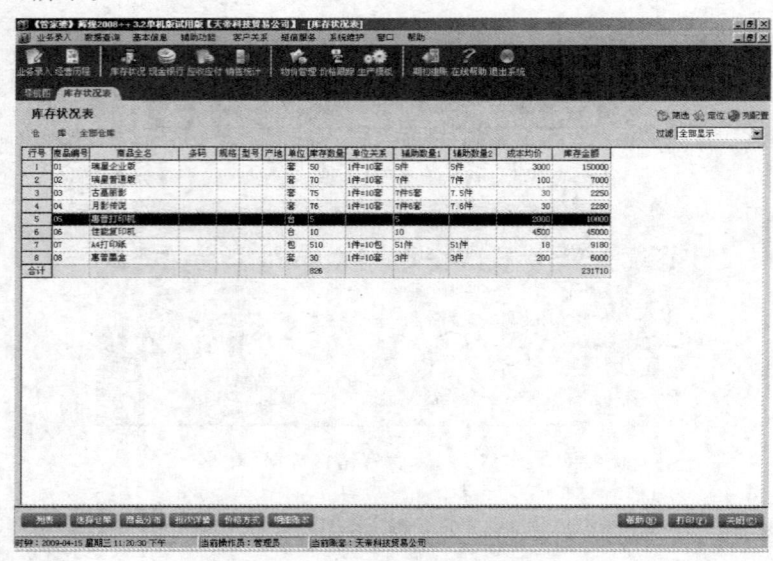

图14—42　查询库存状况

（2）双击某项商品或单击下方的【明细账本】按钮，并设置查询起止时间，可以查询该商品某个时间范围内的销售明细账簿，如图14—43所示。

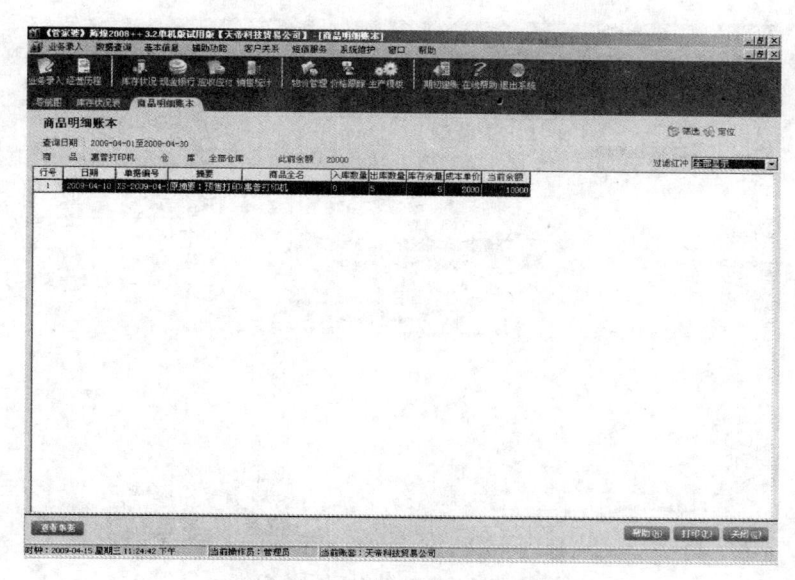

图 14—43　查询商品销售明细账簿

【说明事项】

列表：将商品展开显示，并且可以将商品批次进行分开。拆分批次后，则对于非加权平均的商品，有多少批次，就展开成多少行信息，一行一个批次。

商品分布：查询当前商品在各个仓库的分布情况。可以直接选择其他商品进行分布查看。并且，金额之类受成本权限控制。

批次详情：查询当前商品在某仓库的批次详情。只能对非加权平均的具体商品批次进行查询。

价格方式：按不同的价格方式查看库存详情。

二、零售管理

企业在门店进行零售销售时，一般需要打印零售小票给顾客。在管家婆辉煌系列中需要打印零售小票的销售业务，可以通过"零售单"和"零售退货单"进行处理。

零售业务是指企业门店或者专柜直接销售商品给客户的业务，可以通过录入"零售单"进行业务处理。零售业务支持钱箱、客显屏、电子秤等POS外部设备。

【案例业务14—13】

2009年4月20日，天帝科技贸易公司零售产品一批，包括瑞星普通版软件2套，单价200元；《古墓丽影》软件3套，单价50元；《月影传说》软件1套，单价50元。收取现金600元。

处理过程如下：

（1）选择"业务录入"→"零售开票"菜单，打开"零售单"窗口。

(2)依次输入零售商品名称、数量和单价,系统自动算出合计金额,收款后单击【退出】按钮,保存此单据,如图14—44所示。

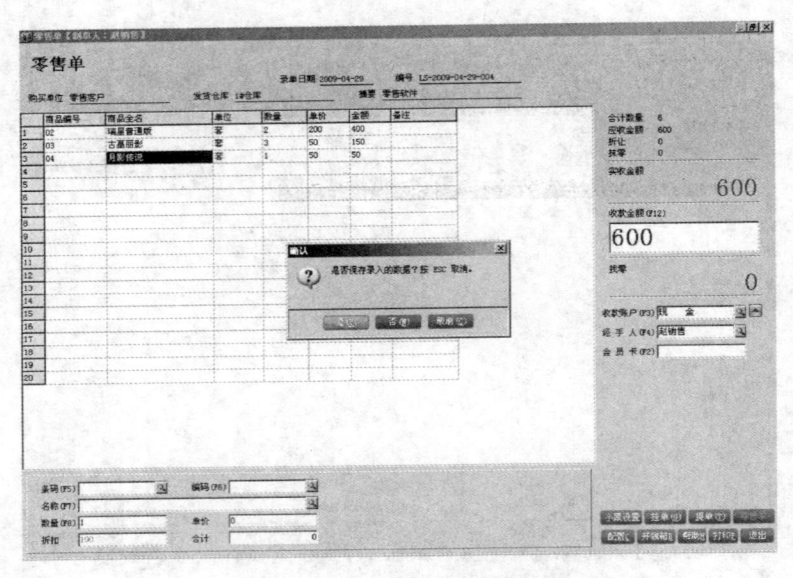

图14—44 增加并保存零售单据

【说明事项】

挂单:如果客户在购买时,可能需要再次额外选购其他商品,已经录入的商品信息不需要清除时,可以使用挂单,挂单后,信息保存在后台。

提单:客户返回收银台,可以提取出客户之前的挂单,继续输入其他商品。

会员卡号:在处理零售业务中,经常会使用会员卡,按快捷键"F2",光标自动转到会员卡号输入框,输入会员卡号回车,就可以进行商品信息输入。如果不设置折扣字段,将不能使用会员卡。

【注意事项】

零售单在过账前不会影响库存和账务数据。

三、收款业务

企业在处理销售业务时可以直接在销售单上进行收款,也可以使用收款单进行收款。收款单支持按单结算,即在结算款项时,指定结算某一笔业务数据,减少指定业务单据的应收款项。

案例业务 14—14

2009年4月22日,天帝科技贸易公司财务人员收到客户赵红军支付佳能复印机货款现金15 000元。

处理过程如下:

(1)选择"业务录入"→"收款单"菜单,或者选择"销售管理"→"收款单"图形按钮,或者选择"钱流管理"→"收款单"图形按钮,打开"收款单"窗口,如图14—45所示。

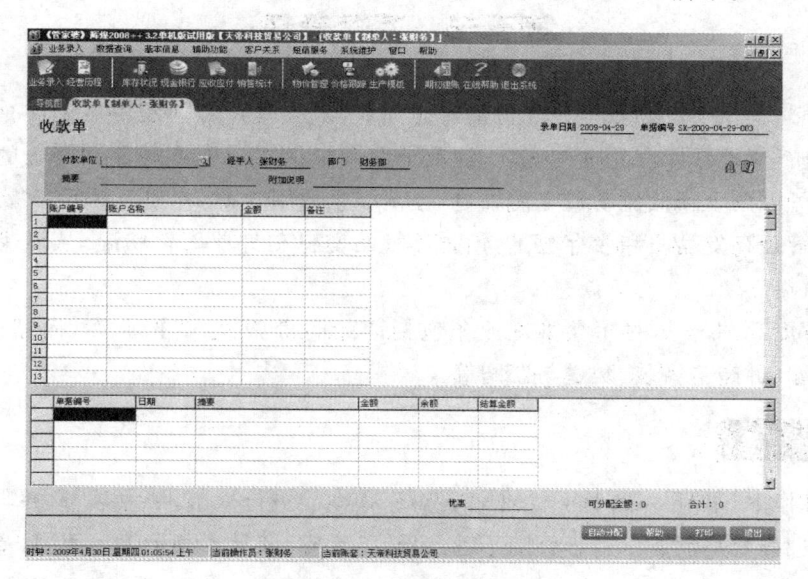

图14—45 增加收款单据

(2)设置付款单位为"赵红军",系统自动列出企业与该往来单位相关的未结算完的业务单据。输入摘要信息,在"账户名称"表格中双击选择收款账户为"现金",并输入收款金额15 000元。单击【自动分配】按钮,分配结算金额。退出并保存单据,如图14—46所示。

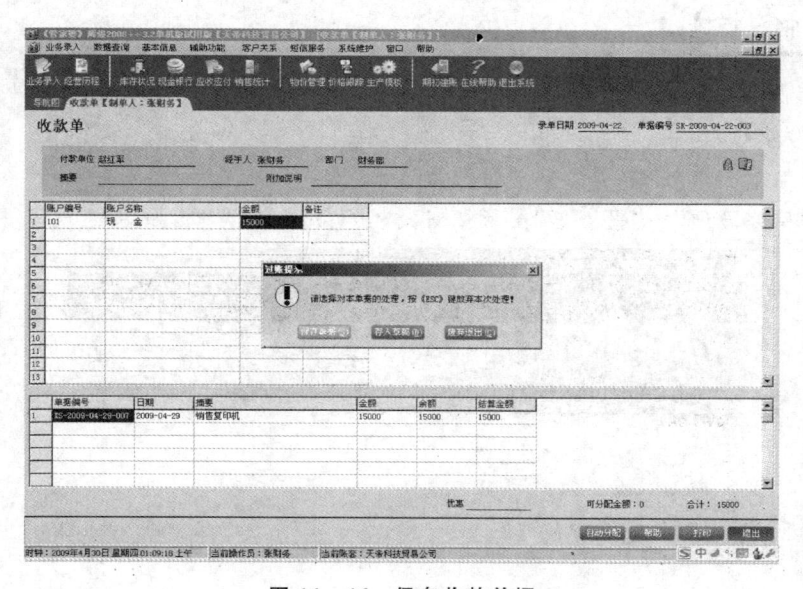

图14—46 保存收款单据

第五节　库存管理

　　库存管理是现代物流领域中一个很重要的环节,采用库存管理模块可以对企业进货销售的中间环节进行管理。库存管理的好坏,涉及企业资金的周转速度与流动资金的需求量。好的库存管理,可以大大降低流动资金需求量,提高资金使用效率,有利于降低存货成本,保证存货供应,有效管理存货品质和库存数量,预测存货的变化和订单库存状况,从而为企业创造出更佳的经济效益。

　　管家婆辉煌2008++的库存管理业务包括商品同价调拨、变价调拨、商品调价、盘亏盘盈、报损与报溢、拆卸与组装、赠送与获赠等。

一、商品盘点

　　在实际工作中,每隔一段时间,企业需要对库存商品进行检查,清点数量,并与企业的库存账核对,这个过程就是盘点。由于管理不善、手续不完整、商品本身易损等原因,盘点结果与库存账面数据可能不一致。盘点数量大于账面数量称为报溢,盘点数量小于账面数量称为报损。在管家婆辉煌2008++中,可以通过"报溢单"和"报损单"来处理盘点业务。

　　(一)报溢业务

案例业务 14—15

　　2009年4月24日,天帝科技贸易公司库存人员对1#仓库进行盘点,发现库存商品《月影传说》软件多出3套。

　　处理过程如下:

　　(1)选择"库存管理"→"报溢单"图形按钮,打开"报溢单"窗口,如图14—47所示。

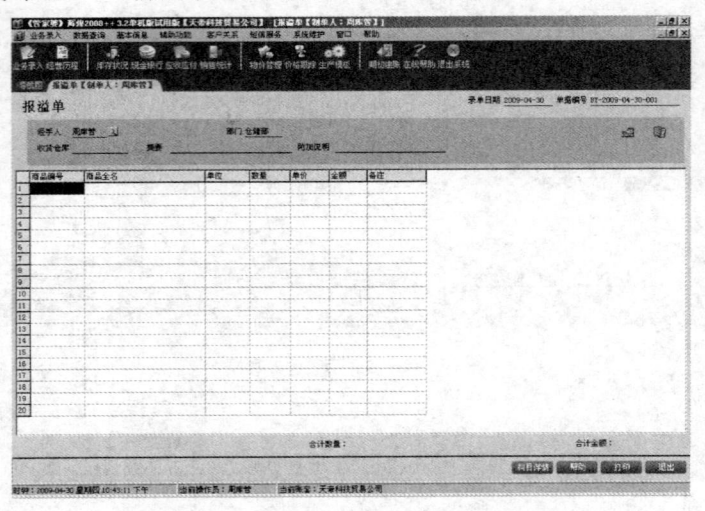

图14—47　新增报溢单据

(2)分别设置经手人、收货仓库、商品名称,以及商品报溢的数量,单击【退出】按钮,保存此单据,如图14－48所示。

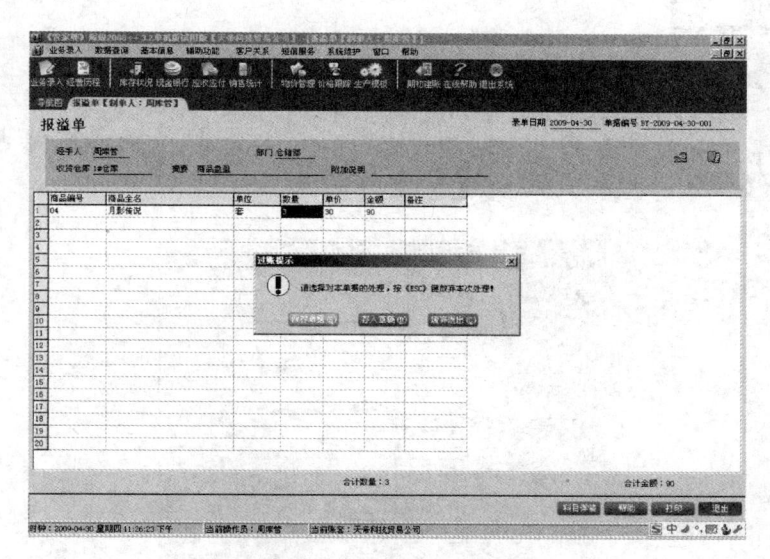

图14－48　保存报溢单据

(二)报损业务

案例业务 14－16

2009年4月24日,天帝科技贸易公司库存人员对2#仓库进行盘点,发现库存商品A4打印纸缺少3包。

处理过程参见报溢业务。

(三)报溢(报损)单查询

案例业务 14－17

查询天帝科技贸易公司2009年4月库存报溢报损情况。

处理过程如下:

(1)选择"数据查询"→"库存查询"→"单据统计"→"报溢(报损)单统计"菜单,在弹出的"条件选择"对话框中设置查询条件和起止时间,单击【确定】按钮。

(2)打开"报溢(报损)单统计"窗口,显示符合条件的记录。

二、库存状况查询

在管家婆辉煌2008＋＋中,除了可以对库存业务进行处理之外,还提供了丰富的库存统计查询功能,主要包括库存状况查询、仓库分布查询、全能进销存查询等。这些查询都可以通过"库存管理"快捷查询按钮找到。下面以"全能进销存变动表"查询为例。

案例业务 14—18

天帝科技贸易公司要查询1#仓库本月出入库的变化情况。

处理过程如下：

(1) 选择"库存管理"下面的"全能进销存表"快捷查询按钮，在弹出的"条件选择"对话框中，设置查询的仓库和起止时间，单击【确定】按钮，如图14—49所示。

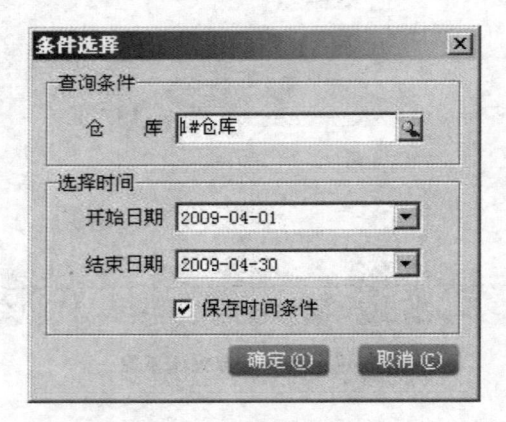

图 14—49　设置全能进销存查询条件

(2) 打开"全能进销存变动表"窗口，显示1#仓库当月所有商品出入库变动情况。

第六节　日常维护

在使用管家婆辉煌系列软件进行日常业务管理时，经常要做一些维护工作，以防止出现意外情况而造成数据丢失，从而影响系统的正常运行。日常维护主要包括数据的备份和恢复、月结存和年度结存、系统重建等。

一、数据备份和恢复

由于计算机硬件和软件在运行时经常会受到来自各方面因素的干扰，如人为误操作、硬件损坏和计算机病毒等原因，计算机内的数据有时会丢失或被破坏。为了防止出现意外，将损失降到最低，管家婆辉煌系列提供了数据的备份和恢复操作。也就是说，可以将日常核算的数据通过备份功能保存起来，当需要时再通过恢复功能引入，这样可以尽快恢复业务的处理，保证业务核算的一致性和连续性。

（一）数据备份

案例业务 14—19

2009年4月30日，天帝科技贸易公司系统管理人员对本月数据进行备份。备份文件名为"td200904"。

处理过程如下:

(1)选择"系统维护"→"数据备份"菜单,打开"数据备份"窗口,如图14—50所示。

(2)在"数据备份"窗口中输入备份文件名称"td200904",单击【确定】按钮,系统自动进行数据备份,完毕后弹出提示对话框。单击【确定】按钮,退出,备份完毕,如图14—51所示。

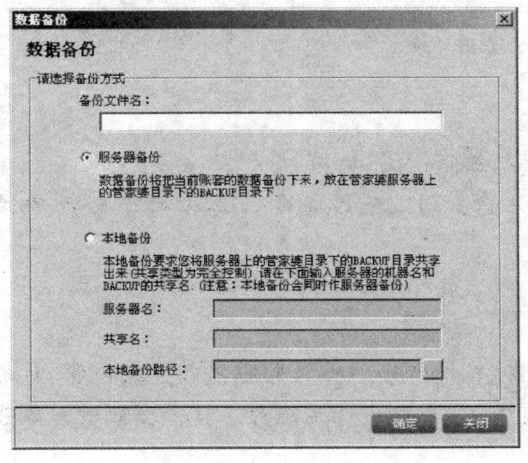

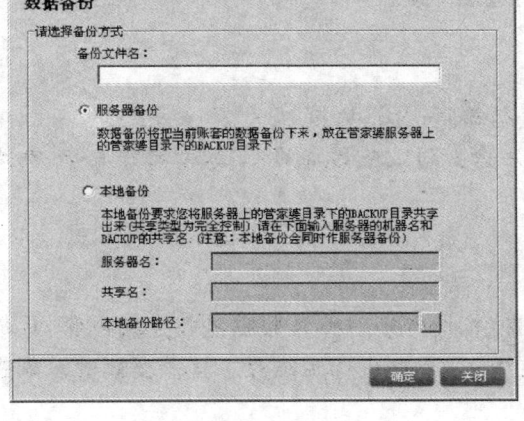

图14—50　数据备份　　　　　　　　图14—51　备份成功提示

【说明事项】

备份方式有服务器备份和本地备份,两者共用一个文件名,只是存放位置不同。

选择服务器备份,则在服务器端backup目录下生成一个备份文件;

选择本地备份,需要输入服务器名,服务器端backup文件夹的共享名,本地备份路径。

系统还提供自动备份功能,可以在"系统维护"→"系统配置"菜单中设置自动备份天数。系统自动备份的数据自动存放在管家婆辉煌版服务器端安装目录下的backup目录中,文件名为"数据库名+当前日期",如"TDMY20090424"。

(二)数据恢复

案例业务 14—20

2009年4月30日,天帝科技贸易公司系统管理人员恢复本月数据。备份文件名为"td200904"。

处理过程如下:

(1)选择"系统维护"→"数据恢复"菜单,打开"数据恢复"窗口。

(2)选择恢复方式为"从服务器恢复",双击选择或输入备份文件名称,单击【服务器恢复】按钮,系统自动将备份数据恢复。恢复完毕后,弹出提示对话框,单击【确定】按钮,恢复完毕,如图14—52所示。

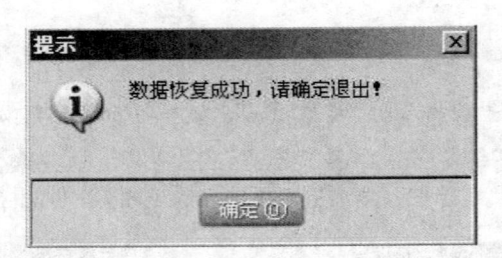

图14-52 恢复成功提示

【注意事项】

恢复的数据将完全覆盖相应账套中的所有数据,请谨慎使用。

要恢复其他计算机上的数据,可将备份文件拷贝到服务器端的 backup 文件夹中,在进行恢复时直接输入备份文件名即可。

二、月结存和年结存

企业在处理日常业务过程中,一般需要按月份、按年度对业务数据进行总结归集,形成报表,以便了解本段时间内的经营状况、收支利润等,这个过程称为结存。管家婆辉煌系列提供月结存和年结存功能,以满足用户的需要。

月结存是在每月的某个日期,在当前账务中做一个标记,以便划分账簿,使企业能够快速准确地查询该段时期资产、销售、费用和利润情况。月结存不同于财务上的会计期间,月结存可以一个月做一次,也可以半月做一次或几个月做一次,但是每年度内月结存只能做11次,完成后必须做年结存。

年结存是结存本年度所有数据转到下一年作为期初数据,并清除本年度的经营历程和所有统计查询表的数据。进行年结存以后,系统处于期初建账状态,重新开账后才可继续处理下一年度业务。

(一)月结存

案例业务 14-21

2009年4月30日,天帝科技贸易公司系统管理人员对本月数据进行月结存。

处理过程如下:

(1)选择"系统维护"→"月结存"菜单,打开"月结存与反月结存"窗口,如图14-53所示。

(2)设置本月结束日期和本月名称,单击【月结存】按钮,弹出"确认"对话框,如图14-54所示。

(3)单击【确定】按钮,完成月结存,确认退出。

反月结存操作步骤略。

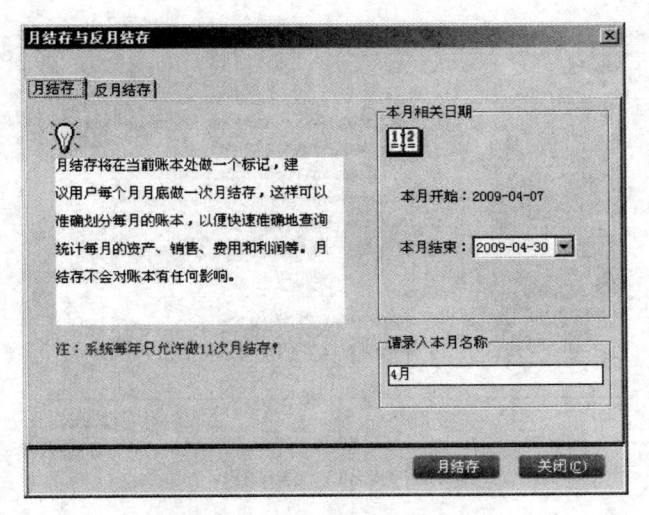

图 14—53　月结存与反月结存

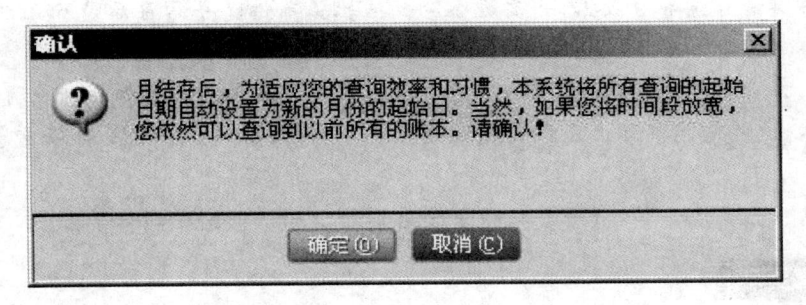

图 14—54　月结存提示

【说明事项】
　　月结存对账簿没有任何影响。月结存不会清除明细账和草稿。月结存后，对已做月结存的单据不能进行红字反冲，做月结存之后，继续开单录账的日期就必须在月结存日期之后。

(二)年结存

案例业务 14—22

2009 年 12 月 31 日，天帝科技贸易公司系统管理人员对当年数据进行年结存。
处理过程如下：
(1)选择"系统维护"→"年结存"菜单，打开"年结存"窗口，如图 14—55 所示。
(2)单击【年结存】按钮，再次确认年结存操作即可。

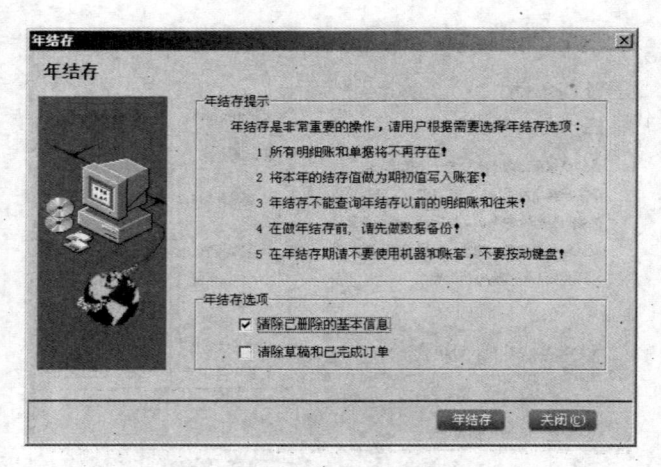

图 14-55　年结存

【说明事项】

做年结存前请首先备份数据，并确认备份数据的正确性。年结存后清除了明细账本和草稿。要查询去年的账本详情，就必须把年结存前的备份数据恢复到查询版查询。

清除已删除的基本信息：在基本信息建立过程中由于某种原因添加后却没有使用，然后被删除了的信息，这些信息实际上还保留在数据库中，选择此项可以将这些垃圾信息从数据库中真正清除掉。

清除草稿和已完成订单：清除草稿箱中的单据和已经执行完成的订单。

三、经营历程

为了方便管理者查询企业的经营过程，系统提供了经营历程功能，可以查询企业一段时间内所有的业务单据，并根据需要冲账调整。

案例业务 14-23

查询天帝科技贸易公司 2009 年 4 月的经营历程。

处理过程如下：

选择"业务录入"→"经营历程"菜单，设置查询的起止时间，打开"经营历程"窗口，如图 14-56 所示。

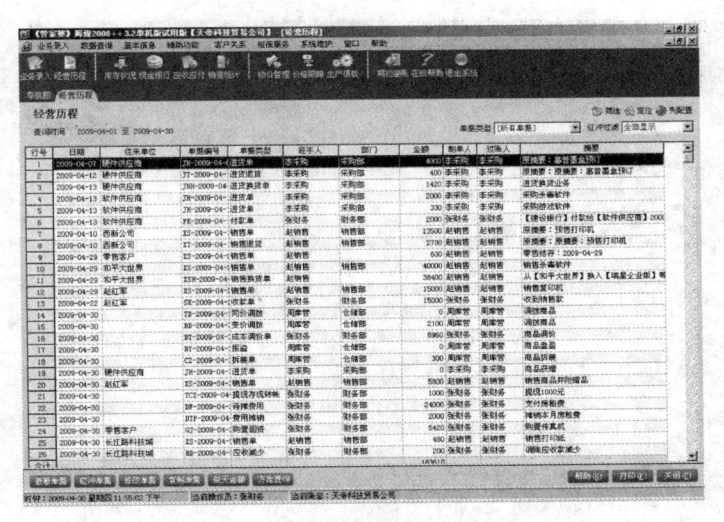

图 14-56 查询企业经营历程

【说明事项】

红冲单据：将选中的单据进行红字冲销，冲销后生成单据呈红色显示。但要注意，已做了月结存的单据不能进行红冲。

修改单据：只能修改单据的经手人、编号、部门和摘要。

复制单据：将单据复制为草稿，可到"业务录入"→"业务草稿"中查询复制后的单据。受单据复制权限控制。

航天金税：将符合航天金税系统的销售单导出在航天金税中使用。要导出信息，购买单位的税务登记号、地址、账户不能空，税率必须是 6%、13% 或 17%。

万能查询：调出单据万能查询窗口进行查询。

经营历程单据查询受权限"查看他人过账单据"控制，默认情况下只能看到自己制作的单据。

四、业务草稿

在企业日常管理中，由于各种原因，无法立即确定单据的正确性，或者操作还需要进一步审核时，就需要将单据存放到一个临时的地方，以便之后继续操作。

【案例业务 14-24】

查询天帝科技贸易公司 2009 年 4 月的业务草稿。

处理过程如下：

选择"业务录入"→"业务草稿"菜单，打开"查看草稿单据"窗口，如图 14-57 所示。

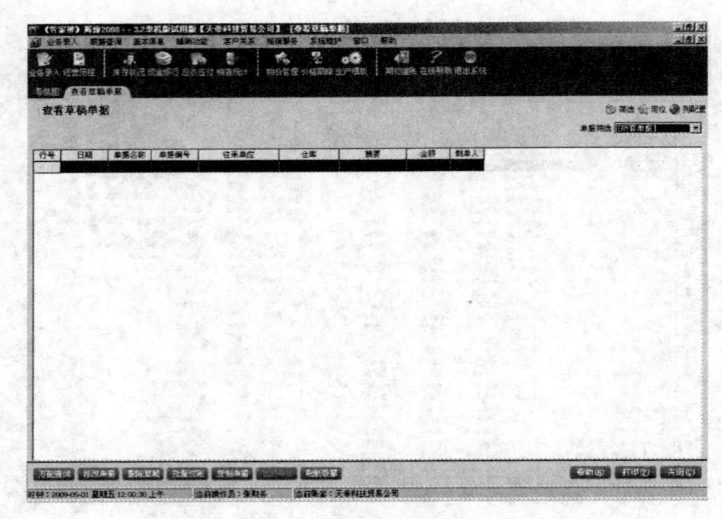

图 14-57 查看业务草稿

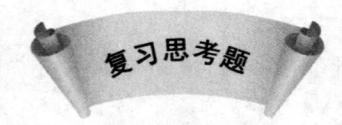

复习思考题

1. 简述管家婆辉煌2008++软件与用友ERP-T6软件在处理思想和功能上有何异同。
2. 进货管理模块主要有哪些功能？
3. 销售管理模块主要有哪些功能？
4. 库存管理模块中如何查询"全能进销存变动表"？
5. 如何对业务单据进行修改和删除操作？

参考文献

[1] 周玉清,刘伯莹,周强.ERP 原理与应用教程[M].北京:清华大学出版社,2010.
[2] 牛鱼龙.ERP 知识与应用[M].深圳:海天出版社,2005.
[3] 陈启申.ERP——从内部集成起步[M].2 版.北京:电子工业出版社,2005.
[4] 温雅莉.ERP 原理与应用教程[M].北京:北京大学出版社,2010.
[5] 陈福军,孙芳,陈鲁光.会计信息系统实践教程[M].北京:清华大学出版社,2010.
[6] 金蝶软件(中国)有限公司.ERP 系统的集成应用[M].北京:清华大学出版社,2005.
[7] 用友软件股份有限公司.ERP 供应链系统应用专家实验教程[M].北京:中国物资出版社,2004.
[8] 罗鸿.ERP 原理·设计·实施[M].北京:电子工业出版社,2006.
[9] 张毅.企业资源计划(ERP)与 SCM、CRM[M].北京:电子工业出版社,2003.
[10] 苟娟琼,常丹.ERP 原理与实践[M].北京:清华大学出版社,北京交通大学出版社,2005.
[11] 周玉清,刘伯莹.ERP 原理与应用[M].北京:机械工业出版社,2002.
[12] 陈孟建,潘婧等.企业资源计划(ERP)原理及应用[M].北京:电子工业出版社,2006.
[13] 许建钢.ERP 应用教程[M].北京:电子工业出版社,2005.
[14] 财政部会计资格评价中心.财务管理[M].北京:中国财政经济出版社,2007.

و